古代歷史文化研究輯刊

十編

王明蓀 主編

第14冊

唐五代時期淮南地區經濟發展之研究

朱祖德 著

國家圖書館出版品預行編目資料

唐五代時期淮南地區經濟發展之研究／朱祖德 著 — 初版 —
新北市：花木蘭文化出版社，2013〔民 102〕
目 4+266 面：19×26 公分
（古代歷史文化研究輯刊 十編；第 14 冊）
ISBN：978-986-322-342-9（精裝）
1. 區域經濟 2. 經濟發展 3. 隋唐五代史
618   102014409

古代歷史文化研究輯刊
十 編　第十四冊　　　　　　　　ISBN：978-986-322-342-9

唐五代時期淮南地區經濟發展之研究

作　　　者　朱祖德
主　　　編　王明蓀
總 編 輯　杜潔祥
出　　　版　花木蘭文化出版社
發 行 所　花木蘭文化出版社
發 行 人　高小娟
聯 絡 地 址　235 新北市中和區中安街七二號十三樓
　　　　　　電話：02-2923-1455／傳真：02-2923-1452
網　　　址　http://www.huamulan.tw 信箱 sut81518@gmail.com
印　　　刷　普羅文化出版廣告事業
初　　　版　2013 年 9 月
定　　　價　十編 35 冊（精裝）新台幣 62,000 元

唐五代時期淮南地區經濟發展之研究

朱祖德　著

作者簡介

朱祖德，台北市人，祖籍湖北省黃陂縣，1965年生於台北市。1991年畢業於淡江大學歷史學系；1997年獲中國文化大學史學研究所碩士學位；2005年獲中國文化大學史學研究所博士。現為環球科技大學通識教育中心助理教授，曾任96年度教育部人文社會學科學術強化創新計畫「經典文獻史料研讀教學」——三國志研讀會計劃主持人。並曾先後擔任「近代歷史文化與社會變遷」課程負責人及社會學科領域召集人。主要學術專長為隋唐五代史、區域經濟史及中古經濟史等領域。著有《唐五代兩浙地區經濟發展之研究》，目前已發表有關區域經濟史、城市經濟研究及中西交通史等方面學術性論文二十篇。

提　　要

　　壹、「唐代淮南地區戶口的分佈與變遷」，淮南地區因擁有良好的農業基礎，因此在隋代統一南北後，戶口有相當的增長。到了唐代，淮南地區戶口在唐玄宗天寶年間，達到唐代戶口數的第一個高點。但在天寶十一載時，淮南西部仍有許多州郡的戶口，低於隋大業年間的數字。或與淮西地區經濟的發展，不如淮南東部發達有關。安史之亂後，淮南地區的戶口仍然存在不均衡發展的現象。以揚州為首的淮東諸州，因在經濟上均有相當的發展，人口也有相當程度的增長。在此情形下，據估計淮南東部七州的元和戶數，甚至超越天寶十一載時的戶數。

　　貳、「唐五代淮南地區的農業發展」，淮南地區是唐代主要的農業生產地區之一。淮南地區以平原和盆地為主要地形，大部分地區地勢相當平坦，並且境內河川縱橫，使得農業灌溉十分便利，故農業經濟有相當的發展。淮南地區得天獨厚的處於南北交流的關鍵位置，使其農業技術的發展方面，居於領先地位。淮南地區因區域整體開發較早，且接受北方先進的耕作技術的時間，較江淮其他地區為早，因此唐代特別是安史之亂後，包括淮南在內的江淮地區逐漸成為唐政府的賦稅淵藪。

　　參、「唐代淮南地區的經濟發展 -- 以敦博第58號敦煌石室寫本為核心」，淮南地區是唐代重要的農業生產地區，同時亦擁有技術相當進步的手工業；淮南地區因有農業和手工業等方面的堅實基礎，加以得天獨厚的地理位置，使其在商業貿易方面亦相當地發達，而成為唐政府所倚重的經濟地區。本篇乃以敦煌博物館藏第58號敦煌石室寫本所載淮南部分資料為核心，來探討淮南地區的公廨本錢、物產及人口等方面的情形，並對唐代淮南地區整體經濟實力的提升，做進一步的探究。

　　肆、「唐代淮南地區的交通運輸」，唐代淮南地區位於淮河和長江之間，處於唐帝國的心臟地帶，因而交通運輸均十分便捷。淮南地區的揚州，則因位於大運河和長江的交會處，因此成為淮南乃至於整江淮地區的交通樞紐。淮南地區除了有大運河貫穿其間外，且有長江和淮河，分別流經南境及北境。加以境內的大小河川、湖泊密佈，且大多可通航，故水上交通不僅便捷，且載運量也相當大。淮南地區的路上交通方面，亦因其地理位置處於江、淮之間，而成為自古以來南北交通的重要孔道。本篇擬對淮南地區的地理形勢、區域交通，淮南的國內交通，以及海外交通等範疇進行論述。期能對有唐一代，淮南地區的水、陸交通運輸的發展，與其對整體江淮地區的區域經濟，乃至於唐帝國的貢獻及影響，有進一步的瞭解。

伍、「唐代手工業發展對自然生態的影響—以淮南地區為中心之研究」，唐代的淮南地區，經濟發展十分快速。其中各式手工業更是蓬勃發展，以揚州及壽州等地的手工業最為著名。唐代淮南地區的手工業，以其高超的技術、創新性及多樣化的產品，而受到當時宮廷及人們的喜愛。然而這些著名的手工業，不但使用了大量的木材或樹皮等作為製造原料，並且有相當部分的手工業在製程中，使用木炭（或木柴）作為燃料，對森林造成了相當嚴重的破壞，部分地區的森林甚至面臨消失的命運，對於自然生態環境產生不可磨滅的負面影響。

陸、「唐代揚州手工業析論」，唐代揚州的城市經濟相當地發達，包括擁有四通八達的水陸交通網絡和多元且大規模的手工業，以及商業貿易的繁盛等因素，促使揚州在中晚唐時期成為當時最大經濟都會。本篇旨在對唐代揚州的手工業及其發展加以探究，並對揚州的礦藏資源及揚州手工業發達的背景因素等進行了探討。揚州的手工業以製銅業、鑄錢業、金銀製造業、軍器業、造船業、製鹽業、製茶業、紡織業、木器業及製帽業等較為重要，本篇主要以上述手工業為探討對象，並結合文獻及考古報告等資料加以探究。

柒、「唐代揚州的商業貿易」，唐代揚州因位於大運河和長江的交會點，而擁有優越的地理位置，交通十分便捷，加上隋代以來的經濟發展，而有相當基礎，中晚唐時期揚州遂成為全國第一大經濟都會。揚州的經濟發展快速的原因，除有擁有良好的農業基礎、發達的手工業及便捷的水陸交通外，商業貿易的興盛，是使得揚州在唐中晚期一躍成為全國最大經濟都會的主要因素之一。唐代揚州因擁有大運河和長江這兩條水運動脈，作為它的運輸和商業貿易的主要通道，因此大運河和長江所流經的廣大地區，也就順理成章的成為揚州腹地。在這廣袤的區域中有許多來自各地的物產，均集中於揚州進行交易和交換，對揚州的商業貿易和繁榮有極大的助益。而揚州作為江淮地區的中心城市，揚州自身的經濟發展和繁榮，從而帶動了其腹地及鄰近地區的經濟發展。

目次

壹、唐代淮南地區戶口的分佈與變遷 …………………… 1

　一、前言 ……………………………………………… 1

　二、隋末至盛唐淮南地區戶口的變化 ……………… 2

　三、安史亂後淮南地區人口的變遷及原因探究 …… 10

　四、由州縣等第的上升來看淮南地區的戶口變動 … 18

　五、結論 ……………………………………………… 22

貳、唐五代淮南地區的農業發展 ………………………… 25

　一、前言 ……………………………………………… 25

　二、淮南地區的地理條件和唐以前的農業發展 …… 26

　三、耕作技術的進步和水利設施的興修 …………… 32

　四、經濟作物的生產及加工 ………………………… 42

　五、結論 ……………………………………………… 47

參、唐代淮南地區的經濟發展──以敦博第 58 號
　　敦煌石室寫本為核心 ……………………………… 51

　一、前言 ……………………………………………… 51

　二、地志中的公廨本錢 ……………………………… 52

　三、地志中的土貢資料 ……………………………… 59

四、地志中的鄉數 ················ 62

五、結論 ···················· 64

肆、唐代淮南地區的交通運輸 65

一、前言 ···················· 65

二、淮南地區的地理形勢 ·········· 66

三、淮南地區的區域交通 ·········· 70

四、淮南地區的國內交通 ·········· 84

五、淮南地區的海外交通 ·········· 91

六、結論 ···················· 96

伍、唐代手工業發展對自然生態的影響

——以淮南地區為中心之研究 99

一、前言 ···················· 99

二、研究回顧 ················· 101

三、經濟開發及人口增長對生態的影響 105

四、手工業發展及對自然環境的影響 108

五、結論 ··················· 124

陸、唐代揚州手工業析論 125

一、前言 ··················· 125

二、揚州的礦產 ··············· 126

三、揚州的手工業 ············· 128

四、揚州手工業發達的背景因素 ···· 150

五、結論 ··················· 153

柒、唐代揚州的商業貿易 155

一、前言 ··················· 155

二、唐代揚州繁榮的景況 ········· 160

三、國內貿易 ················ 166

四、國際貿易 ················ 185

五、唐代揚州的貿易網絡 ········· 191

六、結論 ··················· 196

附錄　試論唐代廣州在中西交通史上的地位 199

一、前言 ··················· 199

二、廣州的地理位置及經濟條件 ···· 199

三、交通及運輸佈局 ············ 210

　　四、廣州商業貿易的繁榮 ················· 213

　　五、胡商群集廣州的原因 ················· 223

　　六、結語 ··························· 225

參考書目 ···························· 227

後　記 ····························· 263

附　表

　　表 1-1　唐代淮南地區各階段戶口表 ··········· 4

　　表 1-2　唐代淮南地區各州人口密度分析表 ········ 5

　　表 1-3　隋唐時期淮南地區戶口比較表 ·········· 7

　　表 1-4　元和初年江淮八道管內戶口數表 ········· 11

　　表 1-5　淮南東部七州縣等級的上升 ··········· 21

　　表 2-1　唐代淮南地區興修水利工程表 ·········· 40

　　表 2-2　史籍所見淮南地區茶產地表 ··········· 43

　　表 2-3　淮南地區名茶表 ················· 44

　　表 2-4　淮南地區上貢「紡織品」及等級表 ········ 45

　　表 3-1　淮南地區府州公廨本錢表 ············ 52

　　表 3-2　唐代淮南地區府州屬縣等級、公廨本錢表 · 55

　　表 3-3　淮南地區各州屬縣等第的上昇 ·········· 58

　　表 3-4　唐代淮南地區土貢物產表 ············ 60

　　表 3-5　淮南地區各州鄉數統計對照表 ·········· 63

　　表 6-1　揚州地區礦藏表 ················· 126

　　表 6-2　唐代淮南地區茶葉品種表 ············ 145

　　表 6-3　《茶經》所列淮南地區茶葉產地及等級表 · 146

附　圖

　　圖 1-1　唐代淮南地區全圖 ················ 23

　　圖 1-2　淮南東部七州示意圖 ··············· 24

　　圖 2-1　現今淮南地區茗茶（一） ············ 49

　　圖 2-2　現今淮南地區茗茶（二） ············ 49

　　圖 7-1　唐揚州城圖 ··················· 198

壹、唐代淮南地區戶口的分佈與變遷

一、前　言

　　淮南地區〔註1〕，西起申州、安州及沔州，東抵於海，北臨淮河，南有長江。淮南地區因擁有良好的農業基礎，並且在隋代統一後，進入了承平時期，因此在隋代淮南地區的戶口，乃有相當的增長。到了唐代，淮南地區戶口經歷了貞觀時期的低潮後，在唐玄宗天寶年間，達到唐代戶口上的第一個高峰。但即使在天寶十一載（752）時，淮南地區仍有許多州縣的戶口數字，低於隋大業年間的數字。並且這些州郡大多集中於淮南西部地區，究其原因，可能與淮西地區區域經濟的發展，不如淮南東部諸州有關。

　　在安史之亂後，淮南地區的戶口仍然呈現不均衡的情形。例如以揚州為首的淮東諸州，無論農業、手工業及商業貿易等方面，都有良好且持續的發展；因此隨著戰亂的平息，這數州在經濟上有所發展，相對應的人口也有不同程度的增長。在此情形下，據估計淮南東部七州的元和戶數，甚至超越天寶十一載時的戶數〔註2〕。另一方面，淮西諸州的經濟發展，則與淮東諸州不同調，因此在人口上減幅甚大，推測其原因，恐與淮西地區長期的戰亂有關。

〔註1〕　本文之「淮南地區」，係指揚、滁、和、楚、壽、廬、舒、光、申、蘄、黃、安、濠及沔州等十四州。參見李林甫〔唐〕等撰，陳仲夫點校，《唐六典》（北京，中華書局，1992年），卷三，〈尚書戶部・戶部郎中條〉，頁69。

〔註2〕　淮南東部七州元和戶數的推估方式，參見本篇第三小節詳論。

　　透過相關資料的分析，可以瞭解到在元和時期，大部分州縣人口呈現減幅時，淮南地區的揚州、滁州、和州、楚州、壽州、廬州及舒州等七州的戶口，仍然持續成長，其箇中原因，正是本文所要探究的。

　　在研究回顧方面，學術界對於唐代戶口及分佈的總體研究方面，主要有凍國棟〔註3〕及翁俊雄〔註4〕等。探討唐代各時期的整體戶口者，則主要有翁俊雄〔註5〕的三本專書。至於研究區域戶口變遷的學者，主要有陳勇〔註6〕及劉秀蘭〔註7〕等。此外，探討移民問題的學者則有吳松弟〔註8〕。前述學者對於唐代整體戶口的增減及變動、戶口的分佈，以及個別區域戶口等方面的研究均有所成。唯目前對於淮南地區的戶口在不同時期的增減，以及區域戶口分佈的不均衡性和其原因探究等課題，學界尚未有專論。故作者不揣淺陋，擬對淮南地區的戶口及戶口分佈，以及戶口分佈的不均衡性等課題進行探究，期能對唐代淮南地區的戶口分佈及變遷有進一步的瞭解。

二、隋末至盛唐淮南地區戶口的變化

　　淮南地區在唐代，尤其在安史之亂後，無論農業、手工業及商業貿易等方面都有良好且持續的發展，並且成為唐廷所關注的賦稅重地。但淮南地區在唐初時，其戶口總數卻遠低於隋大業年間的戶口。就其原因，乃是因為隋

〔註3〕 凍國棟為較早有系統研究唐代戶口整體發展的學者，有二本專著，凍國棟，《唐代人口問題研究》，武昌，武漢大學出版社，1993年2月初版及氏著，《中國人口史》第二卷（隋唐五代時期），上海，復旦大學出版社，2002年11月初版；第二本專書原則上為第一本的修訂本。

〔註4〕 翁俊雄，《唐代人口與區域經濟》，臺北，新文豐出版事業公司，1995年9月初版。

〔註5〕 翁俊雄對唐代戶口研究著力甚深，翁氏將唐代戶口，分為唐初、唐朝鼎盛時期及唐後期等三階段來探討。這三本專書分別為翁俊雄，《唐初政區與人口》，北京，北京師範大學，1990年8月初版、《唐朝鼎盛時期政區與人口》，北京，首都師範大學，1995年9月初版及《唐後期政區與人口》，北京，首都師範大學，1999年12月初版。

〔註6〕 陳勇，〈唐後期的人口南遷與長江下游的經濟發展〉，《華東師大學報》，1996年第5期，頁84～90及陳勇、劉秀蘭，〈唐後期長江下游戶口考〉，《中國史研究》，1997年第4期，頁84～97。

〔註7〕 陳勇、劉秀蘭，〈唐後期長江下游戶口考〉，《中國史研究》，1997年第4期，頁84～97。

〔註8〕 吳松弟，《中國移民史》（隋唐五代卷），福州市，福建人民出版社，1997年7月初版。

末長期戰亂所造成的。如江都郡〔註9〕，隋大業年間有 115,524 戶，而唐太宗貞觀十三年（639）僅有 31,245 戶，減幅達 270%〔註10〕。而隋大業年間相當於唐時淮南地區的十二郡，共有 516,676 戶，貞觀時僅有 91,091 戶，戶數減幅達 467%。

　　而開元、天寶時期爲淮南地區人口穩定上升的時期，如淮南地區的開元戶共計 325,168 戶，較貞觀時已有大幅成長。及至天寶十一載（752）更達到極盛，共 412,447 戶，較開元時增加近十萬戶。而安史之亂後，淮南地區戶口雖暫時有所減少，但不久即恢復天寶時期之水準，到元和時期淮南部分州郡的戶數，甚至有超越天寶時期戶口之情形〔註11〕。

　　今據《舊唐書‧地理志》、《通典‧州郡門》、《太平寰宇記》及《元和郡縣圖志》等史料，將唐代淮南地區在貞觀十三年（639）、開元十八年（730）、天寶元年（742）及天寶十一載（752）及元和八年（813）等五個年代的戶數、口數做成有關戶口變遷的表格如下〔註12〕。

〔註9〕　隋時的江都郡，主體爲於唐代淮南地區的揚州、楚州、滁州三州；此外，尚包括潤州的延陵、曲阿、句容等三縣及屬州不明的永福縣。參見魏徵〔唐〕、令狐德棻〔唐〕等撰，《隋書》（臺北，鼎文書局點校本，1987 年），卷三一，〈地理志下〉，頁 873～874。

〔註10〕因隋代的江都郡，主要爲唐代的淮南揚州、楚州及滁州等三州之地；且唐代的戶口資料，均以州爲單位，而無縣級單位的戶口數。因此在唐代不屬於淮南地區的四縣戶口數，本文未列入計算。

〔註11〕據合理推測，唐憲宗元和年間，淮南地區僅揚州、楚州、滁州、和州、舒州、壽州及廬州等七州的戶數，即達到 366,602 戶之多，並且這還不是淮南地區十四州戶數之總和，足見戶口成長十分驚人。揚州、楚州、滁州、和州、舒州、壽州及廬州等七州的戶數的推算方式，參見本文第三小節詳論。

〔註12〕此五個時期戶口資料的斷限時間，參見平岡武夫和市原亨吉〔日〕所編的《唐代的行政地理》（上海，上海古籍出版社，1989 年），「序說」，頁 1 至 15。其中岑仲勉最早指出《舊唐書‧地理志》中的「舊領縣」，即爲貞觀十三年大簿的戶口資料，見岑仲勉〈《舊唐書‧地理志》「舊領縣」之表解〉，原刊於《中央研究院歷史語言研究所集刊》，第二十本上冊（1948 年），後收入氏著，《岑仲勉史學論文選集》（北京，中華書局，1990 年 7 月初版），頁 562～588。岑仲勉此說並已成爲定論。此外，翁俊雄認爲《舊唐書‧地理志》所舉的天寶戶口，雖來源爲天寶十一載記帳，但「既然『天寶十二載簿』是唐中央政府的正式文書，筆者認爲，其所載各項數字仍應視爲天寶十二載的較爲妥當」，見翁俊雄撰，《唐朝鼎盛時期政區與人口》（北京，首都師範大學，1995 年），頁 18～29。不過現今學界大多仍據《舊唐書‧地理志》序言所說，認爲天寶十一載爲天寶戶記載的時間。且翁氏的說法，既承認《舊唐書‧地理志》所載天寶戶口爲天寶十一載的記帳，但又堅持其時間應爲天寶

表 1-1　唐代淮南地區各階段戶口表〔註13〕

| | 貞觀十三年 | | 開元十八年 | | 天寶元年 | | 天寶十一載 | | 元和八年 |
	戶　數	口　數	戶　數	口　數	戶　數	口　數	戶　數	口　數	戶　數
揚州	23,199	94,347	61,417	---	73,381	469,594	77,105	467,857	---
楚州	3,357	16,262	14,748	---	26,118	142,090	26,062	153,000	---
滁州	4,689	21,535	20,100	---	26,211	141,227	26,486	152,374	---
和州	5,370	33,401	21,000	---	22,132	116,016	24,794	121,013	---
壽州〔註14〕	2,996	14,718	20,776	---	29,717	153,192	35,582	187,587	---
廬州	5,358	27,513	22,900	---	38,329	177,934	43,323	205,396	---
舒州	9,361	37,538	25,600	---	35,524	161,040	35,353	186,398	---
光州	5,649	28,291	29,695	---	30,770	147,229	31,473	198,580	19,90
蘄州〔註15〕	10,612	39,678	26,809 (11,100)	---	25,620	170,198	26,809	186,849	16,462

十二載，似有標新立異之嫌。

〔註13〕 其中貞觀十三年戶口數來源爲《舊唐書·地理志》；開元十八年戶數來源爲《元和郡縣圖志》及《太平寰宇記》；天寶元年的戶口數來源爲《通典·州郡典》；天寶十一載的戶口數來源爲《舊唐書·地理志》；元和戶來源爲《元和郡縣圖志》。資料來源：劉昫〔後晉〕等撰，《舊唐書》（臺北，鼎文書局，1993年），卷四○，〈地理志〉，頁1572～1583、1611～1612；歐陽修、宋祁〔宋〕等撰，《新唐書》（臺北，鼎文書局，1992年），卷四一，〈地理志五〉，頁1051～1056、1068～1069及卷三八，〈地理志二〉，頁991；杜佑〔唐〕撰，王文錦等點校，《通典》（北京，中華書局，1992年），卷一八一，〈州郡典·揚州上〉，頁4801～4813及卷一八二，〈州郡十三·荊州〉，頁4869～4873；樂史〔宋〕撰，王文楚等點校，《太平寰宇記》（北京，中華書局，2007年），卷一二三至一三二，頁2441～2608，以及李吉甫〔唐〕撰，賀次君點校，《元和郡縣圖志》（北京，中華書局，1995年），卷九，〈河南道五〉，頁234～235、頁243～247及卷二七，〈江南道三〉，頁647～656。表1-1有關淮南地區各州的面積數字乃是採自翁俊雄，《唐初政區與人口》（北京，北京師範學院出版社，1990年）第三部分「貞觀十三年淮南道州縣、戶口統計表」，頁285～286。據作者說明其各州面積，是參考《中國歷史地圖集》，第五冊「隋唐五代時期」，並用「求積儀」求出。

〔註14〕 壽州的天寶十一年戶數，《舊唐書·地理志》作35,582戶，《新唐書·地理志》則作35,581戶，相差1戶。由於《新唐書·地理志》的天寶十一年戶口數，是以《舊唐書·地理志》的數據爲藍本，且二書記載相差僅1戶，恐係傳抄錯誤，因此本文乃用《舊唐書·地理志》所載戶數。

〔註15〕 蘄州開元戶，李吉甫〔唐〕《元和郡縣圖志》（北京，中華書局，1995年），

黃州	4,896	22,060	13,073	---	14,787	84,182	15,512	96,368	5,054
安州	6,338	26,519	22,222	---	21,835	132,149	22,221	171,202	9,819
申州	4,729	23,061	21,020	---	25,630	139,629	25,864	147,756	614
沔州〔註16〕	1,517	6,959	5,286	---	6,252	38,129	---	---	2,261
濠州	2,660	13,855	20,522	---	20,553	138,361	21,864	108,361	20,702
總計	91,091	405,737	325,168 (309,458)	---	396,859	2,210,970	412,447	2,382,741	50,902

由表 1-1 可看出淮南地區的人口，從唐貞觀年間到天寶十一載間，包括開元年間及天寶元年，基本上均呈現上升曲線。僅少數州郡從天寶元年（742）到天寶十一載（752）間有微幅下滑，在這段時間內大部分州郡的戶數仍然是正成長。然其中蘄州的開元戶數，較之淮南各州，就有些偏高：且與天寶十一載的戶數相同，應為誤植天寶十一載的戶數所致。

表 1-2　唐代淮南地區各州人口密度分析表

州名	面積（平方公里）	貞觀十三年		天寶十一載		每平公里人口增加數	每平公里人口增加率	備 註
		口 數	密度	口 數	密度			
揚州	20,364	94,347	4.63	467,857	22.97	18.34	396.11	
楚州	11,073	16,262	1.47	153,000	13.81	12.34	839.45	
滁州	5,218	21,535	4.13	152,374	29.20	25.07	607.02	
和州	3,818	33,401	8.75	121,013	31.70	22.95	282.28	
壽州	18,200	14,718	0.81	187,587	10.3	9.49	1,171.60	

卷二七，〈江南道三〉，頁 654，作 26,809 戶，但《太平寰宇記》則作 11,100 戶，二者相去甚遠。按天寶十一載蘄州亦為 26,809 戶，完全相同，何以二十餘年間，戶口完全沒有任何變動：特別是這段時間內，其他各州均有均有大幅成長，甚至有近兩倍者，如盧州、楚州等。而蘄州的天寶十一年戶數，不但未增加，反而與開元戶完全一樣，顯然不合理。另外，自開元十八年至天寶元年，各州戶數大多有不同程度的增加，而若蘄州開元戶已是 26,809 戶，則從開元十八年至天寶元年，為負成長，亦違常理，因此作者認為《元和郡縣圖志》所載蘄州開元戶 26,809 之戶數，係誤植天寶十一載之戶數所致。但《太平寰宇記》所載 11,100 戶，從其他各州貞觀到開元時的戶數成長率來看，顯然偏低，因此這二組戶數，應均非正確數字，為求統計方便起見，暫以《元和郡縣圖志》所載的 26,809 戶，為蘄州開元戶數，並將《太平寰宇記》所載戶數列為參考。

〔註16〕沔州，文宗大和七年（833）始併入鄂州，但《新唐書》及《舊唐書》均無沔州天寶十一載的戶口數字，不知是何原因，尚待進一步探究。

廬州	13,109	27,513	2.10	205,396	15.66	13.56	645.71	
舒州	15,655	37,538	2.40	186,398	11.90	9.50	395.83	
光州	12,345	28,291	2.29	198,580	16.08	13.79	602.18	
蘄州	10,055	39,678	3.95	186,849	18.58	14.63	370.37	
黃州	13,364	22,060	1.65	96,368	7.21	5.56	336.96	
安州	8,273	26,519	3.21	171,202	20.69	17.48	544.54	
申州	5,473	23,061	4.21	147,756	26.99	22.78	541.09	
沔州〔註17〕	3,945	6,959	1.76	---	---	---	---	
濠州	7,891	13,855	1.76	108,361	13.73	11.97	680.11	
總計	148,783	405,737	3.08	2,382,741	18.29	15.18	492.85	總密度不含沔州

　　由表 1-1 及表 1-2 可以得知在開元、天寶時期，淮南地區的人口增長相當驚人，其中，天寶十一載揚州的口數，比貞觀十三年增加了三倍有餘，甚至超過了貞觀時期淮南地區十四州的總人口數。值得注意的是原本人口較為稀少的和州，也有大幅的成長；和州在隋大業間戶數僅有 8,254 戶，到了開元時已達二萬餘戶，至天寶時更達到 24,794 戶，比隋代戶數增加了二倍，比貞觀十三年（5,730 戶）更增加了三倍有餘〔註18〕。此外，天寶十一載時像舒州、壽州、廬州等州，不僅人口遠超過貞觀年間，同時也超過了隋大業年間的戶數。

　　再者，從人口密度來看淮南地區人口的增加，可以發現增長的情形更為明顯，如貞觀十三年淮南地區的總人口密度為每平方公里 3.08 人，而天寶十一載則為 18.29，增加近五倍。其中人口增長率最高的州為壽州，貞觀十三年人口密度僅為 0.81，為淮南地區中人口密度最低的州；由於人口增長，天寶十一載時人口密度竟達 10.3，成長率達 11 倍以上，相當驚人，這主要是因為壽州貞觀時基期（人口密度）較低之故。而貞觀時人口密度最高的和州，天寶十一載更高達 31.7，為淮南地區各州之冠。就連天寶十一載時人口密度最低的黃州，人口密度亦有 5.56，僅次於貞觀年間人口密度最高的和州（人口密度 8.75），由此可見在天寶年間淮南地區人口的盛況。

〔註17〕參見註16。
〔註18〕和州隋大業戶數，唐貞觀戶數，開元戶數及天寶十一載戶數，參見表 1-1 及
　　　　表 1-3。

表 1-3　隋唐時期淮南地區戶口比較表〔註19〕

隋代郡名/唐代州名		隋大業年間戶　數	貞觀十三年		天寶十一載		備　註
			戶　數	增減率	戶　數	增減率	
江都郡〔註20〕	揚州	115,524	23,199	-72.95%	77,105	+12.23%	
	楚州		3,357		26,062		
	滁州		4,689		26,486		
歷陽郡	和州	8,254	5,370	-34.94%	24,794	+200.39%	
淮南郡	壽州	34,278	2,996	-91.26%	35,582	+3.80%	
廬江郡	廬州	41,632	5,358	-87.13%	43,323	+4.06%	
同安郡	舒州	21,766	9,361	-56.99%	35,353	+62.4%	以上 7 州 +40.41%
弋陽郡	光州	41,433	5,649	-86.37%	31,473	-24.04%	
蘄春郡	蘄州	34,690	10,612	-69.41%	26,809	-22.72%	
永安郡	黃州	28,398	4,896	-82.75%	15,512	-45.38%	
安陸郡	安州	68,042	6,338	-90.69%	22,221	-67.34%	
義陽郡	申州	45,930	4,729	-89.70%	25,864	-43.69%	
沔陽郡	沔州〔註21〕	41,714	1,517	-96.36%	---	---	
鍾離郡	濠州	35,015	2,660	-92.40%	21,864	-37.56%	以上 7 州 -34.39%
總　　計		516,676	91,091	-67.71%	412,447	-20.17%	

　　從表 1-3 的分析可以看出，從隋代大業時期到了唐代的玄宗天寶年間，淮南地區的戶口並非全面性的增長，而是存在著顯著的區域性差異。透過表 1-3 的分析，可以很明顯的看出，地理上屬於淮南東部諸州，包括揚、楚、滁、和、舒、壽、廬及濠等八州，大都超越了隋大業年間的戶數。其中濠州即使

〔註19〕隋大業口數參見《隋書》，卷三一，〈地理志下〉，頁 873～876、899～890 及 893～894。貞觀十三年口數及天寶十一載口數，參見《舊唐書》，卷四〇，〈地理志〉，頁 1572～1583、1611～1612。

〔註20〕因隋時江都郡的轄境甚廣，雖以唐代淮南的揚州、楚州、滁州 3 州為主體，但亦包括浙西潤州的延陵、曲阿、句容等 3 縣及永福縣之地。而《舊唐書・地理志》及《新唐書・地理志》等史籍，記載有戶口數字者，又僅有各州的戶口數字，而無各縣的戶口數字，因此在資料缺乏的情形下，要得到這 4 縣的戶口數，委實有困難。因此本文受限於資料的不足，僅能將隋江都郡的戶口與唐代的揚、楚、滁等三州戶口，加以初步比較。

〔註21〕參見本文註 16。

較大業戶數爲下降，幅度也不如地理上，屬於淮南西部的黃州、安州及申州等州來的大。

如淮東的和州及舒州部分，人口則有較大幅度的成長，其中和州的戶數，較隋代整整成長了 2 倍有餘，其增長率著實驚人，舒州也有 62.4% 的成長幅度。再者，原隋代江都郡，到了唐代析爲三州，分別爲揚州、楚州及滁州，這三州在貞觀時合計僅 31,245 戶，較大業年間減少了 72.95%，即使到了唐代戶口盛極一時的天寶年間，揚州、楚州等三州的戶數，仍只比隋代增加 12.23%。至於壽州及廬州的戶數，則較隋代僅有小幅度的成長。

但光州、蘄州、黃州、安州、申州、沔州等州，就大不相同，這六州的地理位置，均位於淮南的西部地區。這六州貞觀年間的戶數，較之隋大業時，可以說是呈現巨幅下滑，減少幅度從 69% 到 96% 都有。到了天寶十一載，也僅回升到隋大業時戶數的三成到八成之間。相較於前述揚州、楚州、滁州、和州、舒州、壽州及廬州等，淮南東部七州的戶數平均成長 40.41%，則有天壤之別。其原因筆者推測與區域經濟發展的不均衡有關，因上述數州均位於淮南西部地區，在經濟發展上明顯不如揚州爲首的淮南東部諸州。安史亂後，方建節的淮南節度使，就以上述揚州爲首的淮東七州爲主要領州，可能與其經濟情形和人口成長有密切關連〔註22〕。

淮南西部的光州、蘄州、黃州、安州、申州及沔州等州的戶口，雖經唐代承平百餘年，仍未能達到隋代大業戶數的原因，可能與這數州的地理位置、交通條件，以及農業、手工業及商業貿易等的發展程度有關，這些因素對於區域經濟的發展和人口的成長與否，均有一定的影響。再者，爲一個地區的交通及運輸條件，對該地經濟發展及繁榮的影響，有時亦不下於農業、手工業及商業發展等方面的影響。

有唐一代，淮南地區的主要交通方式爲水路運輸，除個別地區外，陸路交通則在大部分的情形下，屬於輔助水路交通性質〔註23〕。因此凡有大運

〔註22〕淮南節度使領州的變化甚大，從最初領有的 14 州，其後因濠州及淮西諸州分隸各節度，領州數大爲減少。因此大致在 7 至 10 州之間，然仍以揚州、楚州、滁州、和州、舒州、壽州、廬州等 7 州爲主體。日本和尚圓仁在《入唐求法巡禮行記校註》中就提到揚州節度使領 7 州，參見釋圓仁〔日〕撰，白化文等校註，周一良審閱，《入唐求法巡禮行記校註》（河北，花山文藝出版社，1992 年），頁 44～45。在淮西平定後，元和十三年（818）光州復歸淮南，據史料記載，此後光州未在他屬，因此，以後淮南的領州約在 8～9 州之間。

〔註23〕參見朱祖德，〈唐代淮南地區的交通運輸〉，《史學彙刊》第 31 期（2013 年 6

河通過或大小河川流經的地區，均為淮南地區的水路網絡的一部分。唐代淮南地區的交通和漕運，除有運河主線經過揚州及楚州外，由於大運河出邗溝段後，要沿著淮河，其後再接汴渠（隋代通濟渠）北上；在安史之亂後，由於藩鎮阻撓漕運，因此運河不通時，漕運要出邗溝段後，要沿著淮河，再經渦水、潁水北上，因此楚州、壽州及濠州的地理位置，就顯的十分重要〔註 24〕。

　　但影響地區戶口增長的因素，除要考慮是否有如長江、淮河等主要河川流經外，還要看當地在交通路線的重要性和價值。如淮東的揚、楚二州，不僅有大運河貫穿其境，長江和淮河亦分別通過南北境。且揚、楚二州均面臨大海，因此除受益於漕運外，海外交通亦是使揚、楚二州經濟發達的重要原因之一〔註 25〕。再者，當時亦有一條經廬州、壽州而連通南北的路線，在運河開通以前此路線是南北交通要道〔註 26〕，在南北大運河開通後，此路線的重要性乃大為降低。但仍不失為一條重要的輔助路線，因此在這路線上的廬、壽二州的交通條件，就比淮西諸州來的優越。

　　另一方面，淮南西部的光州和申州雖有淮河流經；蘄州、黃州及沔州等州亦有長江加以連通。此外，安州雖未臨淮河或長江，但仍可經溳水及漢水連結長江，因此仍然擁有一定的水運條件。前述數州的交通條件雖不如揚州、楚州、壽州及廬州等州來的好，但也擁有基本的交通條件。但在戶口的表現上，這數州的戶數卻遠不如淮東諸州。其原因應是受到了上述諸州的地理位置及地形的限制，以致此數州的交通運輸條件等效益，發揮有十分有限，連帶影響到區域經濟的發展。這也就是淮南西部的光州、申州、蘄州、黃州、沔州及安州等州的戶口增長，不如淮東諸州的重要原因之一。

　　除了交通因素外，在農業生產方面，耕作技術的進步及水利建設的興修，也是影響該地戶口能否增長的關鍵因素之一。民以食為天，若無足夠的糧食，人口要增加，在正常情況下，也是有困難的。淮南東部的揚、楚、滁、和、

月），頁 19～21。

〔註 24〕 楚州、壽州及濠州的交通情形，參見朱祖德，〈唐代淮南地區的交通運輸〉，頁 30～35 詳論。

〔註 25〕 揚州及楚州的交通條件，參見朱祖德，〈唐代淮南地區的交通運輸〉，頁 25～31 詳論。

〔註 26〕 參見應岳林、巴兆祥，《江淮地區開發探源》（南昌，江西教育出版社，1997年），頁 253～256。

舒、壽、廬等州，在水利設建的興修及農業生產技術的發展方面，都有相當
的成效與進步〔註 27〕。從供需的角度來看，糧食生產量的增加，不僅使人口
得以穩定的成長，剩餘的糧食或經濟作物，亦可透過市場機制而成爲商品。
經濟作物如茶、麻、桑樹等的廣泛種植，使得手工業有充足的原料加工製造，
這些手工業產品進入市場後，相當程度地活絡了當地的商業貿易〔註 28〕。前
述淮南東部七州的農業生產及手工業的技術，均有相當的進步，商業貿易亦
十分發達，對於當地戶口的增長和吸引外來人口，起了關鍵性的作用，使得
天寶時期淮南東部的揚州、楚州、滁州、和州、舒州、壽州、廬州等七州的
人口，較隋大業年間的戶口均有不同幅度的增長。

三、安史亂後淮南地區人口的變遷及原因探究

　　上節已述及淮南地區人口在天寶時的增長情形，而在安史亂後，全國各
地由於戰亂的原因，人口銳減，元和中期以後，人口有逐漸增加的趨勢，但
仍遠不及天寶時的盛況。但在淮南地區方面，則因張巡、許遠的死守睢陽而
獲保全，因此戶口損失相當輕微，加上北方大量人口南移，致使戶口不致大
幅下降。但由於唐中葉以後，唯一有系統記載戶口統計數字的《元和郡縣圖
志》，卻因今本《元和郡縣圖志》的淮南道七州（揚州、楚州、滁州、和州、
舒州、壽州、廬州等七州）部分已佚，因此使得淮南地區部分州郡，缺少元
和時的戶口數字可以參考比較，這是相當遺憾的情形。因此本節主要探討這
七州元和時期的戶口情形。

　　而現存其他史料，除了鳳毛麟角的個別記載外，缺乏有系統且完整的戶
口資料，因而淮南七州的戶口數仍是未知數。因此本節將主要探討揚州、楚
州、滁州、和州、舒州、壽州、廬州等七州的戶口數，並用三種方式來推定
其七州總戶口數，並據相關史料加以判斷其合理性。

　　雖今本《元和郡縣圖志》缺淮南七州的戶口數，然而通過間接的方法，
還是可以找到答案。《舊唐書》，卷一四，〈憲宗本紀上〉載：

　　　　（元和二年十二月）己卯，史官李吉甫撰《元和國計簿》，總計天下

〔註 27〕淮南地區農業的發展，參見朱祖德，〈唐五代淮南地區農業經濟的發展〉一文
　　　　詳論，該文宣讀於 102 年 5 月 25 日，由中國文化大學史學系所主辦的「第一
　　　　屆華岡中國中古史學術研討會」。

〔註 28〕參見朱祖德，〈唐代揚州手工業析論〉，《淡江史學》第 24 期（2012 年 9 月），
　　　　頁 148～149。

方鎮凡四十八，管府州二百九十五，縣一千四百五十三，戶二百四十四萬二百五十四，其鳳翔、鄜坊、邠寧、振武、涇原、銀夏、靈鹽、河東、易定、魏博、鎮冀、范陽、滄景、淮西、淄青十五道，凡七十一州，不申戶口。每歲賦入倚辦，止於浙江東西、宣歙、淮南、江西、鄂岳、福建、湖南等八道，合四十九州，一百四十四萬戶〔註29〕。

其後，宰相李吉甫所撰成的《元和郡縣圖志》，可看出其間江淮地區承平無大變故，況且《唐會要》，卷八四，〈戶口數〉，亦載：「元和戶二百四十七萬三千九百六十三」〔註30〕，可見元和時期戶數約在二百四十、五十萬之間，因此我們可將元和二年（807）至元和八年（813）中江淮地區戶數，視作比較固定的數字（雖然應會有一些變動），若能求得東南七道的戶數，自然可推知元和初年淮南地區的揚、楚、滁、和、舒、壽及廬等七州的總戶口數，表 1-4 是根據《元和郡縣圖志》、《太平寰宇記》及《輿地紀勝》等資料制成的〔註31〕。

表 1-4　元和初年江淮八道管內戶口數表

道 別	州 別 / 戶 數							合 計（州數/口數）
浙西觀察使	潤 55,400	常 54,767	蘇 100,808	杭 51,276	湖 43,467	睦 9,054		6/314,772
浙東觀察使	越 20,685	婺 48,036	衢 17,426	處 19,726	溫 8,484	明 4,083	台 ---	7/118,440
宣歙觀察使	宣 57,350	歙 16,754	池 17,591					3/91,695

〔註29〕見《舊唐書》，卷一四，〈憲宗本紀上〉，頁 424。
〔註30〕見《唐會要》，卷八四，頁 1551。
〔註31〕淮南地區在節度使設置前，一直保持在 14 州左右，本節雖以肅宗至德元載（756）十二月，淮南節度使設置後的 7 州為重點，但若要對淮南地區整體的戶口變遷有所了解，勢必要追溯至唐初，故本文前一小節，先以安史之亂前的淮南地區 14 州為對象，而本小節則以淮南節度使常領的 7 州戶口為主要研究對象，以便對個唐代淮南地區的戶口變遷有通盤的瞭解。本處表列資料主要參考《元和郡縣圖志》，卷二五至卷二九，〈江南道一〉至〈江南道五〉等七道戶口資料制成，並參閱《太平寰宇記》，卷一二三至卷一三二，淮南地區各州及王象之〔宋〕，《輿地紀勝》（臺北，文海出版社，1971 年），卷三七至卷五三，淮南東、西路各州。

江西觀察使	洪 91,129	饒 46,116	虔 26,260	吉 41,025	江 17,945	袁 17,226	信 28,711	撫 24,767	8/293,079
鄂岳觀察使	鄂 38,618	沔 2,262	安 9,819	黃 5,054	蘄 16,462	岳 1,535			6/73,750
湖南觀察使	潭 15,444	衡 18,047	郴 16,437	永 894	連 5,270	道 18,338	邵 10,800		7/85,230
福建觀察使	福 19,455	建 15,480	泉 35,571	潭 1,343	汀 2,618				5/74,467
淮南節度使	（揚）	（楚）	（滁）	（和）	（廬）	（舒）	（壽）		（7）/366,602〔註32〕
									49/1,440,000

　　要推算元和時期淮南七州的戶數，可以用三種方式來加以推估：第一種方式，是直接將江淮八道的總戶數 1,440,000，減去浙江東、浙江西道、宣歙、江西、鄂岳、福建及湖南等七道戶數的總和，應即爲淮南地區揚州、楚州、滁州、和州、舒州、壽州及廬州等七州，以及尚未扣除台州戶數之總和，即爲 388,567 戶〔註33〕。

　　但因元和戶的浙東部分，缺台州戶數，因此上述的淮南七州的推估數，還要將台州的戶數扣除，才是淮南七州的正確戶數。天寶十一載時台州有 83,868 戶，元和時浙東地區的戶口平均下降幅度約 73.81%〔註34〕，這要比淮南地區下降幅度來的大。若減去台州 73.81% 的天寶十一載時戶數，應即爲元和時台州的推估戶數（21,965），因此比率是依浙東地區的平均數去計算的，因此差距應不會太大。若以推的 388,567 戶減去預估的台州戶數，即應爲淮南地區七州的戶數〔註35〕，此數字爲 366,602。此數字比淮南地區七州的天寶

〔註32〕　本處淮南七州的估計戶數，係已扣除預估的浙東台州戶數（21,965 戶）後的數字。

〔註33〕　以上對元和時期淮南地區七州戶數的估算數字，乃是以元和二年後的戶數東南八道總戶口數，扣除元和八年《元和郡縣圖志》的東南七道戶口數而得到的戶口數。雖然此時期內戶口的增減，必會影響到淮南道戶口數字的推算，但應可視作大致可靠的戶口數。而如果東南七道的戶口在此六年間有所成長，則推算出的淮南地區七州的戶數，可能少於實際數字，而反之，則可能高估了淮南地區七州的戶口數字

〔註34〕　據《舊唐書・地理志》及《元和郡縣圖志・江南道二》等資料的戶數加以統計。見《舊唐書》，卷四〇，〈地理志〉，頁 1589～1598 及《元和郡縣圖志》，卷二六，〈江南道二・浙東觀察使〉，頁 617～630。

〔註35〕　淮南七州元和時期戶數的計算方法，最早是由周東平提出，參見周東平，〈唐代淮南道區劃、人口考〉，收入《中國唐史學會論文集》（西安，三秦出版社，1989 年），頁 153～155。此外，陳勇及翁俊雄的專文或專書均有提到元和時

十一年總戶數 268,705，還要多出 97,897 戶，換算成百分比，約成長了 36.43%，淮南七州戶數的成長幅度，可以說是相當的驚人。

在《元和郡縣圖志》中的〈江南道一〉至〈江南道五〉的浙西、浙東、江西、鄂岳、宣歙等五道下，都繫有「都管戶」若干，它們與各道屬州的申報戶口數略有不同（如江西、鄂岳、宣歙），也有差距頗大（如浙東）。這可能是累計各道轄州戶數時錯誤所致，但更可能是這兩者分別來自於不同年代及不同資料所致〔註 36〕。明顯的例證是元和前期，淮西對抗中央，拒不申戶納稅，但書中仍有州領戶若干的記載，可見這些戶數還是來源自此前淮西一度歸順中央時的資料。

因此，第二種戶數的推算方式，則是依據浙西等五道「都管戶」以及缺「都管戶」的湖南、福建兩道的實際戶數相加。則東南七道總戶數為 1,034,969。那麼，淮南七州的戶數，應為 405,031，此處因是用「都管戶」的戶數來計算，因此不需要扣除台州戶數。

還有第三種戶數的推算方式，是把浙西、浙東、江西、鄂岳及宣歙等五道繫有「都管戶」數者，與實際戶數相比較；「都管戶」大於實際戶數則取之，否則取實際戶數，然後將七道相加，據此得出東南七道共有戶數 1,051,545，推算出淮南七州的戶數應為 388,455。這與用第一種方式推估，所得出的 366,602 戶，兩者戶數的差距，較第二種方式為小。由於淮南七州的戶數是用推論而得到的數字，因此本文將以三種推估方式中，即戶數最低的預估數為計算基礎，即 366,602 戶〔註 37〕。為方便做進一步的分析，本文乃以 366,602 戶為淮南七州的暫定戶數。

期淮南七州的戶數計算方法，不過因並未有新見，因此本處並未加以引用。參見陳勇、劉秀蘭，〈唐後期長江下游戶口考〉，《中國史研究》，1997 年第 4 期，頁 89～90 及翁俊雄，《唐後期政區與人口》（北京，首都師範大學，1999 年 12 月初版），頁 48～49。

〔註 36〕有關都管戶的問題及運用浙西、浙東、江西、鄂岳及宣歙等五道都管戶來推估淮南七州戶數，參閱周東平，〈唐代淮南道區劃、人口考〉，收入《中國唐史學會論文集》（西安，三秦出版社，1989 年），頁 154。

〔註 37〕以上對元和時期淮南道人口的估算數字，乃是以元和二年東南八道總戶口數，扣除《元和郡縣圖志》的東南七道戶口數而得到的戶數，雖然此時期內戶口的增減，必會影響到淮南地區戶口數字的推算，但應仍可視作大致可靠的戶數。而如果東南七道的戶口在此數年間有所成長，則推算出的淮南地區七州的人口數字，可能少於實際數字，反之，則可能高估了淮南地區的戶口數字。

倘若以上的推測無誤，我們可以推斷元和初年淮南地區七州的戶數，約是 36 萬餘戶左右，為當時東南地區八道之冠。

除了運用上述方法來推算淮南揚州、楚州、滁州、和州、舒州、壽州及廬州等七州的大致戶數外，亦可從當時淮南七州的經濟情形，來分析其戶數是否可能達到推定的 366,602 戶之多。從相關文獻的記載來看，淮南七州的元和戶數達到 36 萬餘戶，是有相當可能的。如從《嘉靖惟揚志》可以得知，揚州元和時有 87,647 戶〔註 38〕，較天寶十一載的戶數 73,381，成長了 14,266 戶，戶數成長率達 19.44%，但較之這七州的平均成長率達 36.43%，顯然是小巫見巫，顯見楚州、滁州、和州、舒州、壽州及廬州等六州戶數成長率，肯定高於揚州。

元和年間淮南東部地區的揚州、楚州、滁州、和州、舒州、壽州及廬州等七州的人口，是否能達到此數目呢？透過此一時期史籍相關記載的考察，可以證明這數字是有相當大可能性的。就以淮南地區最繁榮的首府揚州來說，唐前期這裡即被稱為「地當衝要，多富商大賈，珠翠珍怪之產。」〔註 39〕，史云：「廣陵當南北大衝，百貨所集。」〔註 40〕。中唐以後，揚州工商業持續發展，《舊唐書》，卷一四六，〈杜亞傳〉載德宗興元元年（784），揚州「僑寄衣冠及工商等多侵衢造宅，行旅擁弊」〔註 41〕，足見當時揚州工商業之繁榮及人口眾多，在唐前期嚴格規定的坊市制度，已然遭到破壞〔註 42〕。趙嘏的〈送沈單作尉江都〉詩，稱揚州是「煬帝都城春水邊，笙歌夜上木蘭船。三千宮女自塗地，十萬人家好洞天」〔註 43〕，貼切地形容揚州的繁華及戶口的眾多。

〔註 38〕見朱懷幹〔明〕修，盛儀〔明〕纂，《嘉靖惟揚志》，收入《天一閣藏明代方志選刊》（臺北，新文豐出版社，1985 年），第四冊，卷八，〈戶口〉，頁 614 上。

〔註 39〕《舊唐書》，卷八八，〈蘇瓌傳〉，頁 2878。

〔註 40〕《唐會要》，卷八六，〈市〉，頁 1582。

〔註 41〕《舊唐書》，卷一四六，〈杜亞傳〉，頁 3963。

〔註 42〕唐前期對坊市制度有嚴格規定，違者即處杖七十之刑罰，參見劉俊文撰，《唐律疏議箋解》（北京，中華書局，1996 年），卷二六〈雜律〉，頁 1822，「侵巷街阡陌」條，其文云「諸侵巷街、阡陌者杖七十，若種植墾食者笞五十。各令復故」。〈雜律〉另有「犯夜」條，對夜晚擊鼓後出入坊門的行為加以限制，違者處笞二十之刑罰，參見劉俊文，《唐律疏議箋解》，卷二六，〈雜律〉，頁 1825～1828「犯夜」條。

〔註 43〕曹寅〔清〕等纂修，《全唐詩》（上海，上海古籍出版社，1993 年），卷五四九，頁 1404，趙嘏，〈送沈單作尉江都〉。

　　直到文宗開成年間（836～840），日本僧人圓仁在揚州，目睹到「江中充滿大舫船、積蘆船、小船等，不可勝計」〔註44〕，從舟船擁擠的情形，可以想見當地的熱鬧景象。文宗開成三年（838）十二月廿九日除夕，圓仁在揚州還見到以下繁華的景象：

　　　　暮際，道俗共燒紙錢，俗家後夜燒竹，與爆聲，道「萬歲」。街店之
　　　　內，百種飯食，異常彌滿。〔註45〕

足見揚州繁華的盛況，又《嘉靖惟揚志》，卷八，〈戶口〉載：

　　　　貞元時，揚州鎮縣七，戶七萬三千三百八十一，丁口四十六萬九千

　　　　五百九十四。元和時，揚州戶八萬七千六百四十七，丁口缺。〔註46〕

《嘉靖惟揚志》雖未說明貞元及元和，這兩組戶口數的資料來源，不過應有所據〔註47〕。然《嘉靖惟揚志》所載貞元戶口數，也有值得商榷之處。因天寶時，揚州已有 77,105 戶，而此處記貞元時僅有 73,381 戶，不增反減，以揚州經濟的發達情形來看，似乎並不完全合理。

　　安史之亂時，北方人口大量南遷，避地江淮。淮南地區因處於南北交流的孔道位置，因此，來此避難的北方移民，應不在少數。從學者的研究來看，當時淮南地區的移民實例中，有明確記載移入地點的 35 例中，其中揚州及其屬縣即佔了 24 例之多。另楚州 7 例，壽州 3 例，濠州 1 例〔註48〕。此外，於唐末五代遷移至淮南及吳國者，尚有 34 例，其中遷入揚州者應佔有相當比例。這數量雖比不上江南地區的移民實例〔註49〕，但已相當可觀了。吳松弟並認為從大曆年間和州、舒州、滁州及濠州等州，在安撫流民方面取得了不錯的成績，說明唐後期這些州遷入較多的北方移民〔註50〕。

〔註44〕見圓仁〔日〕撰，白化文等校註，周一良審閱，《入唐求法巡禮行記校注》（河北，花山文藝出版社，1992 年），卷一，開成三年七月二十五日條，頁 22。

〔註45〕《入唐求法巡禮行記校注》，卷一，開成三年十二月二十九日條，頁 89。

〔註46〕見《嘉靖惟揚志》，第四冊，卷八，〈戶口〉，頁 614 上。

〔註47〕元和時戶數，有相當的可能性，是從尚未缺卷前的《元和郡縣圖志》中，所引用的數據。

〔註48〕吳松弟，《中國移民史》（隋唐五代卷）（福州市：福建人民出版社，1997 年），頁 288～290。

〔註49〕參見吳松弟，《中國移民史》（隋唐五代卷），頁 279～283，「唐後期五代南遷的北方移民實例（江南部分）」。不過表中將「遷入地」為南唐者，亦列入江南，著實不妥。因南唐僅佔有唐兩浙地區的潤、常二州及宣歙地區，而以淮南地區及江西地區為主體。故遷入地為南唐者，應列入淮南計算為妥。

〔註50〕吳松弟，《中國移民史》（隋唐五代卷），頁 288 詳論。

　　前文已述及揚州除在劉展之亂時〔註 51〕，戶口財產受到損失之外，在安史之亂時並未像北方各州戶口損失那麼嚴重，因而在中晚唐時期人口應呈上升之趨勢。而天寶時期正當全國戶口達於極盛時，僅淮南的揚州、楚州、滁州、和州、舒州、壽州及廬州等 7 州，總戶數已有 268,704 戶。然上述七州，據推測在元和時戶數達到 366,602 戶，則比起這七州天寶十一載的戶數，還要增加了 97,897 萬戶，總成長率約為 36.43%。而元和時揚州的戶數為 87,647 戶〔註 52〕，則較天寶十一載的 73,381 戶，成長了 14,266 戶，戶數成長率為 19.44%，在全國大部分州郡普遍下滑時，揚州這樣的戶數成長率算是相當高，但仍低於淮南東部七州戶數的總成長率。

　　因揚州在唐前期已成為江淮平原最大經濟都會〔註 53〕；安史之亂後，因優越的地理環境及便利的交通，使得揚州的經濟持續發展，到了中晚唐時期揚州乃成全國最大的經濟都會〔註 54〕。因此照理來說，揚州的戶數成長率應高於淮南東部七州的平均值〔註 55〕。但從《嘉靖惟揚志》的記載來看，元和時揚州的戶數為 87,647 戶，戶數成長率為 19.44%，並未高於淮南東部七州的平均值。其原因可能是揚州地區，有大量的勞動人口從事運輸業、手工業製造或有許多商賈遠赴四方經商等，以致造成流動人口數量的增量，即「人口轉移」現象的產生，而相當影響了著籍戶口的數字〔註 56〕。此外，有學者推測揚州在晚唐時，戶數達到十萬餘戶，筆者雖不完全贊同其推論，但可以說是有相當的可能性〔註 57〕。

〔註 51〕劉展之亂發生在肅宗上元元年（760），當時淮南節度使為鄧景山，恐兵力不足以對抗劉展，乃引平盧節度副使田神功對付劉展，神功至揚州後大掠吏民資產，使揚州受到了重大的損失，詳見《舊唐書》，卷一一〇，〈鄧景山傳〉，頁 3313 及《新唐書》，卷一四一，〈鄧景山傳〉，頁 4655。

〔註 52〕採用《嘉靖惟揚志》，第四冊，卷八，〈戶口〉，頁 614 上所載揚州戶數。

〔註 53〕見劉希為，〈盛唐以後商胡麇集揚州之由〉，載江蘇省六朝史研究會、江蘇省社科院歷史所編，《古代長江下游的經濟開發》（西安，三秦出版社，1989 年），頁 262。

〔註 54〕揚州在中晚唐時期，成為全國最大經濟都會的歷程，參見朱祖德，〈唐代揚州的商業貿易〉，《史學彙刊》第 30 期（2012 年 12 月），頁 57～102 詳論。

〔註 55〕揚州元和時的戶數資料，可能受到「浮寄戶」及從事手工業、商業的「流動人口」大為增加的影響，以致著籍戶口較實際減少許多。

〔註 56〕鄭學檬，《中國古代經濟重心南移和唐宋江南經濟研究》（長沙，岳麓出版社，2003 年），頁 217～218。

〔註 57〕凍國棟在《唐代人口問題研究》（武昌，武漢大學出版社，1993 年），第四章「唐代人口分佈──淮南道」中提到「對照趙嘏詩中所言，僅揚州城內就有十萬之家，全州戶數決不止八萬餘」。雖然筆者同意當時揚州地區的戶數不會

　　揚州的屬縣海陵縣，土地肥沃，人口眾多，唐末達數萬戶，楊行密奪取廣陵城後，因恐孫儒乘勝取海陵，故令鎮遏使高霸率其兵民悉歸府城（揚州）〔註58〕。僅海陵一縣即有數萬戶，則當時揚州戶數應不下十萬戶。

　　再者，與揚州同樣受惠於大運河，而相當繁榮的楚州，其情形為「揚州屬都，楚實甚大，提兵五千，籍戶數萬，其事雄富，同於方伯。」〔註59〕楚州州內之龍興寺「寺前素為郡之戲場，每日中，聚觀之徒，通計不下三萬」〔註60〕，雖然在人數的估算上，似有些誇張，卻也證明了楚州人戶的繁密。再者，盧州及滁州二州的人口也相當多，如《樊川文集》，卷十八，〈盧搏除盧州刺史制〉稱：「盧江五城，環地千里，口眾賦重」〔註61〕，盧州在元和中羅珦為刺史時，施政有方，因此盧州「墾田滋多，歲以大穰」〔註62〕，民以食為天，盧州糧食生產量的增加，對戶口的增長亦有相當大的裨益。滁州在文宗大和八年（834）十一月曾因山洪爆發，所轄清流等二縣「漂溺戶一萬三千八百。」〔註63〕按滁州天寶戶共 26,486 戶，此年因山洪爆發即有 13,000 餘戶遭到漂溺，則其人口應不少於天寶時期。

　　和州在開元時期尚為下州，後遭劉展之亂，有一些損失，但很快就恢復，元和六年（811）就升為上州〔註64〕。在十四年後（寶曆元年）劉禹錫任和州刺史時，人口已達一萬八千戶〔註65〕。而和州開元戶為 21,000，天寶十一載

　　　　少於 8 萬戶，甚至有超過 10 萬戶的相當可能性，但並不贊成凍國棟以詩中形容或概估的數字，來推測揚州的戶數，特別是指揚州城內的戶數。除了唐詩中之數字，有時用係比擬的寫法，未必根據實際情形，因此常有誇大，應不可完全採信外；更為重要的原因是，狹義的揚州城的範圍，僅為郭下的江都和江陽兩縣。而據《嘉靖惟揚志》所載，元和時揚州的戶數為 87,647 戶，如僅郭下二縣的戶數就達到 10 萬戶，其他五縣的戶數就相對受到壓縮。因此，從科學的角度來看，對於揚州城內戶數的估算，應採取較謹慎的態度。

〔註58〕見《資治通鑑》，卷二五七，僖宗光啟三年（887）十一月壬寅條。
〔註59〕見《全唐文》，卷七一六，頁 3263 下～3264 上，呂讓，〈楚州刺史廳記〉。
〔註60〕見李昉〔宋〕等編纂，《太平廣記》（臺北，文史哲出版社，1987 年），卷三九四，頁 3148，〈徐智通條〉引《集異記》。
〔註61〕見杜牧〔唐〕，《樊川文集》（臺北，漢京文化事業公司出版，民國 72 年），卷一八，頁 269。
〔註62〕《全唐文》，卷四七八，頁 2163 下，楊憑，〈唐盧州刺史本州團練使羅珦德政碑〉。
〔註63〕見《舊唐書》，卷一七，〈文宗紀下〉，頁 556。
〔註64〕《唐會要》，卷七〇，〈州縣分望道〉，頁 1238。
〔註65〕見劉禹錫〔唐〕撰，《劉賓客集》（臺北，臺灣中華書局，1983 年），卷八，〈和州刺史廳壁記〉，頁 5。按：該文作於寶曆元年（825）六月二十一日。考劉禹

有 24,794 戶，所以寶曆元年（825）和州戶數已接近開元戶數。和州自劉展亂後少有戰亂，因而人口數應是直線上升的。此外，同樣位於淮南東部，且早已劃入河南道的濠州，在元和八年有戶 20,702，略高於開元年間的 20,552 戶，接近天寶十一載的 21,864。（見表 1-1，濠州戶口數）

　　綜上所述，從各州戶口增長的情形來看，在元和年間，淮南地區的揚州、楚州、滁州、和州、舒州、壽州及廬州等七州的總戶數，在 36 萬戶左右應是合理的估算〔註66〕。

四、由州縣等第的上升來看淮南地區的戶口變動

　　由於唐代州縣的等級與戶口多寡，有著相當密切關係；戶口增加的州縣，等級便會得到調升，反之，倘若戶口減少的州縣就有可能遭到降等。因此可以從淮南地區揚、楚、滁、和、舒、壽及廬等七州的州縣等級的變動，來觀察其戶口增減情形。本節主要以前述揚州等七州的州縣等級變動為中心，至於淮南地區其他州縣的等級變動，若有關連者，亦將一併敘及。

　　在州級的等級變動方面，壽州在會昌四年（844）五月升為緊州。而滁州、和州、舒州、濠州及蘄州等五州，則在元和六年（811）九月一併升為上州。光州升為上州的時間則較晚，在宣宗大中四年（850）六月。此外，申州在元和十四年（819）四月升為中州。上述數州的等級調升，足以證明這數州的戶口，均有顯著的成長。值得注意的是，除了淮東的壽州、滁州、和州、舒州及濠州等州，等級提升為緊州或上州外；淮南西部的蘄州、光州及申州等州的等級，亦有所提升。

　　在縣的等級變動方面，據《唐會要・州縣分望道》記載，安史之亂後淮南的揚州、楚州、滁州、和州、舒州、壽州及廬州等七州，共有十三縣升為望縣或緊縣。分別是揚州的揚子縣、海陵縣、天長縣及六合縣，楚州的盱眙縣，廬州合肥縣、廬江縣、慎縣，壽州的安豐縣、盛唐縣、霍丘縣〔註67〕，

錫自穆宗長慶四年（824）至文宗大和二年（828）為和州刺史，此時已任刺史一年。參閱郁賢皓，《唐刺史考》（南京，江蘇古籍出版社，1987 年）第三冊「淮南道・和州」部分，頁 1507。該文並云：「輸縚錢十六萬，歲貢纖紵二籠，吳牛蘇二鈞，糁蟬九寶，茅蒐七千兩」，足見當時和州地區每年的徵賦及上貢物品，實不在少數。

〔註66〕此處淮南地區戶口推算以 7 州為準，未包括元和十三年（818）劃入淮南的光州。

〔註67〕《舊唐書・地理志》作「霍丘縣」，《新唐書・地理志》亦同，唯《唐會要・

舒州桐城縣及滁州全椒縣等十三縣。另外，升爲上縣的則有：楚州的山陽縣、
盱眙縣、鹽城縣，舒州太湖縣、宿松縣，壽州霍丘縣等六縣。

此外，同樣位於淮南東部地區的濠州則有定遠縣及鍾離縣，於會昌四年
（844）十二月升爲緊縣〔註68〕。淮西諸州方面，則僅有蘄州蘄水縣於元和六
年（811）九月升爲上縣〔註69〕。從縣等級的上升情形來觀察，可以看出淮東
諸州，縣等級提升者共有二十一縣，相較之下淮西諸州部分，卻僅有蘄州蘄
水縣一縣升爲上縣，其比例可謂相當懸殊。

據《新唐書‧地理志》所載，揚州的江都、江陽、揚子、海陵及天長等
五縣均爲望縣，不過《新唐書‧地理志》的州縣等級，爲晚唐的情形，因此
不適合作爲州縣等級的比對樣本。《唐會要‧州縣分望道》載江都縣，玄宗開
元四年（716）升爲望縣，亦載揚子縣，代宗大曆八年（773）升爲望縣，而
海陵縣及天長縣均在武宗會昌四年（844）十一月升爲望縣，僅江陽縣的升等
時間未載。不過江都與江陽同理揚州，均爲郭下縣〔註70〕，因此江陽縣的升
爲望縣的時間，應不晚於江都縣。據開元、天寶時期的《天寶殘地志》〔註71〕
記載，江都縣及江陽縣，在安史之亂前已是望縣，可以作爲江陽縣升爲望縣
時間的參考。《天寶殘地志》並記揚州其餘五縣，除天長缺等第外，其他四縣
如揚子、六合、海陵及高郵等均爲上縣。

此外，楚州寶應縣，《新唐書‧地理志》記其爲望縣，《唐會要‧州縣分
望道》亦未載其升等時間。不過據《新唐書‧地理志》云：寶應「本安宜，
武德四年以置倉州，七年州廢，來屬。上元三年以獲國寶更名」〔註72〕，則

州縣分望道》作「霍邱縣」。本文從《舊唐書‧地理志》及《新唐書‧地理志》，
作「霍丘縣」。

〔註68〕《唐會要》，卷七○，〈州縣分望道〉，頁1239。
〔註69〕《唐會要》，卷七○，〈州縣分望道〉，頁1239。
〔註70〕參見《舊唐書》，卷四○，〈地理志〉，頁1572。
〔註71〕原文發表於《中國文物》，1979年第1期，圖版第6～7頁。由於該殘卷的名
稱，學者看法不一，本文傾向王仲犖的看法，定名爲《唐天寶初年地志殘卷》，
並考量行文的方便，本文中將簡稱爲《天寶殘地志》，特此說明。本文主要考
王仲犖校注本，參見王仲犖，〈唐天寶初年地志殘卷考釋〉，載《敦煌石室地
志殘卷考釋》（上海，上海古籍出版社，1993年），頁1。據學者們研究，《天
寶殘地志》所載的州縣等級、公廨本錢及土貢等項的底本，主要爲開元後期
至天寶初年這段時間內的資料，參見朱祖德，〈唐代淮南地區的經濟發展探析
——以敦博第58號敦煌石室寫本爲核心〉，載《淡江史學》第二十三期（2011
年9月），頁9～12。
〔註72〕《新唐書》，卷四一，〈地理志〉，頁1052。此國寶共十三，詳見《舊唐書》卷

其升爲望縣時間應在肅宗上元三年（762），並且《天寶殘地志》記其等第僅爲中縣。淮南地區縣級升等的一般情形，是由中縣升上縣，再由上縣升爲緊縣或望縣。因此合理推測安宜（寶應）縣從中縣直接升爲望縣，除戶口有所增長外，應與其「獲國寶」一事有密切關係。

　　縣是唐代地方行政系統中最基層的單位，唐代的縣依其戶口多寡及重要性分爲數等，據《通典》所載縣的等級有七種：「大唐縣有赤、三府共有六縣，畿、八十二。望、七十八。緊、百一十一。上、四百四十六。中、二百九十六。下、五百五十四。」〔註73〕，並云「京都所治爲赤縣，京之旁邑爲畿縣。其餘則以戶口多少，資地美惡爲差」〔註74〕，在各等級後所加注的數字，應爲該等級縣的數量。雖說明了赤、畿縣的標準，然對於望、緊縣之標準，仍未加以說明。由於目前所能找到的唐代史籍，均缺載望縣、緊縣之差別標準，因而目前僅能就有明確標準之上、中、下縣三等論其等級〔註75〕。此外，在《唐會要》、《舊唐書·職官志》及《新唐書·百官志》中，均有中下縣之等級〔註76〕，

三七，〈五行志〉，頁1374，肅宗因獲國寶，改元「寶應」。

〔註73〕見《通典》，卷三三，〈職官一五〉，頁919～920。

〔註74〕見《通典》，卷三三，〈職官一五〉，頁919～920。

〔註75〕在《通典》中，未提及不同等級縣的戶口數標準，並且在《唐六典》、《新唐書·百官志》及《舊唐書·職官志》中，均無望、緊縣等級的標準，《唐會要》雖有上、中、中下等三個等級之戶口數標準，然亦無望、緊二等級之戶口標準。惟云：「其赤、畿、望、緊等縣，不限戶數，並爲上縣。去京五百里內，並緣邊州縣戶五千已上，亦爲上縣。二千已上爲中縣，一千已上爲中下縣。」從此條看來，赤、畿、望、緊等縣的戶口標準應同於上縣。即一般的縣，戶數達6,000戶以上；或去京五百里內，並緣邊州縣戶數達5,000以上者，均爲上縣。然仍未說明赤、畿、望、緊等縣的戶口標準，特別是望、緊縣與上縣的區別爲何。據王鳴盛〔清〕，《十七史商榷》（臺北，鼎文書局，1979年初版），卷七九，頁837～838引謝惟新〔宋〕的《合璧事類後集》，第七九卷，〈縣官門知縣〉，宋代縣之等級除赤、畿外，有望、緊、上、中、下五等：四千戶爲望，三千戶以上爲緊，二千戶以上爲上，千戶以上爲中，不滿千戶爲中下，五百戶以下爲下。而其所敘爲宋太祖時制度，離唐不遠，由此可推望、緊，應爲唐代高於上縣的等級，惜各書均失載其標準。張澤咸則認爲「赤、畿是說明與首都間的關係，望、緊是表明在各道中具有特殊地位，上、中、下乃是表明該縣戶口的多少」，參見張澤咸撰，〈重讀《太平寰宇記》札記〉，收入中國社會科學院歷史所隋唐遼宋金元史研究室編，《隋唐遼宋金元史論叢》第一輯（北京市，紫京城出版社，2011年），頁236。應較符合唐代的情況。

〔註76〕見王溥〔宋〕撰，《唐會要》（上海，上海古籍出版社，1991年初版），卷七○，〈量戶口定州縣等第例〉，頁1231及《舊唐書》卷四四，〈職官志〉，頁1921，《新唐書》，卷四九下，〈百官志四下〉，頁1318～1319。

是唐代縣的等級除赤、畿、望及緊等特殊等級外，尚有上、中、下及中下縣等不同等級〔註77〕。

表 1-5　淮南東部七州縣等級的上升〔註78〕

州　名	縣　名	升　等　時　間	《天寶殘地志》等級	升等後等級
揚州	江都縣	開元四年（716）	望縣	望縣
揚州	揚子縣	大曆八年（773）	上縣	望縣
揚州	海陵縣	會昌四年（844）十一月	上縣	望縣
揚州	天長縣	會昌四年（844）十一月	缺載	望縣
揚州	六合縣	會昌四年（844）十二月	上縣	緊縣
楚州	盱眙縣	會昌四年（844）十二月	中縣	緊縣
廬州	合肥縣	會昌四年（844）十二月	上縣	緊縣
廬州	廬江縣	會昌四年（844）十二月	上縣	緊縣
廬州	愼縣	會昌四年（844）十二月	中縣	緊縣
壽州	安豐縣	會昌四年（844）十二月	上縣	緊縣
壽州	盛唐縣	會昌四年（844）十二月	缺載	緊縣
壽州	霍丘縣	會昌四年（844）十二月	中縣	緊縣
舒州	桐城縣	會昌四年（844）十二月	上縣	緊縣
滁州	全椒縣	會昌四年（844）十二月	上縣（中縣）	緊縣
楚州	山陽縣	貞元四年（788）十二月	中縣	上縣
楚州	盱眙縣	貞元四年（788）十二月	中縣〔註79〕	上縣

〔註77〕李林甫〔唐〕等撰，《唐六典》（北京，中華書局，1992 年），卷三，〈尚書戶部〉之縣分等標準與《唐會要》不盡相同，桂齊遜在《唐代河東軍研究》（臺北，中國文化大學史學研究所碩士論文（未刊本），民國 80 年 6 月）中認爲《唐六典》所據爲開元二十二年之新標準，故與《唐會要》之開元十七年的標準不同，而《唐會要》未有下縣之標準，故今從《唐六典》的分等標準製爲下表

上　　縣	中　　縣	中　下　縣	下　　縣
6,000 戶以上	3,000 戶以上	1,000 戶以上	不滿 1,000 戶

而緣邊各州及去京五百里內，五千戶以上爲上縣。餘標準同上表。

〔註78〕本表參考《唐會要》，卷七〇，〈量戶口定州縣等第例〉，頁 1231 及《天寶殘地志》等相關資料製成。本表主要列舉淮南東部揚州、楚州、滁州、和州、舒州、壽州及廬州等七州，縣等級的提升情形。

〔註79〕《天寶殘地志》載楚州盱眙縣爲中縣，《新唐書・地理志》缺載楚州盱眙縣等第。

楚州	鹽城縣	元和六年（811）九月	中縣	上縣
舒州	太湖縣	元和六年（811）九月	上縣〔註80〕	上縣
舒州	宿松縣	元和六年（811）九月	中縣	上縣
壽州	霍丘縣	元和六年（811）九月	中縣	上縣

五、結　論

　　本文透過相關史籍，對淮南地區在唐初、盛唐及安史之亂後等，不同時期的戶口增減情形，加以分析；並試圖對各階段區域人口分佈的不均衡性，提出了可能的原因與看法。

　　元和時期淮南東部的揚州、楚州、滁州、和州、舒州、壽州及盧州等七州戶口，因史籍缺載，而無法探其究竟。本文乃以三種方式，推估出此七州總戶數的數值，應爲 366,602 戶。並依相關史料，論證此戶數的合理性，以及詳論淮南東部七州較淮西地區諸州戶數增長的原因。

　　由於以揚州爲首的淮東諸州，在安史亂後，無論農業、手工業及商業貿易等方面，都有良好且持續的發展；因此隨著戰亂的平息，這數州的戶口伴隨著地區經濟的發展，因此有相當程度的成長。另一方面，淮西諸州的經濟發展，則與淮東諸州不同調，因此在人口上減幅甚大，推測其原因，恐與淮西地區經濟發展的不均衡和長期的戰亂有關。

　　本文透過相關資料的整理與分析，進一步瞭解在元和時期，大部分州縣人口呈現減幅時，淮南東部地區仍有數州的戶口，仍然持續增加的原因。說明了地區經濟發展的良窳，與當地戶口的增減間，存在著密切關連。

　　〔附註〕本篇原刊於《環球士心學報》，第七期（2013 年 7 月）。

〔註80〕據《天寶殘地志》所載，太湖縣已爲上縣，何以《唐會要》，卷七〇，〈州縣分望道〉，卻記其於元和六年九月方升上縣，是否有誤植或者太湖縣在這段期間內曾被降等，後又升爲上縣，待考。

圖 1-1　唐代淮南地區全圖

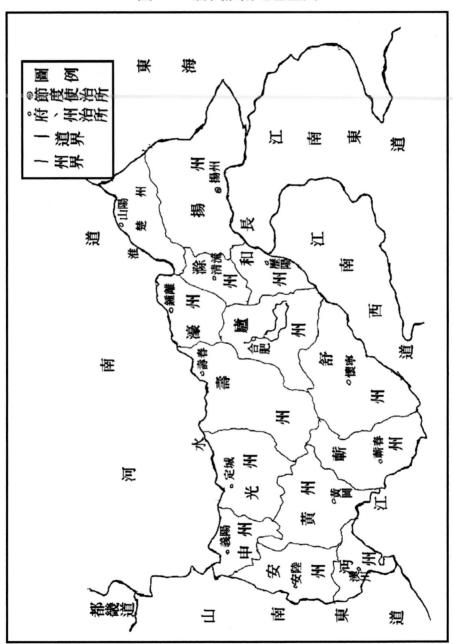

參考譚其驤《中國歷史地圖集》第五冊隋唐五代時期「淮南道」圖繪製

圖 1-2　淮南東部七州示意圖

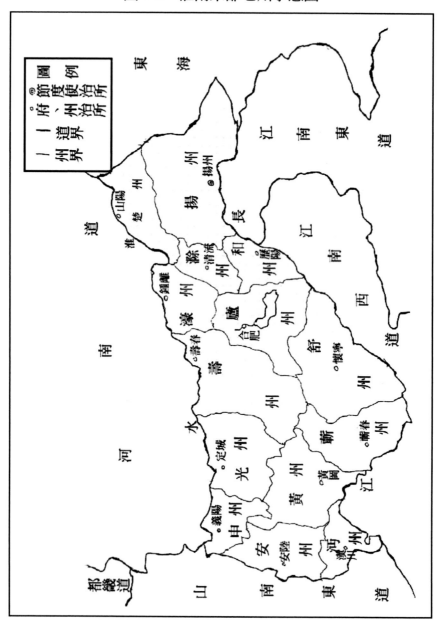

一、參考譚其驤，《中國歷史地圖集》第五冊隋唐五代時期「淮南道」圖改繪。

二、圖中網底部份爲淮南地區東部揚、楚、滁、和、舒、壽、盧等七州。

貳、唐五代淮南地區的農業發展

一、前　言

　　淮南地區〔註1〕為唐五代時期的農業精華區之一,與兩浙地區同為當時江淮地區的重要糧食產地。淮南地區的茶、麻及葛等經濟作物的生產,亦相當地的進步,其中淮南所生產的茗茶,不但品種繁多且質量均佳。

　　淮南地區是唐代主要的農業生產地區,淮南地區以平原和盆地為主要地形,大部分地區地勢相當平坦,並且境內大小河川甚多,使得農業灌溉十分便利,故農業經濟有相當的發展。由於淮南地區得天獨厚地,處於南北交流的關鍵位置,使其在農業技術的發展方面,居於江淮地區之首。魏晉南北朝時期淮南地區因常處於前線要地,故戰亂頻仍,嚴重地影響了農業的發展,迨隋代統一南北後,淮南地區始有較安定的環境來發展農業。

　　淮南地區因區域整體開發較早,且接受北方先進的耕作技術的時間,較江淮其他地區為早,因此唐代特別是安史之亂後,包括淮南在內的江淮地區逐漸成為唐政府的賦稅淵藪。淮南地區因有適合發展農業的良好自然環境,加以耕作技術的進步和水利灌溉設施的興修,農業生產有良好的發展。

　　淮南地區因擁有農業生產的良好基礎,使得農民有多餘的糧食和茶、絲等物品,可以在市場上出售和交換,促進了商業貿易的發展;同時淮南地區所廣泛種植的茶、麻及葛等經濟作物,也使得手工業有足夠的原料從事製造。

〔註1〕　本文之「淮南地區」,主要係指唐代淮河及長江之間的區域,即揚州、楚州、滁州、和州、舒州、壽州、廬州、光州、黃州、蘄州、安州、申州、濠州及沔州等14州,鄰近地區,若有關連者亦一併敘及。

因此可以說唐代淮南地區的整體經濟發展成就，應歸功於農業生產技術的進步和產量的增加，所帶來供給市場交換的充足商品，以及手工業者所要的加工原料。

　　研究回顧方面，研究唐代整體農業發展的學者，主要有張澤咸〔註2〕及大澤正昭〔註3〕；以長江流域農業爲研究對象的，則有史念海〔註4〕及裴安平和熊建華〔註5〕；以江蘇或淮南地區爲研究對象者，則有顏亞玉〔註6〕及李天石〔註7〕等學者。前述學者的研究，對本篇的寫作有相當的助益。唯因針對唐五代時期的淮南地區，特別是包括淮南西部在內的整體研究，目前學界尚無這方面的專論。因此作者乃不揣淺陋，撰寫此文，希能對淮南地區的整體農業發展有所助益。

二、淮南地區的地理條件和唐以前的農業發展

　　唐代的淮南地區，地理位置處於淮河和長江之間，西起四望山、陪尾山，東抵東海。其轄境西起申州、安州、沔州，東至揚州、楚州。除在壽州、舒州及蘄州交界處，有大別山及霍山山脈〔註8〕外，大部分地區均屬於平原或盆

〔註2〕張澤咸，《隋唐時期農業》，臺北，文津出版社，1999 年 6 月初版及《漢晉唐時期農業》，北京，中國社會科學出版社，2003 年初版。

〔註3〕大澤正昭〔日〕，《唐宋變革期農業社會史研究》，東京，汲古書院，1996 年 7 月初版，惟該書在第三部「稻作經營論」中，主要以江南地區爲探討對象。

〔註4〕史念海爲著名的歷史地理學者，他在長江下游地區方面的著作有，〈隋唐時期長江下游農業的發展〉，收入氏撰，《中國史地論稿（河山集）》（臺北，弘文館出版社，1986 年 1 月），頁 239～254 及〈論唐代揚州和長江下游的經濟地區〉，原刊《揚州師院學報》，1982 年第 2 期，頁 21～27；後收入氏著，《唐代歷史地理研究》（北京，中國社會科學出版社，1998 年），頁 234～249。

〔註5〕裴安平、熊建華撰，《長江流域的稻作文化》，武漢，湖北教育出版社，2004 年 8 月初版。

〔註6〕顏亞玉，〈唐中後期淮南農業的發展〉，《中國社會經濟史研究》，1984 年 4 期，頁 72～77，該文論述偏向淮東地區，對於淮南西部地區著墨較少。

〔註7〕李天石，〈唐代江蘇地區農業經濟發展述論〉，載《南京師大學報（社會科學版）》，1991 年第 3 期，頁 43～49。

〔註8〕《唐六典·尚書戶部》云：「淮南道，古揚州之境。……其名山有八公、濙、大別、霍山、羅山、塗山」，注云：『八公山在壽州壽陽縣；大別山在壽州霍山縣；霍山一名天柱，在舒州懷寧縣，自漢已來爲南嶽，隋文帝開皇九年（589），以南衡山爲南嶽，廢霍山爲名山；羅山在申州，塗山在濠州鍾離縣。』」見李林甫〔唐〕等撰，陳仲夫點校，《唐六典》（北京，中華書局點校本，1992 年），卷三，〈尚書戶部·戶部郎中條〉，頁 69。

地地形〔註9〕，因此地勢大多相當平坦〔註10〕。總的來說，淮南地區除上述大別山及霍山山脈之外，即使有地勢較高之處，大多僅爲丘陵起伏，如北部壽州、濠州一帶，有八公山及塗山等。

　　淮南西部一帶地區地勢較東部爲高，丘陵也較多，如大蘇山、羅山、石龍山、陪尾山、小別山及木蘭山等〔註11〕。淮南東部地區的地勢則較淮南西部爲平坦，僅有部分地區是海拔三百公尺以上的丘陵地帶，基本上是廣闊的平原或盆地，在氣候上屬暖溫帶向亞熱帶過渡地區，氣候溫和，雨量充沛〔註12〕，劉禹錫詩云：「淮海多夏雨，曉來天始晴」〔註13〕，天寶時進士韓翃的〈送南少府歸壽春〉詩亦云：「淮風生竹簟，楚雨移茶竈」〔註14〕，說明了緊臨東海的揚、楚二州，雨量相當充沛，良好的自然環境，爲農業的發展，提供了有利的條件。

　　而據學者研究，唐代氣溫較今日爲高，爲中國歷史上的一個溫暖時期〔註15〕。當時華南地區甚至有大象、犀牛、鱷魚等熱帶動物出沒〔註16〕，

〔註9〕　唐代淮南地區主要包括今天的江蘇省北部、安徽省中部、湖北省的東部，以及河南省的東南一隅，而以江蘇省和安徽省爲主體。主要地形爲盆地和平原所組成，包括長江三角洲、巢蕪盆地、黃淮平原、兩湖盆地及鄱陽盆地等。參見王益厓，《中國地理》（臺北，正中書局，民國59年），頁416～418；頁521～522及任德庚，《中國地理》（臺北，東大圖書有限公司，民國83年）上冊，頁205～206；215～217；222～226；231～334；下冊，頁19～23。

〔註10〕　如淮南東部地區的地勢就相當平坦，絕大部分地區在海拔50公尺以下，參見李孝聰，《中國區域歷史地理》（北京，北京大學出版社，2009年），頁241。

〔註11〕　關於淮南地區的山脈及丘陵分佈情形，參見《唐六典》，卷三，〈尚書戶部・戶部郎中條〉，頁69及樂史〔宋〕撰，王文楚等點校，《太平寰宇記》（北京，中華書局，2007年），卷一二三至一三二，淮南地區各州有關丘陵及山脈分佈的敘述；並參閱譚其驤主編，《中國歷史地圖集》，第5冊（隋・唐・五代十國時期）（上海，地圖出版社，1982年），頁54，「開元廿九年（741）淮南道」圖。

〔註12〕　據學者研究，「通揚運河之南，年降雨量達1,200毫米，江淮之間爲950～1,100毫米，淮河之北在950毫米以下」，參見吳必虎，《歷史時期蘇北平原地理系統研究》（上海，華東師大出版社，1996年），頁3。

〔註13〕　見劉禹錫〔唐〕撰，蔣維崧等箋注，《劉禹錫詩集編年箋注》（濟南，山東大學出版社，1997年），頁5，〈晚步揚子游南塘望沙尾〉。

〔註14〕　彭定求、沈三曾〔清〕等纂修，《全唐詩》（上海，上海古籍出版社，1990年），卷二四三，頁613下。

〔註15〕　劉昭民，《中國歷史上氣候之變遷》（臺北，商務印書館，1992年），頁100～112。作者從氣候紀錄、動物之分佈、柑橘果樹之分佈、地理景觀、唐詩記載及節氣物候等論證，認爲唐代平均氣溫較今高1度左右；並參見藍勇，〈唐代氣候變化與唐代歷史興衰〉，《中國歷史地理論叢》，2001年3月，頁4～6，藍氏並認爲中唐時期氣溫下降，使得北方民族南侵，造成安史之亂。滿志敏

當時不僅江南地區有象群行蹤〔註17〕，淮南地區境內亦有象群出沒，《太平廣記》云：「張景伯之爲和州，淮南多象，州有獵者，常逐獸山中，忽有群象來圍獵者，令不得去，有大象至獵夫前。……俄而諸象二百餘頭，來至樹下」〔註18〕，爲象群請求獵者，除去噬象巨獸的一則敘事。象爲棲息於熱帶之哺乳類動物，今天象群僅見於我國雲南等地區〔註19〕，在江淮地區已不復見，可見唐五代時期淮南地區氣溫的確較今日爲高。

當時不僅象群出現於淮南地區，就連老虎亦不少，如楊憑的〈唐廬州刺史本州團練使羅珦德政碑〉，就提到羅珦到任之初，「貧人稅重，豪家賦薄，田稀翳桑，猛虎爲虐」〔註20〕，足見當時淮南中部地區，不但有老虎出沒，

認爲唐代在安史之亂後，氣溫開始下降，並從河湖海結冰現象、霜凍與降雪絕對日期及大寒潮現象等分析，認爲八世紀中期後，氣溫開始有明顯的下降。參見滿志敏，〈唐代氣候冷暖分期及各期氣候冷暖特徵的研究〉，載《歷史地理》第八輯（1990年7月），頁1～15。然分析其所舉的大寒潮例子，僅一例在淮南地區，其他例子大部分都在西安地區。其表一（頁7）與表二（頁9）所舉的蘇北沿海的結冰現象，共有五例，但其中四例在海州灣，僅有一例未說明結冰地點。海州灣在唐代海州外海，屬於河南道。與淮南地區的主體差距達二個緯距以上，與淮南南部的舒州及蘄州更相差達五個緯距。因此雖從滿志敏文來看，安史亂後當時北方的氣溫的確有下降的情形，但由於淮南地區的地理位置及緯度，均與關中地區有很大的差異，因此並不能說明淮南地區的氣溫也受到同樣的影響。且有學者指出「歷史時期我國中緯度地區氣候變化的幅度，是大大小於中高緯度地區的」，見藍勇，〈唐代氣候變化與唐代歷史興衰〉，《中國歷史地理論叢》，2001年3月，頁7。再者，張天麟亦指出從南朝中期到唐代後期（約西元850年）是溫暖期，年均溫較現在高1～2℃。參見張天麟，〈長江三角洲歷史時期氣候變遷的初步研究〉，《華東師範大學學報》第4期（1982年），頁104。綜上所述，雖在安史之亂後，氣溫有下降的情形，除了氣溫是逐步下降外，對於各地區的影響，應與所在緯度有關，而非一概而論。淮南地區由於緯度適中，且在安史亂後，農業上有相當良好的發展，因此所受到氣溫緩步下降的影響，並不如北方地區來的大。

〔註16〕劉昭民，《中國歷史上氣候之變遷》，頁103～106；此外，翁俊雄氏認爲除氣溫較高的因素外，人口增加、經濟的發展及交通的開拓等，均是唐代虎、象增加的原因，參見翁俊雄，〈唐代虎、象的行蹤〉，載《唐研究》第三卷，頁381～391。

〔註17〕唐代江南地區的象群行蹤參見參見翁俊雄，〈唐代虎、象的行蹤〉，載《唐研究》第三卷，頁386～388。

〔註18〕李昉〔宋〕等編，《太平廣記》（臺北，文史哲出版社，1987年），卷四四一，〈淮南獵者〉引《紀聞》，頁3602～3603。

〔註19〕劉昭民，《中國歷史上氣候之變遷》，頁75。

〔註20〕董誥〔清〕等編，《全唐文》（上海，上海古籍出版社，1993年），卷四七八，頁2163下，楊憑，〈唐廬州刺史本州團練使羅珦德政碑〉。

並且已成為當地的禍患。此外，舒州的桐城縣，到了玄宗開元（713～741）中，仍是「地多猛虎、毒虺」〔註21〕，直到元和八年（813），縣令韓震焚薙草木，才解決了此問題〔註22〕。

　　氣溫高則有助於農作物的成長，故過去認為可能性不高的二熟稻，在此情形下，可能性則大幅提高。據學者的研究顯示，歷史時期氣候溫暖期單季稻可在黃河流域栽培，而雙季稻可以推進到長江兩岸，歷史上氣候冷暖變化，可引起單、雙季稻種植地區的南北移動，其變動約為兩個緯距〔註23〕。因此淮南地區除推行複種制外，靠近長江一帶地區，亦有可能出現雙季稻的種植。從劉禹錫的〈歷陽書事七十韻〉詩云：「場黃堆晚稻，籬碧見冬菁」〔註24〕來看，足見當時和州已出現了晚稻，且和州緊鄰長江，有相當可能是倪根金所提到的雙季稻，亦有可能是和州已施行稻、麥複種制，使得水稻收成較晚〔註25〕。再者，許渾的〈淮陰阻風寄呈楚州韋中丞〉詩中有「劉伶臺下稻花晚，韓信廟前楓葉秋」〔註26〕等句，亦為楚州淮陰地區已出現晚稻的佐證〔註27〕。

　　此外，淮南地區境內亦分佈著許多大小河川，對發展農業所需的灌溉水源相當有利。河川由東到西排列有：下阿溪、滁水、濡須水、濠水、肥水〔註28〕、

〔註21〕參見《新唐書》，卷四一，〈地理志〉，頁1054。

〔註22〕《新唐書》，卷四一，〈地理志〉，頁1054。

〔註23〕見倪根金，〈試論氣候變遷對我國古代北方農業經濟的影響〉，載《農業考古》，1988年第1期，頁297。

〔註24〕劉禹錫的〈歷陽書事七十韻〉詩云：「場黃堆晚稻，籬碧見冬菁」，見劉禹錫〔唐〕撰，蔣維崧等箋注，《劉禹錫詩集編年箋注》（濟南，山東大學出版社，1997年），頁307。為配合雙季稻或稻麥複種制的施行，因此水稻的種植及收成時間必需提前或延後，因此會出現早稻或晚稻。

〔註25〕張澤咸則認為從較嚴謹的角度來看，雙季稻的種植，在唐代除嶺南的閩、廣地區外，應僅限於個別區域。參見張澤咸，〈試論漢唐間的水稻生產〉，《文史》，第十八輯，頁56～57。

〔註26〕《全唐詩》，卷五三四，頁1349上，許渾，〈淮陰阻風寄呈楚州韋中丞〉。

〔註27〕參見顏亞玉，〈唐中後期淮南農業的發展〉，《中國社會經濟史研究》，1984年4期，頁74。不過由於楚州淮陰的地理位置在淮河南岸，其位置較和州約高二個緯距，參見譚其驤主編，《中國歷史地圖集》，第五冊（隋·唐·五代十國時期）（上海，地圖出版社，1982年初版），頁54，「開元廿九年（741）淮南道」圖，因此施行雙季稻種植的可能性較低，應為稻麥複種制的實施地區。

〔註28〕肥水往北注入淮水，參見酈道元〔北魏〕，楊守敬、熊會貞〔清〕疏，段熙仲點校，陳橋驛復校，《水經注疏》（邗江，江蘇古籍出版社，1986年），卷三二，〈肥水〉，頁2673～2690。

渭水〔註 29〕、施水〔註 30〕、皖水、蘄水、澮水、澗水、潠水、富水、漢水及等河川縱貫交錯其間〔註 31〕，構成了淮南地區綿密的水渠網絡，對農田灌溉及水運交通等均有極大助益。

　　淮南地區農業生產歷史悠久，春秋時期，楚國尹孫叔敖就曾大舉開發芍陂〔註 32〕。西漢時廬州太守王景「驅率吏民，修起蕪廢，教用犁耕，由是墾闢倍多，境內豐給」〔註 33〕，改變了過去火耕水耨的原始耕作技術。魏晉南北朝時期雖因戰爭原因無法順利進行開發，但仍有開發的行動，如魏陳登開愛敬陂（陳登塘）〔註 34〕、鄧艾大興屯田〔註 35〕及劉馥興治芍陂、七門、吳塘〔註 36〕等水利設施，說明了在此段時期淮南農業雖時受戰亂的影響，但仍持續在發展。

　　到了隋代，因全國統一，淮南地區相對安定，不若南北朝時期受戰爭頻繁的破壞，故在農業經濟上有長足的發展。安史之亂時，北方的農業生產遭到嚴重的破壞，淮南地區則因張巡、許遠死守睢陽的義舉，而大致保全了經濟上的實力。隨後雖有肅宗上元元年（760）時的劉展之亂，幸因田神功快速平定了這場亂事，而未釀成大禍，然對於揚州等地的城市經濟，仍造成一定程度的傷害〔註 37〕。然而比起當時淮河以北的諸道，仍相對安定。正如賈至

〔註 29〕 渭水，《水經注》作「沘水」，參見《水經注疏》，卷三二，〈沘水〉，頁 2667～2671 及《全唐文》，卷七三六，沈亞之，〈壽州團練副使廳壁記〉，頁 3369 上。

〔註 30〕 《水經注》以施水為肥水之分流，參見《水經注疏》，卷 32，〈肥水〉，頁 2674 及卷 32，〈施水〉，頁 2690。

〔註 31〕 有關淮南地區的河川分佈情形，可參考參見樂史撰，《太平寰宇記》，卷一二三至一三二，淮南地區各州有關河川分佈的敘述；並參考譚其驤主編，《中國歷史地圖集》，第 5 冊（隋・唐・五代十國時期），頁 54，「開元廿十九年（741）淮南道」圖。

〔註 32〕 參見陳懷荃，〈楚在江淮地區的開發和孫叔敖開芍陂〉，《歷史地理》第九期，頁 279～281。不過有學者對此事提出異議，認為沒有考古發現可以證實此事，參見本文第三節詳論。

〔註 33〕 見范曄〔南朝宋〕、司馬彪〔晉〕等撰，《後漢書》（臺北，鼎文書局，1977 年 9 月初版），卷七六，〈循吏傳〉，頁 2466。

〔註 34〕 《輿地紀勝》，卷三七，〈淮南東路・揚州〉引《元和郡縣志》，頁 280 上。

〔註 35〕 《三國志・鄧艾傳》云：「水豐常收三倍於西，計除眾費，歲完五百萬斛以為軍資。六、七年間，可積三千萬餘斛於淮上，此則十萬之眾五年食也。以此乘吳，無往而不克也。」見陳壽〔晉〕撰，裴松之〔南朝宋〕注，《三國志》（臺北，洪氏出版社點校本，1984 年），卷二八，〈鄧艾傳〉，頁 775～776。

〔註 36〕 《三國志》，卷十五，〈劉司馬梁張溫賈傳〉，頁 463。

〔註 37〕 見劉昫〔後晉〕等撰，《舊唐書》（臺北，鼎文書局點校本，1993 年），卷一一

所言：

> 兵興十年，九州殘弊，生人凋喪，植物耗竭，⋯⋯獨揚州一隅，人
> 尚完聚。屢遇海島震盪，再當河南離叛，丞供職役之繁，而室家相
> 保，耕績未罷。⋯⋯魚鹽之殷，舳艫之富，海陵所入也。齒革羽毛，
> 元纊機組，東南所育也。匡時之謨，富人之術，幕府所畫也。豈伊
> 方隅是賴，得不勉歟？時臨歧贈言，盍各有望，眾君子之誌其詩乎
> 〔註38〕。

而當時北方人口大量地南移至包括淮南在內的江淮地區避亂，一方面使淮南
地區的勞動力增加，另一方面也帶來了北方較先進的生產技術，因而使淮南
地區的農業經濟有長足的進步與發展。

唐代在安史之亂後，由於河北藩鎮不輸賦稅，唐中央政府乃仰賴江淮地
區賦稅為主要財政收入，故對淮南在內的江淮地區積極經營，加以北方人口
大量南遷，並帶來生產力和較先進的技術，而使淮南地區整體經濟蓬勃發展。
故淮南地區在中晚唐時期遂成為唐廷最重要的賦稅支柱之一。《舊唐書》卷一
四〈憲宗紀上〉載：

> 史官李吉甫撰《元和國計簿》，總計天下方鎮，凡四十八，管州府二
> 百九十五，縣一千四百五十三，戶二百四十四萬二百五十四。⋯⋯
> 每歲賦入倚辦，止於浙江東西、宣歙、淮南、江西、鄂岳、福建、
> 湖南等八道，合四十九州，一百四十四萬戶，比量天寶供稅之戶，
> 則四分有一〔註39〕。

足見安史之亂後，唐帝國倚賴淮南及浙江東西、宣歙、江西、鄂岳、福建、
湖南等八道為命脈，而以兩浙及淮南為首，其對江淮賦稅之需求及依賴不言
可喻。《冊府元龜·邦計部》載：

> 貞元二年正月詔，浙江東、西至今年入運送上都米七十五萬石，更
> 於本道兩稅折納米一百萬石，並江西、湖南、鄂岳、福建等道先支
> 米，並委浙江東、西節度使韓滉處置船運。數內送一百萬石至東渭
> 橋輸納，餘賑給河北等諸軍及行營糧料。其淮南及濠、壽等道先支
> 米，洪潭屯米並委淮南節度使杜亞勾當船運，數內送二十萬石至東

〇，〈鄧景山傳〉，頁3313。

〔註38〕《全唐文》，卷三六八，頁1653中，賈至，〈送蔣十九丈奏事畢拜殿中歸淮南
　　　　幕府序〉。

〔註39〕《舊唐書》，卷一四，〈憲宗紀上〉，頁424。

渭橋，餘支充諸軍行營糧料〔註40〕。

此段顯示淮南地區當時在米糧北運中所佔的分量，僅次於浙江東西道。文中雖未明確指出，由淮南節度使杜亞所運送的淮南及濠、壽等道先支米的總數究竟有多少，然從由總數中抽出二十萬石運送至東渭橋來看，淮南及濠、壽等地的北運米糧已有相當的數量。

三、耕作技術的進步和水利設施的興修

唐代淮南地區農業耕作技術的進步方面，主要呈現在牛耕的普遍使用、複種制的推廣及移栽技術的逐漸成熟等方面。

在牛耕技術方面，南方的使用牛耕技術一般來說較北方為晚。而淮南地區，由於地理位置上屬於南北間的交會地帶，因此牛耕的使用較江南為早。史料表明，至遲在東漢時期，相當於唐代的的揚州及廬州等地區，即已使用牛隻來耕田，如《後漢書‧循吏傳》云王景：

> 遷廬江太守，先是百姓不知牛耕，致地力有餘而食常不足。郡界
> 有楚相孫叔敖所起芍陂稻田，景乃驅率吏民，修起蕪廢，教用犁耕，
> 由是墾闢倍多，境內豐給。遂銘石刻誓，令民知常禁。又訓令蠶織，
> 為作法制，皆著于鄉亭。廬江傳其文辭〔註41〕。

並且考古發現也證明了此段記載的真實性，1959年時，在芍陂故址發現了東漢灌溉工程水堰遺跡，水堰中部為草土混合樁壩，與王景的「墕流法」築壩基本符合〔註42〕。換言之，考古發現證實了當地存在著東漢時期的灌溉設施〔註43〕。

不過有關孫叔敖所起芍陂稻田一事，有學者持有不同看法，認為從目前的考古發現所得結果，不能證實真有其事〔註44〕。筆者則認為孫叔敖開芍陂

〔註40〕 王欽若、楊億〔宋〕等編，《冊府元龜》（北京，中華書局，1988年），卷二四，〈邦計部‧漕運〉，頁5970上。宋祁、歐陽修〔宋〕等撰，《新唐書》（臺北，鼎文書局點校本，1993年），卷五三，〈食貨三〉，頁1369～1370。

〔註41〕 見范曄〔南朝宋〕、司馬彪〔晉〕等撰，《後漢書》（臺北，鼎文書局點校本，1977年），卷七六，〈循吏傳〉，頁2466。

〔註42〕 原見殷滌非，〈安徽省壽縣安豐塘發現漢代閘壩工程遺址〉，《文物》，1960年第1期，此處引自黃展岳，《先秦兩漢考古與文化》（臺北，允晨文化，1999年），頁52～53。

〔註43〕 參見黃展岳，《先秦兩漢考古與文化》，頁52～53。

〔註44〕 參見黃展岳，《先秦兩漢考古與文化》，頁53。

一事雖目前尚未有考古發現足資證明，然因此事發生時間甚早，距今已有
2,000 年以上，在文物考古上要能發現相關物證，委實並不容易。由於目前
學界對此事可謂眾說紛紜〔註45〕，故尚難加以定論。

　　另 1957 年 2 月在江蘇高郵邵家溝東漢末村落遺址發現 V 型鐵犁鏵 1 件
〔註46〕，高郵在唐代屬於揚州所轄，足見早在東漢時期，揚州地區即已使用
了牛耕技術，減少了人力，而增加了產量。綜上所述，淮南部分地區早在東
漢時期即已使用牛耕技術，其中包括了相當於唐代的揚州及壽州等地，文獻
及考古資料均表明在東漢時期上述地區的農業生產相當地進步。到了唐代，
其間又經過了四、五百年之久，則淮南其他地區的採用牛耕技術，應已是相
當普及了。

　　在輪作制方面，淮南地區早在南朝齊明帝（494～498）時，便有大臣建
議在淮南屯田，可以種水稻或種菽麥〔註47〕。北魏時淮南北所在鎮戍，皆令
秋天播麥，春天種粟、稻，隨其所宜，水陸兼用〔註48〕。唐代著名詩人李白，
描寫楚州安宜的景緻是「川光淨麥隴，日色明桑枝」〔註49〕，溫庭筠詩亦云：
「離離麥擢芒，楚客意偏傷」〔註50〕，均是描述淮南楚州一帶種植小麥的情
形。

　　據學者研究，指出「包括淮南道的揚州、楚州和江南東道，太湖流域是

〔註45〕學者持贊同意見的有陳懷荃，他在〈楚在江淮地區的開發和孫叔敖開芍陂〉
　　　　（《歷史地理》第 9 期）中認為有此事；另一方面，持反對意見的則有龔鵬九
　　　　和前述的黃展岳，龔鵬九的看法見氏撰，〈令尹子文和孫叔敖〉，載湖南省楚
　　　　史研究會主編，《楚史與楚文化研究》（求索雜誌社出版，1987 年）。
〔註46〕江蘇文物管理委員會，〈江蘇高郵邵家溝漢代遺址的清理〉，《考古》，1960 年
　　　　第 10 期，頁 18。
〔註47〕蕭子顯〔南朝梁〕撰，《南齊書》（臺北，鼎文書局點校本，1987 年），卷四四，
　　　　〈徐孝嗣〉，頁 773～774。
〔註48〕見張澤咸，〈試論漢唐間的水稻生產〉，《文史》，第十八輯，頁 55。然依粟（小
　　　　米）是一種溫帶耐旱作物，主要生長於華北平原、黃土高原、河西綠洲及巴
　　　　蜀等地區，無論淮北或淮南地區均非粟的主要產地，參見華林甫，〈唐代粟、
　　　　麥生產的地域佈局初探〉，載《中國農史》，1990 年第 2 期，頁 33～42 詳論。
　　　　且唐代的平均溫度較前代為高，因此在北魏時期可種粟的淮南地區，到了唐
　　　　代應不再適宜種粟。因此張澤咸文此處似有待商榷，或主要係指北魏時期的
　　　　兩淮地區或唐代的淮北地區，則有相當可能性。
〔註49〕李白〔唐〕撰，王琦〔清〕注，《李太白全集》（北京，中華書局，2012 年），
　　　　卷九，頁 465，〈贈徐安宜〉。
〔註50〕見《全唐詩》，卷五八二，頁 1484 下，溫庭筠，〈旅次盱眙縣〉。

（麥類）集中產區」〔註51〕。淮南地區也因輪作制的推行，使農業生產量大為增加。加以安史亂後，河北藩鎮抗命割據，賦稅不入，使唐王朝倚重東南八道之貢賦，從而促使唐政府加強對東南地區的農業建設（包括興建灌溉設施，築堤防海潮等）及荒年救災、免稅等有利生產措施。淮南農業就在上述幾項有利的條件下，迅速的發展，而成為中晚唐時期重要的糧食生產地。

在移栽技術方面，北方早在東漢末年已開始移栽，南方則在唐代以前尚未採用此種技術，有學者根據唐代詩人作品的描述，認為在揚州、蘇州、杭州、宣州、江州、岳州、連州、夔州及利州等地，比較普遍地採用插秧技術〔註52〕，而移栽（插秧）技術除可大大提及高除草和施肥的效率外，稻苗先在秧圃中培植，又可使春季缺水時能充分利用水源，並縮短大田的種植時間，提高稻米產量；且為推行雙季稻和水稻同其他作物的輪作複種制，提供了廣闊的道路〔註53〕。

在淮南地區各州的水利建設方計面，首推揚州，揚州是當時淮南地區的首府，因此水利建設方面特別受到重視，有唐一代見諸史籍的共有八次之多〔註54〕。其中在安史之亂前修建的只有勾城塘，為揚州大都督長史李襲譽在貞觀十八年（644）所築，其餘七次均在安史之亂後，益證淮南在安史亂後為朝廷所重視程度。而揚州的農業生產也因唐政府多次水利灌溉設施的建設而有大幅的進展，其中貞元時，淮南節度使杜佑，決雷陂以廣灌溉，開海濱棄地為田，積米至五十萬斛〔註55〕。又元和中，淮南節度使李吉甫築富人、固本二塘，灌溉田畝萬頃〔註56〕。李吉甫凡三次興建揚州水利工程，於農業發展、漕運均有很大貢獻。

在楚州方面，興修水利的次數也不少，但比不上揚州的規模，其中較大規模者為代宗大曆末年，淮南西道黜陟使李承所築之常豐堰，主要目的是為

〔註51〕華林甫，〈唐代粟、麥生產的地域佈局初探（續）〉，載《中國農史》，1990年第3期，頁28。
〔註52〕參見林立平，〈唐代主糧生產的輪作複種制〉，載《暨南學報》（哲社版），1984年第1期，頁46。有關稻麥複種制參看林立平，〈唐代主糧生產的輪作複種制〉，頁44～47詳論。
〔註53〕林立平，〈唐代主糧生產的輪作複種制〉，頁46。
〔註54〕見表2-1，「唐代淮南地區興修水利工程表」。
〔註55〕參見權德輿〔唐〕，《權載之文集》（臺北，商務印書館，1975年），卷一一，〈杜公淮南遺愛碑〉。
〔註56〕見《新唐書》，卷一四六，〈李栖筠傳附李吉甫〉，頁4740。

了抵禦海潮，並屯田去鹵，堰成後「歲收十倍，至今受其利」〔註57〕，可見常豐堰的功用不僅在防海潮，也在擴大耕作面積，增加生產力。

《新唐書‧地理志》載楚州寶應縣「西南八十里有白水塘、羨塘，證聖中開，置屯田」〔註58〕，又云：「西南四十里有徐州涇、青州涇，西南五十里有大府涇，長慶中興白水塘屯田，發青、徐、揚州之民以鑿之，大府即揚州。北四里有竹子涇，亦長慶中開。」〔註59〕可見楚州數次修建水利工程，大都在穆宗長慶年間，如上述的徐州涇、青州涇、大府涇及竹子涇等。至於水渠取名為徐州涇、青州涇及大府涇，應為紀念青州、徐州及揚州等州人民協助開鑿之功。此外，淮陰縣的水利建設，尚有常梨涇一處〔註60〕。

在壽州方面則有芍陂，芍陂在上元中有屯田，《通典》卷二，〈食貨二‧屯田〉曰：「壽州置芍陂屯，厥田沃壤，大獲其利。」〔註61〕芍陂即東漢時期王景「教用犁耕，由是墾闢倍多，境內豐給」〔註62〕之地，考古發現也證實了當地存在著漢代灌溉設施〔註63〕。在和州方面，則有水利設施則有韋游溝：

> 東南二里有韋游溝，引江至郭十五里，溉田五百頃，開元中，丞
> 韋尹開，貞元十六年，令游重彥又治介之，民享其利，以姓名溝。

〔註64〕

從「民享其利，以姓名溝」等語來看，和州的韋游溝之得名，應係紀念前、後任有功官員，故以韋、游二姓為名。

舒州部分的水利建設，《新唐書‧地理志》等相關史籍缺載，然從史實來看，在三國時期，劉馥、呂蒙及朱光等在此地區，陸續興建了農田水利設施，並且延用至隋唐時期。如《三國志》，卷十五，〈劉馥傳〉即云：劉馥「廣屯田，興治芍陂及（茄）〔茄〕陂、七門、吳塘諸堨以溉稻田，官民有畜」〔註65〕，其中七門堰的位置是在唐代的廬州地區，《太平寰宇記》云「劉馥

〔註57〕見《舊唐書》，卷一一五，〈李承傳〉，頁3379及《新唐書》，卷四一，〈地理志〉，頁1052。
〔註58〕《新唐書》，卷四一，〈地理志〉，頁1052。
〔註59〕《新唐書》，卷四一，〈地理志〉，頁1052。
〔註60〕《新唐書》，卷四一，〈地理志〉，頁1052。
〔註61〕見《通典》，卷二，〈食貨典‧屯田〉，頁45。有關芍陂在漢魏晉南北朝隋代的開發情況見張澤咸，〈試論漢唐間的水稻生產〉，頁43。
〔註62〕《後漢書》，卷七六，〈循吏傳〉，頁2466。
〔註63〕黃展岳，《先秦兩漢考古與文化》，頁52～53。
〔註64〕見《新唐書》，卷四一，〈地理志〉，頁1053。
〔註65〕《三國志》，卷十五，〈劉司馬梁張溫賈傳〉，頁463。

為揚州刺史修築，斷龍舒水，灌田千五百頃」〔註66〕，但因唐代史料缺載，未能確定在唐代是否能仍然發揮灌溉功效。《三國志》，卷一，〈武帝紀〉亦云：「置揚州郡縣長吏，開芍陂屯田」〔註67〕，可見芍陂是在曹操置揚州郡縣長吏時所修建的〔註68〕。

在《太平寰宇記》，卷一二五〈淮南道·舒州〉將劉馥所立的吳塘，稱為「吳陂堰」〔註69〕，其位置在懷寧縣西二十里。並云「呂蒙鑿石通水，注稻田三百餘頃」〔註70〕，然查今本《三國志》並無相關記載，故無法進一步探究。《太平寰宇記》又云「開皇十八年，刺史梁慈更廣溝渠，又加稻田百餘頃。自貞元二年（786），洪水湧潰，疇阜成洲，古之良田半為沙鹵」〔註71〕。言「半為沙鹵」，則應仍可溉田二百餘頃左右。再者，懷寧縣尚有「吳陂祠」，為紀念吳陂堰溉田之功，並載文宗開成五年（840）於灊山廟之東別建廟宇；側面顯示，吳陂堰在開成五年時仍然發揮著灌溉田地之功能，否則應不需另建廟宇。

此外，《太平寰宇記》，卷一二五，記〈淮南道·舒州〉尚有另一項水利工程，名曰「吳塘陂」者，在懷寧縣西二十里，皖水所注〔註72〕。按《三國志》，卷五四，〈周瑜魯肅呂蒙傳〉云：「曹公遣朱光為廬江太守，屯皖，大開稻田，……。蒙曰：『皖田肥美，若一收孰，彼眾必增，如是數歲，操態見矣，宜早除之。』乃具陳其狀。」〔註73〕朱光「大開稻田」之處應即為「吳塘陂」。筆者認為「吳陂堰」和「吳塘陂」，不僅名稱相近，更為重要的是，二者的位置均在懷寧縣縣西二十里，且在時間排序上亦吻合〔註74〕，因此合理推測這

〔註66〕 《太平寰宇記》，卷一二六，〈淮南道·廬州〉，頁2497。
〔註67〕 《三國志》，卷一，〈武帝紀〉，頁32。
〔註68〕 《三國志·武帝紀》，將此段記載繫於建安十四年（209），由於《三國志·劉馥傳》記劉馥興治芍陂一事未繫年月，然據本傳記載，劉馥卒於建安十三年（208），見《三國志》，卷十五，〈劉司馬梁張溫賈傳〉，頁463。因《三國志》的紀、傳二處記載，在時間上似有矛盾，究竟何者為是，有待進一步探究。又《三國志·倉慈傳》云：「建安中，太祖開募屯田於淮南，以慈為綏集都尉」，見《三國志》，卷一六，〈倉慈傳〉，頁32；抑或《三國志·武帝紀》所云「開芍陂屯田」一事，係指倉慈於淮南屯田而言。
〔註69〕 《太平寰宇記》，卷一二五，〈淮南道·舒州〉，頁2476。
〔註70〕 《太平寰宇記》，卷一二五，〈淮南道·舒州〉，頁2476。
〔註71〕 《太平寰宇記》，卷一二五，〈淮南道·舒州〉，頁2476。
〔註72〕 《太平寰宇記》，卷一二五，〈淮南道·舒州〉，頁2474。
〔註73〕 《三國志》，卷五四，〈周瑜魯肅呂蒙傳〉，頁1276。
〔註74〕 立「吳陂堰」的劉馥，係曹操所任命的揚州刺史，卒於建安十三年（208），

二處水利設施，極有可能是在同一地點。趙一清氏在《三國志注補》中，也認爲「劉馥爲揚州刺史，興治吳塘，則不始光也」〔註75〕。

另外，耕種技術的改良也使農產量大增，前文已提到輪作制外，早在兩晉時已出現的再生稻，唐代又有新的發展，據《冊府元龜》，卷二四，〈符瑞三〉載開元十九年「四月巳卯，揚州奏：『穭生稻二百一十頃，再熟稻一千八百頃，其粒與常稻無異』」〔註76〕，「穭」同「秜」，爲自生稻〔註77〕。而育秧、插秧技術在本區亦得到推廣，高適在〈廣陵別鄭處士〉詩中所言：「溪水堪垂釣，江田耐插秧。」〔註78〕顯示當時揚州地區，已採用移栽技術，移栽技術除較省力外，亦可提高水稻的單位產量。而稻米品種的改良，亦是生產技術進步的重要指標之一，如揚州的上貢貢品中的稻米，就有黃穋米、烏節米等新品種〔註79〕，而淮南黃州亦有名爲「罷亞」的稻米品種〔註80〕。

淮南地區當時各州的農業生產情況如下：揚州是「蕭寺通淮戍，蕪城枕楚田」〔註81〕、「溪水堪垂釣，江田耐插秧」〔註82〕；楚州是「萬頃水田連郭秀，四時烟月映淮清」〔註83〕；楚州淮陰是「鳥聲淮浪靜，雨色稻苗深」〔註84〕、「劉伶臺下稻花晚，韓信廟前楓葉秋」〔註85〕；舒州是「禾稼美如

因此修建「吳陂堰」的時間下限爲建安十三年，參見《三國志》，卷十五，〈劉司馬梁張溫賈傳〉，頁463。而孫權破朱光，事在建安十九年（214），參見《三國志》，卷四七，〈吳主傳〉，頁1119。前後相差有六、七年之久。因而如此推論，在時間排序上亦屬合理。

〔註75〕 趙一清〔清〕，《三國志注補》，收入《三國志注補》（外四種）（上海，上海古籍出版社，2008年），卷五四，〈吳志・列傳九〉，頁348下。

〔註76〕 見《冊府元龜》，卷二四，〈帝王部・符瑞三〉，頁260上。張澤咸則認爲「這些再生稻都不是現代意義上的雙季稻，而是稻蓀」，見張澤咸，〈試論漢唐間的水稻生產〉，《文史》，第十八輯，頁56。

〔註77〕 《後漢書・孝獻帝紀》云：「州郡各擁彊兵，而委輸不至，羣僚飢乏，尚書郎以下自出採稆」，李賢注云「稆音呂。埤蒼曰：『稆，自生也。』稆與穭同」。參見《後漢書》，卷九，〈孝獻帝紀〉，頁379。華林甫也認同此說，見華林甫，〈唐代水稻生產的地理布局及其變遷初探〉，載《中國農史》，1992年第2期，頁30。

〔註78〕 見高適〔唐〕撰，劉開揚箋註，《高適詩集編年箋註》（臺北，漢京文化事業公司出版，民國72年），頁291。

〔註79〕 見《新唐書》，卷四一，〈地理志〉，頁1051。

〔註80〕 杜牧〔唐〕撰，《樊川文集》（臺北，漢京文化事業有限公司，民國72年），卷一，〈郡齋獨酌〉，頁7。

〔註81〕 見《全唐詩》，卷五八二，頁1484中，溫庭筠，〈送淮陰孫令之官〉。

〔註82〕 見《高適詩集編年箋註》，頁291，高適，〈廣陵別鄭處士〉。

〔註83〕 見《劉禹錫詩集編年箋注》，頁502，劉禹錫，〈送李中丞赴楚州〉。

〔註84〕 《全唐詩》，卷五一四，頁1302下，朱慶餘，〈送淮陰丁明府〉。

雲，實繫我使君」〔註86〕；沔州的漢陽是「秔稻清江濱，桂棹爲漁暇」〔註87〕；黃州的黃崗是「罷亞稻名百頃稻，西風吹半黃」〔註88〕；濠州是「其食秔稻」〔註89〕；和州是「場黃堆晚稻，籬碧見冬菁」〔註90〕，劉禹錫在詩中所提及的晚稻，或可作爲和州當時已施行雙季稻種植或稻麥複種的佐證。和州據《太平寰宇記·淮南道》記載到北宋時期，土貢有「稻」一項〔註91〕，足見和州所生產的稻米品質已然受到肯定。

而廬州在元和中羅珦爲刺史時「又命有不耕之田，有能耒耜者，聽耕之，所耕之田，因爲之主」，故「墾田滋多，歲以大穰」〔註92〕。據陳鴻的〈廬州同食館記〉記載，當時廬州一次運送到揚州的稻米，就達數萬石之譜〔註93〕，足見農業生產已有相當的進步。當時揚州的農業生產亦十分發達，崔致遠在《桂苑筆耕集》，卷一三，〈許權攝觀察衙推充洪澤巡官〉牒中指出：「山陽沃壤，淮畔奧區，地占三巡，田逾萬頃」〔註94〕，足見揚州地區種植農作物的面積相當廣大。

而從淮南地區整體糧食生產的數量上來看，德宗興元元年（784）淮南節度使陳少游因韓滉貢米，而貢米二十萬斛〔註95〕，此數量雖不能顯示淮南地區的糧食產量的總額，但卻顯示出淮南地區的糧食產量有大幅成長。《新唐書·食貨志》載：「先是楊州租、調以錢，嶺南以米，安南以絲，益州以羅、紬、綾、絹供春綵」〔註96〕，有學者據此加以推論，認爲揚州在唐初租、調是以錢來支付的，因此認爲當時揚州地區的糧食產量有限，沒有太多的剩

〔註85〕《全唐詩》，卷五三四，頁1349上，許渾，〈淮陰阻風寄呈楚州韋中丞〉。

〔註86〕《全唐詩》，卷八七四，頁2135下，佚名，〈舒州人歌〉。

〔註87〕《全唐詩》，卷二三八，頁598上，錢起，〈贈漢陽隱者〉。

〔註88〕《樊川文集》，卷一，〈郡齋獨酌〉，頁7。

〔註89〕《太平寰宇記》，卷一二八，〈淮南道·濠州〉，頁2529。

〔註90〕《劉禹錫詩集編年箋注》，頁307，劉禹錫，〈歷陽書事七十韻〉，此詩作於穆宗長慶四年（825）八月。

〔註91〕《太平寰宇記》，卷一二四，〈淮南道·和州〉，頁2454。

〔註92〕《全唐文》，卷四七八，頁2163下，楊憑，〈唐廬州刺史本州團練使羅珦德政碑〉。

〔註93〕《全唐文》，卷六一二，頁2738下，陳鴻，〈廬州同食館記〉。

〔註94〕見崔致遠〔新羅〕撰，黨銀平校注，《桂苑筆耕集校注》（北京，中華書局，2007年），卷一三，頁441。

〔註95〕見《資治通鑑》，卷二三一，〈唐紀47〉，德宗興元元年（784）十一月，頁7448～7449。

〔註96〕《新唐書》，卷五一，〈食貨志〉，頁1345。

餘〔註97〕。

　　雖據《資治通鑑》等史籍來看，揚州到了武則天時期才有錢坊的設置〔註98〕，但卻不能以此來推斷揚州是因糧食產量不足，才會以錢來繳納租、調〔註99〕。合理的推測，是揚州當時由於農業生產、手工業及商業交易等均相當地發達，使得商業貿易相對地活絡〔註100〕，有相當數量的銅錢流通〔註101〕，故當時乃以銅錢來繳交租、調〔註102〕。

〔註97〕說見史念海，〈隋唐時期長江下游農業的發展〉，頁244，原刊《人文雜誌》，1960年第1期，後收入於史念海，《中國史地論稿（河山集）》（臺北，弘文館出版社，1986年）。

〔註98〕《資治通鑑》，卷二○三，武后光宅元年（684）載徐敬業舉兵討伐武則天時，曾「開府庫，令士曹參軍李宗臣就錢坊，驅囚徒、工匠〔數百〕，授以甲。」見《資治通鑑》，卷二○三，〈唐紀19〉，則天后光宅元年（684）九月，頁6423。從相關法規這條記載來看，揚州至遲在武則天時期，就已有設置錢坊鑄錢，並且規模還不小。而這個錢坊應是由官方經營的，說見朱祖德，〈唐代揚州手工業析論〉，載《淡江史學》第24期（2012年9月），頁130～131。

〔註99〕當時揚州以錢來繳納租調，雖有可能是因糧食生產量不足所需，但從另一角度來看，更有可能是當時揚州地區的經濟已相當繁榮，促使商品經濟的蓬勃發展，揚州市面上的通貨（錢幣）流動率大增，因此其租、調乃以錢來繳付。

〔註100〕唐代揚州的手工業不但種類繁多且技術十分高超，供給了商品市場充足的貨源，加以市場上的旺盛需求，極大地刺激了商品經濟，以致經濟面達到了前所未有的活絡與繁榮，在此種情形持續發展下，揚州在中晚唐時期乃成為當時最大經濟都會，並有「揚一益二」之稱。揚州的手工業技術的進步和發達，參見朱祖德，〈唐代揚州手工業析論〉一文，頁123～153；商業貿易的情形，可參見朱祖德，〈唐代揚州的商業貿易〉，載《史學彙刊》第30期（2012年12月），頁57～101詳論。

〔註101〕唐代著名詩人李白，曾在揚州不到一年間，即「散金三十餘萬」，參見李白〔唐〕撰，王琦〔清〕注，《李太白全集》（北京，中華書局，2012年），卷二六，〈上安州裴長史書〉，頁1245。再者，李白的〈將進酒〉詩亦云：「天生我材必有用，千金散盡還復來」，參見《李太白全集》，卷三，〈將進酒〉，頁179。此詩除見李白詩風之豪爽雄邁外，結合他在〈上安州裴長史書〉所說，在揚州散金三十餘萬之事，說明了即使在唐代仍然是錢帛並用，但像揚州這樣的繁華的商業都市，錢幣的使用則是相當普遍的。此外，《太平廣記》中記載揚州櫃坊的寄提錢幣，其金額從一萬貫至三十萬貫錢均有，見《太平廣記》，卷二三，頁158，〈張李二公條〉及同書，卷一六，頁112～115，〈張老條〉。至於揚州一般市面上的交易，也往往以銅錢為計價單位；如青銅鏡的交易價格，就有三千錢至五千錢不等金額，見《太平廣記》，卷三三四，〈韋栗條〉，頁2651。由此數例可見揚州地區以錢幣交易的頻繁，和數量之大。

〔註102〕如唐文宗開成二年（837），李德裕接替牛僧儒為淮南節度使時，《新唐書・李德裕傳》云：「淮南府錢八十萬緡」，參見《新唐書》，卷一八○，〈李德裕傳〉，頁5334，可見當時淮南首府揚州府庫的富裕，因此所藏的銅錢數量亦復不

　　從唐初，糧食產量僅能自足，到德宗時能一次貢米達二十萬斛，足見淮南地區的米糧生產量，有大幅度的提高。因此淮南地區也就成為唐中葉以後，重要的糧產區及糧食供應區，因此第五琦乃有「賦之所出，江淮居多」之語〔註103〕。

表2-1　唐代淮南地區興修水利工程表〔註104〕

地區	工程名稱	興建年代	工 程 作 用	主 持 者	資 料 來 源
揚州	雷塘、勾城塘	貞觀十八年	溉田八百餘頃，以盡地利，民多歸本	揚州大都督府長史李襲譽	《新唐書·地理志》、《新唐書》卷九一，〈李襲志傳附襲譽〉
	愛敬陂水門	貞元四年	通漕運、溉夾陂田	淮南節度使杜亞	《新唐書·地理志》
	雷陂	貞元年間	斥瀕海棄地為田，積米至五十萬斛	淮南節度使杜佑	《新唐書》卷一六六，〈杜佑傳〉
	七里港渠	寶曆二年	引渠東注官河，以便漕運	鹽鐵使王播	《新唐書·地理志》
	富人、固本二塘	元和年間	溉田萬頃	淮南節度使李吉甫	《新唐書》卷一四六，〈李栖筠傳附吉甫〉
	平津堰	元和年間	防不足，洩有餘	淮南節度使李吉甫	同上
	高郵堤塘	元和中	溉田數千頃	淮南節度使李吉甫	《新唐書·地理志》

　　少。再者，1975年在揚州地區槐子橋附近，發現一個唐代窖藏，挖掘出「開元通寶」及「乾元重寶」等銅錢，達十四萬五千枚，參見李廷先，〈唐代揚州的手工業〉，《揚州師院學報》，1987年第4期，頁363。從考古發現的銅錢數量之多，說明唐代揚州的經濟極其繁榮，大量的錢幣在市場上流通，因此才會有如此巨量銅錢的窖藏。側面也顯示由於當時揚州商業貿易的暢旺，使得揚州的錢幣使用較其他地區為頻繁，因此錢幣的流通量也相當大。

〔註103〕《舊唐書》，卷一二三，〈第五琦傳〉，頁3517。

〔註104〕本表之製作主要係參考《新唐書·地理志》、武同舉〔清〕，《淮系年表全編》（臺北，文海出版社，民國58年），〈唐及五季〉部分及《新唐書》、《舊唐書》相關人物傳記外，並參閱顏亞玉，〈唐中後期淮南農業經濟的發展〉，載《中國社會經濟史研究》，1984年第4期，頁73及李天石，〈唐代江蘇地區農業經濟發展述論〉，載《南京師大學報（社會科學版）》，1991年第3期，頁45。

		邵伯埭堤	興元年間	護田	缺載	《淮系年表》四，〈唐及五季〉
楚州		常豐堰	大曆中	置以溉田	黜陟使李承	《新唐書‧地理志》
		白水塘	證聖中	置屯田	缺載	同上
		羨塘	證聖中	置屯田	缺載	同上
		棠梨涇	長慶二年	置屯田	缺載	同上
		徐州涇	長慶中	興白水塘屯田	缺載	同上
		大府涇	長慶中	同上	缺載	同上
		青州涇	長慶中	同上	缺載	同上
		竹子涇	長慶中	溉屯田	缺載	同上
		洪澤屯	上元中	興屯田	缺載	《淮系年表》四，〈唐及五季〉
		射陽、洪澤堰	大曆三年	興屯田	缺載	同上
壽州		永樂渠	廣德二年	溉高原田	宰相元載	《新唐書‧地理志》
		芍陂	上元中	屯田	缺載	《淮系年表》四，〈唐及五季〉
和州		韋游溝	開元中 貞元十六年	引江至郭十五里，溉田五百頃	丞韋尹開元中開，貞元十六年縣令游重彥又治之，故名	《新唐書‧地理志》
光州		雨施陂	永徽四年	積水以溉田百餘頃	光州刺史裴大覺	《新唐書‧地理志》
舒州		吳陂堰〔註105〕	東漢、三國	以溉稻田	揚州刺史劉馥	《三國志‧劉馥傳》、《太平寰宇記‧淮南道》
				鑿石通水，注稻田三百餘頃	呂蒙	《太平寰宇記‧淮南道》
			隋開皇十八年	更廣溝渠，又加稻田百餘頃	刺史梁慈	《太平寰宇記‧淮南道》

〔註105〕吳陂堰雖創建於三國時期，並在隋代增廣溝渠，然因唐代繼續沿用此水利設施，故本表仍將之列出。《太平寰宇記》云：「德宗貞元二年（786），因洪水湧潰，疇阜成洲，古之良田半爲沙鹵」，見《太平寰宇記》，卷一二五，〈淮南道‧舒州〉，頁2476。足見至少在德宗貞元以前，此水利設施仍持繼發揮其灌溉作用。雖洪水浸潰，導致此水利設施的效果減半，但從「半爲沙鹵」一句來看，吳陂堰應仍有一定的灌溉能力。此外，據王曾瑜的〈宋元時代的淮南經濟述略〉，《隋唐遼宋金元史論叢》第一輯（北京，紫禁城出版社，2011年），頁305，吳陂堰至宋代仍然沿用，並未停廢。

四、經濟作物的生產及加工

　　淮南地區的經濟作物主要有茶及麻、葛等紡織原料，其中以茶最受到重視與歡迎。茶樹的發現和開發利用，早在西漢時期已見於記載〔註106〕，淮南地區因氣候適宜茶樹生長，因此茶樹的種植和採茶焙製，應不會太晚。到了唐代，特別是唐中葉以後，飲茶逐漸成為風尚，《封氏聞見記》云：「其茶自江、淮而來，舟車相繼，所在山積，色額甚多」〔註107〕，當時茶葉也逐漸成為生活必需品之一。史籍云：「江淮人什二三以茶葉為業」〔註108〕，說明了淮南地區，廣種茶樹，也顯示以種茶、製茶為業之人不在少數。

　　唐代淮南地區由於地形及氣溫、雨量等因素，適合種植葉樹，因而成為當時的主要產茶區之一。由於丘陵地區較適合種植茶樹，因此產茶州主要分佈在淮南中部和西部的丘陵地區，淮南東部亦有零星的分佈。

　　據陸羽的《茶經》記載，淮南地區的產茶州有光州、申州、舒州、壽州、蘄州及黃州等六州〔註109〕。而據《廣異記》載：「唐天寶中，有劉清眞者，與其徒二十人，於壽州做茶。人致一馱為貨，至陳留。」〔註110〕可見壽州實為淮南茶之重要生產地。除壽州外，根據史籍記載，淮南地區的產茶地區尚包括揚州、舒州、廬州、光州、蘄州、申州及黃州等七州，均產優質良茶〔註111〕，產茶州幾佔當時淮南地區的州郡半數以上。

　　其中揚州及廬州二州，陸羽《茶經·八之出》中未提及。揚州之蜀岡據《圖經》記載亦產茶〔註112〕，而崔致遠在〈謝新茶狀〉中說：「伏以蜀崗養秀，

〔註106〕見王仲犖撰，〈從茶葉經濟發展歷史看中國封建社會的一個特徵〉，收入氏著，《嵋華山館叢稿》（北京：中華書局，1987年），頁119。

〔註107〕封演〔唐〕撰、趙貞信校注，《封氏聞見記校注》（北京，中華書局，2005年），卷六，〈飲茶〉，頁51。

〔註108〕見《冊府元龜》，卷四九三，〈邦計部·山澤一〉，頁5900上。

〔註109〕陸羽〔唐〕，《茶經》，〈八之出〉，參見張宏庸輯注，《陸羽全集》（臺北，茶學文學出版社，1985年），頁23～24。

〔註110〕見戴孚〔唐〕，《廣異記》（北京，中華書局，1992年），頁5，「劉清眞」條。

〔註111〕參見《新唐書》，卷四一，〈地理志〉，頁1051～1056、《太平寰宇記》卷一二三至一三二，〈淮南道一〉至〈淮南道十〉，頁2441～2608、楊煜〔唐〕，《膳夫經》（臺北，臺灣商務印書館，1981年）收入《宛委別藏》第71冊，頁5～11及陸羽〔唐〕，《茶經·八之出》，參見張宏庸輯注，《陸羽全集》（臺北，茶學文學出版社，1985年），頁23～24。此外，揚州蜀岡所產茶，參見《桂苑筆耕集校注》，卷十八，頁663，〈謝新茶狀〉。

〔註112〕《太平寰宇記》，卷一二五，〈淮南道·揚州〉「蜀岡條」載：「《圖經》云：『今枕禪智寺，即隋之故宮。岡有茶園，其茶甘香，味如蒙頂。』」參見《太平寰

隋苑騰芳，始興採擷之功，方就精華之味」〔註113〕，從崔致遠對蜀岡所產茶
的讚美來看，品質可謂甚佳。《太平寰宇記・淮南道》則載廬州有「開火新茶」，
應為舒州開火茶之改良品種。淮南地區的產茶州之中，尤以壽州的「霍山之
黃芽」〔註114〕、「霍山小團」〔註115〕，蘄州的「蘄門團黃」〔註116〕，以及舒州
的「天柱茶」及「開火茶」等最為著名〔註117〕。其中蘄州茶、申州茶、壽
州茶及廬州茶曾列為土貢，而壽州及舒州所產茶，甚至連遠在吐蕃的贊普都
有收藏〔註118〕，可見其受歡迎之程度及銷路之廣。

表 2-2　史籍所見淮南地區茶產地表

史　　籍	產　茶　州　名	備　註
《唐國史補》	壽州、蘄州	2 州
《茶經・八之出》	光州、申州、舒州、壽州、蘄州及黃州	6 州
《新唐書・地理志》	壽州、廬州、蘄州及申州	4 州
《茶譜》〔註119〕	揚州、舒州、壽州	3 州
《太平寰宇記・淮南道》	揚州、和州、舒州、廬州、蘄州、安州、信陽軍（申州）	7 州

　　　　宇記》，卷一二三，〈淮南道・揚州〉，頁 2443。
〔註113〕參見《桂苑筆耕集校注》，卷十八，頁 663，〈謝新茶狀〉。
〔註114〕《唐國史補》，卷下云：「風俗貴茶，茶之名品益眾，……壽州有霍山之黃芽」，
　　　　參見李肇〔唐〕，《唐國史補》（臺北，世界書局，1991 年），卷下，頁 60。
〔註115〕楊煜，《膳夫經》，頁 8。
〔註116〕參見《唐國史補》，卷下，頁 60。
〔註117〕舒州是淮南的重要產茶區，包括天柱茶及開火茶等均為名產。尤其山高多霧
　　　　的天柱山所產茶，最負盛名，《太平廣記》，卷四一二，〈消食茶條〉可資證明。
　　　　另《北夢瑣言》，卷四，〈薛氏子具軍儀〉條亦云「唐薛尚書能，以文自負，
　　　　累出戎鎮，常鬱鬱歎息。因有詩謝淮南寄天柱茶。」，足見當時天柱茶已為淮
　　　　南名產，參見孫光憲〔五代〕撰，賈二強點校，《北夢瑣言》（北京，中華書
　　　　局，2002 年），卷四，頁 67。此外，《玉泉子》亦載「昔有人授舒州牧，李德
　　　　裕謂之曰：『到郡彼日，天柱峯茶可惠三角』，其人獻之數十斤，李不受退還。
　　　　明年罷郡，用意精求，獲數角投之，李德裕閱而受曰：『此茶可以消酒食毒』。」
　　　　見闕名撰，《玉泉子》（上海，上海古籍出版社，1988 年），頁 26。《太平寰宇
　　　　記》，卷一二五，〈淮南道・舒州〉亦云開火茶為舒州土產，參見《太平寰宇
　　　　記》，卷一二五，〈淮南道・舒州〉，頁 2474。
〔註118〕見《唐國史補》，卷下，頁 66。
〔註119〕毛文錫所撰《茶譜》，是繼陸羽的《茶經》後，較有系統的茶書之一。毛文錫
　　　　為唐末五代人，《茶譜》係成於唐末以前，約在南宋至元代間亡佚。其後由陳
　　　　尚君據《太平寰宇記》、《事類賦注》及《全芳備祖後集》等書輯出輯本。參
　　　　見陳尚君，〈毛文錫《茶譜》輯考〉，收入氏著《唐代文學叢考》（北京，中國
　　　　社會科學出版社，1997 年），頁 428～431 詳論。

　　前述劉清眞至壽州做茶，可見當時壽州茶葉生產的興盛可見一斑。在唐代詩人筆下的壽州茶園的情形，是「桂嶺雨餘多鶴跡，茗園晴望似龍鱗」〔註120〕，劉禹錫此詩形容茶園，一畦一畦的像龍鱗一般，雖有些神話意味，卻也十分貼切。再者，《新唐書・吳少陽傳》中提到：「少陽不立繇役籍，隨日賦斂於人，地多原澤，益畜馬。時時掠壽州茶山，劫商賈，招四方亡命，以實其軍」〔註121〕，又元和十一年討少陽子吳元濟時曾詔壽州以兵三千，保其境內茶園〔註122〕。由吳少陽以掠壽州茶山充軍資一事，可見壽州茶山茶園甚多，有厚利可圖。而唐廷如此愼重派兵保護壽州茶園以防吳元濟劫掠，益證壽州茶山對唐中央財政的重要性，同時也說明了壽州茶園規模甚大，茶葉產量甚大，對茶稅之收取影響亦不小，故唐政府不得不重視其保護措施。

表2-3　淮南地區名茶表

生產地	茶　名	資　料　來　源	備　　註
揚州	蜀岡茶	《茶譜》〔註123〕、《太平寰宇記・淮南道》引《圖經》	其茶甘香，味如蒙頂
壽州	霍山黃芽	《唐國史補》、《茶譜》〔註124〕	
壽州	霍山小團	《膳夫經》	
舒州	天柱茶	《北夢瑣言》、《玉泉子》	或作「天柱峯茶」，一名「消食茶」。
舒州	開火茶	《太平寰宇記・淮南道》	
廬州	開火新茶	《太平寰宇記・淮南道》	
蘄州	蘄門團黃	《唐國史補》	

　　其次，如麻、葛等紡織原料也是淮南地區較重要的經濟作物。此外，淮南地區供養蠶食用的桑樹，種植亦十分普遍。在唐初，淮南以麻布類的品質較好，而絲織品的生產則相對較爲落後〔註125〕。到盛唐以後，淮南地區的絲織品乃逐漸取得全國性的地位。

〔註120〕《劉禹錫詩集編年箋注》，頁250，劉禹錫，〈寄楊八壽州〉。
〔註121〕見《新唐書》，卷二一四，〈吳少陽傳〉，頁6004。
〔註122〕見《冊府元龜》，卷四九三，〈邦計部・山澤一〉，頁5900。
〔註123〕陳尚君，〈毛文錫《茶譜》輯考〉，收入氏著《唐代文學叢考》，頁422。
〔註124〕陳尚君，〈毛文錫《茶譜》輯考〉，頁422。
〔註125〕李林甫〔唐〕撰，《唐六典》（北京，中華書局，1992年），卷三，〈尚書戶部〉，頁69。並參見周東平，〈唐代淮南地區工商業的發展和繁榮〉，《中國社會經濟史研究》，1986年3月，頁23。

　　如唐玄宗天寶三載（744），韋堅在廣運潭開各地物產的博覽會時，揚州的錦也在展出之列〔註126〕，說明包括揚州在內的淮南紡織業已有長足進步。而安史亂後，因大批北方技術優良織工南遷，並帶了較先進的技術，因而淮南地區的紡織業，進步更爲快速，如淮南節度使王播入覲，一次就進貢淮南綾絹二十萬匹〔註127〕。而到了晚唐高駢時期，崔致遠稱淮南所貢御衣及綾錦「薄慚蟬翼，輕愧鴻毛，然舒張則凍雪交光，疊積則餘霞鬥彩。」〔註128〕，崔致遠如此形容，淮南的絲織品可謂品質甚佳。

　　在《唐六典》中曾對當時全國各地的紡織品作了評等，表2-4即載《唐六典》對淮南地區各州紡織品的評等，表中並以《通典‧食貨典》和《新唐書‧地理志》所列土貢品項，加以比較。

表2-4　淮南地區上貢「紡織品」及等級表〔註129〕

來源 州名	《唐六典‧尚書戶部》	《唐六典‧太府寺》所載等第	《通典‧食貨典》	《新唐書‧地理志》
揚州	貢：細紵	紵　　（第三等）	蕃客錦袍五十領、錦被五十張、半臂錦百段、新加錦袍二百領、獨窠細綾十疋	綿、蕃客袍錦、被錦、半臂錦、獨窠綾
楚州	貢：孔雀布	火麻（第三等）貲　　（第三等）	貲布十疋	貲布、紵布
壽州	賦：絁、布、綿、麻貢：葛布	火麻（第三等）絹　　（第五等）	絲布十疋	絲布、絁
廬州	貢：交梭、熟絲布	貲　　（第二等）火麻（第三等）紵　　（第四等）	絲布十疋	花紗、交梭絲布
和州	貢：紵練	貲　　（第二等）	麻布十疋	紵布
滁州	貢：麻、貲布	貲　　（第三等）	紵練布十五疋	貲布、絲布、紵、練、麻
沔州	貢：麻、貲布	火麻（第一等）紵　　（第三等）	麻貲布十疋	------

〔註126〕《舊唐書》，卷一〇五，〈韋堅傳〉，頁3222。

〔註127〕見《舊唐書》，卷一六四，〈王播傳〉，頁4277。

〔註128〕見崔致遠，《桂苑筆耕集》，卷五，〈進御衣段狀〉，頁130。

〔註129〕參見《唐六典》，卷三，〈尚書戶部‧戶部郎中條〉，頁69及同書卷二〇，〈太府寺〉，頁541、杜佑〔唐〕撰，王文錦等點校，《通典》（北京，中華書局，1992年），卷六，〈食貨典〉，頁119～121。

光州	賦：絁、絹 貢：絺、紵、葛	絹　（第五等）	葛十疋	葛布
申州	賦：綿、絹 貢：絺、紵、葛	絹　（第五等）	葛十疋	緋葛、紵布、 觜布
蘄州	貢：白紵布	火麻（第二等） 紵　（第四等）	白紵布十五端	白紵
舒州	貢：白紵布	火麻（第二等）	-----	紵布
黃州	貢：紵、觜布	觜　（第一等） 火麻（第二等） 絹　（第五等）	紫紵布十端	白紵布、觜布
安州	賦：絁、絹 貢：青紵布	絹　（第五等）	青紵十五疋	青紵布
濠州	----	----	絲布十疋	絁、綿、絲布

　　從上表可看出在唐前期，淮南地區僅有火麻布、紵布及觜布等紡織品的等級較高。並且其中亦僅有黃州的觜布及沔州的火麻布被列為第一等。而絲織品部分則相對等級較低，並且也不是每州絹均列入等第。如《唐六典‧太府寺》所載絹的等第中，僅壽、光、申、黃及安州五州所生產的絹列第五等，淮南地區其餘州郡則皆未列等。

　　以揚州來看，揚州所生產的絲織品在《唐六典‧太府寺》中未列入評等。但根據《通典‧食貨典》及資料時間稍晚的《新唐書‧地理志》〔註130〕的記載，則揚州高級絲織品種類已有明顯的增加。如僅據《通典‧食貨典》記載，揚州的土貢中，就有蕃客錦袍五十領、錦被五十張、半臂錦百段、新加錦袍二百領及獨窠細綾十疋等多種高級絲織品。且從上貢絲織品的數量多則如新加錦袍有二百領，少的如獨窠細綾亦有十疋。可見在數十年間，揚州的絲織品的品質，已有長足的進步。至於《通典‧食貨典》所提到的「錦被五十張」，《新唐書‧地理志》作「被錦」，應為同一種用錦織成的被類絲織品。

　　盧州部分，《唐六典‧尚書戶部》載其貢為「交梭、熟絲布」，《通典‧食貨典》所記為絲布十疋，《新唐書‧地理志》則載為「花紗、交梭絲布」，較前多出花紗一項，交梭絲布應為交梭、熟絲布的合稱。據楊憑的〈唐盧州刺史本州團練使羅珦德政碑〉載，盧州原是「布帛疏濫」，州刺史羅珦使百

<hr>

〔註130〕王永興認為《唐六典‧太府寺》所載為開元二十五年（737）貢；《通典‧食貨典》所載為天寶（742～755）中貢；至於《新唐書‧地理志》所列舉的，則主要為長慶貢，即穆宗長慶（822～825）年間貢，參見王永興，〈唐代土貢資料繫年〉，《北京大學學報》，1982年第4期，頁62～65詳論。

姓「易其機杼，教令縝密，精麤中數，廣狹中量。」改良了紡織工具，並且提高了紡織技術，使廬州的紡織品「鬻之闤闠而得善價，人以不困」〔註131〕，改變了廬州的紡織業原先落後的情形。因此可以合理解釋，廬州得以發展出新品項紡織品的原因。

此外，《新唐書・地理志》載壽州及濠州的貢物中均有「絁」一項，絁爲一種粗綢，儘管品質較差，仍應列爲絲織品。壽州的絹在《唐六典・太府寺》中爲第五等，因此《新唐書・地理志》列「絁」爲貢品，並不令人感到意外。但濠州在《唐六典・尙書戶部》及《唐六典・太府寺》中，均未載其所貢何物。《通典・食貨典》所載濠州貢品也僅有絲布一項，到了長慶貢時，不但增加了絁、綿二項，且絁還是絲織品的一種，可見其紡織品的生產已有相當進步。

此外，由《新唐書・地理志》記載，淮南各州郡上貢的物品尚有水兕甲、魚臍、魚鮓、糖蟹、蜜薑、兔絲、蛇粟、括蔞粉、生石斛、鹿脯、糟筍瓜、松羅、連翹、白花蛇、烏蛇脯及蚉蟲等〔註132〕。可看出淮南不僅農業發達，各種農漁產品及畜產品也是種類眾多，無怪乎陸贄在〈授杜亞淮南節度使制〉中要說：「淮海奧區，一方都會，兼水漕陸輓之利，有澤漁山伐之饒。」〔註133〕陸贄對淮南富庶的形容，的確是名符其實的。

五、結 論

唐五代時期淮南地區因有豐富的農業資源，加以雄厚的工商業基礎，因而成爲中晚唐時期的「雄藩」，因而沈珣〈授杜悰淮南節度使制〉稱其：「禹貢九州，淮海爲大，阜員八郡，井賦甚殷，分閫群雄，列鎭罕比。通彼漕運，京師賴之。」〔註134〕適切的表現淮南地區是賦稅重地，同時也是唐中央所仰賴的「重鎭」。淮南之所以成爲唐廷的賦稅重地，主要歸功於唐五代時期淮南地區農業經濟的持續發展，促使了淮南糧食作物生產量的上升，茶樹等經濟作物亦廣泛地種植，爲手工業及商業貿易的發展和進步，提供了生產原料及充足的商品〔註135〕。

〔註131〕見《全唐文》，卷四七八，楊憑，〈唐廬州刺史本州團練使羅珦德政碑〉，頁2163 中。

〔註132〕參見《新唐書》，卷四一，〈地理志〉，頁 1051～1054，其中部分爲中藥藥材。

〔註133〕見陸贄〔唐〕，《陸宣公集》（杭州，浙江古籍出版社，1988 年），卷九，頁 76，〈授杜亞淮南節度使制〉。

〔註134〕見《全唐文》，卷七六三，沈珣（詢）〈授杜悰淮南節度使制〉，頁 3513 下。

〔註135〕參見朱祖德，〈唐代揚州手工業析論〉，頁 147～148 及朱祖德的〈唐代揚州的

　　由於淮南地區的地形，大多屬於平原和盆地等二種地形，因此山脈和丘陵所佔面積比例均不大。淮南地區復因大小河川密佈，使得農業灌溉相當便利，加以雨量較淮北為充沛，且氣候適宜農作物生長，因此農業生產相當發達。

　　淮南地區在安史亂後，因當時關中殘破，唐廷需仰賴江淮之供給，因此在江淮地區進行了多項的水利建設，加以先進農業耕種技術的廣泛運用，使淮南地區的農業有長足的進步，而成為當時主要的糧食供應區之一，也成為了唐中央政府所關注的重要賦稅地區。

　　淮南地區在安史亂後，一直以經濟性為其主要功能。到了唐末，楊行密在經過與各勢力長期的混戰後，在此建立了楊吳政權〔註136〕，其後繼承楊吳的南唐不但「地大力強，人材眾多」〔註137〕可見繼吳之南唐，在五代十國時期有其相當大的影響力。

　　而南唐的富強與其經濟實力當有密切的關係，因若無雄厚的經濟基礎，則南唐無法在強鄰環伺的情況下，有如此的成就。而南唐的經濟實力，主要在於擁有堅實的農業基礎，方能立國於五代這個弱肉強食的戰亂時代。是以唐五代時期淮南地區的農業經濟發展，有其深入探究的必要性，希冀未來能對此課題做更深入、全盤性的探討。

〔附註一〕本篇宣讀於 2013 年 5 月 25 日，由中國文化大學史學系所主辦的「第一屆華岡中國中古史學術研討會」，承蒙台北市立教育大學歷史與地理學系王怡辰教授擔任講評，並提出許多寶貴意見，王吉林老師及桂齊遜教授，亦惠賜卓見，在此一併致謝。

〔附註二〕在本次研討會會中，有師長問及淮南地區這些不同種類的名茶，究竟其形狀及味道如何？個人曾於 2011 年赴安徽省合肥、壽縣及河南省信陽等地，進行學術性考察。其間蒙安徽省方志辦贈送「六安瓜片」一盒（圖2-2），據稱為目前中國十大名茶之一。據瞭解，現在行政上，壽縣屬於六安，因此六安茶的產地，即大約是唐代壽州地區。只不過此茶是否仍保有當時壽州茶的模樣及風味就不得而知了。

　　　　商業貿易〉，頁 59～60 詳論。

〔註136〕唐末淮南地區的爭奪戰及楊行密取得淮南地區的經過，參見朱祖德，〈唐末楊行密之據淮及其對政局的影響〉，載《淡江史學》第九期（1998 年），頁59～75。

〔註137〕見陸游〔宋〕，《南唐書》，收錄於《四部叢刊續編史部》（臺北，商務印書館，1976 年），冊一一，卷二，〈元宗本紀論〉，頁 5289。

圖 2-1　現今淮南地區茗茶（一）

圖 2-2　現今淮南地區茗茶（二）

參、唐代淮南地區的經濟發展——以敦博第 58 號敦煌石室寫本爲核心

一、前　言

　　上個世紀敦煌吐魯番文書的大量出土，使許多珍貴的史料重見天日，其中敦煌博物館藏第 58 號敦煌石室寫本〔註1〕，是一本珍貴的地志資料，對此寫本各家的見解有所不同，並影響此殘卷的定名。本殘卷向達先生定名爲《唐天寶初殘地志》〔註2〕，馬世長先生定名爲《敦煌縣博物館藏地志殘本》〔註3〕，吳震先生定名爲《敦煌石室寫本唐天寶初年郡縣公廨本錢簿》〔註4〕，著名隋唐史學者王仲犖教授則定名爲《唐天寶初年地志殘卷》〔註5〕。本文則傾向同意王仲犖教授的說法，定名爲《唐天寶初年地志殘卷》〔註6〕。

　　此寫本雖是殘本，卻揭示了隴右道、淮南道、嶺南道、關內道及河東道等道，州府級乃至縣級的道里數、物產及公廨本錢數額等重要資料，其中尤以完整的公廨本錢數額記載爲目前其他地理志所未見，故最爲珍貴，透過淮

〔註1〕　原文發表於《中國文物》，1979 年第 1 期，圖版第 6～7 頁。

〔註2〕　參見王仲犖，〈唐天寶初年地志殘卷考釋〉，載《敦煌石室地志殘卷考釋》（上海，上海古籍出版社，1993 年 9 月初版），頁 1。

〔註3〕　馬世長，〈敦煌縣博物館藏地志殘卷〉，收入北京大學中古史研究中心編，《敦煌吐魯番文獻研究論集》（北京，中華書局，1982 年 5 月），頁 265～428。

〔註4〕　吳震，〈敦煌石室寫本唐天寶初年『郡縣公廨本錢簿』校注並跋〉，《文史》第十四輯（1982 年 7 月），頁 99～100。

〔註5〕　王仲犖，〈唐天寶初年地志殘卷考釋〉，頁 1。

〔註6〕　爲行文方便，本文中將簡稱爲《天寶殘地志》。

南各府州乃至各縣的公廨本錢數額，可對淮南地區的經濟情形有進一步的認識。此外，此地志中的土貢資料，對於淮南地區物產的瞭解也相當有助益。

二、地志中的公廨本錢

為明瞭淮南地區各府州的公廨本錢情形，乃以《天寶殘地志》及《新唐書・地理志》所載之州府等級及公廨本錢數額等資料製成下表（表 3-1），以明瞭淮南地區府州等級與公廨本錢數額的關係。有關公廨本錢的性質、置廢、利率、實施情形及其弊病等課題，學界已有詳論〔註7〕，故本文不再贅述。在唐代公廨本錢基本上除少數時間停置外，絕大多數時間均是持續實施著〔註8〕，並且在唐代以後仍有設置〔註9〕。

表 3-1　淮南地區府州公廨本錢表〔註10〕

州/府名稱	等　第		公廨本錢	公廨本錢定額
	《天寶殘地志》	《地理志》		
揚府	中都督府〔註11〕	大都督府	3,557,000	2,420,000（中都督府）

〔註7〕　參見馬世長，〈地志中的「本」和唐代公廨本錢〉，收入北京大學中古史研究中心編，《敦煌吐魯番文獻研究論集》（北京，中華書局，1982 年 5 月），頁 429～475、陶六一，〈唐代公廨本錢初探〉，《中等城市經濟》，1993 年 3 月，頁 29～34、李錦繡，《唐代財政史稿》，上卷（北京，北京大學出版社，1995 年 7 月初版），頁 721～730、羅彤華，〈唐代官本放貸初探——州縣公廨本錢之研究〉，《第四屆唐代文化學術研討會論文集》（台南，國立成功大學教務處出版組，1999 年 1 月初版），頁 637～686 及劉玉峰，〈唐代公廨本錢制的幾個問題〉，《史學月刊》，2002 年第 5 期，頁 46～53 等論文專書詳論。

〔註8〕　參見馬世長，〈地志中的「本」和唐代公廨本錢〉，頁 467～475 詳論。

〔註9〕　參見馬世長，〈地志中的「本」和唐代公廨本錢〉，頁 446～447。

〔註10〕　本表據歐陽修、宋祁〔宋〕等撰，《新唐書》（台北，鼎文書局，1992 年），卷三八〈地理二〉、卷四一〈地理五〉及《天寶殘地志・淮南道》部分製成；並參閱王仲犖，〈唐天寶初年地志殘卷考釋〉，頁 38～45。「額定公廨本錢」係指《新唐書》，卷五五，〈食貨志〉所載府、州公廨本錢數額，參見《新唐書》，卷五五，〈食貨志〉，頁 1397。

〔註11〕　筆者按：據《舊唐書》、《唐六典》等史籍，揚州未曾為中都督府，《天寶殘地志》為何記揚州為中都督府，待考。參見劉昫〔後晉〕等撰，《舊唐書》（臺北，鼎文書局，1992 年），卷四○，〈地理志〉，頁 1571～1572 及李林甫〔唐〕等撰，陳仲夫點校，《唐六典》（北京，中華書局，1992 年），卷三，〈尚書戶部・戶部郎中條〉，頁 72。

楚州	下	緊	880,000	880,000
滁州	下	上	880,000	880,000
和州	下	上	880,000	880,000
壽州	中	中都督府〔註12〕	1,540,000	1,540,000
廬州	中	上	1,540,000	1,540,000
舒州	中	上	1,320,000	1,540,000
光州	中	上	1,540,000	1,540,000
蘄州	中	上	1,540,000	1,540,000
安府	中都督府	中都督府	2,200,000	2,420,000
黃州	下	下	880,000	880,000
申州	中	中	1,540,000	1,540,000
濠州〔註13〕	下	上	895,000	880,000
沔州〔註14〕	中	---	770,000	1,540,000
合計			19,962,000	20,020,000

在表 3-1 中，淮南地區有 2 個州府的公廨本錢數大於額定公廨本錢數，9 個州府等於額定公廨本錢數，另有 3 個州府少於額定公廨本錢數。而值得注意的是，淮南首府揚州的公廨本錢數額爲 3,557,000 文，不但遠高於中都督府的額定公廨本錢數（2,420,000 文），其至較大都督府的額定公廨本錢數（2,750,000 文）都來的高，是相當不尋常的現象。若以其他地區公廨本錢數額來比較，則更顯出其特殊性，如當時身爲首都的京兆府的公廨本錢也僅 3,013,000 文，時人稱之爲三輔的岐、同及華等州的公廨本錢數額，也僅爲上州的數額（2,420,000 文）〔註15〕，顯示當時揚州地區在經濟發展上的特殊性。

〔註12〕壽州，《新唐書‧地理志》記爲中都督府，按《舊唐書‧地理志》，壽州貞觀元年廢都督府，此後未曾再置都督府，此與安州廢都督府後復置者不同，而據敦煌博物館藏第 58 號敦煌石室寫本，《天寶殘地志》（見《中國文物》，1997 年第 1 期，圖版頁 6～7），壽州作中州。而本件乃天寶初年之地志殘卷（據吳震，〈敦煌石室寫本唐天寶初年《郡縣公廨本錢簿》校注並跋〉所推定結論），故其州縣等級應不晚於天寶，而此處已作中州，足見壽州都督府在天寶年間已不存在。

〔註13〕濠州原爲淮南所管，曾建節曰「濠壽廬節度使」，以張建封爲之，其後屬於徐泗濠節度使管轄。而《新唐書‧地理志》列濠州於河南道。

〔註14〕沔州在敬宗寶曆二年州廢，所屬二縣併入鄂州，故《新唐書‧地理志》不載。

〔註15〕此地志中雖有嶺南道的容府及邕府之公廨本錢較揚州爲高，但已有學者指出此二州的公廨本錢數額應和其他四道來自於不同底本，意即不同年代的數

　　儘管揚州在開元、天寶時期的經濟情形，應不如安史亂後來的繁榮，但因揚州在唐前期已成江淮平原最大經濟都會〔註16〕，農業、手工業及商業貿易等較之唐初已有長足的發展，而揚州在天寶時期的公廨本錢數額，不但遠高於大都督府及上州等額定公廨本錢數，甚至高於京兆府的數額，在在表明揚州在當時已成爲江淮地區的經濟中心城市，並且正朝向全國最大經濟都會發展中。

　　而淮南地區僅有揚州及濠州的公廨本錢數額超過額定數額，其他州府也大多等於或低於額定數額，其原因除了這些州的等級均是中、下州外，如從區域經濟發展的角度來看，也呈現了淮南地區發展的不均衡性。

　　但在淮南地區屬縣的公廨本錢數額方面，則出現了與州府級不同的情形，其中23縣多於額定公廨本錢數，31縣和額定公廨本錢數完全相同，另有5縣因《天寶殘地志》未載其公廨本錢數額，故無法加以比較（參見表3-2）。淮南地區屬縣的公廨本錢數額可以說大致符合當時唐政府的規定。然從《天寶殘地志》的其他地區的公廨本錢數額來看，亦有一些通則可以依循，如在基本上，上州、上縣的公廨本錢數額大都與額定公廨本錢數相同，而中州、下州及中縣、下縣就未必如此〔註17〕。因淮南地區屬縣的等級至少都在「中下級」以上，而無一縣爲下縣，故公廨本錢數額基本符合規定；再者，淮南地區的中、下州的公廨本錢數額亦有低於額定數額者，可印證此說。

　　在州縣等第的升降方面，淮南地區各州府屬縣，貞觀十三年（639）時有51縣〔註18〕，至唐末增至56縣，表3-2主要係依據淮南地區各州在天祐末年領縣製成〔註19〕，而在各縣等第上，因現今《元和郡縣圖志》缺淮南地區部分

　　　　據，似不應相提並論。參見馬世長，〈地志中的「本」和唐代公廨本錢〉，收入北京大學中古史研究中心編，《敦煌吐魯番文獻研究論集》（北京，中華書局，1982年5月），頁436。

〔註16〕參見劉希爲，〈盛唐以後商胡麇集揚州之由〉，載《古代長江下游的經濟開發》（西安，三秦出版社，1996年重印），頁262。

〔註17〕參見馬世長，〈地志中的「本」和唐代公廨本錢〉，頁438。

〔註18〕據劉昫〔後晉〕等撰，《舊唐書》（台北，鼎文書局，1992年），卷四〇，〈地理志‧淮南道〉所屬府州領縣數統計而得。

〔註19〕平岡武夫和市原亨吉所編的《唐代的行政地理》一書，經比較州縣的改易年代，將《新唐書‧地理志》州縣部分資料的時間斷限繫於天祐年間，大體是正確的，故本文採用了這個看法；說見平岡武夫、市原亨吉〔日〕編，《唐代的行政地理》（上海，上海古籍出版社，1989年11月初版），「序說」，頁14至15。

州郡，故無法用之與《新唐書・地理志》所載各州等第並列比較，然《天寶殘地志》（敦煌博物館藏第 58 號敦煌石室寫本）雖是殘本，但在僅存的五道中，有淮南道 14 州的完整記載，因而將之載於表內，並加以比較。又因《天寶殘地志》乃開元、天寶初年的州縣情形，因而與《新唐書・地理志》各縣等級對照，更可看出淮南地區各縣的人口增長。〔註20〕

表3-2　唐代淮南地區府州屬縣等級、公廨本錢表〔註21〕（本表以貫為單位）

府州	縣名	等級 《天寶殘地志》	等級 《地理志》	公廨本錢	鄉數	額定公廨本錢	備註
揚府	江都	望	望	770	28	770	
	江陽	望	望	770	17	770	
	六合	上	緊	770	20	770	
	海陵	上	望	770	18	770	
	高郵	上	上	770	22	770	
	揚子	上	望	550	10	770	
	天長	---	望	---	---	---	
楚州	山陽	中	上	440	8	550	
	鹽城	中	上	560	6	550	
	安宜	中	望	420	7	550	
	淮陰	中下	中	425	5	385	
	盱眙	中	---	460	8	550	
滁州	清流	上	上	770	16	770	
	全椒	上（中）	緊	770	15	770（550）	
	永陽	中	上	495	11	550	
和州	歷陽	上	上	675	18	770	
	烏江	上	上	675	14	770	
	含山	中	上	542	10	550	

〔註20〕因若戶口有所增長，則縣的等級即會提升。

〔註21〕本表據《新唐書》，卷三八〈地理二〉、卷四一〈地理五〉及《天寶殘地志・淮南道》部分製成；並參閱王仲犖，《敦煌石室地志殘卷考釋》，頁 38～45。本道各州府屬縣中，有許多縣的名稱數度改易，本表縣名乃以《天寶殘地志》所載縣名為準。「額定公廨本錢」係指《新唐書》，卷五五，〈食貨志〉所載各縣公廨本錢數額，參見《新唐書》，卷五五，〈食貨志〉，頁 1397。

壽州	壽春	上	上	660	13	770	
	安豐	上	緊	770	10	770	
	盛唐	---	上	---	---	---	
	霍丘	中	緊	550	11	550	
	霍山	中	上	440	9	550	
廬州	合肥	上	緊	770	18	770	
	慎	中	緊	660	13	550	
	巢	---	上	660	13	---	
	廬江	上	緊	660	8	770	
	舒城	---	上	550	10	---	
舒州	懷寧	上	上	770	24	770	
	宿松	中	上	440	9	550	
	望江	中	中	430	5	550	
	太湖	上	上	660	11	770	
	同安	上	緊	660	12	770	
光州	定城	上	上	671	19	770	
	光山	上	上	660	14	770	
	樂安	中	上	550	9	550	
	殷城	中	中	430	7	550	
	固始	上	上	660	12	770	
蘄州	蘄春	上	上	660	14	770	
	黃梅	上	上	770	16	770	
	永寧	中	中	550	11	550	
	蘭溪	中	上	550	10	550	
安府	安陸	上	上	660	12	770	
	雲夢	中	中	430	6	550	
	孝昌	中	中	440	5	550	
	應城	中	中	440	5	550	
	吉陽	中	中	430	5	550	
	應山	中下	中	230	4	385	
黃州	黃岡	上	上	675	14	770	
	黃陂	中	中	455	7	550	
	麻城	中	中	455	7	550	
申州	義陽	上	上	770	24	770	
	鍾山	上	上	660	12	770	
	羅山	上	上	660	16	770	

濠州	鍾離	上	緊	660	12	770
	定遠	上	緊	660	12	770
	招義	上	上	660	12	770
沔州	漢陽	中	中	440	6	550
	漢川	中	中	440	6	550

經比較《天寶殘地志》和《新唐書‧地理志》所載淮南屬縣的等級之後，可以得出《新唐書‧地理志》有23縣的等級高於《天寶殘地志》所載之縣等級，其中並有14縣由中縣或上縣升為望、緊縣，而亦有31縣之等級與《天寶殘地志》相同，另有 5 縣因資料不足無法比較。扣除無法比較者，淮南竟有高達 43%的屬縣，在唐末等級較天寶時期提升一級以上，而其中竟無一縣等級低於《天寶殘地志》所載者，可見淮南地區的戶口是呈現上升曲線的，而此點因《元和郡縣圖志》淮南道部分已佚，故無法完全呈現出來。

縣是唐代地方行政系統中最基層的單位，唐代的縣亦如州一般分等級，據《通典》所載有七種：「赤、畿、望、緊、上、中、下」〔註22〕，並云「京都所治為赤縣，京之旁為畿縣。其餘則以戶口多少，資地美惡為差。」〔註23〕然唐代史籍缺載望、緊之差別標準，因而只能就有明確標準之上、中、下縣三等論其等級〔註24〕，惟《唐會要》、《舊唐書‧職官志》及《新唐書‧百官志》，均有中下縣之等級〔註25〕，是共有四等〔註26〕。

〔註22〕見《通典》，卷三三，〈職官一五〉，頁 919～920。

〔註23〕見《通典》，卷三三，〈職官一五〉，頁 919～920。

〔註24〕在《通典》中未言其等級之依據，《唐六典》、《新唐書‧百官志》及《舊唐書‧職官志》均無望、緊縣等級的標準。《唐會要》雖有上、中、中下等級之戶口數，然亦無望、緊二等級之戶口數。然據王鳴盛〔清〕，《十七史商榷》（臺北，鼎文書局，1979 年初版），卷七九，頁 837～838 引謝惟新〔宋〕，《合璧事類後集》，第七九卷，〈縣官門知縣〉，宋代縣之等級除赤畿外，有望、緊、上、中、下五等：四千戶為望，三千戶以上為緊，二千戶以上為上，千戶以上為中，不滿千戶為中下，五百戶以下為下。而其所敘為宋太祖時制度，離唐不遠，由此可推望、緊應為唐代高於上縣的等級，而各書均失載。

〔註25〕見王溥〔宋〕，《唐會要》（臺北，世界書局，1990 年 4 月 5 版），卷七○，〈量戶口定州縣等例〉，頁 1231、《舊唐書》，卷四四，〈職官志〉，頁 1921 及《新唐書》，卷四九下，〈百官志四下〉，頁 1318～1319。

〔註26〕《唐六典》，卷三，〈尚書戶部〉之縣分等標準，與《唐會要》不盡相同，桂齊遜在《唐代河東軍研究》（臺北，中國文化大學史學研究所碩士論文未刊本，1991 年 6 月）中認為《唐六典》所據為開元二十二年之新標準，故與《唐會要》之開元十八年的標準不同，而《唐會要》未有下縣之標準，而緣邊各州

　　據《唐會要》，卷七十，〈州縣分望道・淮南道〉部分記載，淮南地區有16縣升為望、緊縣（參見表3-3），與表3-2所列《新唐書・地理志》所載望、緊縣數相同。。

　　眾所皆知，唐代州縣等級主要以戶口數為考量，等級的提升通常與人口的增加有密切關連，而人口的增加又是經濟成長的重要指標之一，因而可以說，在中唐以後淮南地區的戶口大體仍然保持著成長曲線。然因今本《元和郡縣圖志》淮南道部分全佚，以致於無法對有關淮南戶口的成長，做更進一步且更為精確的分析。

表3-3　淮南地區各州屬縣等第的上昇〔註27〕

州　名	縣　名	等　第	年　代	州　名	縣　名	等　第	年　代
揚州	江都	望縣	開元四年	舒州	桐城	緊縣	會昌四年
揚州	海陵	望縣	會昌四年	濠州	定遠	緊縣	會昌四年
揚州	天長	望縣	會昌四年	濠州	鍾離	緊縣	會昌四年
揚州	揚子	望縣	大曆八年	滁州	全椒	緊縣	會昌四年
揚州	六合	緊縣	會昌四年	楚州	山陽	上縣	貞元四年
楚州	盱眙	緊縣	會昌四年	楚州	盱眙	上縣	貞元四年
廬州	合肥	緊縣	會昌四年	楚州	鹽城	上縣	元和六年
廬州	廬江	緊縣	會昌四年	壽州	霍丘	上縣	元和六年
廬州	愼	緊縣	會昌四年	蘄州	蘄水	上縣	元和六年
壽州	安豐	緊縣	會昌四年	舒州	太湖	上縣	元和六年
壽州	盛唐	緊縣	會昌四年	舒州	宿松	上縣	元和六年
壽州	霍丘	緊縣	會昌四年				

　　從上表可以得出淮南地區各州屬縣等第的上升，大多集中在武宗會昌四年（844）及憲宗元和六年（811）這兩個年份。其中升為望、緊縣者，幾乎都在武宗會昌四年，一共有14縣。而升為上縣者，也大都在憲宗元和六年，共有5縣。表明在憲宗元和及武宗會昌這兩個時期，淮南地區的戶口有顯著的增長；並且除了揚州的江都縣在開元四年升為望縣外，其他縣級的升等，據

及去京五百里內，五千戶以上為上縣。
〔註27〕本表係參考《唐會要》，卷七十，〈州縣分望道・淮南道〉，頁1238～1239製成。

《唐會要》所載升等年月來看，均在安史之亂以後。這也意味著在安史亂後，淮南地區的經濟仍蓬勃發展，使得人口有相對應的成長。此外，代宗大曆八年（773）及德宗貞元四年（788），也分別有揚州揚子縣升爲望縣，以及楚州山陽、盱眙等縣升爲上縣。

三、地志中的土貢資料

　　淮南道的土貢變化部分，主要可從《天寶殘地志》和《新唐書・地理志》對照而得出，經比較後可看出其中端倪，《天寶殘地志》土貢部分資料所依據的底本，主要是開元後期的資料〔註 28〕，而《新唐書・地理志》的土貢項目經學者研究爲「長慶貢」〔註 29〕，而從開元後期至長慶年間，這數十年間淮南地區的土貢已然發生相當大的變化，不但土貢的品項增加許多，從文字描述來看在品質方面也有所精進。其中僅有和州與光州土貢項目未有增加，其他州府至少都增加一項以上，而以揚州最爲突出，土貢的品項從 2 項增加到 24 項，土貢的品項增加達 12 倍。並且揚州的土貢種類繁多，涵蓋了金屬製品、紡織品、兵甲、水產品、稻米等農生產品及水產、農產加工品等，十分驚人。

　　此外，根據《唐六典・太府寺・右藏署》的記載，揚州還進貢一種名爲「蘇木」給朝廷〔註 30〕，而遍查唐代史籍未見有這項物品，且皆未對其性質及產地有所說明。唯九世紀阿拉伯旅行家伊本・胡爾達茲比赫（Ibn khordadhbeh），在他所著的《道里邦國志》一書中記載，蘇木（Al-Baqqam）是一種生產於拉米島的藥材，其汁液可快速解毒，可治蛇咬傷口〔註 31〕。揚州能上供遠自海外進口的珍貴藥材，則說明其國際貿易十分興盛。而同樣名爲「蘇木」的物品，也出現在五代時吳越國對後晉等政權的貢物清單上〔註 32〕，雖目前因相關史料記載較爲缺乏，無法確定這兩者是否爲同一種藥材〔註 33〕。然吳越國的海外貿易

〔註 28〕 本文係據馬世長所推斷時間，參見馬世長，〈敦煌縣博物館藏地志殘卷〉，頁 397。
〔註 29〕 參見王永興，〈唐代土貢資料繫年〉，《北京大學學報》，1982 年第 4 期，頁 59 詳論。
〔註 30〕 李林甫〔唐〕等撰，陳仲夫點校，《唐六典》（北京，中華書局，1992 年初版），卷二十，〈太府寺・右藏署〉，頁 545。
〔註 31〕 伊本・胡爾達茲比赫（Ibn khordadhbeh）〔阿拉伯〕著，宋峴譯注，《道里邦國志》（北京，中華書局，1991 年），頁 67。
〔註 32〕 參見朱祖德，〈五代時期吳越立國的經濟基礎〉，載《史學彙刊》第二十三期（2009 年 6 月），表二「吳越國進貢表」，頁 106～109。
〔註 33〕 因目前所能掌握到的資料相當有限，尚未能作出具體結論。

亦相當發達〔註34〕，所進貢的蘇木爲來自海外舶來貨的可能性相當大。從揚州將珍貴的舶來貨蘇木進貢給唐廷，足見揚州海外貿易的興盛及經濟的繁榮富實，側面顯示當時揚州的經濟狀況，也與「揚一益二」之盛名相符合〔註35〕。

表 3-4　唐代淮南地區土貢物產表〔註36〕

時期＼州名	《天寶殘地志》	《唐六典》	《通典・食貨典》	《新唐書・地理志》
揚州	鏡、席	貢：青銅鏡、莞席、細紵	青銅鏡十面、蕃客袍錦五十領、錦被五十張、半臂錦百段、新加錦袍二百領、獨窠細綾十疋、莞席十領、造水牛皮甲千領并袋、鐵精一斤、空青三兩、白芒十五斤、兔絲子一斤、蛇床子七斗、蛇床仁一斗	金、銀、銅器、青銅鏡、綿、蕃客袍錦、被錦、半臂錦、獨窠綾、殿額莞席、水兕甲、黃稑米、烏節米、魚臍、魚鮓、糖蟹、蜜薑、藕、鐵精、空青、白芒、兔絲、蛇粟、括蔞粉
楚州	貲布	貢：孔雀布	貲布十疋	貲布、紵布
滁州	麻、貲布	貢：麻、貲布	紵練布十五疋	貲布、絲布、紵、練、麻

〔註34〕吳越國的海外貿易情形，參見朱祖德，〈五代時期吳越立國的經濟基礎〉，頁101～104 詳論。

〔註35〕有關「揚一益二」的說法，參見《資治通鑑》，卷二五九，昭宗景福元年七月丙辰條，頁 8431。其中「揚」指揚州，「益」係指益州。並參見洪邁，《容齋隨筆》（上海，上海古籍出版社，1996 年 3 月初版），卷九，頁 122「唐揚州之盛」條。有關「揚一益二」說法的起源及過程，參見朱祖德，〈唐代揚州的商業貿易〉，載《史學彙刊》，第三〇期（2012 年 12 月），頁 65～67。

〔註36〕本表據《天寶殘地志・淮南道》部分、《唐六典》，卷三，〈尚書戶部〉，頁69、《通典》卷六，〈食貨六〉，頁 119～121 及《新唐書》，卷三八，〈地理二〉、卷四一，〈地理五〉，頁 991 及 1051～1056 等資料製成。唐代各史籍所載土貢時間參見王永興，〈唐代土貢資料繫年〉，《北京大學學報》，1982年第 4 期，頁 59。其中《通典・食貨典》所載土貢王永興先生認爲是「天寶中貢」，而《新唐書・食貨志》所載土貢王永興先生認爲是「長慶貢」。而《天寶殘地志・淮南道》所載土貢，經馬世長比對各書所載土貢資料，認爲主要是開元時期的土貢，而夾雜著少數年代較晚的土貢資料，參見馬世長，〈敦煌縣博物館藏地志殘卷〉，頁 386～397 詳論。吳震認爲殘卷中的土貢應是天寶初年的土貢，但所據底本應早於天寶初年，參見吳震，〈敦煌石室所出唐天寶初年《郡縣公廨本錢簿》〉，頁 30。綜上所述，本殘卷所載土貢資料年代應早於《通典・食貨典》的年代，而與《唐六典》同屬開元時期的土貢資料。

和州	紵布	貢：紵練	麻布十疋	紵布
壽州	絲布、石斛	貢：葛布、生石斛	絲布十疋、生石斛五十斤	絲布、絁、茶、生石斛
廬州	絲布、石斛	貢：交梭、熟絲布、生石斛	絲布十疋、石斛六十斤	花紗、交梭絲布、茶、蠟、酥、鹿脯、生石斛
舒州	白紵布	貢：白紵布	蠟五十斤、石斛六十斤	紵布、酒器、鐵器、石斛、蠟
光州〔註37〕	葛、石斛	貢：絺、紵、葛、生石斛	葛十疋、生石斛六十斤	葛布、石斛
蘄州	白紵布	貢：白紵布	白紵布十五端、烏蛇脯	白紵、簟、鹿毛筆、茶、白花蛇、烏蛇脯
安府（安州）	青紵布	貢：青紵布	青紵十五疋	青紵布、糟筍瓜
黃州	紵、貲布	貢：紵、貲布、烏蛇	紫紵布十端、蟲蟲二斤	白紵布、貲布、連翹、松羅、蟲蟲
申州	葛	貢：絺、紵、葛	葛十疋	緋葛、紵布、貲布、茶、蟲蟲
濠州	絲布、雲母		絲布十疋	絁、綿、絲布、雲母
沔州〔註38〕	白紵布	貢：麻、貲布	麻貲布十疋	缺

從表 3-4 可以看出《通典・食貨典》所載淮南各州府的土貢資料，雖有數量記載，但其種類仍較《新唐書・地理志》所載爲少，以揚州爲例，《新唐書・地理志》所載土貢種類達 24 項之多，而《通典・食貨典》所載揚州土貢品項雖較《天寶殘地志》所載品項爲多，但仍較《新唐書》所載土貢項目少 12 種，約爲總數的 50%。《通典・食貨典》中的土貢資料經學者研究後，認爲是「天寶貢」〔註 39〕，至於《天寶殘地志》中的土貢資料時間斷限，學界的意見較爲分歧，有的認爲是開元後期的資料，也有認爲是天寶時期的資料，但其底本年代應較早，但未指明應爲何時〔註 40〕。透過表 3-4 的有關史籍土貢資料比較可以得出《天寶殘地志》的土貢資料來源時間，應早於《通典・食貨典》，

〔註37〕 王仲犖，〈唐天寶初年地志殘卷考釋〉，頁 39 作「萵石斛」，對照《新唐書》，卷四一，〈地理志〉載光州土貢爲「萵布、石斛」。故此處應爲「葛、石斛」之誤，似爲標點錯誤的問題。

〔註38〕 沔州在敬宗寶曆二年（826）州廢，所屬二縣併入鄂州，故無土貢資料。

〔註39〕 參見王永興，〈唐代土貢資料繫年〉，《北京大學學報》，1982 年第 4 期，頁 59 詳論。

〔註40〕 參見本文註 36 說明。

而其時間早於《新唐書・地理志》，則是十分明確。

　　而值得注意的是，較早期資料所呈現的土貢項目，應較稍晚期的資料所呈現的項目爲少，但儘管學界認爲《唐六典》所載土貢資料爲「開元貢」，在時間上應早於《天寶殘地志》的土貢資料，然而《唐六典》所載某些州府如揚州、廬州、光州、黃州、申州及沔州等州所載的土貢項目，卻明顯比《天寶殘地志》所載品項要來的多。舉例來說，揚州多出「青銅鏡、細紵」等二項，光州多出「絺、紵」等二項，其餘各州則至少多出一項，這是否意味著《天寶殘地志》所據的底本要早於《唐六典》的資料呢，但以目前的有限資訊仍不能作出結論，或許就如同馬世長所推測的，在《天寶殘地志》底本中，有部分屬於早期的土貢資料，以至於在淮南地區部分州府保留了較《唐六典》爲原始的土貢資料〔註41〕，對我們探討唐前期的土貢有相當的助益，因此在未來有進一步探討的必要性。

四、地志中的鄉數

　　《天寶殘地志》中除有彌足珍貴的公廨本錢記載外，並記有淮南地區各縣的鄉數，由於現存的唐代全國性地志中，僅有《元和郡縣圖志》有較完整的鄉數可資參考，惜因《元和郡縣圖志》的淮南道部分記載已佚失，因此有必要參用《天寶殘地志》所載的鄉數資料，才能對淮南的戶口詳細狀況有所明瞭。

　　而《天寶殘地志》所載的各府州屬縣的鄉數，據筆者加以比較，除少數個別州府外，與《元和郡縣圖志》所載的開元鄉數差異不大〔註42〕。以淮南地區來看，《元和郡縣圖志》有開元鄉數記載的有7州，其中光州、蘄州、黃州及沔州等4州與《天寶殘地志》所載的鄉數完全相同，另3州除申州外，鄉數的差異均不大（參見表3-5「淮南地區各州鄉數統計對照表」）。因此我們在《元和郡縣圖志》的淮南道部分，揚州、楚州、滁州、和州、壽州、廬州及舒州等7州，鄉數記載失載的情況下，以《天寶殘地志》的鄉數記載，來補《元和郡縣圖志》所缺的淮南部分州郡鄉數，應大體可行。

　　值得注意的是，《元和郡縣圖志》所記濠州鄉數是41鄉，較《天寶殘地志》所載鄉數36鄉，多出了5鄉。淮南地區除有七州缺載元和鄉數外，其他

〔註41〕但仍要保留是地志底本在傳抄時，有漏寫等情形的可能性。

〔註42〕其中僅廣州鄉數與《元和郡縣圖志》所載相差較大，學者認爲應是誤衍「一百」所致，參見吳震，〈敦煌石室寫本唐天寶初年『郡縣公廨本錢簿』校注並跋〉，《文史》第十三輯（1982年3月），頁143。

如安州及申州的元和鄉數，均較《天寶殘地志》所載的鄉數減少，另光州、蘄州、黃州及沔州的鄉數，則與《天寶殘地志》所載相同。僅濠州的鄉數，較《天寶殘地志》所載的鄉數有所增長。這是否說明濠州的戶口，在元和時有所增加呢？是值得深究的問題。

事實上據《元和郡縣圖志》記載，濠州的元和戶數為 20,702 戶，並未較天寶十一載的 21,864 為多〔註 43〕，反而減少了一點，只不過減少的幅度不算大。像濠州這種鄉數成長，戶數反而下降的情形，在浙東越州也有類似情形。越州的元和鄉數及戶數的比例，相差則更為懸殊。如越州天寶十一載有戶90,279，元和時僅有 20,685 戶〔註 44〕，戶數減幅為 81%；但同時期的鄉數，卻未大幅下滑，而僅減少了 31%〔註 45〕。由於鄉數與人口多寡有相當密切的關連，因此，濠州與越州的元和戶及鄉數比例，可以說同樣的啟人疑竇，有待進一步探究〔註 46〕。

若依《天寶殘地志》所載的各府州屬縣的鄉數計算，揚州有 115 鄉、楚州 34 鄉、滁州 42 鄉、和州 42 鄉、壽州 43 鄉、廬州 62 鄉、舒州 61 鄉、光州 61 鄉、蘄州 51 鄉、安州 37 鄉、黃州 28 鄉、申州 52 鄉、濠州 36 鄉、沔州 12 鄉，淮南地區 14 州，合計有 676 鄉，平均每州府約為 48.3 鄉。

表 3-5　淮南地區各州鄉數統計對照表〔註 47〕

州　名	《天寶殘地志》鄉數	《元和郡縣圖志》鄉數
揚州	115	缺
楚州	34	缺
滁州	42	缺
和州	42	缺
壽州	43	缺

〔註 43〕 參見李吉甫〔唐〕撰，賀次君點校，《元和郡縣圖志》（北京，中華書局，1995年 1 月），卷九，〈河南道五〉，頁 234 及《舊唐書》，卷四○，〈地理三〉，頁 1575。

〔註 44〕 《舊唐書》，卷四○，〈地理三〉，頁 1589 及《元和郡縣圖志》，卷二六，〈江南道二〉，頁 617。

〔註 45〕 參見朱祖德，〈唐代越州經濟發展探析〉，載《淡江史學》第十八期（2007 年9 月），頁 25，表三「唐代開元、元和時期兩浙鄉數戶數對照表」。

〔註 46〕 有關越州戶數及鄉數的討論，參見朱祖德，〈唐代越州經濟發展探析〉，頁 23～25 詳論。

〔註 47〕 本表據《天寶殘地志・淮南道》部分及《元和郡縣圖志》，卷九，〈河南道五〉及卷二七，〈江南道三〉等資料製成。

廬州	62	缺
舒州	61	缺
光州	61	61
蘄州	51	51
安州	37	35
黃州	28	28
申州	52	42
濠州	36	41
沔州	12	12
合計	676	270

五、結　論

　　淮南地區是唐代重要的經濟地區，在農業、手工業及商業貿易等方面均相當發達。淮南地區因擁有豐富的農業資源，農田灌漑設施的持續興修，以及技術先進的手工業，因而奠定了堅實的經濟基礎。加得天獨厚的地理位置及便利的水陸交通網絡，使其商業貿易方面亦相當發達，而成爲唐政府所倚重的賦稅重地。

　　本文乃以敦煌博物館藏第 58 號敦煌石室寫本，所載淮南地區的相關資料爲核心，來深入探討淮南地區的公廨本錢、物產、戶口及土貢項目等方面的情形，並對淮南地區整體經濟實力做深入的分析，然因《元和郡縣圖志》淮南部分州郡資料的佚失，因而使得淮南地區戶口及物產的研究，受到了一定程度的侷限，期待未來有更豐富的資料，以利進行研究。

〔附註〕本篇原刊於《淡江史學》第二十三期（2011 年 9 月）。

肆、唐代淮南地區的交通運輸

一、前　言

　　唐代淮南地區〔註1〕位於淮河和長江之間，處於唐帝國的心臟地帶，因而交通十分便捷。淮南地區的揚州，由於位於大運河和長江的交會處，因此成為淮南乃至於整個江淮地區的交通樞紐。淮南地區除了有隋代開鑿的大運河貫穿其間外，境內的大小河川、湖泊密佈，且大多可通航，故水上交通不僅便捷，且載運量也相當大。

　　本文擬對淮南地區的地理形勢、區域交通、國內交通，以及海外交通等範疇進行論述。期能對有唐一代，淮南地區的水、陸交通運輸的路線，以及對江淮地區經濟發展的影響，有進一步的瞭解。

　　在研究回顧方面，學術界對於唐代交通及運輸的總體研究，以及區域交通研究方面，有嚴耕望、〔註2〕史念海、〔註3〕劉希為、〔註4〕廖幼華、〔註5〕

〔註1〕　本文之「淮南地區」，係指揚、滁、和、楚、壽、廬、舒、光、申、蘄、黃、安、濠及沔州等十四州。參見李林甫〔唐〕等撰，陳仲夫點校，《唐六典》（北京，中華書局，1992 年），卷三，〈尚書戶部・戶部郎中條〉，頁 69。

〔註2〕　隋唐史著名學者嚴耕望的《唐代交通圖考》，為影響力極大的交通及地理方面著作，惜嚴氏尚未完成其計畫中的淮南部分即已謝世，故無緣得見。

〔註3〕　史念海為著名的歷史地理學者，除了《中國的運河》和《唐代歷史地理研究》等專書外，他的著作大部分收入《河山集》（1～7 輯）和《唐史論叢》（1～6 輯）中。此外，尚有〈隋唐時期的交通與都會〉收入氏著，《唐史論叢》第 6 輯（西安，三秦出版社，1995 年）及〈隋唐時期運河和長江的水上交通及其沿岸的都會〉，收入氏著《河山集》第 7 輯（西安，陝西師範大學出版社，1999 年）等多篇有關交通方面的重要文章。

楊淑洪、〔註6〕王力平〔註7〕及何榮昌〔註8〕等學者。從事運河方面研究的學者，主要有全漢昇、〔註9〕潘鏞〔註10〕及陳橋驛〔註11〕等數位學者。海外交通方面，則有陳炎、〔註12〕俞永炳〔註13〕及朱江〔註14〕等學者。前述學者對於唐代整體交通發展、海外交通或個別區域交通等方面的研究均有所成。唯目前對於淮南地區的交通運輸問題的探究，學界尚未有專論，故作者不揣淺陋，擬對淮南地區的交通運輸進行探究，期能對唐代淮南地區的交通運輸有進一步的瞭解。

二、淮南地區的地理形勢

唐代淮南地區位於淮河和長江之間，且有隋代開鑿的大運河貫穿其間，加以境內河川密佈，淮南地區因地理位置的優越，故水上交通運輸均十分便捷。另一方面，淮南地區除在壽州與蘄州及舒州交界處有大別山及霍山山脈外，大部分地區均屬於平原或盆地地形，〔註15〕因此地勢大多相當平坦。

〔註4〕 劉希爲，《隋唐交通》，臺北，新文豐出版社，民國81年。

〔註5〕 廖幼華，《歷史地理學的應用：嶺南地區早期發展之探討》，臺北，文津，民國93年。廖氏另有多篇期刊及研討會論文涉及唐代區域交通問題者，參見朱祖德，〈近年來（2005～2011）台灣地區唐代區域史研究概況〉，載《中國唐代學會會刊》第19期（民國101年12月），頁52及56。

〔註6〕 楊淑洪，《唐代漕運運輸之研究》，臺北，中國文化大學史研所博士論文，民國83年。

〔註7〕 王力平，〈唐肅、代、德時期的南路運輸〉，收入於中國唐史學會等編，《古代長江中游的經濟開發》（湖北，武漢出版社，1988年），頁331～345。

〔註8〕 何榮昌，〈隋唐運河與長江中下游航運的發展〉，收入《古代長江中游的經濟開發》，頁371～381。

〔註9〕 全漢昇，《唐宋帝國與運河》（臺北，中央研究院歷史語言研究所，民國84年）一書，開啟了運河研究的先河，爲影響甚巨的專著。

〔註10〕 潘鏞，《隋唐時期的運河與漕運》，西安，三秦出版社，1986年。

〔註11〕 陳橋驛主編，《中國運河開發史》，北京，中華書局，2008年。

〔註12〕 陳炎著有《海上絲綢之路與中外文化交流》（北京，北京大學出版社，2002年）一書。其中〈絲綢之路的興衰及其從由陸路轉向海路的原因〉等文，對海外交通研究具有參考價值。

〔註13〕 俞永炳，〈試談絲綢之路上的揚州唐城〉，載《漢唐與邊疆考古研究》第一輯（北京，科學出版社，1994年），頁169～172。

〔註14〕 朱江，〈朝鮮半島和揚州的交通〉，《揚州師院學報》，1988年，第1期，頁126～129、132。

〔註15〕 唐代淮南地區主要包括今天的江蘇省北部、安徽省中部、湖北省的東部，以及河南省的東南一隅，而以江蘇省和安徽省爲主體。主要地形爲盆地和平原

〔註16〕特別是淮南東部的楚州及揚州，不但地勢低平，且遍佈著大小湖泊，因此對於運河的開鑿相當有利，〔註17〕是故包括春秋時吳國和隋、唐兩代均在此開鑿運河。即使有地勢較高之處，大多僅爲丘陵起伏，如北部壽州一帶，有八公山。淮南西部一帶地區則地勢較東部爲高，丘陵也較多，如大蘇山、羅山、石龍山、陪尾山、小別山及木蘭山等。〔註18〕此外，大別山及霍山山脈區分壽州與蘄州、舒州等州，顯示當時淮南有部分州的州界是以地形來劃分的。

　　淮南東部地區的揚州、楚州二州臨海，且有大運河的邗溝段貫穿其間。由於邗溝段上承通濟渠，下接江南運河，連結了江淮地區和洛陽、長安間的交通運輸，因此是大運河最重要的一段；並且此段亦是大運河中，水量較充足，通航能力較佳的一段。〔註19〕此外，尚有許多大小河川如網狀般的分佈在淮南地區，其河川由東到西排列有：下阿溪、滁水、濡須水、濠水、肥水、〔註20〕渒水、〔註21〕施水、〔註22〕皖水、蘄水、澮水、澥水、滍水、富水、

所組成，包括長江三角洲、巢蕪盆地、黃淮平原、兩湖盆地及鄱陽盆地等。參見王益厓，《中國地理》（臺北，正中書局，民國59年），頁416～418；頁521～522；劉鴻喜，《中國地理》（臺北，五南圖書公司，民國80年）頁225～226；249～253；266～268及305及任德庚，《中國地理》（臺北，東大圖書有限公司，民國83年）上冊，頁205～206；215～217；222～226；231～334；下冊，頁19～23。

〔註16〕如淮南東部地區的地勢就相當平坦，絕大部分地區在海拔50公尺以下，參見李孝聰，《中國區域歷史地理》（北京，北京大學出版社，2009年），頁241。

〔註17〕李孝聰，《中國區域歷史地理》，頁242。

〔註18〕關於淮南地區的山脈及丘陵分佈情形，參見《唐六典》，卷三，〈尚書戶部・戶部郎中條〉，頁69及樂史〔宋〕撰，王文楚等點校，《太平寰宇記》（北京，中華書局，2007年），卷一二三至一三二，淮南地區各州有關丘陵及山脈分佈的敘述；並參閱譚其驤主編，《中國歷史地圖集》，第五冊（隋・唐・五代十國時期）（上海，地圖出版社，1982年），頁54，「開元廿十九年（741）淮南道」圖。

〔註19〕中國唐史學會唐宋運河考察隊編，《唐宋運河考察記》（西安，陝西省社會科學院出版發行室，1991年），頁74。

〔註20〕又名「東肥水」，肥水爲「巢肥運河」的組成部分之一，參見潘鏞，《隋唐時期的運河與漕運》（西安，三秦出版社，1986年），頁2及應岳林、巴兆祥，《江淮地區開發探源》（南昌，江西教育出版社，1997年），頁253。肥水往北注入淮水，參見酈道元〔北魏〕注，楊守敬、熊會貞〔清〕疏，段熙仲點校，陳橋驛復校，《水經注疏》（邗江，江蘇古籍出版社，1986年），卷三二，〈肥水〉，頁2673～2690。《北朝五史辭典・肥水條》則說，肥水一名淝水，其流有二，一條今名東肥河，源自肥西西北長崗店西北，北流經壽縣東，並轉西

漢水及等河川縱貫交錯其間，〔註 23〕構成了四通八達的水運網，因而使得水運成爲揚州乃至淮南地區最主要的運輸方式。

此外，淮南地區因地形及地勢關係，因此境內大小湖泊星羅棋布般的分佈於各地，如位於楚州和揚州邊界的射陽湖，楚州的白水塘、白馬湖、津湖，揚州的樊良湖、愛敬陂，和州的麻湖，舒州的雷池，壽州的芍陂（安豐塘），廬州的巢湖及黃州的武湖等，其中大部分湖泊可結合河流通航，對區域交通貢獻很大。其中射陽湖爲原夫差開鑿邗溝的路線的一部分，〔註 24〕因此具有一定的通航能力。

淮南地區的揚州，位居於長江和大運河邗溝段〔註 25〕的交叉口，因而擁有絕佳的地理位置。長江和運河本是當時水運交通的二條大動脈，長江爲當時唐帝國的最重要的天然水運通道，不但聯結上游的富庶的益州地區，同時也貫通了中、下游段的江陵地區、淮南地區及兩浙地區等唐代最重要的經濟

北注入淮河。另一條今名南肥河，古稱「施水」，源自長崗店東北，東南流經合肥，後注入巢湖。參見簡修煒主編，《北朝五史辭典》（濟南，山東教育出版社，2000 年），頁 692。

〔註21〕淝水，《水經注》作「沘水」，此水《中國歷史地圖集》第五冊未注明；參考《水經注疏》，卷三二，〈沘水〉，頁 2667～2671 及董誥〔清〕等編，《全唐文》（上海，上海古籍出版社，1993 年），卷 736，沈亞之，〈壽州團練副使廳壁記〉，頁 3369 上。

〔註22〕《水經注》以施水爲肥水之分流，參見《水經注疏》，卷三二，〈肥水〉，頁 2674 及卷 32，〈施水〉，頁 2690。此條河流，譚其驤主編的《中國歷史地圖集》第五冊注爲「肥水」。

〔註23〕有關淮南地區的河川分佈情形，可參考參見《太平寰宇記》，卷一二三至一三二，淮南地區各州有關河川分佈的敘述；並參考譚其驤主編，《中國歷史地圖集》，第五冊（隋·唐·五代十國時期），頁 54，「開元廿九年（741）淮南道」圖。

〔註24〕參見潘鏞，《隋唐時期的運河與漕運》，頁 27。

〔註25〕關於隋煬帝的開鑿邗溝，有的學者認爲係在文帝所開的山陽瀆基礎上拓寬，加深的，參見王煦檉、王庭槐，〈略論揚州歷史地理〉，《江蘇城市地理》（江蘇，江蘇科技出版社，1982 年），頁 161。而有些學者如潘鏞及郭黎安則認爲邗溝和山陽瀆是兩條並存的河道，說詳見參見潘鏞，《隋唐時期的運河與漕運》，頁 38～39、陳橋驛主編，《中國運河開發史》，頁 220～221 及《唐宋運河考察記》，頁 73。筆著按：從《資治通鑑》對隋開皇七年開山陽瀆及大業元年開邗溝二件事情均有記載，並從支持邗溝和山陽瀆是兩條並存河道的學者，所列舉的路線來看，邗溝及山陽瀆應爲不同的兩條路線。參見司馬光〔宋〕，《資治通鑑》（臺北，世界書局，民國 63 年），卷一七六，〈陳紀十〉，長城公禎明元年（587）四月，頁 5489 及同書卷一八〇，〈隋紀四〉，煬帝大業元年（605）四月，頁 5618。

地區。史云「自揚、益、湘南至交、廣、閩中等州，公家漕運，私行商旅，軸艫相繼」，〔註26〕生動描繪了從揚州、益州到交州、廣州等地，舟船川流不息的景象，上述這些地方大多可透過長江和其支流，以及周邊的河川抵達。雖說長江的水流量十分充沛，水運運量也相當的大，然而因地理形勢的原因，我國大部分的河流均為東西向，長江自然也不例外；因此長江水運雖稱便利，卻還不能解決南北間的運輸問題。

而隋代開鑿的南北大運河則基本解決了這個難題。大運河經隋唐兩代開鑿及維護疏浚，不僅溝通了錢塘江、長江、淮水、黃河及海河等五大水系，同時也連結了對外的水運及陸運，〔註27〕所以這大運河乃成為安史之亂後唐政府的經濟命脈，作為聯結政治中心（首都長安）與經濟中心（江淮地區）的重要橋樑。〔註28〕有唐一代，淮南首府揚州因位於長江和大運河，這兩條水運大動脈的交會點，所以造就了它的繁榮。淮南東部的楚州亦因運河中穿其境，且大運河邗溝段在其北境注入淮河，因此商業貿易也相當地繁榮。

此外，淮南中部地區尚有一條名為「巢肥運河」〔註29〕的通道，除少部分路程經由陸路外，全程均可通航。然因運輸量及便利性皆不如南北大運河，所以在大運河通航後，漸失其重要性。淮南地區的水路運輸除透過大運河、長江、淮河及巢肥運河外，尚可經由各大小河川進行通航，水運可謂十分發達。

另一方面，在陸路交通方面，淮南地區由於位於長江和淮河間的華中地區，自古以來即為南來北往的必經之地。至於淮南的聯外交通路線，則有商山路及上津路等數條以陸路為主的路線。需要說明的是，淮南地區的陸路交通方面，由於本區河川的密佈，可供通航的大小河川數量相當多，又因水運的運費一般來說較陸運為低廉，因此即使大部分路程為陸路，仍有部分路段使用水運連接。是故除了少數路線為全程陸路外，絕大多數的情形是在水路不通的小部分路段，由陸路來接駁，之後再繼續由水路行進。此種水陸運相

〔註26〕 李吉甫〔唐〕撰，賀次君點校，《元和郡縣圖志》（北京，中華書局，1995年），卷五，〈河南道一〉，頁137。

〔註27〕 參閱劉希為，〈盛唐以後商胡麇集揚州之由〉，載《古代長江下游的經濟開發》（西安，三秦出版社，1996年），頁264。

〔註28〕 政治中心與經濟中心有關論述，參見全漢昇，《唐宋帝國與運河》，頁11～13詳論。

〔註29〕 「巢肥運河」參見潘鏞，《隋唐時期的運河與漕運》，頁2及應岳林、巴兆祥，《江淮地區開發探源》，頁253～260詳論。

濟的運輸方式，可以說是淮南地區交通運輸的特色之一。

　　淮南地區的水運及陸運路線，均是以揚州為中心，向外呈輻射狀分佈。由於揚州是江淮地區的中心城市，且位於長江和大運河這兩條水運大動脈的交會點，受惠於交通運輸的便利，因而商業貿易相當發達，權德輿的〈廣陵詩〉云「八方稱輻湊，五達如砥平」，〔註30〕就說明揚州所擁有四通八達的優良交通條件。

三、淮南地區的區域交通

　　淮南地區，以位在淮河之南而得名，其地理位置十分優越，位於淮河及長江二條主要河流之間，其位置恰在當時唐帝國的心臟位置，因此無論北上京、洛的客商或南下江南、嶺南的商旅，大部分經由淮南地區而到達目的地。〔註31〕

　　劉宋時鮑照的〈蕪城賦〉，就形容竟陵王叛亂〔註32〕前的廣陵〔註33〕是「灑迤平原，南馳蒼梧漲海，北走紫塞鴈門。柂以漕渠，軸以崑崗。重江複關之陬，四會五達之莊」，〔註34〕漲海即現在的南海，從鮑照〈蕪城賦〉的描繪來

〔註30〕見權德輿〔唐〕撰，霍旭東校點，《權德輿詩集》（蘭州，甘肅人民出版社，1994年），卷九，頁119。

〔註31〕本節原則上以淮南地區的交通運輸為主要探究對象，若交通路線有涉及淮南以外地區者，為避免在下節中重覆，將一併敘及。

〔註32〕竟陵王劉誕，字休文，係宋文帝劉義隆第六子。劉誕因為受到宋孝武帝劉駿的猜忌，心中不滿，伺機謀反。宋孝武帝大明三年（459），竟陵王劉誕據廣陵叛，孝武帝令沈慶之進討，城破，詔廣陵城中士民無論大小皆殺之，沈慶之請自五尺以下宥之，其餘男子皆殺之，女子以為軍賞，有三千餘人被殺。此次誠為南北朝時期，廣陵所遭受的一場大浩劫。參見沈約〔南朝梁〕等撰，《宋書》（臺北，鼎文書局，民國76年），卷七九，〈文五王‧竟陵王劉誕傳〉，頁2025～2037、《宋書》，卷八三，〈宗越傳〉，頁2110及《資治通鑑》，卷一二九，〈宋紀11〉，孝武帝大明三年（459）七月，頁4048。

〔註33〕廣陵即唐代的揚州地區。廣陵之名起源甚早，《史記‧六國年表》即載楚懷王十年（前319）「城廣陵」，西漢時其地為廣陵國，東漢改廣陵郡，南北朝時期大致均稱為廣陵。參見司馬遷〔漢〕，《史記》（臺北，鼎文書局，民國80年），卷一五，〈六國年表第三〉，頁731及《太平寰宇記》，卷一二三，〈淮南道‧揚州〉，頁2441。隋代為江都郡，唐武德時改為揚州：《舊唐書‧地理志》云：「武德三年杜伏威歸國，於潤州江寧縣置揚州，以隋江都郡為〔南〕兗州，置東南道行臺。七年，改〔南〕兗州為邗州。九年，省江寧縣之揚州，改邗州為揚州」。參見劉昫〔五代〕等撰，《舊唐書》（臺北，鼎文書局，民國82年），卷四○，〈地理志〉，頁1571。

〔註34〕蕭統〔南朝梁〕編，李善〔唐〕注，《文選》（臺北，華正書局，民國73年），

看，是時揚州儼然已是重要的交通都會。揚州在唐代亦因其優良的地理位置，而居當時國內交通網絡的樞紐。

以揚州所在的淮南東部來說，水運不但較淮南道西部發達，同時也更為重要，如長江溝通了沔州、黃州、蘄州、舒州、廬州、和州、揚州等七州；〔註35〕淮水又連結了申州、光州、壽州、濠州及楚州等五州。大運河的邗溝段，復聯繫了揚州、楚州等二州。此外，漢水及其支流溳水亦溝通了沔州及安州。淮南地區中除了滁州因地理位置因素，未有主要河流流經外，淮南地區絕大部分的州郡均有主要河川通過，對於區域交通有極大的助益。〔註36〕而滁州雖未有淮水、江水等大川流經，仍可經由滁水溝通達長江，因此交通仍較安州為方便。〔註37〕此外，尚有許多細密的交通網，直達淮南道首府揚州，如從壽州至揚州，除有大道外，亦有間道；而廬州不僅可由巢湖水南入長江直通揚州，亦可由巢湖的申港出新婦江至白沙而到達揚州。〔註38〕

（一）運河交通

《唐國史補》說「凡東南郡邑，無不通水。故天下貨利，舟楫居多」，〔註39〕表明淮南所在的東南地區，是以水上運輸作為主要交通方式。其中尤以大運河所產生的影響較大。隋代所開鑿的南北大運河中的江南運河及邗溝段，貫通、連接了富庶的江南及淮南地區，通濟渠及永濟渠則連結了隋唐帝國的政治中心和用兵之地。

卷一一，鮑照，〈蕪城賦〉，頁166下。

〔註35〕《唐六典‧尚書戶部》云：「江水經沔、黃、蘄、舒、和、楊六州南境入海。」見《唐六典》，卷三，〈尚書戶部‧戶部郎中條〉，頁69。作者按：長江所經地區，應包括廬州，疑《唐六典‧尚書戶部》所載有所脫漏。

〔註36〕有關淮南地區的交通情形可參照樂史〔宋〕撰，王文楚等點校，《太平寰宇記》，卷一二三至一三二，淮南地區各州有關交通敘述及譚其驤主編，《中國歷史地圖集》，第五冊（隋‧唐‧五代十國時期），頁54，「淮南道」圖。

〔註37〕《唐六典‧尚書戶部》云：「淮南道，古楊州之境。……其大川有滁、肥之水，巢湖在焉。注云：滁水源出廬州合肥縣」，見《唐六典》，卷三，〈尚書戶部‧戶部郎中條〉，頁69。滁水流經滁州南境，並在揚州六合縣的瓜步注入長江。安州對外交通需透過漢水的支流溳水，方能連漢水，通長江。故交通不若滁州方便。

〔註38〕陳鴻的〈廬州同食館記〉云：「先時，郡米數萬石輸揚州，軸轤相繼，出巢湖，入大江。歲為風波，沈溺者半。迺於湖東北岸橐皋里，作廥廪三十九間，州東二邑人，米輸於此。由申港出新婦江至白沙。人不勞，水無害。」參見董誥〔清〕等編，《全唐文》，卷六一二，陳鴻，〈廬州同食館記〉，頁2738下。

〔註39〕李肇〔唐〕，《唐國史補》（臺北，世界書局，民國80年），卷下，頁62。

　　大運河經隋唐兩代開鑿及精心維護疏浚，聯通了長江、淮水及黃河等主要水系，並且也連結了淮南地區的水運網絡，所以這大運河乃成爲唐帝國的命運之所繫。特別是安史之亂後，原本號稱沃野的關中平原，經戰爭破壞，而使得農業生產力下降，且河朔大部分爲藩鎮所割劇，不輸貢賦。〔註40〕因此當時相對安定的東南地區，就成爲唐帝國主要的財政來源。當時的情勢是「今天下以江淮爲國命」，〔註41〕因此必需要由東南地區的賦稅來支持整個帝國的的政治、軍事運作，大運河乃成爲聯結以長安、洛陽爲主的政治中心，與以江淮地區爲主的經濟中心間的重要橋樑。〔註42〕

　　有關大運河對唐帝國的作用和影響，《冊府元龜》，卷四九八，〈邦計部・漕運門〉的緒言對隋唐大運河的作用做了相當精要的論述：

> 若乃京師大眾之所聚，萬旅百官之仰給，邦畿之賦豈足克用？逮於奉辭伐叛，調兵乘郵，或約齎以深入，或贏糧而景從，曷嘗不漕引而致羨儲，飛輓而資宿飽，乃有穿渠鑿河乘便利之勢，創法立制，極機巧之思，斯皆賢者之心術，古人之能事。〔註43〕

由此篇緒言，可以瞭解到漕運對維持唐帝國的統一，甚至整個帝國的生存，都有極重要的貢獻。此外，唐代詩人對運河的作用亦有不少詩作，大部分是頌揚隋唐大運河的貢獻。如晚唐詩人皮日休就說：「萬艘龍舟綠絲間，載到揚州盡不還，應是天教開汴水，一千餘里地無山」；〔註44〕又說「盡道隋亡爲此河，至今千里賴通波，若無水殿龍舟事，共禹論功不較多」。〔註45〕皮日休對於隋代開運河對後世（唐代及宋代均蒙其利）的功勞，甚至拿大禹治水來相

〔註40〕《資治通鑑》，卷二二三，代宗永泰元年（765）五月云：「時成德節度使李寶臣，魏博節度使田承嗣，相衛節度使薛嵩，盧龍節度使李懷仙，收安、史餘黨，各擁勁卒數萬，治兵完城，自署文武將吏，不供貢賦。與山南東道節度使梁崇義及正己皆結爲婚姻，互相表裏。朝廷專事姑息，不能復制，雖名藩臣，羈縻而已。」參見《資治通鑑》，卷二二三，〈唐紀三九〉，代宗永泰元年（765）五月，頁7175。並參見《資治通鑑》，卷二二六，〈唐紀四二〉，德宗建中元年（780）七月，頁7284。

〔註41〕杜牧〔唐〕撰，斐延翰編，《樊川文集》（臺北，漢京文化出版公司，民國72年），卷一六，頁249，〈上宰相求杭州啓〉。

〔註42〕這方面的論述，參見全漢昇，《唐宋帝國與運河》，頁11～13詳論。

〔註43〕見王欽若、楊億〔宋〕等編，《冊府元龜》（北京，中華書局，1988年），卷四九八，〈邦計部・漕運〉，頁5959上。

〔註44〕彭定求、沈三曾〔清〕等纂修，《全唐詩》（上海，上海古籍出版社，1990年），卷六一五，皮日休，〈運河懷古〉之一，頁1558下。

〔註45〕《全唐詩》，卷六一五，皮日休，〈運河懷古〉之二，頁1558下。

比擬，足見大運河所帶來的龐大利益對唐帝國的影響。

由於大運河對於唐宋時期的江淮地區的經濟發展影響甚大，因此可以說，倘若沒有大運河的開鑿，就不會有唐代極度繁華的揚州，以及晚唐五代乃至於北宋時期蘇州、杭州等地的繁榮。換言之，若無運河所帶來的龐大商機和大量的各地物資，包括淮南在內的江淮地區，也就無法造它的繁榮。因此大運河所帶來的經濟效益，應是唐五代時期運河沿線城市經濟蓬勃發展的主要原因之一。

淮南東部地區的揚州、楚州，有大運河的邗溝段通過。由於邗溝上連通濟渠，下接江南運河，連結了江淮地區和洛陽、長安間的交通運輸，因此是大運河較為關鍵的一段。邗溝在大運河雖是較短的一段，但卻是維繫隋唐帝國重要支柱的組成部分。〔註46〕同時也因邗溝是漕運上的重要環節，因此唐政府對邗溝曾有五次的大規模的整治和疏浚，〔註47〕解決及改善了泥沙淤積及水量不足等，影響運河交通的因素，使漕運得以通暢。此外，淮南地區向有許多大小河川如網狀般的分佈，構成了四通八達的水運網，因而使得水運成為淮南地區最主要的運輸方式。

有唐一代，淮南首府揚州就因位於大運河和長江，這兩條水運大動脈的交會點，便利的交通運輸條件和商業貿易的活絡，促使城市經濟日漸繁榮。中晚唐時期，揚州乃進一步發展成為全國最大經濟都會。〔註48〕淮南東部的楚州亦因運河中穿其境，且大運河邗溝段在其北境注入淮河，因此商業貿易也相當地繁榮。

淮南地區境內大小湖泊星羅棋布般的分佈於各地，如楚州的射陽湖、揚州愛敬陂、廬州的巢湖及壽州的芍陂（安豐塘）等，其中大部分湖泊可連接鄰近的河流通航，使區域交通十分便利。此外，這些大小湖泊對於運河水量的維持亦有相當助益。如射陽湖即在原夫差開鑿邗溝的路線上，其通航能力是無庸置疑的。廬州的巢湖則位於「巢肥運河」的航道路線上，〔註49〕巢湖不僅可通航，並且在農業灌溉上也有相當大的裨益。三國時期魏國朱光在此大開稻田，預期其將來收穫甚豐，孫權恐魏軍得此糧食不利於吳國，於是遣

〔註46〕參見潘鏞，《隋唐時期的運河與漕運》，頁41及58。

〔註47〕這5次疏浚和整治邗溝的經過，參見潘鏞，《隋唐時期的運河與漕運》，頁55～58詳論。

〔註48〕參見朱祖德，〈試論唐代揚州在中西交通史上的地位〉，載《興大歷史學報》第18期（民國96年），頁209。

〔註49〕應岳林、巴兆祥，《江淮地區開發探源》，頁254。

甘寧掩襲之。〔註 50〕

（二）以揚州為中心的交通運輸

　　淮南東部的水運網絡是以揚州為中心，向外呈輻射狀的延伸。由於揚州是江淮地區的中心城市，且位於長江和大運河這兩條水運大動脈的交會點，因而擁長江流域和大運河所流經的廣大精華地區作為腹地，〔註 51〕故史云：「自淮南之西，大江之東，南至五嶺蜀漢，十一路百州之遷徙貿易之人，往還皆出揚州之下，舟車日夜灌輸京師者，居天下十之七」，〔註 52〕貼切地形容揚州在交通運輸及商業貿易上的樞紐地位，對於揚州商業貿易繁榮的形容，實無過譽之處。

　　揚州是江淮地區的水運樞紐，「揚州大郡，為天下通衢」〔註 53〕就說明揚州因便利的交通樞紐位置，促進了交通運輸的發達。因而無論往南北向或東西向，交通均十分便捷。如由揚州往南，可由官河接江南運河，抵達潤州、蘇州及杭州等地。由長江逆流而上則可達江州、鄂州（江夏）、〔註 54〕荊州（江陵），以及益州等地。岑參詩云：「成都與維揚，相去萬里地，滄江東流疾，帆去如鳥翅」，〔註 55〕即是原本相距遙遠的揚、益兩地，經由長江而得以往來的最佳寫照。著名詩人杜甫的〈夔州歌十絕句〉詩云：「蜀麻吳鹽自古通，萬斛之舟行若風」，〔註 56〕表明長江上游的益州紡織品〔註 57〕與長江下游地區所

〔註 50〕陳壽〔晉〕撰，裴松之〔南朝宋〕注，《三國志》（臺北，洪氏出版社，民國 73 年），卷五四，〈呂蒙傳〉，頁 1276。

〔註 51〕當時長江流域和大運河所流經的廣大精華地區均為揚州廣義的腹地，參見朱祖德，〈唐代揚州的商業貿易〉，載《史學彙刊》第 30 期（民國 101 年 12 月），第五節「唐代揚州的貿易網絡」部分，頁 93～99 詳論。

〔註 52〕參見王象之〔宋〕撰，《輿地紀勝》（臺北，文海出版社，民國 60 年），卷三七，〈淮南東路‧揚州〉，頁 278 上。

〔註 53〕《樊川文集》，卷一六，頁 245。

〔註 54〕在淮南與鄂州的往來方面，李白在〈江夏行〉詩中提及：「憶昔嬌小姿，春心亦自持。……誰知嫁商賈，令人卻愁苦。自從為夫妻，何曾在鄉土。去年下揚州，相送黃鶴樓。」描繪了江夏商人往來揚州的情形。見李白〔唐〕撰，王琦〔清〕注，《李太白全集》（北京，中華書局，2012 年），卷八，頁 446～447。

〔註 55〕見《全唐詩》，卷一九八，岑參，〈萬里橋〉詩，頁 465 中。

〔註 56〕見《全唐詩》，卷二二九，杜甫，〈夔州歌十絕句〉，頁 567 中。

〔註 57〕益州自古以來的絲織品就著稱於世，杜甫詩中的蜀麻應是益州紡織品的統稱，三國時期蜀國生產的錦即已著名於時，蜀國亦以蜀錦作為軍國之用，參見馬植杰，《三國史》（北京，人民出版社，1994 年），頁 287～288。僅《新唐書‧地理志》中所載蜀郡的土貢，就有錦、單絲羅、高杼布及麻等紡織品，

生產的食鹽，〔註58〕自古以來就是互通有無，並且因長江的良好航運條件，因而詩人形容爲「帆去如鳥翅」、「萬斛之舟行若風」，表明其航速之快。

從唐人的描寫益州、揚州間交通的詩句，可以推測長江下游地區所生產的食鹽及茶等物資，滙集到了揚州，並由揚州循長江逆流而上，到達益州等地，再從益州載運麻及綾絹等紡織品順流而下。這段時間除考慮到長江因季節關係的水位高低因素外，信風（季風）也是主要考慮的因素之一，如《唐國史補》即云：

> 凡東南郡邑無不通水，故天下貨利，舟檝居多。……揚子、錢塘二江者，則兩潮發棹；舟船之盛，盡于江西，編蒲爲帆，大者或數十幅，自白沙泝流而上，常待東北風（信風），謂之潮信。〔註59〕

從《唐國史補》「舟船之盛，盡于江西」語來看，可見揚子江（長江）水上航運及交通的繁忙。而「自白沙泝流而上」語，係指由揚州方向，朝上游方向航行之意。

淮南船隻若走長江水域，由江州經洪蠡湖，並經贛江逆流南下，可達洪州；再翻越大庾嶺，經韶州，則可到達唐代最大的對外貿易港口廣州。其沿路所經各地及所需時間，李翺的〈來南錄〉有詳細記載：

見歐陽修、宋祁〔宋〕等撰，《新唐書》（臺北，鼎文書局，民國 81 年），卷四二，〈地理志六〉，頁 1079。此外，據王永興的研究，成都府（蜀郡）在唐前期，所生產特殊絲織品的數量在全國名列前矛，詳見王永興，〈試論唐代紡織業的地理分佈〉，收入《陳門問學叢稿》（江西，江西人民出版社，1993 年），頁 332。此觀點承蒙中國文化大學史學系講座教授王吉林老師惠賜卓見，特此致謝。

〔註58〕 主要爲淮南地區及兩浙地區所生產的食鹽，按海鹽爲唐代三大食鹽之一，並且產量也最大，參見陳衍德、楊權，《唐代鹽政》（西安，三秦出版社，1990 年），頁 15。據統計東部海鹽產區的鹽利，常佔全國鹽利的 66.6% 以上，最高更曾達到 90% 左右，說見楊淑洪，《唐代漕運運輸之研究》（臺北，中國文化大學史研所博士論文，民國 83 年），頁 296～311 詳論。除海鹽外，其他如池鹽及井鹽的產量均相當有限，因此益州一帶地區雖有井鹽生產，然其產量應不足民生所需，故由盛產海鹽的淮南、兩浙等地補足其需求量。淮南地區有當時最大的鹽監——揚州的海陵監，楚州的鹽城監產量亦排名第二，參見朱祖德，〈唐代揚州手工業析論〉，載《淡江史學》第 24 期（民國 101 年 9 月），頁 140～141 及朱祖德，〈唐五代淮南地區的經濟發展〉，載《中國中古社會與國家——中國中古「社會與國家」史料典籍研讀會成果論文集》（臺北，稻鄉出版社，民國 98 年），頁 324；有關兩浙地區的食鹽生產，可參見朱祖德，《唐五代兩浙地區經濟發展之研究》（臺北，花木蘭文化出版社，民國 98 年），頁 80～82 詳論。

〔註59〕 《唐國史補》，卷下，頁 62。

元和三年十月，翱既受嶺南尚書公之命，四年正月己丑自旌善第
以妻子上船於漕，乙未去東都。……庚子出洛下河，止汴梁口，
遂泛汴流通河於淮。辛丑及河陰，乙巳次汴州。……二月丁未朔
宿陳留，……乙酉次宋州，疾漸瘳，壬子至永城，甲寅至埇口，
丙辰次泗州，見刺史。假舟轉淮上河如揚州。庚申，下汴渠入淮，
風帆及盱眙，風逆天黑，色波水激，順潮入新浦。壬戌，至楚州，
丁卯至揚州。。……辛未濟大江至潤州，戊寅至常州，壬午至蘇
州。……戊子至杭州。……丙申至睦州。……辛丑至衢州。……
（四月）丙戌去衢州，戊子自常山上嶺至玉山，庚寅至信州。……
己亥直渡擔石湖，辛丑至洪州。……五月壬子至吉州，壬戌至虔
州，辛未上大庾嶺，明日至湞昌。……六月己亥朔至韶州。……
癸未至廣州。〔註60〕

除了對所走的路線及所經地點加以記錄外，《來南錄》並詳細記載了從東京（洛
陽）到廣州的水勢的順逆流及里程，若走水道出衢州、信州的話，七千六百
里；若出上元西江者，七千一百三十里，由於李翱是由衢、信州再到江西的，
若由揚州西行長江，走直接路線的話，依他的估計約少四百七十里路程。李
翱對於每段路程的里程都有記錄，自洛下黃河、汴梁過淮至淮陰，一千八百
三十里。順流自淮陰至邵伯埭三百五十里，自邵伯至大江九十里爲逆流而上。
自洪蠡湖到洪州，一百一十八里爲逆流，自洪州至大庾嶺一千八百里逆流，
是謂漳江。自大庾嶺至湞昌一百一十里陸道，謂之大庾嶺，自湞昌至廣州九
百四十里順流，謂之湞江，出韶州謂之韶江。〔註61〕

　　按《來南錄》的路線，若從揚州北上，則可由邗溝北上經楚州，入淮水
（淮河）後，可達泗州，再連汴渠（通濟渠），〔註62〕抵宿州、宋州及汴州，
入河水（黃河）後，連接洛水可達東都洛陽。再由黃河西行，接渭水或漕渠

〔註60〕《全唐文》，卷六三八，李翱，〈來南錄〉，頁2853下～2854上。
〔註61〕《全唐文》，卷六三八，李翱，〈來南錄〉，頁2854上～2854中。
〔註62〕隋代所開鑿的通濟渠，唐代稱之爲「汴渠」，宋代則稱爲「汴河」。有關隋唐
　　　 時期汴渠的興修與演變，參見陳橋驛主編，《中國運河開發史》，第四篇第五
　　　 章，頁278～295詳論。然考諸史籍，唐代史籍亦有稱汴渠爲「汴水」者，
　　　 其云：「自喪亂以來，汴水堙廢，漕運者自江、漢抵梁、洋，迂險勞費，胡
　　　 注：自安祿山作亂，關、洛路阻，漕運泝江入漢，抵梁、洋，故汴渠堙廢不
　　　 治。三月己酉，以太子賓客劉晏爲河南、江、淮以來轉運使，議開汴水。」
　　　 參見《資治通鑑》，卷二二三，〈唐紀四四〉，代宗廣德二年（764）二月，頁
　　　 7164。

〔註63〕可抵達長安。綜上所述，揚州的交通網絡可謂相當地綿密，故權德輿的〈淮南杜公遺愛碑〉稱揚州是「控荊、衡以沿泛，通夷越之貨賄，四會五達，此爲咽頤」，〔註64〕《輿地紀勝》亦云揚州「遠統長江爲一都會」，〔註65〕實無過譽之處。

此外，揚州不僅爲當時淮南和兩浙地區食鹽及茶葉的集散地，同時亦是來自全國各地瓷窰產品的集散地，〔註66〕由於瓷器的產品特色是較一般手工業產品爲笨重易碎，且在運輸過程中相當容易損壞。因此，當時瓷器主要以水運運輸爲產品的運送方式，尤以大運河〔註67〕和長江爲主要的水道。由於揚州具有得天獨厚的優勢，不但擁有大運河及長江作爲交通動脈，且有淮南地區及長江流域爲其腹地。並且揚州自身即是海港，因此來自各地需外銷的瓷器，均可由揚州出海。

因瓷器本身易碎不耐震的特性，因此主要以水路運銷至各地，而揚州正位在大運河的樞紐位置，因此瓷器交易十分活絡。在 1975 年揚州唐城遺址、揚州市文化宮唐代建築基址及揚州教育學院等數次的考古發掘中，出土了大量來自長沙窰、邢窰、宜興窰、壽州窰及越窰等唐代著名瓷窰的瓷器，其中不乏精品，〔註68〕確切說明了「唐代揚州是全國陶瓷業的主要銷售地和集散中心」。〔註69〕

〔註63〕此渠係韋堅在隋代廣通渠舊渠的基礎上開鑿的，參見潘鏞，《隋唐時期的運河與漕運》，頁 59～62 詳論。

〔註64〕權德輿〔唐〕，《權載之文集》（臺北，臺灣商務印書館，民國 64 年），卷一一，頁 63 下～頁 65 下，〈大唐銀青光祿大夫檢校司徒同中書門下平章事太清宮及度支諸道鹽鐵轉運等使崇文館大學士上柱國岐國公杜公淮南遺愛碑銘〉。

〔註65〕《輿地紀勝》，卷三七，〈淮南東路‧揚州〉，頁 278 上引《元和郡縣志》。

〔註66〕有關揚州是淮南及兩浙等地區鹽、茶及瓷器等集散地，詳見朱祖德，〈唐代揚州的商業貿易〉，頁 76、78～79 及 82～83。當時揚州不僅是江淮地區的瓷器集散地，並且來自全國各地著名瓷窰的瓷器，均集中於揚州販售或銷往海外。

〔註67〕參見康才媛，《唐代越窰青瓷的研究》（臺北，中國文化大學史學所博士論文，民國 86 年），頁 170～172 詳論。

〔註68〕參見南京博物院、揚州博物館及揚州師院發掘工作組，〈揚州唐城遺址一九七五年考古工作簡報〉，《文物》，1977 年第 9 期，頁 27、中國社會科學院考古研究所等，〈江蘇揚州市文化宮唐代建築基址發掘簡報〉，《考古》，1994 年第 5 期，頁 416～419 及揚州博物館，〈揚州教育學院內發現唐代遺迹和遺物〉，《考古》，1990 年第 4 期，頁 337 等考古報告相關記載。

〔註69〕參見揚州博物館，〈揚州教育學院內發現唐代遺迹和遺物〉，《考古》，1990 年第 4 期，頁 343。

　　同時，謝明良先生在〈記黑石號（Batu Hitam）沈船中的中國陶瓷器〉一文中，亦認爲從目前國內長沙窯瓷器的考古發現來看，可以「推測唐代揚州設有專營瓷器的店舖」。〔註70〕並且值得注意的是，黑石號沈船中的瓷器，以長沙銅官窯生產的瓷器最多，佔總數的 36%。〔註71〕尤有甚者，其中玩具置物等是目前除長沙銅官窯遺址外，僅見於揚州唐代遺址。〔註72〕由於當時長沙窯的產品豐富，特別是盛行以釉下彩斑、彩繪的裝飾瓷，與其他窯口有明顯的區別。〔註73〕燒製瓷器的紋飾，多有西亞、波斯等地的文化色彩，應有部分作爲外銷使用。〔註74〕有學者推測當時揚州是長沙銅官窯所產瓷器的主要出口港，唐末揚州陷於兵燹，從而導致長沙窯的產量減少甚至停燒。〔註75〕此說印證了交通條件對於產品銷售的重要性，產品銷售的管道若不通暢，則必然使得生產無法持續下去。

　　而目前的考古發現也確認在唐代揚州城內，存在著三條古河道。〔註76〕揚州城內的河流，除東側的官河爲南北向外，西側尙有一條史籍未注名稱的河流；城內北部河流則爲東西向，有邗江和濁河二條河流，這二條河均由官河加以連接，因此揚州城中可謂水渠縱橫，除此之外，揚州城外東側尙有運河流經，而運河與官河及邗江等水道均相連接，構成了揚州城區完整的水運網絡。〔註77〕揚州發達且綿密的水運網絡，使得瓷器這種笨重且易碎的貨物，在運送上與銷售方面更爲便捷。

（三）楚州和廬州、壽州的交通

　　淮南東部的楚州，由於前臨淮河、東瀕大海，且有運河中貫其境，可以

〔註70〕謝明良，〈記黑石號（Batu Hitam）沈船中的中國陶瓷器〉，《美術史研究集刊》第 13 期（民國 91 年），頁 27。

〔註71〕中國社會科學院考古研究所、南京博物院、揚州市文物考古研究所編，《揚州城 1987～1998 年考古發掘報告》（北京，文物出版社，2010 年），頁 260。該書總結揚州城近 30 年考古的收穫，並附有大量的照片及圖片作爲佐證。

〔註72〕謝明良，〈記黑石號（Batu Hitam）沈船中的中國陶瓷器〉，頁 27。

〔註73〕中國社會科學院考古研究所、南京博物院、揚州市文物考古研究所編，《揚州城 1987～1998 年考古發掘報告》，頁 260。

〔註74〕馮先銘，《中國陶瓷》（上海，上海古籍出版社，1997 年），頁 340。

〔註75〕中國社會科學院考古研究所、南京博物院、揚州市文物考古研究所編，《揚州城 1987～1998 年考古發掘報告》，頁 261。

〔註76〕參見揚州博物館，〈揚州教育學院內發現唐代遺迹和遺物〉，頁 342 詳論及中國社會科學院考古研究所、南京博物院、揚州市文物考古研究所編，《揚州城 1987～1998 年考古發掘報告》，頁 260～263 詳論。

〔註77〕參見朱祖德，〈唐代揚州的商業貿易〉，頁 83。

說與揚州在交通上，擁有著同樣的優勢。其中盱眙因位於淮河與通濟渠的交界處，隔淮水與泗州相望，且有都梁山倉在該縣；〔註78〕都梁山倉，據沈亞之的〈淮南都梁山倉記〉所載，都梁山倉所在的地理形勢是：「汴水別河而東，合於淮。淮水東，米帛之輸關中者也，由此會入。其所交販往來，大賈豪商，故物多遊利，鹽鐵之臣亦署致其閒。」〔註79〕足見都梁山倉所在的盱眙，亦為要衝之地。由於當地為漕運轉運倉所在，史云「大賈豪商，故物多遊利」，足見其繁榮程度。

龐勛之亂時曾攻陷了南北交通要衝都梁城，龐勛軍「據淮口，胡注：泗水入淮之口。漕驛路絕。胡注：謂東南漕驛入上都之路絕也」，〔註80〕足見都梁城被攻佔後，致使漕運不得不中斷，故江淮物資無法運送至關中，可見都梁城一地在漕運運輸中佔有重要地位。楚州的首府山陽，亦因位居淮河和運河邗溝段的交會處，因交通運輸的便利，而商賈如織，也因此造就了繁榮的景況。

此外，楚州的淮陰也因臨淮河，且位於與泗水交界處，向為楚州的門戶。淮陰因擁有良好的地理形勢，而在交通上佔有一席之地，史稱「淮陰舊鎮，地形都要，水陸交通，易以觀釁。沃野有開殖之利，方舟漕運無他屯阻」，〔註81〕足見其在交通上的重要性。

由於安史亂後，北方經濟受到嚴重破壞，另一方面，受到了安史餘黨在河北的半獨立狀態影響，故自東南上供的物資數量大增，而淮南地區又是東南賦稅上供的必經重鎮，因而使得淮南地區的水運運輸日益發達。

包括揚州、楚州在內的淮東諸州（也就是安史之亂後淮南道所常領的七州），漕運日益發達的因素，除了北方經濟衰退造成農業生產不足和政府需求增加之外，淮西的兩度戰亂也間接使得淮東人口增加，商業繁盛。使淮南的漕運和水運有相當大的發展，如《資治通鑑》，卷二三九，憲宗元和十一年（816）十二月條云：

> 初置淮、潁水運使。楊子院米自淮陰泝淮入潁，至項城入溵。胡注：
> 據《舊史》，時運米泝淮至壽州四十里，入潁口，又泝流至潁州沈丘界，五百里至

〔註78〕 參見《全唐文》，卷七三六，沈亞之，〈淮南都梁山倉記〉，頁 3370 中～3370 下。

〔註79〕 同前註。

〔註80〕 《資治通鑑》，卷二五一，〈唐紀六七〉，懿宗咸通九年（868）十二月，頁 8134。

〔註81〕 蕭子顯〔南朝梁〕撰，《南齊書》（臺北，鼎文書局，民國 76 年），卷一四，〈州郡下・北兗州〉，頁 257。

于項城，又泝流五百里入潩河，又三百里輸于郾城，得米五十萬石，茭五百萬束，省汴運之費七萬六千緡。……輸於郾城，以饋討淮西諸軍，省汴運之費七萬餘緡。〔註82〕

由此條可知由於淮西處於戰亂，因朝廷調集各鎮的軍隊平亂，需足夠的糧食補給，因此設置淮潁水運使，米、茭由淮水經潁水、潩水而達郾城，以助討淮西諸軍之糧秣，由於濟軍的米、茭是由揚子院所調撥的，沿途並經過楚州山陽、淮陰、盱眙，濠州鍾離，以及壽州壽春等地，使得上述地區的水上交通運輸益形發達。

位在淮南地區中部的盧州、壽州等地，早在大運河開通以前的漢代時期，長江、淮河間就已存在著一條年代久遠的通路，即「巢肥運河」。〔註83〕在將軍嶺一帶有一段人工開鑿的運河，將肥水的上游與往南注入巢湖的施水連結起來，而成為一條天然的孔道。〔註84〕在隋代南北大運河開鑿以前，這條巢肥運河一直是南北交通運輸的重要通道之一，連絡了淮北、淮南與江南地區間的交通運輸及商業貿易。

在這條路線上的合肥、壽春，則因交通運輸所帶來的大量商旅及商機而相當繁榮。《史記》亦云：「合肥受南北潮，皮革、鮑、木之輸，亦一都會也」；〔註85〕《漢書·地理志》亦云「壽春、合肥受南北潮，皮革、鮑、木之輸，亦一都會也。師古曰：皮革，犀兕之屬也。鮑，鮑魚之屬也，木，楓柟豫章之屬。」，〔註86〕足見當時合肥及壽春地區受惠於巢肥運河的運輸之利，而成為皮革、海產及各式木材等南北貨集中之地，故十分繁榮。

不過好景不常，巢肥運河在隋代南北大運河開通後，因運輸條件和交通便利性均比不上大運河，故漸失其重要性，然在盛唐後，特別是運河漕運運輸的能量不足或受到阻擾時，此條路線又暫時恢復昔日的繁榮。如《全唐文》，

〔註82〕 參見《資治通鑑》，卷二三九，〈唐紀五五〉，憲宗元和十一年（816）十二月，頁7728。

〔註83〕 應岳林、巴兆祥，《江淮地區開發探源》，頁253～256。

〔註84〕 有關施水、肥水之間是否存在著人工開鑿的運河，學術界基本上有三種不同的看法。而應岳林及巴兆祥認為從文獻和考古資料來看，施水、肥水曾經有人工開鑿的渠道，則是無庸置疑的，參應岳林、巴兆祥合撰，《江淮地區開發探源》，頁256～260詳論。

〔註85〕 見《史記》，卷一二九，〈貨殖列傳〉，頁3268。

〔註86〕 見班固〔漢〕等撰，《漢書》（臺北，鼎文書局，民國80年），卷二八下，〈地理志〉，頁1668。

卷六一二，陳鴻，〈廬州同食館記〉云：

> 合肥郡城南門東上曰同食館，……東南自會稽、朱方、宣城、揚州，
> 西達蔡汝，陸行抵京師。江淮牧守，三臺郎吏，出入多遊郡道。是
> 館成，大賓小賓皆有次舍。開元中，江淮間人走崤函，合肥、壽春
> 爲中路，大曆末，蔡人爲賊，是道中廢。元和中，蔡州平，二京路
> 復出於廬。西江自白沙、瓜步至大梁，斗門堰埭、鹽鐵稅縉、諸侯
> 權利，駢指於河。故衣冠商旅，率皆直蔡會洛。〔註87〕

文中會稽、朱方、〔註88〕宣城、揚州等到達廬州，所走的應是水路。如揚州
不僅可由長江北接巢湖水直通廬州，亦可由揚州出白沙，走新婦江，經巢湖
的申港而到達廬州。〔註89〕據〈廬州同食館記〉記載，由蔡州、汝州至東都
的路線爲陸行，然由合肥至蔡、汝仍可走水路，即由巢肥運河北通淮水，逆
流至汝水，由汝水往北行，可抵蔡州、汝州。

　　〈廬州同食館記〉雖未明確指出，在合肥、壽春間，所走的路線是巢肥
運河舊道，抑或單純是陸路，但以水運的便利性大於陸運來看，在合肥及壽
春之間這段路程，所走的仍應是巢肥運河舊道。文中所指「二京路」，是由淮
南廬州可到達長安和洛陽的路線，因經此路可抵達當時的二京（首都長安和
東都洛陽），因此稱之爲「二京路」。〔註90〕綜上所述，足見廬州交通是相當
繁忙的，而商旅頻繁的來往，致使廬州的商業貿易蓬勃發展，乃是合於常情
的，以致廬州出現了「隘關溢廛，萬商俱來」的繁盛局面。〔註91〕此外，廬
州的巢湖位於「巢肥運河」的航道路線上，〔註92〕巢湖不僅可通航，並且在
農業灌溉上也有相當大的裨益。〔註93〕

　　壽春，由於地理形勢使然，魏晉南北朝時期常爲軍事重鎮，到了隋唐統

〔註87〕《全唐文》，卷六一二，陳鴻，〈廬州同食館記〉，頁2738中～2738下。
〔註88〕朱方，即潤州。《資治通鑑》，卷二○三，〈唐紀十九〉，則天后光宅元年（684）
　　　　九月，頁6427注云：「潤州，古朱方之地，漢爲丹徒縣，吳爲京口，置京督
　　　　以鎮，又爲徐陵督。……隋置潤州，取州東潤浦爲名，尋廢州，唐復置」。
〔註89〕此交通路線詳見《全唐文》，卷六一二，陳鴻，〈廬州同食館記〉，頁2738下。
〔註90〕「二京路」參見史念海，〈隋唐時期運河和長江的水上交通及其沿岸的都會〉，
　　　　收入氏著，《唐代歷史地理研究》（北京，中國社會科學出版社，1998年），頁
　　　　335。
〔註91〕見《全唐文》，卷四七八，楊憑，〈唐廬州刺史本州團練使羅珦德政碑〉，頁2164
　　　　上。
〔註92〕應岳林、巴兆祥，《江淮地區開發探源》，頁254。
〔註93〕《三國志》，卷五四，〈呂蒙傳〉，頁1276。

一時期，仍不減其在交通上的重要性。壽春與合肥同爲前述淮南地區中路之要邑，因而壽州之繁榮亦應不減於盧州。懿宗咸通九年（868）十二月龐勛遣將攻陷都梁城，徐州南面行營招討使戴可師率兵圍都梁城，後爲賊所破，〔註94〕《資治通鑑》載：「時汴路既絕，江、淮往來皆出壽州，胡注：自壽州泝淮即入潁、汴路。賊既破戴可師，乘勝圍壽州，掠諸道貢獻及商人貨，其路復絕」。〔註95〕從這段記載可知，當時壽春在南北漕運上處於關鍵的位置。壽州的地理形勢，沈亞之的〈壽州團練副使廳壁記〉有詳細記載，其云：「壽春其地，壑水四絡，南有渒，西遮淮潁，東有淝下，以北注，激而迴爲西流，環郭而潛入於淮，此天與險於是也。」〔註96〕渒即爲渒水，源於霍山縣而北注於淮水，〔註97〕從〈壽州團練副使廳壁記〉的內容，可見壽春地區因地理形勢的優越，交通運輸甚爲便捷。

據《新唐書‧食貨志》記載，德宗建中二年五月時，田悅、李惟岳、李納及梁崇義等連兵拒命，〔註98〕「李納、田悅兵守渦口，梁崇義搤襄、鄧，南北漕引皆絕。京師大恐」，江淮水陸轉運杜佑上奏：

> 秦、漢運路出浚儀十里入琵琶溝，絕蔡河，至陳州而合，自陳州而合。自隋鑿汴河，官漕不通，若導流培岸，功用甚寡；疏雞鳴岡首尾，可以通舟，陸行繞四十里，則江、湖、黔中、嶺南、蜀、漢之粟可方舟而下，繇白沙趣東關，歷潁、蔡，涉汴抵東都，無濁河泝淮之阻，減故道二千餘里。會李納將李洧以徐州歸命，淮路通而止。
>
> 〔註99〕

文中所提及的雞鳴岡，即施水的發源地，位在盧州合肥的西北方向，〔註100〕當時因強藩爲亂，運河不通，連南路運輸〔註101〕的主要起運點——襄州，亦

〔註94〕 《資治通鑑》，卷二五一，〈唐紀六七〉，懿宗咸通九年（868）十二月至懿宗咸通九年（868）閏月，頁8132～8136。

〔註95〕 《資治通鑑》，卷二五一，〈唐紀六七〉，懿宗咸通九年（868）閏月，頁8137。

〔註96〕 見《全唐文》，卷七三六，沈亞之，〈壽州團練副使廳壁記〉，頁3369上。

〔註97〕 渒水，參見本文註21說明。

〔註98〕 參見《資治通鑑》，卷二二六，〈唐紀四二〉，德宗建中二年（781）五月，頁7299。

〔註99〕 見《新唐書》，卷五三，〈食貨志〉，頁1369。詳細經過參見《資治通鑑》，卷二二六，〈唐紀四二〉，德宗建中二年（781）五月至德宗建中二年（781）十二月，頁7299～頁7312。

〔註100〕 參見陳橋驛主編，《中國運河開發史》，頁253～265詳論。

〔註101〕 「南路運輸」部分，參見本文下節詳論。

在梁崇義的掌握下，因此只得走秦漢時期的舊路，即巢肥運河，其後因漕運復通，故此議逐止。〔註102〕

（四）沔州及濠州的交通

唐代沔州因位於長江和漢水的交會處，境內且有漢水的支流溳水及溳水的支流富水流經，因而沔州無論是境內或聯外，水運交通均十分便捷。唐時漢水與渭水、洛水、汾水及淮水等河流，「皆互達方域，通濟舳艫」，〔註103〕通航能力甚佳。當時若汴河漕運不通時，糧食等物資常由沔州對岸的鄂州或江陵發運，經漢水及其支流丹水、灞水而抵達長安。〔註104〕

唐代詩人韓偓的〈過漢口〉詩云：「年年春浪來巫峽，日日殘陽過沔州，居雜商徒偏富庶，地多詞客自風流。聯翩半世騰騰過，不在漁船即酒樓」，〔註105〕足見當時沔州一地因位居交通要衝，來往商賈甚多，因而出現了「居雜商徒偏富庶，地多詞客自風流」的商業繁榮且生活十分悠閒的景況。賈至的〈沔州秋興亭記〉亦云沔州「俯視滄海之侵，閱吳蜀樓船之殷，覽荊衡藪潭之大」，〔註106〕由賈至此文可知沔州的地理位置極佳，可俯瞰來往於長江及漢水的吳蜀船隻。

當時沔州隔長江與鄂州的江夏相望，鄂州為長江中游重要城市之一，經濟相當發達。隨著古代經濟重心的南移，唐代以後鄂州地位逐漸超過襄陽及江陵，成為長江中游的經濟都會。〔註107〕由於鄂州的在長江中游地區的地位逐漸上升，而沔州與鄂州間僅一水之隔，因此在敬宗寶曆二年（826）時，沔州遂併入鄂州。〔註108〕

濠州位於淮河之濱，當渦水入淮口；鍾離則在濠水注入淮河之交會處，因此交通及戰略地位均十分重要。德宗建中二年（781）六月，「李正己遣兵扼徐州甬橋、渦口，胡注：甬橋，在徐州南界汴水上，後置宿州於此。渦口，渦水入淮之口。梁崇義阻兵襄陽，運路皆絕，人心震恐。江、淮進奉船千餘艘，泊渦口不

〔註102〕詳細經過，可參見《資治通鑑》，卷二二六，〈唐紀四二〉，德宗建中二年（781）五月至德宗建中二年（781）十二月，頁7299～7312。
〔註103〕《舊唐書》，卷四三，〈職官志‧水部郎中〉，頁1841。
〔註104〕參閱王力平，〈唐肅、代、德時期的南路運輸〉，頁332。
〔註105〕《全唐詩》，卷六八二，韓偓，〈過漢口〉，頁1716下。
〔註106〕《全唐文》，卷三六八，賈至，〈沔州秋興亭記〉，頁1653下。
〔註107〕參見何榮昌，〈隋唐運河與長江中下游航運的發展〉，頁381。
〔註108〕《新唐書》，卷四一，〈地理志‧鄂州〉，頁1069。

敢進。」〔註109〕德宗乃以張萬福爲濠州刺州，萬福至渦口，立馬岸上發進奉船，淄青將士但目視而不敢動。〔註110〕

按渦口隔淮河與濠州相望，於時李正己阻撓漕運，德宗只能倚靠張萬福通漕，所幸萬福不辱使命，達成任務。足見濠州在漕運交通上有其重要性。德宗貞元四年（788）時，李泌建議徐州的甬橋爲漕運咽喉，當時刺史高明應年少不習事，且於鄰於李納，恐將來漕運會受阻，故命壽、濠、盧都團練使張建封鎮徐州，且割泗、濠二州隸徐州，以控制漕運要地甬橋，以免李納侵據徐州。〔註111〕

按唐廷以張建封鎮徐州，而割泗、濠二州以隸之。泗州鄰近徐州，故隸屬於徐州是相當合理的。而濠州在地理位置上，屬於淮河以南地區，之所以要割隸爲張建封所管，與其爲漕運必經要地有關，因要保證漕運通暢，除要控制徐、泗二州外，淮河南岸的濠州也是關鍵之一。前述朝廷以張萬福鎮濠州，而淄青軍士遂不敢阻撓漕運，即爲顯例。白居易的〈楊潛可洋州刺史，李繁可遂州刺史，史備可濠州刺史制〉亦云：「夫洋更梁之險，遂居蜀之腴，濠控淮之要，三者皆名郡也」，〔註112〕足見濠州在淮河交通運輸上亦有其要緊之處。

四、淮南地區的國內交通

在對外交通方面，由於淮南地區優越的地理位置，以及首府揚州的特殊城區構造〔註113〕，因而主要運輸方式以水運爲主，而以陸運爲輔。除了已提

〔註109〕《資治通鑑》，卷二二七，〈唐紀四三〉，德宗建中二年（781）六月，頁7302。

〔註110〕《資治通鑑》，卷二二七，〈唐紀四三〉，德宗建中二年（781）六月，頁7302。並參見《新唐書》，卷一七○，〈張萬福傳〉，頁5179。按時張萬福威名甚著，德宗召謂曰：「先帝改爾名正者，所以褒也。朕謂江淮草木亦知爾威名，若從所改，恐賊不曉是卿也」，復賜舊名。故德宗乃以其鎮濠州，期以通漕運。

〔註111〕詳見《資治通鑑》，卷二三三，〈唐紀四九〉，德宗貞元四年（788）十一月，頁7516～7517。

〔註112〕白居易〔唐〕撰，顧學頡點校，《白居易集》（北京，中華書局，1991年），卷四八，頁1018。

〔註113〕揚州城的南側即爲大江（長江），東面臨東海，揚州羅城中且有官河貫穿。並且據考古發現城內除官河外，尚有另一條南北向及一條東西向的河流流經。參見李裕群，〈隋唐時代的揚州城〉，《考古》，2003年第3期，頁71、73及蔣忠義，〈唐代揚州河道與二十四橋考〉，載《漢唐與邊疆考古研究》第一輯（北京，科學出版社，1994年），頁163。此外，揚州城外的東側也有一條較

到的大運河，可北連通濟渠至宿州、宋州及汴州，接河水（黃河）及洛水可達東都洛陽，由河水轉漕渠可達都城長安。淮南地區除由長江接江南運河，可達潤州、常州、蘇州、湖州及杭州等經濟發達地區外，亦可由長江及其支流聯絡上游的益州、中游的江陵、鄂州及襄陽等地。再者，淮南地區尚可由靈渠及大庾嶺等二條路線，南通湖南、江西及嶺南等地區。此外，由於航海技術的進步，以及軍事的需要，揚州近海的海運亦相當地發達。

（一）以水運為主的水上交通

靈渠是溝通湘江與漓江的人工河道，開鑿甚早，到唐代已因年代久遠而廢置，唐寶曆初觀察使李渤加以修復，「立斗門十八以通漕」，〔註114〕惟因工程質量較差，不久即廢置。

咸通九年（868），桂州刺史魚孟威又加重修，增置斗門並改築石堤，《新唐書・地理志》云：「以石為鏵隄，亙四十里，植大木為斗門，至十八重，乃通巨舟。」〔註115〕魚孟威，〈桂州重修靈渠記〉所載則更為詳細，其云：

> 其鏵隄悉用巨石堆積，延至四十里，切禁雜束篠也。其斗門悉用堅木排豎至十八里，切禁其間散材也。濬決磧礫，控引汪洋。防阨既定，渠遂洶湧。雖百斛大舸，一夫可涉。繇是科徭頓息，來往無滯。
>
> 〔註116〕

重修過後的靈渠通航比過去方便非常多，故文中有「雖百斛大舸，一夫可涉」及「來往無滯」等之稱頌語。〔註117〕透過靈渠這條渠道，連結了長江與珠江兩大水系，淮南船隻可經由長江進入湘水、漓水而達嶺南，大大增進了南北間的交通。〔註118〕從靈渠進入嶺南地區後，經桂州，可順漓水往南，再接郁水（西江水），可達唐代最大國際貿易港口廣州。〔註119〕

另一條至嶺南的通道，是由長江經江州、洪蠡湖，再入贛江，經大庾嶺而達於廣州，廣州是唐代對外貿易最大港口，因而國外商旅來往頻繁。在開

晚開鑿的運河流經，並與城南的運河連結，這些運河河道及河流，形成了揚州綿密的水運網絡。

〔註114〕見《新唐書》，卷四三上，〈地理志七上〉，頁1105～1106。

〔註115〕同前註。

〔註116〕參見《全唐文》，卷八○四，魚孟威，〈桂州重修靈渠記〉，頁3747下。

〔註117〕《全唐文》，卷八○四，魚孟威，〈桂州重修靈渠記〉，頁3747下。

〔註118〕參閱何榮昌，〈隋唐運河與長江中下游航運的發展〉，頁375。

〔註119〕此條路線，曾一民氏稱之為「桂州越城嶺路」，詳見氏著，《唐代廣州之內陸交通》（臺中，國彰出版，民國76年），頁115～140詳論。

元四年（716）張九齡重修了大庾嶺通道後，不但便於商旅的往來，更大大提高了此條路線的運輸量〔註120〕，此通道乃與靈渠成為淮南至嶺南的重要路線。〔註121〕在修建大庾嶺路方面，張九齡〈開大庾嶺路記〉即云：

> 初嶺東廢路，人苦峻極，行逕寅緣，數里重林之表，飛梁嶫峨，千丈層崖之半，顛躋用惕，漸絕其元。……而海外諸國，日以通商，齒革羽毛之殷，魚鹽蜃蛤之利，上足以備府庫之用，下足以贍江淮之求。〔註122〕

從文中可知在張九齡開大庾嶺路前，南北的交通往來均相當不方便，並且此路關係到國家府庫的充實與否，故此路開成後，對南北交通乃至於唐廷的稅賦收入均有相當大的助益。〈開大庾嶺路記〉云：「而海外諸國，日以通商，齒革羽毛之殷，魚鹽蜃蛤之利，上足以備府庫之用，下足以贍江淮之求」〔註123〕，表明與海外諸國通商的獲利甚豐，同時也表明當時社會上對這些海外商品的需求甚殷。

而遠從波斯及阿拉伯等地而來的胡商，在中唐以前就已由波斯灣沿海，經麻六甲和北部灣抵達廣州，或在福建沿岸登陸，再由大庾嶺、贛水，經洪州及江州沿長江至揚州。〔註124〕而張九齡開大庾嶺路一事，是值得重視的，之前由於嶺東的道路廢棄，故以往翻越五嶺，由於缺乏道路，是相當艱難的，自從張九齡開大庾嶺後，不論由廣州北上或由長江沿線南下廣州，在交通上均相當便捷，如從韶州經大庾嶺，可抵達虔州，接贛水支流貢水及贛水，再由彭蠡湖，經江州入長江，過揚子可達唐代最大經濟都會揚州。

在當時淮南廬州尚有名為「二京路」的路線，經此路線可通達長安和洛陽，而廬州與江州之間只隔著舒州，〔註125〕若經由廬州到達二京（長安和東都洛陽），可謂十分便捷。而廣州北上可由江州經舒州、廬州等地，而抵達二

〔註120〕參見《全唐文》，卷二九一，張九齡，〈開大庾嶺路記〉，頁1304中；並參閱朱祖德，〈試論唐代廣州在中西交通史上的地位〉，《白沙歷史地理學報》第7期（民國98年4月），頁145～146。

〔註121〕有關靈渠的交通路線，參見《全唐文》，卷八○四，魚孟威，〈桂州重修靈渠記〉，頁3747中～3747下；並參閱何榮昌，〈隋唐運河與長江中下游航運的發展〉，頁375～376。

〔註122〕參見《全唐文》，張九齡，〈開大庾嶺路記〉，卷291，頁1304中。

〔註123〕參見《全唐文》，張九齡，〈開大庾嶺路記〉，卷291，頁1304中。

〔註124〕參見俞永炳，〈試談絲綢之路上的揚州唐城〉，頁170。

〔註125〕史念海，《唐代歷史地理研究》，頁335。

京。洪州、江州〔註126〕及廬州等地均因位於自廣州往北，至淮南及河南等地交通路線的必經之地，因而商業貿易十分發達。

此外，揚州的西行交通路線，自安、沔二州可經由漢水及其支流丹水，再經灞水可達長安，可也經漢水支流而達山南西道的梁州及洋州等。〔註127〕如肅宗至德元載十月時，「第五琦見上於彭原，請以江、淮租庸市輕貨，泝江、漢而上至洋州，令漢中王瑀陸運至扶風以助軍。」〔註128〕但此路線由於漢水、丹水、灞水等常有泥沙淤積的情形，加以水位低，且為逆流而上等因素影響，無法經常暢通，於是必須仰賴陸運的接駁，可以說這條通道是水陸相兼的，這條通道被稱為南路。〔註129〕

而包括揚州在內的淮南地區與上游益州間的交通運輸，主要以長江為水上通道，除了前文已提及的岑參〈萬里橋〉詩及杜甫〈夔州歌十絕句〉詩外，尚有許多詩人提到有關的情形，從這些唐詩的詩句中，可側面瞭解揚州與益州間的商業來往是相當地頻繁，〔註130〕如杜牧的〈揚州〉詩云：「金絡擎雕去，鸞環拾翠來。蜀船紅錦重，越橐水沉堆。」〔註131〕及張祜的〈庚子歲寓游揚州贈崔荊四十韻〉詩提到：「冷滑連心簟，輕疎著體繒。被裁新蜀錦，光砑小吳綾。」〔註132〕其中「蜀船紅錦重」及「被裁新蜀錦」，表明產於蜀地的錦，是具有全國性知名度的特產，前述詩句亦說明來往益州及揚州間商船是相當頻繁的。而這兩首詩中的來自益州的「蜀錦」，以及來自吳地的「吳綾」均可見於揚州市面上，則見揚州是各地貨物的集散地，貿易十分興盛。

綜上所述，包括揚州在內的淮南地區水上交通運輸，可稱的上是四通八達，不論在區域內和對外交通上，均十分便捷，再配合下節所述的陸運方式，可補足水運所不能到達的地區，如經上津道至長安就是顯例。因而揚州可說

〔註126〕洪州、江州的地理位置、交通運輸及商業貿易等情形，參見朱祖德，〈唐代江西地區的經濟發展〉，載《淡江史學》第 19 期（民國 97 年 9 月），頁 49～50；53。

〔註127〕參見朱祖德撰，〈試論唐代揚州在中西交通史上的地位〉，頁 205 詳論。

〔註128〕《資治通鑑》，卷二一九，〈唐紀三五〉，肅宗至德元載（756）十月，頁 7001。

〔註129〕在唐代水路交通中，南路不只一條，本處所指的南路，則是指穿過秦嶺，經漢、沔水系，溝通關中地區與江漢流域以及整個東南地區的一條運路。參見王力平，〈唐肅、代、德時期的南部運輸〉，頁 331。

〔註130〕揚州、益州間的交通可參考謝元魯，〈揚一益二〉，收入《唐史論叢》第三輯（西安，三秦出版社，1987 年），頁 243～244。

〔註131〕見《全唐詩》，卷五二二，頁 1323 上。

〔註132〕陳尚君輯校，《全唐詩補編》（北京，中華書局，1992 年）上冊，第二編，孫望，《全唐詩補逸》，卷之一一，頁 214～215。

是唐時淮南，乃至於全國性的交通樞紐，在水、陸運方面都具有舉足輕重的地位。

（二）以陸路為主的交通路線

有關淮南地區對外交通的陸路運輸方面，主要有「商山路」和「上津路」等二條路線，所謂「商山路」是指從長安出發，經過藍田、商州、武關，而抵達襄陽的一條驛路。從襄陽的地理形勢及交通情形來觀察，從淮南到襄陽這段路程，所走的應是水路。即淮南地區揚州等地由長江接漢水後西行，即可抵達襄陽，〔註133〕這也就是淮南地區常見的水陸相濟的運輸模式。安史之亂後，「商山路」不僅是士大夫宦游南北的必經之路，〔註134〕也是南方物資北運的重要路徑。

另一條是「上津路」，上津，唐時屬商州，上津縣內群山林立，在交通條件十分惡劣的崇山峻嶺中，上津驛道仍曾經多次承擔將襄、漢地區物資運入關中的任務。〔註135〕南路運輸雖因地形限制而比不上運河的運輸量，但卻在肅宗〔註136〕、代宗朝初年及德宗建中三年（782）至貞元初年間，扮演了重要的角色。肅宗時期因受安史之亂的影響使運河不通，東南財賦實際上是由上津路運入關中的。〔註137〕一直到肅宗寶應元年（762），史朝義逃離了鄭、汴

〔註133〕李吉甫〔唐〕撰，賀次君點校，《元和郡縣圖志》，卷二一，〈山南道・襄州〉，頁531云「漢水，在縣東九里」，漢水隨後在漢陽注入長江。

〔註134〕著名詩人杜牧曾多次往返「商山路」，其行蹤參見杜牧〔唐〕撰，斐延翰編，《樊川文集》，卷四，頁66～67，〈富水驛〉、〈丹水〉、〈題武關〉及〈除官赴闕商山道中絕句〉等詩。白居易亦數次往返此道，見《白居易集》，卷一八，〈商山路驛桐樹昔與微之前後題名處〉，頁396。詩云：「與君前後多遷謫，五度經過此路隅，笑問中庭老桐樹，這迴歸去免來無」。

〔註135〕參閱王力平，〈唐肅、代、德時期的南路運輸〉，頁332～333。

〔註136〕按《資治通鑑》，卷二一八，肅宗至德元載（756）八月載「江淮奏請貢獻之蜀、之靈武者，皆自襄陽取上津路抵扶風。胡注：上津，漢漢中長利縣地，梁置南洛州，後魏改曰上州，隋廢州為上津縣，唐屬商州」，見《資治通鑑》，卷二一八，〈唐紀三四〉，肅宗至德元載（756）八月，頁6995。

〔註137〕參見朱祖德撰，〈試論唐代揚州在中西交通史上的地位〉，頁206～207詳論。安史之亂前，包括桂廣嶺南等地之賦稅均集中揚州再北運長安。見葉式，《水部式殘卷》，收入黃永武主編，《敦煌寶藏》（臺北，新文豐出版社，民國74年），第121冊，頁271。安史亂後，以江淮為朝廷命脈，東南各地的租稅貢獻也大部分集中於揚州，而後經由運河北運，參見史念海，〈論唐代揚州和長江下游的經濟地區〉，《揚州師院學報》，1982年第2期，頁291及293詳論。雖當時漕運受阻，可能有部分地區（如山南東、西道及湖南、江西等地）租稅，會就近直接經南路運往長安。然以地理形勢及交通運輸等條件來看，當

等地，危機暫時解除，但因運河沿岸受到戰爭的嚴重破壞，汴河也因缺乏疏浚而淤塞不能通航，使運河的交通功能一時無法恢復，因而南路運輸益受重視。

代宗廣德二年，東南賦稅仍由此通道運入關中，〔註138〕而從劉晏開始治理漕運，使江淮漕運暢通後，南路運輸曾一度蕭條。但到了德宗建中三年（782）淮西李希烈叛亂，「希烈絕汴餉路」，〔註139〕致使漕運斷絕。而亂軍復攻陷汝州，「賊又得汝，則武關梗絕」，〔註140〕武關是「商山路」必經之地。商山路既受阻不能進行運輸工作，因此唐德宗乃命「陝虢觀察使姚明皷治上津道，置館通南方貢貨」，〔註141〕使得上津驛道發揮運輸物資至長安的作用。到德宗貞元初年，南路運輸又進入了短暫的活躍期，並開始承擔漕運任務，〔註142〕在貞元二年（786）鄧州倉督鄧琬將湖南、江西運到淅川〔註143〕的七千石糙米囤于荒野，致使這批漕糧腐敗而成不堪食用，鄧琬因而獲罪入獄。〔註144〕而淅川是南路必經之地，因而所失漕米也是準備由商山路運入西京長安的。

南路運輸雖然在規模上及經濟效益上均比不上運河的漕運，但仍在肅宗、代宗及德宗等三朝戰亂時，發揮其功效，有效紓解了唐廷的困境，可以說是功不可沒，並且也在淮南地區對外交通上佔了一定的地位。

此外，在襄陽和梁州之間雖可走水路，即由漢水西行抵梁州，然亦有陸路可行，即由襄陽西北的均州，南通到房州，再經房州的竹山、上庸，又西北到金州。由金州往西行，經磻頭、黃金，再西行，即達梁州。〔註145〕

綜上所述，淮南地區的陸上運輸可稱的上是「四通八達」，不論在區域內和對外交通上，均十分便捷，再搭配上水運，可補足陸運所不能到達的地區，

時江南地區，特別是兩浙、宣歙以及淮南等地區的賦稅，仍應集中於揚州，再運往長安等地，其路線或循蔡、汝線或經由南路運送，因此所謂「東南賦稅」中仍有相當部分，應由揚州起運。
〔註138〕《資治通鑑》，卷二二三，〈唐紀三九〉，代宗廣德二年（764）二月，頁7164。
〔註139〕《新唐書》，卷二二五中，〈李希烈傳〉，頁6438。
〔註140〕同前註。
〔註141〕《新唐書》，卷二二五中，〈李希烈傳〉，頁6438；《資治通鑑》，卷228，〈唐紀四四〉，頁7341略同。
〔註142〕由於運輸效益及成本考量，在此之前南路運輸的主要物品以輕貨為主。
〔註143〕淅川位於鄧州西部，在「商山路」的路線上，故存糧於此。
〔註144〕《舊唐書》，卷一九〇下，〈唐次附唐扶傳〉，頁5062。又見王欽若、楊億〔宋〕主編，《冊府元龜》，卷四九一，〈邦計部·蠲復三下〉，頁5875下。
〔註145〕此條路線參見史念海，〈隋唐時期運河和長江的水上交通及其沿岸的都會〉，頁338。

如從廣州到揚州，翻越大庾嶺後至江州則需經由水運就是顯例。因而揚州可說是唐時交通的樞紐地區，在水、陸運方面都有舉足輕重的地位。

（三）近海交通運輸

唐代由於航海技術及船隻製造技術的進步等因素，使得海上航運的安全性較前代為高，同時也更為普遍。在淮南地區的海運交通，其主要目的地為東北地區或嶺南地區等地，主要的運送內容是軍隊的糧食及馬匹的草料等物資，然依不同時期的需要，則有不同的目的地。如唐前期為擴張唐帝國的勢力，銳意對外擴張，如太宗、高宗時的征討百濟、高麗等國，以及玄宗時安祿山的攻打奚、契丹等。〔註146〕如杜甫詩云：「幽燕盛用武，供給亦勞哉，吳門轉粟帛，泛海陵蓬萊」，〔註147〕當時海運的主要目的為運送物資到幽州地區，供給軍食。

到了唐後期，海運的重心則移往南方淮南及兩浙等地，如懿宗咸通時為討伐南詔，「詔湖南水運自湘江入澪渠，江西造切麵粥以饋行營，湘、灘沂運，功役艱難，軍屯廣州乏食」，〔註148〕其水運路線即由靈渠轉漓水，達桂州，再順流南下，接郁水抵達廣州。這條路線可能因運量有限，以致不能滿足當時諸道援軍的需求。

當時潤州人陳磻石上書建議：「江西、湖南沂流運糧，不濟軍師，士卒食盡則散，此宜深慮。臣有奇計，以饋南軍」，〔註149〕懿宗乃召見陳磻石，陳磻石奏云：

> 臣弟聽思曾任雷州刺史，家人隨海船至福建，往來大船一隻，可致千石，自福建裝船，不一月至廣州。得船數十艘，便可致三萬石至廣府矣。〔註150〕

朝廷乃以陳磻石「為鹽鐵巡官，往楊子院專督海運。於是康承訓之軍皆不闕供」，〔註151〕陳磻石既為揚子院鹽鐵巡官，則海運所需的糧食，應自揚州裝載上船，再由海路運送至廣。《冊府元龜‧邦計部》載「（咸通）五年五月丁

〔註146〕參見村井恭子〔日〕，〈唐代東北海運和海運使〉，載《黎虎教授古稀紀念—中國古代史論叢》（北京，世界知識出版社，2006 年），頁 719～727 詳論。

〔註147〕《全唐詩》，卷二二二，杜甫，〈昔游〉詩，頁 534 下～535 上。

〔註148〕《舊唐書》，卷一九上，〈懿宗紀〉，頁 652。

〔註149〕《舊唐書》，卷一九上，〈懿宗紀〉，頁 652。

〔註150〕同前註。

〔註151〕《舊唐書》，卷一九上，〈懿宗紀〉，頁 653。

西詔：『淮南、兩浙海運，虜隔舟船，訪問商徒，失業頗甚。所由縱捨，爲弊實深。……宜令三道據所搬米石數，牒報所在鹽鐵巡院，令和雇入海船，分付有司。』」〔註152〕陳磻石受命爲揚子院鹽鐵巡官，負責海運事宜，在咸通三年（862）夏，〔註153〕此詔在咸通五年（864）五月，從詔書來看，當時仍由淮南、兩浙等地，海運糧食助軍。

五、淮南地區的海外交通

淮南地區的揚州由於緊鄰著東海，爲古代陸上絲綢之路的終點站，以及從海上絲綢之路來的胡商由廣州登岸後，到達兩京的轉運站。揚州和楚州並因地理位置居於通往朝鮮半島和日本的南路航線上，〔註154〕因此海上交通亦相當地繁忙。

而從波斯及阿拉伯遠道而來的胡商，在中唐以前就已由波斯灣沿海，經麻六甲和北部灣抵廣州，或在福建沿岸登陸，再由梅嶺（大庾嶺）、贛水，經洪州及江州沿長江至揚州。〔註155〕當時在唐帝國的胡商，特別是阿拉伯人十分活躍，有學者甚至認爲從當時的國際形勢來看，阿拉伯帝國是當時唐朝最大的貿易伙伴。〔註156〕

從史籍記載和出土的器物來觀察，此看法並非虛語，史載在肅宗上元元

〔註152〕《冊府元龜》，卷四九八，〈邦計部・漕運〉，頁5792上

〔註153〕按《舊唐書・懿宗紀》，繫此事於咸通三年（862）夏，而未載何月，見《舊唐書》，卷一九上，〈懿宗紀〉，頁652。而《資治通鑑》則繫於咸通四年（863）七月，見《資治通鑑》，卷二五○，〈唐紀六六〉，懿宗咸通四年（863）七月，頁8106，其間相差近一年之久，未知孰是。周紹良在《資治通鑑唐紀勘誤》中認爲《舊唐書・懿宗紀》載咸通二年（861）九月康承訓率軍赴援，因此《舊唐書・懿宗紀》所言咸通三年（862）五月「康承訓之軍皆不闕供」之事爲不誤；參見周紹良，《資治通鑑唐紀勘誤》（北京，北京師範大學出版社，2001年），頁485。周氏指出《舊唐書・懿宗紀》所載年月不誤，然未能對此二書記載之歧異加以考證。查《新唐書・懿宗紀》，對於康承訓率軍赴安南一事未曾提及；而與此事有相關的事件，如秦州經略使高駢率軍赴邕管一事，《舊唐書・懿宗紀》繫於咸通五年（864）四月，而《新唐書・懿宗紀》則繫於咸通四年（863）二月，其間相差亦達一年之久。由此可見，晚唐史事的年月記載，各書常不一致，以現在所能掌握的有限史料，尚不能斷定誰是誰非。

〔註154〕參見朱祖德，〈唐代揚州的商業貿易〉，頁88。

〔註155〕參見俞永炳，〈試談絲綢之路上的揚州唐城〉，頁170。

〔註156〕參見俞永炳，〈試談絲綢之路上的揚州唐城〉，頁170。

年（760），平盧副大使田神功在揚州討伐劉展，《舊唐書・鄧景山傳》云：「會劉展作亂，引平盧副大使田神功兵馬討賊。神功至揚州，大掠居人資產，鞭笞發掘略盡，商胡大食、波斯等商旅死者數千人。」〔註157〕僅在揚州一地被殺的胡商即達數千人之眾，如再加上逃過一劫者，當不止此數，足見當時揚州胡商之多，側面也可以瞭解這些胡商是以大食人和波斯人為主。

1980 年揚州在北部出土了一件唐長沙窯青瓷揹壺，壺身正面釉下綠彩書寫有阿拉伯文，其意為「真主最偉大」。〔註158〕此外，在揚州出土的一方唐人墓誌〈唐渤海吳公故夫人衛氏墓志銘〉中，有「育子五人，二男三女，長子曰延玉，次曰波斯」〔註159〕等字樣，在古代命名是一件大事，以波斯命名其子，足見在揚州居住或從事買賣的胡商相當多，並逐漸影響到揚州居民的文化思想。

李翱的〈來南錄〉，記載了從廣州到達長安、洛陽的路程及沿途所經之處。其中相當關鍵的就是韶州和虔州之間大庾嶺路的整治，張九齡開大庾嶺路一事，則值得大書特書的，由於嶺東的道路廢棄，故以往翻越五嶺，由於缺乏道路，是相當艱難的，自從張九齡開大庾嶺後，不論由廣州北上或由長江沿線南下廣州，在交通上均相當便捷。從海外來的胡商，在廣州登岸後，可由韶州經大庾嶺，抵達虔州，接贛水支流貢水及贛水，再經彭蠡湖，經江州，轉入長江，過揚子可達唐代最大經濟都會揚州。

此外，揚州同時也是河、海合一型的港口，〔註160〕也就是說揚州不僅擁有水路交通的優勢，也因其優越的地理位置，而使其海外貿易亦極為發達。唐時揚州距海僅約 200 里，據《資治通鑑》，卷二〇三注引《九域志》云：「揚州東至海陵界九十八里，又自海陵東至海一百七里」。〔註161〕當時徐敬業在揚州舉兵，失敗後欲奔東夷，要從揚州一帶渡海，然在海陵附近因遇逆風，而遭其將王那相斬殺。〔註162〕當時海潮可達揚州城廓內，如李頎的〈送劉昱〉

〔註157〕見《舊唐書》，卷一一〇，〈鄧景山傳〉，頁 3313。

〔註158〕見朱江，〈揚州出土的唐代阿拉伯文揹水瓷壺〉，載《文物》，1983 年第 2 期，頁 95。

〔註159〕見河東裴子章撰，〈唐渤海吳公故夫人衛氏墓志銘并序〉，《南京博物館集刊》第三輯（1981 年），頁 193。

〔註160〕羅傳棟主編，《長江航運史》（古代部分）（北京，人民交通出版社，1991 年），頁 184～186。

〔註161〕見《資治通鑑》，卷二〇三，〈唐紀十九〉，則天后光宅元年（684）十一月，頁 6431。

〔註162〕詳見《資治通鑑》，卷二〇三，〈唐紀十九〉，則天后光宅元年（684）九月至

詩中云：「鸕鷀山頭微雨晴，揚州郭裡見潮生。」〔註163〕由李頎此詩中可知當時揚州距海不遠，而在江岸南移後，由於齊澣開鑿了伊婁河，〔註164〕使揚州仍具有海港的功能。〔註165〕揚州因海舶可直抵城下，故對外貿易仍然十分興盛。在《全唐文》，卷七五，〈大和八年疾愈德音〉中提到：

> 南海蕃舶本以慕化而來，固在接以恩仁，使其感悅。如聞比年，長吏多務徵求，嗟怨之聲，達於殊俗。……其嶺南、福建及揚州蕃客，宜委節度觀察使常加存問，除舶腳、收市、進奉外，任其來往通流，自爲交易，不得重加率稅。〔註166〕

足見揚州在唐文宗時期，仍有大量的蕃客胡商往來，表明當時其國際貿易港的地位，並未因海岸線東移，而影響其海外交通上的便利性。再者，在唐文宗敕令中，將揚州與廣州、泉州等重要港口並稱，可見揚州仍爲當時商胡聚集之地，應無疑義。

唐五代江淮地區經濟都會的興起，多與其良好的地理位置有關，揚州的興起就與其臨江畔海的絕佳地理位置有關，〔註167〕揚州不僅爲當時國內貿易的樞紐，同時也是國際貿易的重要港口。如九世紀大食著名地理學家伊本·胡爾達茲比赫（Ibn khordadbeh）在所著《道里邦國志》一書中，就把揚州列爲與魯金（龍編）、漢府（廣州）、漢久（泉州）齊名的四大港口之一。〔註168〕

當時唐朝與日本、朝鮮間的交通運輸，主要有南、北二條路線。〔註169〕北道航線的路線主要即遵循賈耽所記的「登州海行入高麗渤海道」，〔註170〕

則天后光宅元年（684）十一月，頁6422～6431。

〔註163〕見《全唐詩》，卷一三三，李頎，〈送劉昱〉，頁311上。

〔註164〕《新唐書》，卷四一，〈地理志·潤州〉，頁1057。

〔註165〕見韓茂莉，〈唐宋之際揚州經濟興衰的地理背景〉，《中國歷史地理論叢》，1987年第1輯，頁112至113。

〔註166〕《全唐文》，卷七五，唐文宗，〈大和八年疾愈德音〉，頁342中。

〔註167〕朱祖德，〈唐代揚州的盛況及其繁榮因素試析〉，《淡江史學》，第10期（民國88年），頁294～295。

〔註168〕見伊本·胡爾達茲比赫〔阿拉伯〕撰，宋峴譯注，《道里邦國志》（北京，中華書局，1991年），頁71～72。並參見桑原隲藏氏對《道里邦國志》所載地名的考證，參見桑原隲藏〔日〕撰，楊鍊譯，《唐宋貿易港研究》（臺北，台灣商務印書館，民國52年）頁67至72，頁130及154。

〔註169〕參見俞永炳，〈試談絲綢之路上的揚州唐城〉，頁170及朱江，〈朝鮮半島和揚州的交通〉，《揚州師院學報》，1988年，第1期，頁126詳論。

〔註170〕參見《新唐書》，卷四一，〈地理志七下〉，頁1147。

此道從登州出發，繞遼東半島東南海面，而走東北向，入鴨綠江口後，可分為兩路。一由鴨綠江河道北航，轉陸路通往渤海道。然後由渤海國可從三條路線到達日本。〔註171〕南路航線或簡稱為「南道」，是由日本九州島南部的薩摩半島，或北部的博多灣一帶渡海航行，直抵長江口岸，駛抵揚州等地。〔註172〕如唐到日本，則多由揚州、明州、溫州等港口出海。〔註173〕

　　唐前期到日本的交通路線，大部分以「北部航線」為主要航行路線，〔註174〕而「南部航線」則是在北部航線受到新羅的影響後，〔註175〕所採用的主要航行路線，第七次以後的遣唐使則均由南部航線抵達長江沿岸的口岸。〔註176〕但這種較為直線性的路線，雖然航程較北部航線大為縮短，但由於當時航海技術尚不成熟，因此走南部航線的船隻折損率甚高。如公元837年日本國圓仁和尚隨遣唐使入唐時，前二次均告失敗，〔註177〕公元839年第三次再次出海，其後抵達揚州的也只有二艘船，另一艘則偏離航道，在海州沿岸登陸。〔註178〕

　　當時圓仁和尚入唐求法時是經由南路航線，在揚州海陵縣登岸。〔註179〕而回程則是由登州出發返回日本博多。〔註180〕日本遣唐使從第八次開始，均

〔註171〕北道航線及其支線，參見劉希為，《隋唐交通》，頁135～136詳述。

〔註172〕參見俞永炳，〈試談絲綢之路上的揚州唐城〉，頁170及朱江，〈朝鮮半島和揚州的交通〉，頁126。

〔註173〕參見劉希為，《隋唐交通》，頁136～137詳述。

〔註174〕其路線參見古瀨奈津子〔日〕撰，高泉益譯，《遣唐使眼中的中國》（臺北，商務印書館，民國94年），頁9。當時北路線雖較為安全，但因沿朝鮮半島航行，因此需要百濟或新羅的支援。

〔註175〕《新唐書·東夷傳》載「上元中，擢（朝衡）左散騎常侍、安南都護。新羅梗海道，更縣明、越州朝貢」，見《新唐書》，卷二二〇，〈東夷·日本〉，頁6209。揚州與明州同屬南道航路港口。此外，南道這條航線，也反映了古代經濟重心的南移及航海技術的進步。參見劉希為，《隋唐交通》，頁137。

〔註176〕日本遣唐使共有20次，最後一次因未能成行，實際上為19次；其間每次遣唐使的派遣時間、派遣人員姓名及船隻數量，參見古瀨奈津子著，高泉益譯，《遣唐使眼中的中國》，頁3～8。至於後期的遣唐使走南路的原因，是「因為當時與日本有密切關係的百濟已經滅亡，朝鮮半島為新羅所統一，與奈良時代的日本關係惡化，因此不適宜走北路」，見《遣唐使眼中的中國》，頁10。

〔註177〕參見朱祖德，〈唐代揚州的商業貿易〉，頁88詳論。

〔註178〕參見釋圓仁〔日〕撰，白化文等校註，周一良審閱，《入唐求法巡禮行記校注》（河北，花山文藝出版社，1992年），卷一，頁1～8。

〔註179〕參見《入唐求法巡禮行記校注》，頁2～3及《遣唐使眼中的中國》，頁8～9。

〔註180〕參見《入唐求法巡禮行記校注》，卷四，頁514～520。

循南路航線至揚州，再轉運河北上至洛陽、長安。〔註181〕另一方面，由揚州去朝鮮半島的航線，則主要循著北線航行，當時新羅人崔致遠就是循此線由揚州返回新羅的。〔註182〕

　　有唐一代，揚州、楚州與新羅、高麗間的交通亦相當頻繁，在僖宗中和四年（884），時任淮南節度使的高駢甚至和新羅互遣使者，崔致遠即爲高駢派去新羅的使者。〔註183〕至於高麗，雖然因跟唐朝間和戰不常，交通時受阻礙，但仍有不少的高麗人經由南部路線至揚州。由於當時唐廷和朝鮮半島的國家，特別是新羅、百濟來往十分密切。尤其是與新羅間，由於頻繁的相互遣使往來，〔註184〕且有大批遣唐留學生隨團赴唐，因此新羅人在淮南地區的揚州〔註185〕和楚州，〔註186〕可以說相當地活躍，也因此商業貿易亦相當地活

〔註181〕見陳炎，〈唐代中國日本之間的海上交通〉，《青海師範大學學報》，1985 年第1 期，頁 121。

〔註182〕筆者按：在崔致遠的《桂苑筆耕集》，卷二〇中，即詳細記載其離唐回國路程中，所經過及停留的地點。崔致遠係從揚州出發，先經楚州山陽，又經由山東半島的密州大珠山，再經登州，其後抵達新羅，參見崔致遠〔新羅〕撰，黨銀平校注，《桂苑筆耕集校注》（北京，中華書局，2007 年），卷二〇，頁735～757，〈行次山陽續蒙太尉寄賜衣段令充歸覲續壽信物謹以詩謝〉、〈石峰〉及〈祭巉山神文〉等詩及校注者說明。

〔註183〕崔致遠在《桂苑筆耕集》，卷二〇，〈祭巉山神文〉中指出自己的身份是「淮南入新羅兼送國信等使、前都統巡官、承務郎、殿中侍御史、內供奉、賜緋魚袋崔致遠」足見崔致遠爲遣往新羅的使者，見崔致遠，《桂苑筆耕集》，卷二〇，〈祭巉山神文〉，頁 735。

〔註184〕新羅與唐帝國之間的通使來往，據韓國磐氏統計，僅在唐朝時期，和新羅的通使往來的次數就高達 120 次以上，雙方的關係可說相當密切。參見韓國磐，〈南北朝隋唐與百濟新羅的往來〉，《歷史研究》，1994 年第 2 期，頁 21～42詳論。

〔註185〕在唐新羅人的活動情形，參見堀敏一〔日〕撰，韓昇、劉建英譯，《隋唐帝國與東亞》（昆明，雲南人民出版社，2002 年），頁 141～147 詳論。當時淮南地區的揚州，是新羅人活動的主要地方之一。參見王儀，《隋唐與後三韓關係及日本遣隋使運動》（臺北，臺灣中華書局，民國 61 年），頁 107。金相範亦認爲雖目前對於新羅人在揚州的活動，雖史料中的直接證據較少，然透過相關資料，可證新羅人在揚州無論短期或長期停留均相當地活躍。如大批遣唐留學生隨著新羅使節入唐，他們除入唐學習外，在回國前通常會在揚州購物，其中包括名畫等物品。此外，金氏也推測新羅商人將來自阿拉伯半島的珍貴貨物—乳香，運回新羅販售。參見金相範〔韓〕，〈唐代後期揚州的發展和外國人社會〉，《臺灣師大歷史學報》，第 44 期（民國 99 年），頁 59～61 詳論。

〔註186〕新羅人在楚州居住的不在少數，因新羅人數較眾，因此當時楚州有「新羅坊」的組織，參見牛致功，〈圓仁目睹的新羅人──讀《入唐求法巡禮行記》札記〉，

絡，故雙邊貿易量應不小。

　　波斯人和阿拉伯人在中唐以前，就已由波斯灣沿海，經麻六甲和北部灣抵達廣州，〔註187〕或在福建沿岸登陸，再由大庾嶺、贛水，經洪州及江州沿長江至揚州。〔註188〕這種情形在安史之亂後，因路上絲綢之路受到吐蕃擴張之阻礙而幾近斷絕，因此經由海路抵達揚州及長安、洛陽的胡商應較安史之亂前為多。〔註189〕由於揚州不僅是南北水陸交通與長江流域交通的樞紐和貨物的集散地，並且也是陸上和海上絲路的連接點，同時也是重要的國際貿易都市。〔註190〕因而胡商遠來揚州從事商業貿易的甚多，加以由海路來唐的胡商，多以揚州為海洋航運的終點站，再由揚州轉赴洛陽和長安，故路經揚州的胡商也不在少數。

六、結　論

　　有唐一代，由於精心維護著隋代開鑿的大運河，包括運河所經地區為維持運河通航的疏浚河道，以及調節水量等水利設施持續進行，加以船隻製造技術的進步，〔註191〕使得水上交通運輸較前代更為便捷。除了交通條件改善外，中唐以後，商品經濟的蓬勃發展，促使了商業貿易的興盛。而商業貿易的持續繁榮，從而帶動了大運河和長江、淮河等主要交通要道的交通運輸功能。

　　淮南地區由於位於淮河和長江之間，且有隋代開鑿的大運河貫穿其間，

載氏撰《唐代碑石與文化研究》（西安，三秦出版社，2002年），頁260～272、陳尚勝，〈唐代的新羅僑民社區〉，《歷史研究》，1996年第1期，頁161～166詳論。

〔註187〕俞永炳，〈試談絲綢之路上的揚州唐城〉，頁170。

〔註188〕參見《全唐文》，張九齡，〈開大庾嶺路記〉，卷二九一，頁1304中；並參閱何榮昌，〈隋唐運河與長江中下游航運的發展〉，頁376。

〔註189〕除此之外，有學者認為海上絲綢之路取代路上絲綢之路的原因，與當時造船及航海技術的進步，以及逐漸發展起來的瓷器出口和香藥進口等因素有關，參見陳炎，〈絲綢之路的興衰及其從由陸路轉向海路的原因〉，收入氏著，《海上絲綢之路與中外文化交流》，頁22～24詳論。因當時瓷器為重要的外銷商品，而瓷器笨重而易碎的特性，使其適合以海運運送，因此間接使得海上絲綢之路益形重要，逐漸取代了路上絲綢之路。

〔註190〕見俞永炳，〈試談絲綢之路上的揚州唐城〉，頁170。

〔註191〕唐代造船技術的進步，參見王賽時，〈論唐代的造船業〉，《中國史研究》，1998年第2期，頁70～78詳論。揚州及淮南地區的造船業，參見朱祖德，〈唐代揚州手工業析論〉，頁138～140。

得天獨厚的地理位置，使得無論水路或陸路交通運輸均十分便捷。淮南地區
的揚州、楚州、壽州、廬州、沔州及濠州等地，均因其優越的地理環境或便
捷的交通條件，而在唐代交通運輸史上佔一席之地。其中，尤以揚州居淮南
及江淮地區水、陸交通的樞紐位置，因此成為四通八達的要津。有唐一代，
揚州的經濟發展，與其得天獨厚的交通運輸條件有密切關連。揚州因交通運
輸的發達，使得城市經濟日益繁榮，在唐前期已成為江淮平原最大經濟都會；
〔註192〕安史之亂後，伴隨著區域經濟的持續發展，以及揚州自身農業經濟、
手工業及商業貿易等的快速發展，至唐中晚期，揚州逐漸由區域性的經濟中
心，一躍而成為當時全國最大經濟都會，而有揚一益二的稱號，〔註193〕揚州
也因此成為當時繁華富庶的代名詞。

〔附註〕本篇原刊於《史學彙刊》第三十一期（2013 年 6 月）。

〔註192〕見劉希為，〈盛唐以後商胡麇集揚州之由〉，頁 262。
〔註193〕有關「揚一益二」的稱號的起源，參見洪邁〔宋〕，《容齋隨筆》（上海，上海
　　　　古籍出版社，1996 年），卷九，頁 122「唐揚州之盛」條及朱祖德，〈唐代揚
　　　　州的商業貿易〉，頁 65～67 詳論。

伍、唐代手工業發展對自然生態的影響 ——以淮南地區爲中心之研究

一、前 言

　　唐代是長江下游地區經濟發展的飛躍時期，特別是在安史之亂後，大批北方人口南移，不但增加了勞動力，北方移民的所帶來的較先進的技術，也促成了包括淮南地區在內的長江下游地區，整體生產的進步。本文所指淮南地區，係指西起於桐柏山、漢水，東盡於大海，並位於淮河和長江之間的地區，包括揚、滁、和、楚、壽、廬、舒、光、申、蘄、黃、安、濠及沔州等十四州〔註1〕，若鄰近地區與本文主題相關者，亦一併敘及。

　　安史之亂後，無論淮南地區或是江淮地區，在農業、手工業及商業貿易等各方面均有長足的進步，如以揚州爲核心的淮南經濟區，乃逐漸成爲富庶地區的代名詞。而淮南首府揚州則因優越的地理位置和便利的交通，唐前期就已成爲江淮地區的經濟中心〔註2〕，安史之亂後，揚州的經濟發展更爲快速，至唐中後期一躍成爲當時全國最大的經濟都會〔註3〕。由於揚州街市及夜

〔註1〕　此十四州參見李林甫〔唐〕等撰，陳仲夫點校，《唐六典》（北京，中華書局，1992年），卷三，〈尚書戶部・戶部郎中條〉，頁69。

〔註2〕　見劉希爲，〈盛唐以後商胡麇集揚州之由〉，載江蘇省六朝史研究會、江蘇省社科院歷史所編，《古代長江下游的經濟開發》（西安，三秦出版社，1989年），頁262。

〔註3〕　劉希爲，〈盛唐以後商胡麇集揚州之由〉，頁263；揚州成爲全國最大經濟都會的條件和過程，參見朱祖德，〈唐代揚州的商業貿易〉，《史學彙刊》第三十期（2012年12月），頁64～70詳論。

生活的繁華熱鬧，致使許多來自各地的騷人墨客流連忘返〔註4〕，而成爲當時人們心目中所嚮往的「勝地」。

揚州的經濟的繁榮景況，與手工業的生產技術的純熟、產品的多樣化及大量生產形態等有密切關連。例如揚州的手工業種類，據初步統計，即達十餘種之多〔註5〕，其中以製銅業、鑄錢業、造船業及製鹽業等較爲重要，尤以銅鏡最爲知名。壽州地區因有廣大的茶園及良質的瓷土，因此製茶業及製瓷業均名聞於時，然而這些促成淮南地區地區經濟發展的動力，特別是各式手工業在生產及製造過程中，卻無可避免地造成了自然環境不同程度的破壞。

尤其是據 1970 年代數次考古發現，唐代揚州城區存在著金屬鎔鑄及雕刻製骨等大型手工業作坊，且據學者推測其面積廣達 10,000 平方公尺以上〔註6〕。若使用木炭作爲燃料，一般家庭或小型手工者對環境的影響尚小；但像揚州這樣擁有大型手工業作坊，且有金屬鎔鑄作坊來看，其所每年所耗費的燃料應極爲驚人。

如由木柴所製成的木炭，是製瓷業所使用的主要燃料，而當時著名的瓷窯大都位於長江中下游地區，如淮南地區的壽州窯、江南地區的越窯、婺州窯、甌窯及德清窯等著名瓷窯，這些瓷窯的產品品質優良，產量亦十分可觀，除運往國內各地銷售外，並行銷海內外。雖帶動了商易貿易及貨幣的流通，促進了商品經濟的發達；但因所使用作爲燃料的木炭消耗量相當大，超過了

〔註4〕 唐代著名詩人杜牧有詩云：「三年一覺揚州夢，贏得青樓薄倖名」，實爲才子流連繁華城市最佳寫照，見李昉〔宋〕等編，《太平廣記》（臺北，文史哲出版社，民國 76 年），卷二七三，〈婦人四附妓女·杜牧條〉引《唐闕史》，頁 2151。此外，唐代著名詩人李白的〈黃鶴樓送孟浩然之廣陵〉詩云：「故人西辭黃鶴樓，煙花三月下揚州」，李白〔唐〕撰，王琦〔清〕注，《李太白全集》（北京，中華書局，2012 年），卷一五，頁 734。此外，張祐的〈縱遊淮南〉詩亦云「十里長街市井連，月明橋上看神仙，人生只合揚州死，禪智山光好墓田」，見《全唐詩》，卷五一一，頁 1298 上。以上唐人詩文，均是當時人們對揚州觀感的描述，用詞可謂十分地貼切。

〔註5〕 朱祖德，〈唐代揚州手工業析論〉，《淡江史學》第二十四期（2012 年 9 月），頁 124。

〔註6〕 這幾次考古發掘經過及收穫，參見南京博物院、揚州博物館及揚州師範學院發掘工作組，〈揚州唐城遺址一九七五年考古工作簡報〉，《文物》，1977 年第 9 期（1977 年 9 月），頁 18 至 22 及南京博物院，〈揚州唐城手工業作坊遺址第二、三次發掘報告〉，《文物》，1980 年第 3 期（1980 年 3 月），頁 11 至 13。此數次考古資料證明發掘地點，曾存在著金屬鎔鑄及雕刻製骨等手工業大型作坊，參見〈揚州唐城手工業作坊遺址第二、三次發掘報告〉，頁 14。

當地森林的負荷,間接使得本地及鄰近地區的山丘童山濯濯。並且由於燒製木炭的木材,可就近從森林中取得,其運輸成本遠較煤炭為低,因此在煤炭普遍使用之前,包括淮南地區在內的長江下游地區,各處的瓷窯大都以木炭作為主要燒瓷燃料。

其他如冶金業的提煉、鑄造,製瓷業的燒製瓷器〔註7〕及製茶業的焙製茶葉等,在當時的時空環境下,幾乎無一不以木柴(炭)做為主要的原料〔註8〕,這些手工業在製作過程中所使用的大量木柴(炭),致使包括淮南地區在內的長江下游地區,原有森林的植被受到嚴重的破壞,以致對自然環境生態,產生不可磨滅的負面影響。

再者,紙張製造業由於使用了大量的樹皮、藤蔓及木料等天然纖維做為原料。而在唐代紙的使用已相當廣泛,致使作為原料產於越州剡溪沿岸的野藤瀕臨滅絕,也因此影響到了當地的自然生態環境;此外,包括造船業及建築業等手工業,木材均為其必要的材料,不但要大量砍伐樹木,並且還要選擇良木,方可建造或製造出品質優良的或船隻或建築。上述這些手工業的製造過程,由於直接、間接地使用了大量的木材及樹皮等天然資源,作為原料或燃料,因此對生態環境造成了不利的影響。

因此本篇主要意旨,即主要探討有唐一代,淮南地區的經濟發展,特別是手工業方面的發展,對於當地的自然環境及生態所產生的影響。

二、研究回顧

因本文涉及唐代淮南地區的經濟發展,以及經濟發展對自然環境的影響部分,因此研究回顧將分為二方面加以說明,在經濟發展方面,則以手工業的進步及發展為主要對象。

(一)經濟發展部分

首先在區域經濟研究方面,則有江蘇省六朝史研究會及江蘇省社科歷史所主編的《古代長江下游的經濟開發》一書,論述主題涵蓋農業、手工業、商業、交通、水利、城市經濟、土地制度及戶口賦稅等,對區域史研究具有

〔註7〕 壽州窯使用木柴作為燃料,參見陶治強,〈簡論隋唐時期壽州窯的發展〉,《文物春秋》,2011年1月,頁42。
〔註8〕 雖不能排除有部分手工業使用煤炭,不過據目前的資料來看,使用木炭或木柴者居大多數。

重要的參考價值。不過由於該論文集的成書時間較早，以致未能參考新發現的部分考古資料。

再者，由黃惠賢、李文瀾所主編的《古代長江中游的經濟開發》一書，和《古代長江下游的經濟開發》一書，均是以長江流域來作劃分，對於本區的區域屬於淮南西部的安州、黃州、申州、蘄州及沔州等州的交通、區域經濟等研究，就具有相當的參考價值。

陳勇的《唐代長江下游經濟發展研究》及張學恕的《中國長江下游經濟發展史》隋唐五代部分，對長江下游的經濟發展有相當翔實的敘述。由應岳林、巴兆祥合寫的《江淮地區開發探源》一書是研究淮南地區區域史的著作。此外，江蘇社會科學院江蘇史綱編寫組的《江蘇史綱》古代卷，則對江蘇北部地區有較細部的敘述，可作為參考。論文方面，則有方亞光的〈論唐代江蘇地區的經濟實力〉及翁俊雄的〈唐代長江三角洲核心地區經濟發展初探〉等數篇論文。

此外，在手工業部分，則有張澤咸的《唐代工商業》一書，本書上篇對唐代手工業作了全面性的評述，為目前手工業方面較完備的著作。魏明孔的《隋唐手工業研究》一書，則對隋唐時期手工業的發展及經濟重心南移問題頗多著墨。在各種手工業的研究方面，則以冶金業、製瓷業、製茶業、紡織業及製鹽業等研究成果較多。

冶金業以楊遠的《唐代的礦產》及張澤咸的〈唐代的五金生產〉，較具代表性。金銀生產方面，日本學者加藤繁的《唐宋時代之金銀研究》是一部重要著作，對唐宋時期的金銀製造研究頗有啟發性。齊東方的《唐代金銀器》，內容結合了文獻及出土實物，並詳述唐代金銀的生產、製造、販售及南北方器物的差距等。

製瓷業方面，馮先銘的《中國陶瓷》及中國硅酸鹽學會主編的《中國陶瓷史》二書對唐代的瓷器製造有相當詳細的介紹。齊東方的《隋唐考古》及秦浩的《隋唐考古》的陶瓷部分，對唐五代的瓷器研究亦頗有助益。學位論文方面，則有康才媛的《唐代越窯青瓷的研究》及陳瑋靜的《唐代長江中下游地區瓷器手工業之研究》等博士論文，前者精研越窯所生產的青瓷器，後者則對唐代包括淮南地區在內的長江中下游地區瓷器的型式、製造及銷售作了深入的研究。

製鹽業方面，陳衍德、楊權合著的《唐代鹽政》及郭正忠編的《中國鹽業史》（古代篇）較為重要，是值得參考的書籍；而日本學者佐伯富在《中國

鹽政史の研究》第三章及第四章唐及五代部分，對巡院、鹽商及鹽法等方面
多所著墨，頗值得參考。論文部分，尚有孫永如、張建生合撰的〈論唐代後
期淮南道鹽業與社會經濟的發展〉一文。

在茶葉的生產方面，專書主要有孫洪升的《唐宋茶葉經濟》一書；論文
則有林文勛的〈唐代茶葉產銷的地域結構及對全國經濟聯繫的影響〉、王洪軍
的〈唐代的茶葉生產——唐代茶葉史研究之一〉、李季平與王洪軍合撰〈唐代
淮南、江南兩道的茶葉生產〉及陳勇、黃修明合撰的〈唐代長江下游的茶葉
生產與茶葉貿易〉等數篇論文，對於唐代茶葉的生產、製作等重要課題的研
究有所助益。

（二）對自然環境影響部分

在經濟發展對自然生態的影響方面，在專書方面，鄭學檬的《中國古代
經濟重心南移和唐宋江南經濟研究》一書，除詳敘了江南地區手工業的發展
與技術進步的關係，並對唐代煉銅技術的進步及其所使用的燃料做了敘述
〔註9〕。陳衍德、楊權合著的《唐代鹽政》一書對唐代食鹽的製造及其煉製
食鹽所使用的燃料作了論述〔註10〕。熊海堂在《東亞窯業技術發展與交流
史研究》一書中則指出，陶瓷業作爲燃料的木柴，以硬木類爲主：等到北宋
時期瓷窯廣泛開始使用煤炭時，說明二次林已被徹底破壞，窯場幾乎都分佈
在禿山之中了〔註11〕。

論文方面，張澤咸，〈唐代的五金生產〉一文，認爲唐代製瓷業及製銅業、
鑄錢業所使用的燃料，應多爲木炭。李文瀾的〈唐代長江中游水患與生態環
境諸問題的歷史啓示〉〔註12〕一文，敘及森林減少的原因及所造成環境變遷
等問題。翁俊雄的〈唐代虎、象的行蹤〉〔註13〕，描繪了唐代各地包括虎、

〔註9〕 鄭學檬，《中國古代經濟重心南移和唐宋江南經濟研究》，長沙，岳麓出版社，
2003年10月修訂再版。

〔註10〕 陳衍德、楊權，《唐代鹽政》，西安，三秦出版社，1990年12月初版。

〔註11〕 參見熊海堂著，《東亞窯業技術發展與交流史研究》（南京，南京大學出版社，
1995年1月初版），頁104詳述；書中熊氏對於森林破壞與窯業的關係有專節
討論，舉證翔實，且立論精闢，是研究製瓷業與自然環境破壞，不可或缺的
一部專著，見該書頁103～109詳論。

〔註12〕 李文瀾，〈唐代長江中游水患與生態環境諸問題的歷史啓示〉，《江漢論壇》（武
漢），1999年第1期，頁60～64。

〔註13〕 翁俊雄，〈唐代虎、象的行蹤〉，載《唐研究》第三卷，北京，北京大學，1997
年初版。

象等野獸的分佈及其與經濟開發的關係。

　　林士民的〈越窯衰落原因的探討〉〔註 14〕一文，提及有學者認為唐代盛極一時的越窯在五代宋初時期的衰落原因，是因為附近已無林木可作為燃料，越窯因而停燒。徐定寶在〈越窯青瓷衰落的主因〉〔註 15〕一文，也認為木柴等燃料的不敷使用是越窯停燒的重要因素之一。

　　劉錫濤的〈從森林分佈看唐代環境質量狀況〉〔註 16〕，探討了唐代各地的森林分佈情形，並敘及河流含沙量增加是因為森林的過度砍伐所造成的後果。陳橋驛在〈古代紹興地區天然森林的破壞及其對農業的影響〉〔註 17〕一文中，闡述了因森林遭到破壞，使得依靠森林提供燃料和原料的手工業部門，如製瓷業及造紙業等著名於時的手工業先後式微〔註 18〕。此外，史念海則透過〈森林地區的變遷及其影響〉〔註 19〕及〈歷史時期森林變遷的研究及有關的一些問題〉〔註 20〕等一系列的文章，來檢討森林消失的原因、經過及其影響。史念海的數篇論文，雖研究區域與本文的範疇不盡相同，但因主題類似，且手工業發展對環境破壞，可謂如出一轍，因此仍可作為參考。

　　以上專書或論文均具有相當的參考價值，對本文的撰寫亦有相當裨益。然目前所見的專書論文中，仍未有結合包括手工業在內的整體經濟發展及其對自然環境影響方面之論述。本文試圖在此課題上進行探討，期能呈現淮南地區的經濟發展，特別是利用到天然資源的相關手工業，對自然生態環境之影響，做一初步的探究。希望能以古鑑今，對現今自然環境資源維護的課題，盡一份棉薄之力。

〔註14〕 林士民，〈越窯衰落原因的探討〉，收入沈瓊華主編，《2007 中國越窯高峰論壇論文集》（北京，文物出版社，2008 年 5 月初版），頁 29～36。

〔註15〕 徐定寶，〈越窯青瓷衰落的主因〉，《復旦學報（社會科學版）》，2002 年第 6 期，頁 139～140。

〔註16〕 劉錫濤，〈從森林分佈看唐代環境質量狀況〉，收入魏全瑞主編，《隋唐史論——牛致功教授八十華誕祝壽文集》（西安，三秦出版社，2007 年 1 月初版），頁 362～369。

〔註17〕 陳橋驛，〈古代紹興地區天然森林的破壞及其對農業的影響〉，載氏撰《吳越文化論叢》（北京，中華書局，1999 年 12 月初版），頁 258～281。

〔註18〕 陳橋驛，〈古代紹興地區天然森林的破壞及其對農業的影響〉，頁 274～275。

〔註19〕 史念海，〈森林地區的變遷及其影響〉，收入史念海，《河山集》第五集（太原，山西人民出版社，1991 年 12 月初版），頁 58～72。

〔註20〕 史念海，〈歷史時期森林變遷的研究及有關的一些問題〉，收入史念海，《河山集》第五集（太原，山西人民出版社，1991 年 12 月初版），頁 73～91。

三、經濟開發及人口增長對生態的影響

唐五代時期是長江下游地區經濟發展的重要階段，其中淮南地區在經濟上有長足的發展。隨著經濟的發展，淮南區的城市經濟也隨之興盛，包括揚州、楚州、壽州及廬州等城市，不僅手工業十分發達，商業活動及貿易也相當地活絡。這些繁榮的城市發揮了人口的磁吸效應，連帶使當地的戶口持續增加，人口增加後需要更多的農地，以滿足糧食的需求，更多的日常生活用品（其中有部分由手工業製造者所提供），更多的房舍以供居住，種種都對當地的自然環境產生了不可磨滅的影響。

（一）經濟開發

唐五代時期是長江下游地區經濟發展的里程碑，在魏晉南北朝時期因戰爭等因素影響，而使經濟發展陷入停滯的淮南地區，因在唐五代時期相對安定，而獲得經濟成長的契機。再者，淮南地區中，過去相對落後的淮西地區，在唐五代時期也有不同程度的開發。

也因著淮南的區域經濟自唐初以來持續地發展，加以安史之亂時南遷的大量北方移民，使淮南地區的人口呈現大幅度的增長。隨著區域經濟的不斷發展和人口的持續成長，使得淮南部分地區的地貌發生了巨大的變化；最顯著的就是森林地區的日益縮小，取而代之的是一望無際的農田，甚至是禿山一片。據史念海先生研究，農牧業的發展、以木材爲日常生活的燃料以及木材用作建築材料，是使森林逐漸消失的主要原因〔註21〕。然因手工業的快速發展，所使用的木材（炭）燃料日益增加，因而對森林的破壞就起了一定作用。

〔註21〕參見史念海，〈黃河中游森林的變遷及其經驗教訓〉，收入史念海，《河山集》第三集（北京，人民出版社，1988 年 1 月初版），頁 140～143 詳論。雖黃河地區與淮南地區的情形不盡相同，然因導致森林地區日益縮小的原因，從歷史經驗來看其實是如出一轍的。如農業的發展、將木柴作爲日常生活的燃料，以及將木材用作建築材料等，仍然是使得森林地區日益縮小，甚至完全消失的重要原因。淮南地區雖位在淮河以南，仍有部分地區屬於黃淮平原。如壽州全境，以及光州申州等州的部分地區屬於黃淮平原。淮南地區的自然地理形勢，見任德庚，《中國地理》（臺北，東大圖書有限公司，民國 83 年）上冊，頁 203～206；215～220；222～226；231～234；下冊，頁 19～23。並參見顧祖禹〔清〕，《讀史方輿紀要》（臺北，洪氏出版社，民國 62 年初版）卷二一，〈壽州〉；卷五〇，〈申州〉及〈光州〉歷代沿革及疆域部分及譚其驤主編，《中國歷史地圖集》，第五冊，隋唐五代十國時期（上海，地圖出版社，1982 年），頁 54「淮南道」圖。

（二）人口增長

淮南地區在經過隋末的戰亂後，在唐初相對安定的環境下，人口再度恢復了成長趨勢。特別是在唐玄宗開元、天寶時期，淮南地區的人口已有相當的增長。其中，揚州的天寶十一載（752）戶數，比貞觀十三年（639）增加了 3 倍有餘，幾乎等於貞觀時淮南道的總人口數〔註22〕。值得注意的是原本人口不多的和州，也有大幅的成長，隋大業間僅 8,254 戶，到了開元時已達 2 萬餘戶，至天寶十一載更達到 24,794 戶，比隋代增加了二倍，比貞觀初（5,730戶）更增加了 3 倍多〔註23〕。此外，像舒州、壽州、廬州等不僅人口遠超過貞觀年間，也超過了隋大業年間的戶數。說明了唐代淮南地區人口在天寶年間已達到了極盛期。

再者，從人口密度來看淮南地區戶口的增加，可以發現增長的情形更為明顯，如貞觀十三年（639）的人口平均密度為每平方公里 3.08，而天寶十一載（752）則為 18.37，增加近五倍〔註24〕。而貞觀時人口密度最高的和州，天寶十一載時人口密度更高達 31.7，為淮南地區之冠〔註25〕；就連天寶十一載淮南地區人口密度最低的黃州，人口密度為 7.21，也超過貞觀年間大部分州的人口密度〔註26〕。另外，人口增長率最高的州為壽州，貞觀十三年人口密度僅為 0.81，天寶十一載為 10.3，成長率幾達 11 倍以上，可謂相當驚人〔註27〕。由此可見淮南地區人口在盛唐時已有顯著的成長。

從對淮南地區人口成長的分析來看，唐朝初年淮南地區的人口密度並不高，相較於當時關中一帶的人口密度，仍然有相當的差距。然而到了安史之亂時，由於大量北方人民往南遷移，其中有相當部分留在長江下游地區的淮

〔註22〕 參見劉昫〔後晉〕等撰，《舊唐書》（臺北，鼎文書局，1993 年），卷四○，〈地理志〉，頁 1572 及歐陽修、宋祁〔宋〕等撰，《新唐書》（臺北，鼎文書局，1992 年），卷四一，〈地理志〉，頁 1051。

〔註23〕 參見魏徵〔唐〕等撰，《隋書》（臺北，鼎文書局，1992 年），卷三一，〈地理志〉，頁 876、《舊唐書》，卷四○，〈地理志〉，頁 1574、杜佑〔唐〕撰，王文錦、王永興、劉俊文等點校，《通典》（北京，中華書局，1992 年），卷一八一，〈州郡典〉，頁 4808 及《新唐書》，卷四一，〈地理志〉，頁 1053。

〔註24〕 參見翁俊雄，《唐朝鼎盛時期政區與人口》（北京，首都師範大學，1995 年），頁 203～204。作者按：該書淮南道各州每平方公里口數平均值誤植為 16.45，應為 18.37。

〔註25〕 同前註，頁 203。

〔註26〕 同前註，頁 204。

〔註27〕 同前註，頁 203。

南及兩浙等地，另一部分則往江西、湖南等方向遷移。淮南地區因地理位置，處於南北交通的天然孔道，因此滯留在淮南地區的移民不在少數。這些爲數眾多的北方移民，除提供了充足的勞動力外，並帶來了當時較爲先進的農業及手工業等方面技術，對於促進淮南地區的經濟發展有莫大的助益。由於唐中後期，賦稅主要東南地區的八道所供應〔註28〕，這些地區中尤以淮南道及浙江東、西道的賦稅所佔比率最高，中央政府對於這些地區的農業，特別是水利建設的興建十分重視，促進了糧食作物生產量的增加。

人口增加之後，首先要解決的就是糧食問題，當時最快的方式，就是使用老祖宗的方法──焚林造田，以致森林面積隨著人口的增加而縮小，甚至消失不見，而水土保持也就更難以做到了。當時人們除了向森林要地外，更有甚者，是「圍湖造田」，將湖泊的周圍圍起來種植農作物，湖泊的面積自然就日益縮小了，這樣做的後果是使湖泊去了調節江河水量的功能，水患也就難以避免了〔註29〕。其次，人口增加後，所建造的居住屋舍，在唐代仍以木材爲主要建材，因而大量的建造房屋，必然使得鄰近地區的森林遭殃，這也是使植被快速消失的原因之一。

再者，有唐一代，由於商品經濟的發展，像茶葉這種高附加價值的經濟作物，就在長江下游地區的廣泛種植起來，對當地的製茶業提供了良質且充足的原料。使得如淮南地區所生產的霍山黃芽、開火茶及天柱茶等名茶行銷全國，甚至遠達吐蕃一帶〔註30〕。但滿山茶樹所帶來的負面效應，就是原有的植被，因茶樹的擴大種植，而遭到肆意的破壞；造成了水土保持的不易和每逢大雨，土壤流失的後果〔註31〕。種植茶樹對自然環境的影響部分，則將

〔註28〕 參見《舊唐書》，卷一四，〈憲宗紀上〉，頁424。

〔註29〕 參見李文瀾撰，〈唐代長江中游水患與生態環境諸問題的歷史啓示〉，《江漢論壇》（武漢），1999年第1期，頁60〜64。這方面的案例，可以鑑湖（鏡湖）爲例，鑑湖因上游森林被過度砍伐，導致水土流失，鑑湖淤淺情形乃日益嚴重，再加上農民圍湖造田，以致到了南宋時期，鑑湖乃逐漸湮滅。有關鑑湖的興廢，參見陳橋驛，〈古代鑒湖興廢與山會平原水利〉，載氏撰《吳越文化論叢》（北京，中華書局，1999年1），頁230〜257詳論。

〔註30〕 李肇〔唐〕撰，《唐國史補》，收入《唐國史補等八種》（臺北，世界書局，1991年），卷下，頁66。

〔註31〕 因茶樹的根，較一般原生樹木爲淺，並且農民爲了採收方便，也必需控制茶樹的高度，其根也就不會太深。在此情形下，爲了種植茶樹而砍伐林木，可以說必然對當地的水土保持產生一定的不良影響。由於茶樹種植等相關問題，爲農業栽培技術方面問題，由於限於篇幅，且並非本文的主軸，因此不

在相關內容中加以論述。

四、手工業發展及對自然環境的影響

　　一個地區手工業的發展及製造技術的進步，雖是該地區經濟發展的指標之一，但由於在部分手工業在製造過程中，必需使用大量燃料；另一方面，部分手工業則是大部分的製造原料需取自森林樹木或藤蔓。在這些手工業經年累月的取得原料及製造過程下，對自然環境如植被及水文等，則會產生不可避免的破壞，進而影響到當地的生態環境。

　　唐五代時期淮南地區的手工業，比起六朝時期有更進一步的發展，而其對自然環境的影響也更加顯著。唐代淮南地區的手工業，以冶鑄業、金銀製造業、紡織業、製鹽業、製茶業、造船業、製瓷業、造紙業、釀酒業、漆器業、建築業、木器業及水產品加工業等較為重要。

　　其中以製瓷、冶鑄、造船、製茶及建築業等手工業的發展，對自然環境的影響較大。其中以木材作為主要原料的手工業，則有造船業及建築業等。另一方面，有的手工業則需要大量的木柴（炭）作為燃料，如冶鑄業的提煉礦砂及鍛造成品，製茶業的烘焙茶葉，以及製瓷業的燒製瓷器等等，無不以木柴（炭）作為主要的燃料。尤其當時全國著名的瓷窯大部分集中於唐代長江中、下游地區，淮南地區則以壽州窯最負盛名。這些瓷窯的產量在當時均相當大，意味著必須要消耗大量的木柴（炭），方能燒造出如此大數量的瓷器。

　　至於為何當時包括淮南地區在內的長江下游地區手工業，可以說很少使用當時已經發現的煤炭？據推測其主要原因，可能是煤礦產地多在北方，而因距離遙遠，運輸上費時費力，不如就地取材來的方便，同時也因為加上運輸費用的關係，導致使用煤炭的成本也較使用木柴或木炭為高。另一個重要原因，則是因對於某些手工業來說，用木炭當燃料的品質製造出來的產品，會比燒煤炭來的好。例如用煤炭煉出來的鐵，其含硫量一般較高，直接影響了鐵的質量〔註32〕，而用木炭煉製的鐵，則可以避免這個問題。基於上述這些原因，當時包括淮南地區在內的長江下游地區，手工業的製造過程中，主要使用木炭作為燃料，因此使用煤炭的情形並不十分普遍。

　　擬對此作深入討論。

〔註32〕鄭學檬，《中國古代經濟重心南移和唐宋江南經濟研究》（長沙，岳麓出版社，2003 年 10 月修訂再版），頁 156 詳論。

　　並且像製瓷業因瓷窯需達一定溫度才能燒出所需的顏色和品質，以壽州窯的瓷器來說，窯溫需達 1200℃〔註33〕左右，才能燒造出需要的成色及效果，因此往往需要使用大量的木柴（炭）作爲燃料，以達到目標溫度。並且其燃料是以「硬木」燒製瓷器的成色爲最好〔註34〕。另一方面，冶鑄業也必須有相當高的爐溫方能進行鍛造，雖可使用煤炭作爲燃料。然或因煤炭取得成本較高及不如就地取得材來的便利等原因〔註35〕，及至宋代，南方的手工業如製瓷業等仍然主要以木柴（炭）作爲燃料〔註36〕，考古發現也表明以煤炭爲主要燃料的瓷窯，大多在北方地區及西川等地〔註37〕，而長江下游地區的製瓷業，基本上仍然以木炭作爲主要燃料。

　　本小節將首論唐代淮南地區的製瓷、冶鑄、造船、製茶及建築業等手工業的發展情形，其次，並探究這些手工業對自然環境所產生的影響。

（一）製瓷業的發展及其影響

　　唐代的著名瓷窯主要位於長江下游地區，有壽州窯、越窯、婺窯、甌窯、德清窯及均山窯等眾多瓷窯〔註38〕，其中壽州窯爲本文所探討的主題。壽州窯的產品，不但轉銷大江南北，並且有相當的數量運至海外銷售。而鄰近的長沙窯的瓷器風格甚至呈現了西亞、波斯等地文化的圖樣〔註39〕。由於要燒製品質較高的瓷器，瓷窯通常需達一定溫度，才能燒出所需的顏色和品質。以壽州窯爲例，其燒造溫度雖因窯口不同而有些微差距，然其燒造溫度均在

〔註33〕尹若春、姚政權、李迎華、汪常明，〈壽州窯瓷器的測試與初步分析〉，《中國科學技術大學學報》，第 41 卷第 1 期（2011 年 1 月），頁 28。

〔註34〕見熊海堂，《東亞窯業技術發展與交流史研究》，頁 104。

〔註35〕史念海認爲「以木柴作爲燃料，大概是從人類開始用火以來即已如此，……在煤炭發現以前，薪柴來源然得依靠森林，就是煤炭發現後，由於產量有限和運輸困難，仍然要依靠森林提供燃料」。參見史念海，〈黃河中游森林的變遷及其經驗教訓〉，收入史念海，《河山集》第三集（北京，人民出版社，1988 年），頁 142。可見在當時煤炭產量較大的黃河流域，都因煤炭的產量有限和運輸困難，仍然要依靠森林提供燃料，淮南地區就更是如此了。

〔註36〕宋代南方製瓷業迥異於北方，仍主要以木炭爲燃料，參見熊海堂著，《東亞窯業技術發展與交流史研究》（南京，南京大學出版社，1995 年），頁 14。

〔註37〕參見清泉，〈古代燒煤的瓷窯遺址〉，《當代礦工》，2000 年 6 月，頁 34～35 詳論。

〔註38〕馮先銘，《中國陶瓷》（上海，上海古籍出版社，1997 年），頁 335～342。

〔註39〕馮先銘，《中國陶瓷》，頁 340。

1000℃～1200℃之間〔註40〕，要達到且維持這樣的高溫，必然要耗費大量的燃料，而據學者研究，當時仍以木柴（炭）作為主要燃料〔註41〕，因此經年累月所耗費的木柴（炭）必然相當可觀。

　　燒製瓷器所需的原料的瓷土主要產於丘陵山區，江淮地區瓷土礦源十分豐富，且距地表不深，易於開採〔註42〕；另一方面，燒製瓷器需要大量的木柴作為燃料，而長江下游地區因部分地區開發較晚，而淮南部份地區為丘陵地形，森林較為繁茂，故木材來源不虞匱乏。由於本區兼有上述豐富的製瓷原料及山林資源，是以唐代淮南地區壽州的壽州窯，所生產瓷器除產量相當大外，也具有其裝飾上的特色。

　　唐代的瓷器生產已形成了「南青北白」的局面〔註43〕，雖南方亦有白瓷生產，北方亦有青瓷生產，但究竟是少數。淮南地區則以壽州窯為主要窯場，兼燒青瓷、黃釉瓷和黑瓷，其中黃釉瓷具有地區性的色彩。

　　壽州窯始燒於南朝，而停燒於唐末五代，南朝及隋代的早期產品以青瓷為主。到了唐代以後，改變了傳統的還原焰為氧化焰，燒成了細緻的黃釉瓷，色澤圓潤及使用化妝土為壽州窯產品的特色〔註44〕。壽州窯並使用支托〔註45〕及匣鉢〔註46〕來燒製瓷器，前者可以使瓷窯的生產量大為增加；後者則可燒出精

〔註40〕尹若春、姚政權、李迎華、汪常明，〈壽州窯瓷器的測試與初步分析〉，《中國科學技術大學學報》，第41卷第1期（2011年1月），頁28。

〔註41〕熊海堂指出，陶瓷業作為燃料的木柴，以硬木類為主。等到北宋時期瓷窯廣泛開始使用煤炭時，說明二次林已被徹底破壞，窯場幾乎都分佈在禿山之中了。參見熊海堂，《東亞窯業技術發展與交流史研究》（南京，南京大學出版社，1995年），頁104詳論。張澤咸認為從史料及考古資料來看，即使是盛唐時期在長安燒造磚瓦，並不以石炭（即煤炭）為燃料。唐代南北各瓷窯燒造瓷器，也不以石炭為燃料，直到晚唐的安徽省蕭縣東窯才使用煤作為燃料。參見張澤咸，〈唐代的五金生產〉，《新史學》，第二卷第三期（1991年9月），頁96。

〔註42〕詳見許輝、蔣福亞主編，《六朝經濟史》（江蘇，江蘇古籍出版社，1993年7月初版），頁330。

〔註43〕齊東方氏認為「南青北白」是過時的說法，見氏著，《隋唐考古》（北京，文物出版社，2002年），頁137，但也承認白方白瓷盛行，南方青瓷精美仍是基本事實；且基本上，北方瓷器大多為白瓷，南方多為青瓷乃為不爭的事實，故本文仍保留此種說法。

〔註44〕壽州窯的瓷器由於使用化妝土，因此施釉多不及器底，為其瓷器特徵。

〔註45〕支托有圓支托，三岔、四岔、五岔、六岔支托及三角支托等數種，支托和支棒及支釘一樣都是疊裝用的窯具，見淮南市地方志編纂委員會編，《淮南市志》（合肥，黃山書社，1998年），頁696。

〔註46〕有關「匣鉢」的出現、種類、形式及使用的窯口等，參見熊海堂，《東亞窯業技

緻且圓潤的瓷器，一般品質較高的瓷器，大多使用匣鉢來燒製。壽州窯的產品除青瓷、黃釉瓷外，並兼燒黑瓷。壽州窯的產品，一方面受到了北方瓷窯系統的影響，另一方面，又有南方瓷器的特徵，可以說壽州窯的瓷器是融合了南北方瓷窯的特徵，具有時代意義。

陸羽在《茶經》〈四之器〉中記載：「碗，越州上，鼎州次，婺州次，岳州次，壽州、洪州次。」〔註47〕，壽州碗在當時著名瓷窯中排名第五。《茶經》又云：「壽州瓷黃，茶色紫」〔註48〕，對壽州窯瓷器的顏色作了描述。然據考古發現，壽州窯的瓷器的釉色有青釉、青黃釉、黃釉〔註49〕、醬釉、黑釉、窯變釉、綠彩釉〔註50〕及絳紅釉〔註51〕等多種顏色，瓷色可謂相當多樣化。與陸羽所記「壽州瓷黃」，似乎有相當出入。

前述這些豐富的釉色顯示出壽州窯的多樣性和創新性。而影響釉色的因素，除了使用還原焰或氧化焰的氣氛不同外，所使用的著色劑及燒製的溫度等均會影響釉色。壽州窯的產品則可分爲實用器、觀賞瓷、明器等數個大類，實用器有碗、盤鉢、杯、四繫罐、執壺、粉盒及紡輪等；觀賞瓷則包括：長頸瓶、印花扁壺、龍柄瓶等；明器有塔式罐、茶爐、陶馬及人物俑〔註52〕等。此外，尚有文房用品如硯、水盂及水洗等，以及樂器等〔註53〕。尤其值得注意的是，考古發現中壽州窯遺址也有發掘一批製作精美的玩具瓷，足見壽州窯產品的多樣化及創新性〔註54〕。

壽州窯的窯爐爲馬蹄形圓窯，或稱爲饅頭窯，是當時黃河流域及北方地區常見的窯爐形式〔註55〕。壽州窯既使用北方常用的瓷窯的形式，同時也具

術發展與交流史研究》（南京，南京大學出版社，1995年），頁179～195詳論。
〔註47〕 陸羽〔唐〕，《茶經》，卷中，〈四之器‧碗〉，見張宏庸輯注，《陸羽全集》（台北，茶學文學出版社，1985年），頁12。
〔註48〕 張宏庸輯注，《陸羽全集》，頁12。
〔註49〕 黃釉可再分爲黃、臘黃、鱔魚黃及黃綠等釉色，參見胡悅謙，〈談壽州瓷窯〉，《考古》，1988年8月，頁744。
〔註50〕 參見陶治強，〈簡論隋唐時期壽州窯的發展〉，《文物春秋》，2011年1月，頁40。
〔註51〕 許懷喜認爲壽州窯的「絳紅釉」瓷器與宋代的定窯名瓷「紫定」相當類似，參見許懷喜，〈壽州窯初探〉，《裝飾》，2002年第12期，頁64。
〔註52〕 見陶治強，〈簡論隋唐時期壽州窯的發展〉，《文物春秋》，2011年1月，頁40。
〔註53〕 陶治強，〈簡論隋唐時期壽州窯的發展〉，頁40。
〔註54〕 筆者在2011年8月間赴安徽省進行考察時，曾參觀安徽省淮南市博物館的「壽州窯展廳」，「壽州窯展廳」所展示的瓷器中，就有數件瓷製玩具，造形逗趣，十分可愛。
〔註55〕 淮南市地方志編纂委員會編，《淮南市志》（合肥，黃山書社，1998年），頁

有南方瓷窯燒製產品的特徵，可以說是結合了南北方特色的瓷窯。壽州窯之所以帶有北方色彩，與它的地理位置有密切關係，淮南地區自古以來，即為北方移民向南遷徙的必經地帶，因此其產品受到北方瓷窯的影響是不難理解的。並且壽州窯始燒於南朝，此時間點恰與西晉末年五胡亂華時，大批北方人民向南遷移的時間不謀而合。壽州窯雖具有北方瓷窯的特徵，然主要仍以當地茂盛的林木作為主要燃料，迥異於北方的瓷窯大多以煤炭為燃料〔註56〕。

　　有關壽州窯在唐末五代時停燒的原因，學者一般認為是產品的精美度無法與其他瓷窯的產品競爭，以致於逐漸退出歷史舞台。筆者推測壽州窯的停燒，雖與瓷窯間的產品競爭有關，然與燒瓷用的燃料——木柴或木炭的難以取得，或取得成本增加，仍有相關密切的關連性。

　　1970～1980 年代在揚州手工業作場遺址的三次發掘中，發現了大量的瓷器碎片，其中尤以青瓷為多，大部分應是越窯所生產的瓷器〔註57〕。僅1975 年那次便發掘出瓷片 15,585 片，數量驚人，並且種類繁多，有青釉、白釉、黃釉瓷及各種彩釉〔註58〕，其中黃釉瓷據推測主要為來自壽州窯的產品〔註59〕，青釉瓷則大多為越窯產品。

　　由於揚州是唐代最大的經濟都會及主要的國際港口〔註60〕，經由揚州外銷的商品不但種類多，數量亦大，在此發現大量黃釉瓷及青瓷碎片，表明當

695。有關瓷窯的各種形式，參見熊海堂，《東亞窯業技術發展與交流史研究》（南京，南京大學出版社，1995 年），頁 51～98 詳論。當時北方的瓷窯主要以馬蹄形圓窯最為常見，而南方的瓷窯則主要以龍窯最為普遍。

〔註56〕壽州窯的使用木柴作為燃料，參見陶治強，〈簡論隋唐時期壽州窯的發展〉，《文物春秋》，2011 年 1 月，頁 42；唐宋時期北方的瓷窯大多以煤炭為燃料，說見清泉，〈古代燒煤的瓷窯遺址〉，《當代礦工》，2000 年 6 月，頁 34～35。

〔註57〕雖然北方亦有生產青瓷，但數量不多，故仍以南方越窯所生產的青瓷為大宗。

〔註58〕見南京博物院、揚州博物館及揚州師範學院發掘工作組，〈揚州唐城遺址一九七五年考古工作簡報〉，《文物》，1977 年第 9 期，頁 22；有關揚州唐城第二、三次發掘情形，見南京博物院，〈揚州唐城手工業作坊遺址第二、三次發掘簡報〉，《文物》，1980 年第 3 期，頁 11 至 14。

〔註59〕南京博物院、揚州博物館及揚州師範學院發掘工作組，〈揚州唐城遺址一九七五年考古工作簡報〉，頁 23。

〔註60〕揚州不僅為當時國內貿易的樞紐，同時也是國際貿易的重要港口。如九世紀大食著名地理學家伊本·考爾大貝（Ibn khordadbeh）〔阿拉伯〕在所著《道程及郡國志》（北京，中華書局，1991 年 12 月初版）頁 71～73，將江都（揚州）列為與交州、廣州、泉州齊名的四大港口，參見桑原騭藏〔日〕著，楊鍊譯，《唐宋貿易港研究》（臺北，商務印書館，1963 年），67～72；頁 130及 154。

時壽州窯及越窯瓷器是受歡迎且銷路甚廣的商品。

唐代淮南瓷器的銷售地區十分廣泛，甚至遠達日本等地。在 1970 年代，揚州手工業坊遺址曾發掘出爲數眾多的黃釉瓷及青瓷等各種瓷器碎片〔註61〕，這些瓷器碎片雖不是發現於港口附近，然基於揚州是當時重要的貿易港口，也是當時通往日本的重要航線之一〔註62〕，因此除部分瓷器於揚州銷售外，合理推測其中應當有部分是作爲外銷用途。

諷刺的是，當森林被大量砍伐，作爲製瓷業等手工業的燃料時，卻忽略了木柴並非取之不盡，等到森林資源枯竭時，窯場也就無法繼續燒製下去了，這種情形實無異竭澤而漁。壽州窯的停燒原因，雖不能完全歸咎於燃料的不足，然應是原因之一。

由於目前學術界於壽州窯的相關研究，不如越窯來的豐富且多元。因此在一定程度上，需要向越窯的停燒原因借鏡，作爲壽州窯停燒因素的參考。越窯興盛於唐五代時期，但到了五代宋初越窯精品不再，而逐漸走入了歷史。已有學者推測是因主要燃料——木柴（炭），已不易取得〔註63〕，故使越窯走向沒落。熊海堂在《東亞窯業技術發展與交流史研究》一書中也指出，陶瓷業作爲燃料的木柴（炭）由於考慮到火焰長短的問題，一般以硬木類爲主，等到北宋時期瓷窯廣泛開始使用煤炭時，說明二次林已被徹底破壞，窯場幾乎都分佈在禿山之中了〔註64〕。然而現今學界雖然對於影響越窯青瓷衰落的因素，仍存在著不同的看法〔註65〕。

〔註61〕參見〈揚州唐城遺址一九七五年考古工作簡報〉，頁 22；有關揚州唐城第二、三次發掘情形，見南京博物院，〈揚州唐城手工業作坊遺址第二、三次發掘簡報〉，《文物》，1980 年第 3 期，頁 11 至 14。

〔註62〕參見俞永炳，〈試談絲綢之路上的揚州唐城〉，載《漢唐與邊疆考古研究》第一輯（北京，科學出版社，1994 年 8 月初版），頁 170 及朱江，〈朝鮮半島和揚州的交通〉，《揚州師院學報》，1988 年，第 1 期，頁 126。

〔註63〕陳橋驛認爲「紹興地區在漢代是全國主要的銅鏡冶鑄中心之一，在唐代則是全國最著名的陶瓷工業中心。……但是隨著林業的破壞，這些名聞海內的手工業部門都先後式微」，見陳橋驛，〈古代紹興地區天然森林的破壞及其對農業的影響〉，載氏撰《吳越文化論叢》（北京，中華書局，1999 年），頁 265。

〔註64〕參見熊海堂著，《東亞窯業技術發展與交流史研究》（南京，南京大學出版社，1995 年），頁 104 詳論；書中熊氏對於森林破壞與窯業的關係有專節討論，舉證翔實，且立論精闢，是研究製瓷業與自然環境破壞，不可或缺的一部專著。

〔註65〕徐定寶列舉了燃料用盡說、政治力的影響及瓷土取得不易等多種說法，見氏著，〈越窯青瓷衰落的主因〉，《復旦學報（社會科學版）》，2002 年第 6 期，頁 139～140。

筆者認為綜合各項資料來看，雖有人認為官窯的興盛對越窯產生了競爭效應，然越窯的沒落應不能全然歸咎於外在因素，燒瓷所用燃料的枯竭，應是主要原因。同樣的，壽州窯的停燒，除了產品的精緻度不如其他窯口外，應與燃料的取得不易或取得成本上升有關。

（二）冶鑄業的發展及其影響

在冶鑄業方面，唐代淮南地區是當時主要金屬礦採冶地區之一，包括銅及鐵等金屬礦，蘊藏量相當豐富，金屬冶鑄亦相對發達。如在麟德二年（665）廢陝州銅冶後，南方的金屬鑄造業益形重要。淮南地區的主要冶鑄業有鑄錢業、鑄銅業及金銀製造業等。

淮南地區的揚州，襟江臨海，其屬縣江都、六合、天長都有銅，而六合縣亦有鐵礦〔註66〕，可供提煉。良好的自然環境有利手工業的發展。另一方面，揚州擁有眾多且技術精熟的工匠，如《太平廣記》，卷二三〈馮俊條〉載：「唐貞元初，廣陵人馮俊，以佣工資生」〔註67〕；這裡提到的馮俊為「佣工」，並非指一般家中傭人，而應是以日計酬的「日佣人」或按月計資的「月作人」〔註68〕。及《舊唐書》，卷五一，〈后妃上・楊貴妃傳〉云揚州刺史「必求良工造作奇器異服，以奉貴妃獻賀」〔註69〕。足見當時揚州由於手工業的興盛，工匠的需要量大，故有許多良工巧匠集中於揚州，使得揚州手工業發展有良好的基礎。

淮南地區的冶鑄業，主要包括鑄錢業、鑄銅業及金銀製造業等。本文主要就鑄銅業、鑄錢業等二種手工業加以探討。

（一）鑄銅業

唐代揚州的鑄銅業，主要以銅鏡製造為著名，當時揚州在青銅鏡的製造技術上是十分高超的，張鷟在《朝野僉載》，卷三云：

> 中宗令揚州造方丈鏡，鑄銅為桂樹，金花銀葉，帝每騎馬自照，人馬並在鏡中。〔註70〕

〔註66〕見《新唐書》，卷四一，〈地理五〉，頁1052。

〔註67〕見李昉〔宋〕等編，《太平廣記》（臺北，文史哲出版社，1987年），卷二三，〈神仙二三・馮俊條〉引《原化記》，頁156。

〔註68〕詳見羅宗真，〈唐代揚州經濟繁榮初探──1975～78年手工業作坊遺址的考古收獲〉，《揚州師院學報》，1979年第1期（1979年3月），頁138。

〔註69〕見《舊唐書》，卷五一，頁2197。

〔註70〕見張鷟〔唐〕撰，趙守儼點校，《朝野僉載》（北京，中華書局，1997年），卷三，頁69。

顯示揚州出製鏡技術的高超，因此鏡所使用的是製作程序繁多，難度很高的
金銀平脫法〔註 71〕。在唐代之前無法造出如此大且精緻的鏡子，唐代方丈鏡
的產生，則顯示造鏡技術已進入新的里程碑。另外，揚州更有「百鍊鏡」的
製作能力，李肇，《唐國史補》卷下云：

> 揚州舊貢江心鏡，五月五日揚子江中所鑄也。或言無有百鍊者，或
> 至六、七十鍊則已，易破難成，往往有自鳴者。〔註 72〕

既稱爲「百鍊鏡」則應需至百煉，且「易破難成」，可見百鍊鏡的鑄造，需有
高超的技術方可成功，且至少需六、七十次鑄造，所耗費的燃料肯定不少。
至於銅鏡要在江心中的船上鑄造，其原因有可能是爲了要保持一種特殊神秘
感，更有可能是爲了保護鑄鏡秘方不外流，所採用的方式。另唐代著名詩人
白居易在〈百鍊鏡〉詩中則云：

> 百鍊鏡，鎔範非常規，日辰處所靈且祗（奇）；江心波上舟中鑄，五
> 月五日日午時。瓊粉金膏磨瑩已，化爲一片秋潭水。鏡成將獻蓬萊
> 宮，楊（揚）州長史手自封。人間臣妾不合照，背有九五飛天龍。
> 〔註 73〕

詩中有「瓊粉金膏磨瑩已」句，可見銅鏡華麗之一斑。按《舊唐書・德宗紀》
載「揚州每年貢端午日江心所鑄鏡，幽州貢麝香，皆罷之」〔註 74〕，而此詩
作於元和四年（809），則說明揚州在德宗罷貢後，又恢復貢鏡〔註 75〕，可見
唐宮廷對揚州銅鏡的偏愛。此外，安徽省的淮南市博物館館藏中有一面唐代
的「五月五日銘花卉鏡」〔註 76〕，參照《唐國史補》和白居易詩的記載，唐
代揚州所製造的五月五日鏡已名聞於時，並已成爲當時銅鏡的代表，因此筆
者推測淮南市博物館的這面銘文有「五月五日」的銅鏡，有相當可能性是揚
州所製造的。

〔註 71〕 見揚州博物館、周欣、周長源，〈揚州出土的唐代銅鏡〉，《南京博物館集刊》
第三集（1981 年 3 月），頁 154。
〔註 72〕 見李肇，《唐國史補》，卷下，頁 64。
〔註 73〕 見白居易〔唐〕撰，顧學頡校點，《白居易集》（北京，中華書局點校本，1991
年），卷四，〈百鍊鏡〉，頁 73～74。
〔註 74〕 《舊唐書》，卷一二，〈德宗紀〉，大曆十四年（779）六月，頁 322。
〔註 75〕 自大曆十四年到元和四年共計 30 年。此詩作於元和四年，說見李廷先，〈唐
代揚州的手工業〉，頁 369。
〔註 76〕 淮南市博物館編，《淮南市博物館藏鏡》（北京，文物出版社，2010 年），頁
180。

　　由於揚州工匠技術純熟，因此所製造的銅鏡十分著名，不但能製造大型的「方丈鏡」，亦能製造「百鍊鏡」，因其技術高超且易破難成，故十分珍貴，當時並列爲揚州的上貢品項之一。揚州銅鏡由於製作精美，廣受歡迎，故成爲當時市場上的熱門商品〔註77〕。揚州銅鏡，由於製作精美，除了上貢外，並廣銷四方，而《太平廣記》所載韋粟之女死後在揚州市上購鏡事，最能表現當時人對揚州銅鏡的喜好，至死不渝〔註78〕。

　　淮南地區的鑄鏡業屬於金屬鑄造業的一種，是以銅作爲主要原料，自春秋戰國時期以來，即已開始使用木柴或木炭作爲燃料〔註79〕，古代經濟史專家鄭學檬先生也認爲唐代製銅業等金屬鑄造業，提煉銅等金屬時，仍然以木炭爲主要燃料〔註80〕。

（二）鑄錢業

　　在鑄錢業方面，淮南地區的揚州在盛唐時就設有錢監〔註81〕，據《新唐書‧食貨志》記載，則是在天寶末年始設官鑄錢。當時的情況，據《新唐書‧食貨志》記載：

> 天下鑪九十九，絳州三十，揚、潤、宣、鄂、蔚皆十，益、郴皆五，洋州三，定州一。每鑪每年鑄錢三千三百緡，役丁匠三十，費銅二萬一千二百斤、鑞三千七百斤、錫五百斤。每千錢費錢七百五十，天下歲鑄三十二萬七千緡。〔註82〕

〔註77〕有關揚州銅鏡的種類、裝飾文形式及銘文等相關探討，參見孔祥星、劉一曼撰，《中國古代銅鏡》（臺北，藝術圖書公司，1994年），頁130～13。陳灿平撰，〈唐代揚州鑄鏡考實〉，《四川文物》，2011年第4期，頁55～62及周長源、束家平、馬富坤，〈鑄鏡廣陵市，菱花匣中發——析揚州出土的唐代銅鏡〉，《藝術市場》，第2006年第1期，頁64～64等專書、專文詳論。

〔註78〕見《太平廣記》，卷三三四，〈韋粟條〉，頁2651。

〔註79〕袁士京，《江南銅研究》（合肥市，黃山書社，2004年），頁58。

〔註80〕鄭學檬，《中國古代經濟重心南移和唐宋江南經濟研究》（長沙，岳麓出版社，2003年10月修訂再版），頁156。

〔註81〕據《資治通鑑》，卷二〇三，武后光宅元年九月甲寅條記載，武后光宅元年（684）徐敬業舉兵討伐武則天時，曾「開府庫，令士曹參軍李宗臣就錢坊，驅囚徒、工匠〔數百〕，授以甲。」，參見《資治通鑑》，卷二〇三，武后光宅元年九月甲寅條，頁6423。從這條記載來看，揚州至遲在武則天時期，就已有設置錢坊鑄錢並且規模還不小。並從《資治通鑑》此段記載錢坊中有囚徒來看，此錢坊是官營作坊的可能性相當大，參見朱祖德，〈唐代揚州手工業析論〉，載《淡江史學》第二十四期（2012年9月），頁130～131詳論。

〔註82〕見《新唐書》，卷五四，〈食貨四〉，頁1386。

可見即使是官鑄，仍有利可圖，若盜鑄錢的利潤則應更爲可觀。到了德宗建中元年（780）九月，戶部侍郎韓洄奏「江淮錢監，歲共鑄錢四萬五千貫，輸於京師，度工用轉送之費，每貫計錢二千，是本倍利也。」〔註83〕奏請停罷江淮七監，朝廷從之。揚州及潤州官鑄由是暫停，但私鑄仍不止，如「江淮多鉛錫錢，以銅盪外，不盈斤兩，帛價益貴。」〔註84〕銷錢爲銅鑄器者日眾，而錢日益減少。以往是盜鑄錢有暴利，又增加了銷錢爲器的牟利方法，嚴重的影響了當時的經濟和物價的平穩。私鑄之所以在各地蜂起的原因，在於：

> 天下盜鑄益起，廣陵、丹陽、宣城尤甚。京師權貴，歲歲取之，舟車相屬。江淮偏鑪錢數十種，雜以鐵錫，輕漫無復錢形。公鑄者號官鑪錢，一以當偏鑪錢七、八，富商往往藏之，以易江淮私鑄者。

〔註85〕

由此段文字可知當時私鑄之風氣，其實是京師權貴及富商鼓勵之下的產物，因此只要私鑄錢仍然有暴利，私鑄就會繼續盛行。在代宗廣德年間，劉晏掌鹽鐵轉運使一職，他以「江、嶺諸州，任土所出，皆重粗賤弱之貨，輸京師不以供道路之直。」所以他「於是積之江淮，易銅鉛薪炭，廣鑄錢，歲得十餘萬緡，輸京師及荊、揚二州，自是錢日增矣。」〔註86〕，劉晏「廣鑄錢」之地點，史未明言，然應在江淮地區之大都會，且有鑄錢所需的銅、鉛等礦藏，以及富有「薪炭」以作爲燃料之處。從「薪炭」二字來看，所使用的燃料仍然是木炭。其中作爲淮南首府且在天寶年間曾設鑪鑄錢的揚州、天寶年間和揚州同樣設鑪鑄錢的潤州，以及當時治鑄中心衢州等地應在其列。

　　淮南地區的鑄錢及鑄鏡等金屬鑄造業，均以銅作爲主要原料，自春秋戰國時期以來，即已開始使用木柴或木炭作爲燃料〔註87〕，古代經濟史專家鄭

〔註83〕《舊唐書》，卷四八，〈食貨上〉，頁2101；王欽若、楊億〔宋〕等編，《冊府元龜》（北京，中華書局據明崇禎黃國奇刻本影印，1988年），卷五〇一，〈邦計部·錢幣三〉，頁6000略同。

〔註84〕《新唐書》，卷五四，〈食貨四〉，頁1388。

〔註85〕見《新唐書》，卷五四，〈食貨四〉，頁1386。

〔註86〕《新唐書》，卷五四，〈食貨四〉，頁1388。

〔註87〕裘士京，《江南銅研究》（合肥市，黃山書社，2004年），頁58。在1975年揚州唐代手工業作坊遺址，所發掘的數個灶膛內，均發現了草木灰，顯示係以木炭或木材爲燃料，見南京博物院、揚州博物館及揚州師範學院發掘工作組，〈揚州唐城遺址1975年考古工作簡報〉，頁19～20。張澤咸指出「隋唐時期的內地仍然缺乏以煤（石炭）冶煉的記載」，既然文獻中少見以煤（石炭）冶煉的記載，可以推論唐代提煉礦石，應仍主要以木炭爲燃料。而製銅業、鑄

學檬先生也認爲唐代製銅業等金屬鑄造業，提煉銅等金屬時，仍然以木炭爲主要燃料〔註 88〕。此外，在冶鐵業方面，在宋代以前大致使用木炭，而即使宋代以後，使用炭作爲燃料的情形仍然十分普遍，在南方地區特別是福建、廣東地區，仍以木炭作爲主要燃料，因使用木炭所鍛製的鐵器，由於含硫量較低，因此品質較煤炭爲燃料冶煉者爲佳〔註89〕，因此仍然受到青睞。

當時淮南地區各地，由於銅原料取得的便利性，以及鄰近地區尚有林木可供砍伐，燒製成木炭，以作爲燃料使用，因此揚州金屬鑄造業的興盛，致使對木炭的需求大增。其中，尤以揚州是唐代銅鏡製造業的中心；鑄錢業也相對發達，官鑄加上私鑄錢幣的數量，應相當驚人。因此可推估每年所耗費的木炭數量應極爲龐大，導致了當地或鄰近地區森林的過度砍伐，對生態造成負面影響。

（三）造船業的發展及其影響

唐代長江下游的揚州的造船業十分發達。造船除良好技術外，所用的木料是否是密實的良材，是影響船隻是否能耐久的主要原因〔註 90〕。位於長江

錢業等手工業的較爲廣泛使用煤炭，應在宋代以後。參見張澤咸，〈唐代的五金生產〉，頁 93～97 詳論。

〔註88〕鄭學檬，《中國古代經濟重心南移和唐宋江南經濟研究》（長沙，岳麓出版社，2003 年 10 月修訂再版），頁 156。鄭學檬與徐東升合撰的新著中，更具體提出四點因素，說明在當時條件下木炭較煤，更適合做冶煉燃料。這四點因素是：1 木炭較易於獲得；2 木炭含雜質少，易於燃燒；3 木炭氣孔度比較大，使料柱具有良好透氣性，在鼓風能力不強，風壓不高的條件下，這一點尤其重要；4 煤比木炭含有更多的硫、磷等物質，在冶煉過程中會影響生鐵質量等。即使是現在社會，煤仍需加工成焦炭，以去除其作爲冶煉燃料的缺點，不能直接用原煤作爲冶煉燃料。參見鄭學檬、徐東升撰，《唐宋科學技術與經濟發展的關係研究》（廈門，廈門大學出版社，2013 年），頁 196 詳論。

〔註89〕參見楊寬，《中國古代冶鐵技術發展史》（上海，上海人民出版社，2004 年），頁 166，有關冶鐵業所使用的燃料及其演變，參見同書頁 163～167 詳論。

〔註90〕在《天工開物》中對於古代造船用材，有相當深入的認識，如《天工開物》載：糧船用材以「巨木楠爲上，栗次之」、「桅用端直杉木，長不足則接。……梁與枋檣用楠木、櫧木、樟木、榆木、槐木（樟木春夏伐者，久易粉蛀）」，見宋應星〔明〕《天工開物》（石家莊，中國社會出版社，2004 年），第九卷，「舟車」之「漕舫」，頁 257 及 262。據學者研究發現，古人認爲「船身的用料，要求強度大、彈性大，木理通直，不易變形，而且能耐水濕。……現有史料裡所載的船舶用材，有杉、松、圓柏、柏、石櫟、楊（小船用）等。此外，在華南地區有用梓、楠等珍貴樹種的木材造船的，這是比較特殊的。」參見于鐸主編、陳植修訂、馬大浦審校，《中國林業技術史料初步研究》（北京，農業出版社，1964 年），頁 262。

下游的淮南首府揚州，扼運河入長江之口，自吳王夫差開邗溝以來，即成爲南北要衝。而淮南地區，由於河川交錯，利於航行，故船舶可說是交通所必需，揚州的造船業也在此情況下應運而生。

隋朝煬帝在下江都前，即令江都製造水殿龍舟。據《資治通鑑》，卷一八二，煬帝大業十一年（615）載：「楊玄感之亂，龍舟水殿皆爲所焚，詔江都更造，凡數千艘，制度仍大於舊者。」〔註91〕反映出揚州有製造大型船隻的技術能力，以及擁有良好的製造技術。並且從更造者的數量，達數千艘之譜，可以推估揚州這次奉詔大造龍舟，所耗用的材料數量亦應相當驚人。

唐代揚州是造船業的中心之一，如高宗時才士張鷟判文稱：「五月五日，洛水競渡船十隻，請差使於揚州修造，須錢五千貫。」〔註92〕這是由於揚州當時有較高的造船能力，故洛水競渡船也需在此製造。揚州不僅能造輕快的賽船，並能製造航海的大船，如天寶元年（742）大明寺高僧鑑眞，爲東渡日本「始於（揚州）東河造船，揚州倉曹李湊依李林宗書，亦同檢校造船，備糧。」〔註93〕開元九年（721）七月，「揚、潤等州暴風，發屋拔樹，漂損公私船舫一千餘隻」〔註94〕。另天寶十載（751）八月「廣陵郡大風，潮水覆船數千艘。」〔註95〕一次大風就有數千艘船沈沒，足見揚州地區的航行船隻相當多。

代宗廣德二年（764）以劉晏爲河南、江淮以來轉運使，爲解決漕運問題，除疏浚運河水道外，並在揚州設十個造船廠，差專知官十人競自營辦，每船用錢百萬，可載漕糧千石。這些造船廠的規模之大可謂前所未有，並且存在時間很長，到懿宗咸通中，仍然持續在造船，只是因經費較少，因此所用的材料較差〔註96〕。像這樣大規模且長時間的造船計劃，所製造船隻的數量，應相當的多，而用於造船木料的耗費更是難以估計，勢必要砍伐相當數量的林木，才能滿足其造船的需求。

〔註91〕司馬光〔宋〕等撰，《資治通鑑》（臺北，世界書局，1974年），卷一八二，煬帝大業十一年十月壬戌條，頁5700。

〔註92〕見張鷟〔唐〕撰，田濤、郭成偉校注，《龍筋鳳髓判校注》（北京，中國政法大學出版社，1996年），卷二，頁79。

〔註93〕見元開〔日〕撰，汪向榮校注，《唐大和上東征傳》，是書與《日本考》合刊（北京，中華書局，2004年），頁43。

〔註94〕《舊唐書》，卷八，〈玄宗紀上〉，頁182。

〔註95〕《舊唐書》，卷九，〈玄宗紀下〉，頁225。

〔註96〕見王讜〔宋〕，《唐語林》（臺北，世界書局，1975年），卷一，〈政事上〉，頁60～61。

由於揚州是中晚唐時期，全國最大經濟都會，又當運河與長江交叉口，是東南各道賦稅集中地，因而來往船隻甚多，甚至使河道擁塞，《太平廣記》，卷四四，〈蕭洞玄〉條引《河東記》云：

> 至貞元中，洞玄自浙東抵揚州。至廢亭埭，維舟於逆旅（旅舍）主
> 人。于時舳艫萬艘，隘於河次，堰開爭路。上下眾船，相軋者移時，
> 舟人盡力擠之。〔註97〕

從此條記載，可看出當時來往揚州船隻的眾多。文宗開成三年（838），日本僧人圓仁在揚州，仍見到「江中充滿大舫船、積蘆船、小船等不可勝計。」〔註98〕這些大小船隻有部分應為揚州所造，或為民間私造而非官廠所造，表明唐代揚州造船業的興盛。

而在 1960 年 3 月，在唐代揚州運河遺址，發掘出唐代木船，殘長 18.4 公尺（估計原長達 24 公尺），中寬 4.3 公尺，底寬 2.4 公尺，深 1.3 公尺，船板厚達 13 公分，為平底船，分船分為五艙，可能尚有其他小艙〔註99〕。由此船可見當時來往於揚州船舶的規模甚大，側面也顯示建造船隻所使用的木材肯定不少。同時揚州運河遺址，還發現另一條獨木舟，是由整條楠木挖空，全長 13.65 公尺，深 0.56 公尺。舷、底各厚 6 公分〔註100〕。僅船身部分即達 13 公尺，則可推測這棵楠木原長至少有 20 公尺以上。

造船業除需要技術純熟的工匠外，製造船隻時所選用的木料，尤其是船身的龍骨，是否是堅固密實的良材，是非常重要的，因木料的好壞，會直接影響到船隻的耐久和安全性。前述在唐代揚州運河遺址，發掘出唐代木船，已有隔艙技術〔註101〕，可見唐代造船的技術已相當地先進。另據《九國志·田頵傳》的記載，上元地區（唐潤州轄地）的造船業，所造船隻可「數十歲為用」〔註102〕，可見其之堅固耐用，表明所用木材質地良好，船隻才能經久不壞。

而唐代的淮南地區，林木尚稱繁茂，當時取得木材應並不困難。但在《太

〔註97〕《太平廣記》，卷四四，〈神仙四四·蕭洞玄條〉，頁 277。

〔註98〕釋圓仁〔日〕撰，白化文等校註，周一良審閱，《入唐求法巡禮行記校注》（河北，花山文藝出版社，1992 年初版），卷一，〈七月二五日條〉，頁 22。

〔註99〕見陸覺，〈揚州施橋發現了古代木船〉，《文物》，1961 年第 6 期，頁 52。

〔註100〕見姚遷，〈唐代揚州考古綜述〉，《南京博物院集刊》第 3 集（1981 年 3 月），頁 2。

〔註101〕陸覺，〈揚州施橋發現了古代木船〉，頁 52。

〔註102〕路振〔宋〕撰，《九國志》，收入《宛委別藏叢書》（臺北，商務印書館，1981年），第 43 冊，卷三，〈田頵傳〉，頁 83。

平廣記》中記載，有商人遠從江西運來木材在揚州販售〔註103〕，顯示當時淮南已有不少木材是從江西運來的，這或許與淮南地區特別是淮東揚州一帶，林木因受到經濟發展的需要，以致過度砍伐有關。

（四）製茶業的發展及其影響

有唐一代，由於飲茶風氣蔚爲時尙，以及商品經濟的發展等因素，如茶葉這種具有高附加價值的經濟作物，就在長江下游地區的廣泛種植起來，淮南地區爲唐代的主要產茶區之一。如壽州的茶園面積就相當大，其產量亦相當地可觀〔註104〕。除壽州外，根據史籍記載，淮南地區的產茶地區，尙包括揚州、舒州、廬州、光州、蘄州、申州及黃州等七州，均產優質良茶〔註105〕，淮南地區的產茶州已然超過境內州郡的半數。

淮南地區茶樹種植的盛行，對當地的製茶業提供了良質且充足的原料，使得如壽州的霍山黃芽、霍山小團，舒州的天柱茶、開火茶，廬州的開火新茶，以及蘄州的蘄門團黃等名茶〔註106〕，均行銷全國各地〔註107〕，甚至遠達吐蕃一帶〔註108〕。

〔註103〕 在《太平廣記》中就提到有人將江西木材運至廣陵（揚州）販售謀利的例子，其文云「豫章諸縣，盡出良材，求利者採之，將至廣陵，利則數倍」。見《太平廣記》，卷三三一，〈楊溥條〉，頁2631。

〔註104〕 唐代詩人筆下的壽州茶園的情形，是「桂嶺雨餘多鶴跡，茗園晴望似龍鱗」，見《劉禹錫詩集編年箋注》，頁250，劉禹錫，〈寄楊八壽州〉。劉禹錫此詩形容茶園，一畦一畦的像龍鱗一般，雖有些神話意味，卻也十分貼切。憲宗元和十一年討少陽子吳元濟時，曾詔壽州以兵三千，保其境內茶園。由朝廷派兵保護壽州茶園以免吳元濟劫掠壽州茶山一事，可見壽州茶山茶園甚多，有厚利可圖。而唐廷如此愼重派兵保護壽州茶園以防吳元濟劫掠，益證壽州茶山對唐中央財政的重要性，同時也說明了壽州茶園規模甚大，茶葉產量甚大，對茶稅之收取影響亦不小，故唐政府不得不重視其保護措施。

〔註105〕 參見《新唐書》，卷四一，〈地理志〉，頁1051～1056、《太平寰宇記》卷一二三至一三二，〈淮南道一〉至〈淮南道十〉，頁2441～2608、楊煜〔唐〕，《膳夫經》（臺北，臺灣商務印書館，1981年）收入《宛委別藏》第71冊，頁5～11及陸羽〔唐〕，《茶經·八之出》，參見張宏庸輯校，《陸羽全集》（臺北，茶學文學出版社，1985年），頁23～24。此外，揚州蜀岡所產茶，參見《桂苑筆耕集校注》，卷十八，頁663，〈謝新茶狀〉。

〔註106〕 淮南地區各州的茶葉品種，參見朱祖德，〈唐五代淮南地區農業經濟的發展〉，發表於102年5月25日，由中國文化大學史學系所所主辦的「第一屆華岡中國中古史學術研討會」一文，表三「淮南地區名茶表」。

〔註107〕 淮南地區茶葉的運銷，參見朱祖德，〈唐代揚州的商業貿易〉，載《史學彙刊》第三十期（2012年12月），「國內貿易」一節，頁77～79詳論。

〔註108〕 李肇，《唐國史補》，卷下，頁66。

　　但上述茶葉產區滿山茶樹所帶來的負面效應，就是原有的植被，因茶樹的擴大種植，而遭到肆意的破壞；滿山的茶樹又造成了水土保持的不易，以及每逢大雨土壤流失的負面影響。

　　茶聖陸羽在《茶經》〈三之造〉中，提及了茶葉的加工製作，包括了「蒸之，搗之，拍之，焙之，穿之，封之，茶之乾矣。」〔註 109〕，這些茶葉製造的多道程序，已有學者進行研究，且言之甚詳〔註 110〕。然《茶經》中未明確指出，「蒸之」及「焙之」等步驟，所用的燃料爲何物。據唐代詩人皮日休的〈茶竈〉詩中的「竈起巖根傍」〔註 111〕及「薪然杉脂香，青瓊蒸後凝」〔註 112〕等句，可以知道這竈是臨時性的竈，所用的燃料是杉柴〔註 113〕。當時的「竈」是用來蒸茶的，筆者認爲既然這灶是臨時性的，所用的木柴，即應爲杉木無疑。另皮日休在〈茶焙〉詩中亦云「九里共杉林皆焙名，相望在山側」〔註 114〕，足見當地焙製茶葉，所使用的木柴應取之於杉樹。陸龜蒙亦有與皮日休唱和之同名詩十首，可參看。

　　至於煮茶的燃料，陸羽就有較詳細的說明，如在《茶經·五之煮》中，即云：

> 其火用炭，次用勁薪。謂桑、槐、桐、櫪之類也。其炭曾經燔炙，爲膻膩所及，及膏木敗器，不用之。膏木爲柏、桂、檜也。敗器謂朽廢器也。
>
> 古人有勞薪之味，信哉〔註 115〕。

但《茶經·五之煮》中並未指明「其火用炭」的炭，是煤炭或木炭，不過從唐詩中的相關記載來看，應爲木炭。《茶經·五之煮》中所提到的「勁薪」就是硬木，如陸羽舉出的桑、槐、桐、櫪等，適合來烹煮茶葉；「膏木」是指有油脂的木材〔註 116〕，如柏、桂、檜等，較不適合用來烹煮茶葉，可見煮茶亦主要以木炭或硬木爲主要燃料。

〔註 109〕參見張宏庸輯校，《陸羽全集》（臺北市，茶學文學出版社，1985 年），頁 6。

〔註 110〕參見吳覺農主編，《茶經述評》（北京，中國農業出版社，2005 年），第三章「茶的製造」，頁 69～112 詳論。

〔註 111〕《全唐詩》，卷六一一，頁 1548 下，皮日休，〈茶竈〉。

〔註 112〕《全唐詩》，卷六一一，頁 1548 下，皮日休，〈茶竈〉。

〔註 113〕吳覺農主編，《茶經述評》，第二章「茶的採製工具」，頁 55。

〔註 114〕《全唐詩》，卷六一一，頁 1548 下，皮日休，〈茶焙〉。

〔註 115〕張宏庸輯校，《陸羽全集》，頁 14～15。

〔註 116〕參見陸羽〔唐〕撰，宋一明譯注，《茶經譯注》（上海，上海古籍出版社，2011 年），頁 33。

（五）建築業的發展及其影響

著名歷史地理學者史念海先生認爲，農業的發展、將木柴作爲日常生活的燃料以及將木材用作建築材料，仍然是使得森林地區日益縮小，甚至完全消失的重要原因〔註 117〕。同時歷代帝王爲了營建宮室及陵寢等工程，運用官府的力量從事大規模砍伐巨木良材，對當地森林造成嚴重的破壞〔註 118〕。雖黃河流域與淮南地區的情形的確不完全相同。但當時居住在包括淮南地區在內的長江下游地區的人們，爲了發展農業，而砍伐森林或用放火燒林等方式取得耕地，和將木柴作爲日常生活的燃料，以及用木材作建築材料，都與黃河流域的作法如出一轍，若持繼下去，其結果必定會和黃河流域的情形一樣，就是森林的逐漸消失殆盡。

綜前所述，有唐一代，淮南地區如揚州、楚州、滁州、和州、舒州、壽州及盧州等地，人口的增長均十分顯著，即使是在安史之亂後，若干地區的戶口數量，仍然保持著上升趨勢〔註 119〕。

人口的大量增加，意味著提供人們遮風避雨的房屋等建築物，勢必要作同等幅度的成長。而在唐代主要建材，仍爲木料及石材，而以木料爲基本建材，淮南地區亦不例外。特別是山林中的碩大的巨木，可作爲房屋的棟樑〔註 120〕，至於門窗、牆壁、屋頂及其中的傢俱幾乎無一不用木材爲之。因此人口增加後，

〔註 117〕 參見史念海，〈黃河中游森林的變遷及其經驗教訓〉，頁 140～143 詳論。雖黃河地區與淮南地區的地理環境不盡相同，然因導致森林地區日益縮小的原因，其實是相同的，如農業的發展、將木柴作爲日常生活的燃料，以及將木材用作建築材料等，仍然是使得森林地區日益縮小，甚至完全消失的重要原因。

〔註 118〕 史念海，〈黃河中游森林的變遷及其經驗教訓〉，頁 142～143。

〔註 119〕 據學者估計，淮南的揚州、楚州、滁州、和州、舒州、壽州及盧州等七州，元和時期的户數不但未較天寶十一載的户數下降，甚至有相當幅度的增加，參見周東平，〈唐代淮南道區劃、人口考〉，收入《中國唐史學會論文集》（西安，三秦出版社，1989 年），頁 153～155。

〔註 120〕 《資治通鑑》，卷二五四，〈唐紀七〇〉，僖宗中和二年（882）四月，頁 8266～8267 云「（呂）用之微時，依止江陽后土廟。……及得志，白（高）駢崇大其廟，極江南工材之選」；呂用之又「說駢作迎仙樓費十五萬緡，又作延和閣，高八丈」，言「極江南工材之選」，可見其所使用的必爲良材，高駢晚年惑於方士呂用之，往往大興土木，所耗用的木材肯定不少。白居易，〈和《松樹》〉詩云：「亭亭山上松，一一生朝陽，森聳上參天，柯條百尺長。……尚可以斧斤，伐之爲棟樑，殺身獲其所，爲君構明堂」，見《白居易集》，卷二，頁 45。可見建築業所需用的棟樑之材，均以山中巨木爲佳，淮南地區自不例外。倘若地區人口的持繼增加，加上社會經濟的繁榮，對於建造房屋，美宅的需求有增無減，長此以往，對於森林的破壞是可以預見的。

森林作為房屋的建材的主要來源，其遭致砍伐，致使分佈地區逐漸縮小以致於消失，可說是無可避免的趨勢。

此外，淮南地區的金銀製造業，用於提煉及鍛造的燃料，以製銅業的情形來看，仍應以木炭為主。另製紙業則需用樹皮等原料製做紙張，然因限於篇幅，故未能加以探討。

五、結　論

本文對於有唐一代，淮南地區手工業發展對自然環境的影響，作了初步的探究，歷史上經濟發展對於自然環境乃至於生態的影響課題，是複雜而不可逆轉的。雖然農牧業的發展需要向森林借地，各式手工業也需要使用森林的資源作為材料或燃料，此外，基於交通運輸及商業貿易目的，而建造的各級道路，也無可避免的穿越森林或沼澤地帶（現代所謂「濕地」亦在其中），以致造成對自然環境不等的負面影響。

然而這些對自然環境的破壞，歸根究底仍與人口增加有密切關連，如農耕地的擴大，就明顯與人口成長需要更多的糧食有關，手工業產品的需求量增加，亦與消費者的需要有關，同時這部分亦與經濟成長，人民的可支配所得（消費能力）增加有關。因此只要人口不斷的增加，對自然環境的破壞，就會日益嚴重。歷史上雖有零星的造林作法，仍然無法彌補大規模的砍伐所造成的損失。並且與唐代相比較，宋代以後特別是明清時期，就連森林一向茂密的江南地區，也出現了過度砍伐的情形。

直到近現代，由於環保意識的漸受重視，森林、濕地及珍貴自然資產等始受到重視，並立法加以保護，但仍有不肖商人為圖利而濫伐珍貴的樹木，可見這仍然是一個難度頗高的課題。

〔附註〕本篇原題為〈試論唐代手工業發展對自然生態的影響——以長江下游地區為中心之研究〉，宣讀於 2012 年 5 月 19～21 日，由逢甲大學人文社會學院、中國唐代學會所主辦的「第十屆唐代文化國際學術研討會——氣候・環境與文明」，承蒙台灣師範大學歷史學研究所邱添生教授擔任講評，並惠賜卓見，特此致謝。後經增補修改，更名為〈唐代手工業發展對自然生態的影響——以淮南地區為中心之研究〉。

陸、唐代揚州手工業析論

一、前　言

　　隋唐時期是揚州城市經濟發展的高峰期，唐代揚州因受惠於隋代開鑿的大運河，便捷的交通和良好的地理位置使得揚州經濟持續地發展，在唐前期已成為江淮平原最大經濟都會〔註1〕，至中晚唐時期揚州更成當時最大經濟都會，而當時有「揚一益二」的俗諺〔註2〕。唐代揚州之所以較前代為繁榮，其原因及背景因素是錯綜複雜的，包括農田水利建設的興修、耕作技術的進步、手工業的精緻化及多樣化、商業貿易的發達，以及古代經濟重心南移等方面；其中手工業的發達，使得揚州的商品具有多元化及大眾化的特性〔註3〕，是促使揚州繁榮的主要因素之一。

　　揚州的手工業種類繁多，包括製銅業、鑄錢業、金銀製造業、軍器製造業、造船業、製鹽業、製茶業、紡織業、木器業、製帽業、製糖業及漆器業

〔註1〕 見劉希為，〈盛唐以後商胡麇集揚州之由〉，載江蘇省六朝史研究會、江蘇省社科院歷史系編，《古代長江下游的經濟開發》（西安，三秦出版社，1989年8月初版），頁262。

〔註2〕 司馬光〔宋〕等撰，《資治通鑑》（台北，世界書局，1974年），卷二五九，昭宗景福元年七月丙辰條，頁8431。

〔註3〕 揚州市場上的商品，不但種類繁多，且式樣亦推陳出新。參見朱祖德，〈唐代揚州的商業貿易〉，《史學彙刊》，第30期（2012年12月），頁76～87。據1975～1978年的揚州唐城考古發現，揚州存在有大規模的手工業作坊，已發掘面積即達2,000平方公尺，從發掘報告來看，足以證明當時金屬鎔鑄及雕刻製骨等手工業，為滿足市場的需要，故已有大規模生產的情形，參見南京博物院，〈揚州唐城手工業作坊遺址第二、三次發掘報告〉，《文物》，1980年第3期（1980年3月），頁14。

等，其中鑄錢業、製鹽業、紡織業、製銅業及製茶業等手工業關係國計民生甚巨，而金銀製造業亦爲重要的金屬加工業，且金銀器廣受時人所愛，另軍器製造業則關係到唐廷的軍事實力。本文即以前述十餘種手工業爲主要探討對象。而銅、鐵等金屬礦藏爲鑄錢業及製銅業等手工業的主要原料，故本文亦將一併探討揚州及鄰近地區金屬礦的生產情形。另一方面，本文對於促進揚州手工業進步的諸多因素，亦進行深入的探究及分析，以期對唐代揚州手工業發達的背景因素有進一步的瞭解。

二、揚州的礦產

揚州的七個屬縣提供了發展金屬鑄造業所需的原料。例如江都、六合、天長等縣都有銅礦，而六合縣亦有鐵礦〔註4〕，可供提煉，有利於金屬鑄造業的發展。而揚州土貢中的金屬製品，據《新唐書・地理志》的記載，有金、銀、銅器及青銅鏡〔註5〕等；《通典・食貨六》亦載廣陵郡（唐揚州）貢「青銅鏡十面」〔註6〕，《唐六典・尚書戶部・戶部郎中》條亦載揚州貢「青銅鏡」〔註7〕，從唐代不同時期的土貢資料都提及揚州的青銅鏡來看，足見揚州所生產的銅鏡在當時是名聞遐邇的。

表 6-1　揚州地區礦藏表〔註8〕

縣　名	銅	鐵	備　註
江都縣	V		
六合縣	V	V	
天長縣	V		
揚子縣〔註9〕	V		

〔註4〕 見歐陽修、宋祁〔宋〕等撰，《新唐書》（臺北，鼎文書局，1992年），卷四一，〈地理五〉，頁1051。

〔註5〕 見《新唐書》，卷四一，〈地理五〉，頁1052。

〔註6〕 杜佑〔唐〕撰，王文錦、王永興、劉俊文等點校，《通典》（北京，中華書局，1992年），卷六，〈食貨六〉，頁119。

〔註7〕 李林甫〔唐〕等撰，《唐六典》（北京，中華書局，1992年1月初版），卷三，〈尚書戶部・戶部郎中條〉，頁69。

〔註8〕 《新唐書》，卷四十一，〈地理志〉，頁1052。並參見樂史〔宋〕撰，王文楚等點校，《太平寰宇記》（北京，中華書局，2007年），卷一二三，〈淮南道一〉，頁2443～2449及卷一三○，〈淮南道八〉，頁2564～2574。淮南地區有關鐵的生產記載較銅爲少。

〔註9〕 揚子縣，《新唐書・地理志》未載產銅，而《太平寰宇記》，卷一三○，〈淮南

有關《新唐書‧地理志》記載揚州土貢有金、銀等項，已有學者提出「揚州沒有金銀礦，當是從外地運來金銀」〔註 10〕，然未有進一步推論。而除了《新唐書》外，其他史籍均未提及揚州土貢有金、銀或金、銀礦藏，並且《新唐書‧地理志》中也並未明言產於何縣何地〔註 11〕。然而其他鄰近地區如宣州、鄂州及饒州等土貢中有金銀者，《地理志》大多會注明出產於何縣何地；此外，尚有許多州郡，其注文中有「有金」、「有銀」者，反而常常未列入該州的土貢項目。如浙東的越州、處州、衢州，福建的福州、建州、汀州，江西的江州、虔州、信州、撫州及湖南的潭州等，可說是不勝枚舉。

對照這些州縣的例子，可以合理的推測《新唐書‧地理志》對揚州土貢「金、銀」的記載，應不是指揚州本身所開採生產的金銀，而是指由揚州上貢已提煉好，並鑄成錠狀的金、銀錠之類的成品，而其原料來源很可能來自上述鄰近的越州、處州、衢州〔註 12〕、宣州或江西地區〔註 13〕等有金、銀礦藏的地區〔註 14〕。

再者，日本學者加藤繁先生在《唐宋時代之金銀研究》一書中，認為揚州是當時最大的金銀市場〔註 15〕。《因話錄》卷三載范陽盧仲元「持金鬻於揚州，時遇金貴，兩獲八千。」〔註 16〕，他受人所托遠從洛陽赴揚州賣金百兩，又購買南貨再回到洛陽，若不是有特別的原因，盧仲元應在東都洛陽賣金以易貨，何必捨近求遠，到揚州交易呢？合理的推測是當日揚州不但金子易於脫

道八〉，「建安軍」條，頁 2574 云「銅山及小銅山，並在縣西北八十里」，足見揚子縣亦有銅礦，可補《新唐書‧地理志》之缺。

〔註 10〕參見卞孝萱，〈唐代揚州手工業與出土文物〉，頁 35。

〔註 11〕《新唐書‧地理志》對於各州礦藏及物產，通常會注明其縣名或地名，雖《新唐書‧地理志》對各州物產的產地方面，記載方式並不完全一致，但仍可作為參考。

〔註 12〕越州、處州、衢州等州的金、銀生產參見朱祖德，《唐五代兩浙地區經濟發展之研究》（台北，花木蘭文化出版社，2009 年 3 月），頁 68、70～74。

〔註 13〕唐代江西地區的銀產量相當大，僅饒州一地，元和時約佔全國銀產量的 58.3%。宣宗時全國銀產量有所增加，饒州銀產量亦約占全國銀產量的 28%。江西地區的銀生產參見朱祖德，〈唐代江西地區的經濟發展〉，載《淡江史學》第十九期（2008 年 9 月），頁 43～45 詳論。

〔註 14〕本項推論因目前所能掌握到的資料相當有限，證據仍稍嫌不足，尚祈見諒。

〔註 15〕見加藤繁〔日〕，《唐宋時代金銀之研究》（臺北，新文豐出版公司，1974 年），頁 73。

〔註 16〕見趙璘〔唐〕，《因話錄》，收錄於《唐國史補》等八種（臺北，世界書局，1991 年），卷三，頁 23。

手，並且可購買到所需之貨品，故盧仲元乃不辭辛勞，遠赴揚州交易，側面顯示揚州金銀交易的活絡。結合相關記載可得出《新唐書・地理志》對揚州土貢「金、銀」的記載，應不是指當地的金銀礦藏，而是指部分的金、銀透過當地較高的技術水平所製造的金錠和銀錠，被當作特產來進貢給皇室。

三、揚州的手工業

唐代揚州的手工業以製銅業、鑄錢業、金銀製造業、軍器製造業、造船業、製鹽業、製茶業、紡織業、木器業及製帽業等較爲重要，茲分述於後。

（一）製銅業

根據 1975～1978 年考古隊對揚州外掃垢山一帶手工業作坊遺址的數次發掘中，共發現爐灶 22 座，窄井 7 座，灰坑 27 個，陶缸 4 只，並有熔鑄用的坩鍋、碾輪和碾槽，石磨和礪石〔註17〕。考古資料表明這裡曾存在著金屬鎔鑄等手工業大型作坊，〔註18〕特別是在 1977 年至 1978 年間，對手工業作坊遺址發掘時，發現 2 個爐，外壁被燒成紅色，約厚 10 公分「爐中有坩堝殘片，殘片上有銅鏽，說明這爐可能是爲鎔銅使用的」〔註19〕，這些考古發現彌補了文獻資料的不足之處。足見揚州的包括製銅業在內等金屬鎔鑄業，不但製作精美，同時也因應市場的需要，而有大規模手工業作坊的出現。

揚州附近銅礦的開發，始於西漢吳王濞時，除用於鑄錢外，亦鑄造其他器物〔註20〕。在隋朝末年時，江都郡丞王世充，即曾向隋煬帝進獻過銅鏡屏風〔註21〕。到了唐代，揚州青銅器更被列爲貢品，可見其製作之精美，如天寶三載（744），韋堅在廣運潭開物產博覽會時，廣陵郡貢品中就有銅器，並有婦女唱著「潭裏船車鬧，揚州銅器多」〔註22〕的民歌，表明揚州的銅器不

〔註17〕 見南京博物院、揚州博物館及揚州師範學院發掘工作組，〈揚州唐城遺址一九七五年考古工作簡報〉，《文物》，1977 年第 9 期（1977 年 9 月），頁 18 至 22 及南京博物院，〈揚州唐城手工業作坊遺址第二、三次發掘報告〉，《文物》，1980 年第 3 期（1980 年 3 月），頁 11 至 13。

〔註18〕 參見〈揚州唐城手工業作坊遺址第二、三次發掘報告〉，頁 14。

〔註19〕 見〈揚州唐城手工業作坊遺址第二、三次發掘報告〉，頁 11 至 12。

〔註20〕 見司馬遷〔漢〕，《史記》（台北，鼎文書局，1991 年），卷一○六，〈吳王濞傳〉，頁 1822。

〔註21〕 見《資治通鑑》，卷一八三，煬帝大業十二年十二月壬辰條，頁 5716。

〔註22〕 見劉昫〔後晉〕等撰，《舊唐書》（台北，鼎文書局，1992 年），卷一○五，〈韋堅傳〉，頁 3223。

但種類繁多，且質地優良，廣受稱頌。在《全唐文》中有一篇薛昇所撰的〈代崔大夫進銅燈樹表〉，其文云：

> 臣竊以爲所造燈樹，匠人計料，用錢四萬貫，道路運致，又約一萬
> 貫。百姓辛苦，將辦實難。〔註23〕

文中崔大夫即崔祐甫，從這篇奏章中可以看出銅燈樹造價之高昂，相當驚人。因唐代一座鑄錢鑪，每年只可造錢三千多貫〔註24〕，四萬貫比十鑪的年產量還要多，從此表中可看出揚州鑄造銅器技術之精湛，因要製造如此巨大又精緻的銅器且爲進貢之用，沒有高超的技藝是不可能的〔註25〕。

在唐德宗後，因銅價漸貴，而銅錢乃日見減耗，據德宗貞元九年（793）諸道鹽鐵使張滂上奏：

> 每銷錢一千，爲銅六斤。造寫器物，則斤值六千餘。其利既厚，銷
> 鑄遂多，江淮之間，錢寶減耗〔註26〕。

從張滂所說，可知銷錢爲器，實有重利，故江淮民間作坊就趨之若鶩，造成「列肆鬻之，鑄千錢爲器，售利數倍。」〔註27〕的奇特情形，而在揚州銷錢爲器的風氣特別盛行，是銅器業發達的一種表徵。

在揚州的銅器中，銅鏡尤爲有名。在唐代因銅產量不足各種鑄造使用，故曾數度禁斷鑄造銅器，只允許銅鏡的鑄造。如代宗大曆七年（772）十二月：「禁天下新鑄造銅器，唯鏡得鑄。」〔註28〕，德宗貞元九年（793）正月，諸道鹽鐵轉運使張滂奏稱：「伏請準從前敕文，除鑄鏡外，一切禁斷。」〔註29〕。到了唐末，朝廷仍一再重申舊令，《舊五代史・食貨志》云：後晉「天福二年（937）詔，禁一切銅器，其銅鏡今後官鑄造，於東京置場貨賣，許人收買，

〔註23〕 董誥〔清〕等編纂，《全唐文》（上海，上海古籍出版社，1993年），卷九五九，頁4414上。

〔註24〕 見《新唐書》，卷五四，〈食貨四〉，頁1386。

〔註25〕 見李廷先，〈唐代揚州的手工業〉，載氏著，《唐代揚州史考》（江蘇，江蘇古籍出版社，1992年），頁367。

〔註26〕 王欽若、楊億〔宋〕等撰，《冊府元龜》（北京，中華書局，1988年），卷五〇一，〈邦計部，錢幣三〉頁6000下。《唐會要》，卷八九，〈泉貨〉，頁1628所載略同。

〔註27〕 見《新唐書》，卷五四，〈食貨志四〉，頁1390，並參見《舊唐書》，卷一七六，〈楊嗣復傳〉，頁4557。

〔註28〕 《冊府元龜》，卷五〇一，〈邦計部，錢幣三〉，頁6000上。

〔註29〕 見王溥〔宋〕撰，《唐會要》（台北，世界書局，1990年），卷八九，〈泉貨〉，頁1628。

於諸處興販去。」〔註30〕朝廷如此長期重視鑄鏡業，在於滿足廣大群眾日常生活的需要。而朝廷一再禁止銅鏡以外銅器的鑄造，除因唐代銅產量不足外，有學者認爲「在於秦漢以後的銅器使用，已排除在日常器用之外，鑄銅爲器耗銅既多，而又并不適合生活的迫切需要」〔註31〕。

唐代揚州青銅鏡的製造技術十分高超，如張鷟，《朝野僉載》卷三云：

> 中宗令揚州造方丈鏡，鑄銅爲桂樹，金花銀葉，帝每騎馬自照，人馬並在鏡中，專知官高郵縣令幼臨也〔註32〕。

顯示揚州製鏡技術的高超，因此鏡使用的是製作程序繁多，難度很高的金銀平脫法〔註33〕。在唐代之前還無法造出如此大且精緻的鏡子，唐代方丈鏡的產生，則象徵著造鏡技術已進入新的里程碑。另外揚州更有「百錬鏡」的製造能力，李肇，《唐國史補》卷下說：

> 揚州舊貢江心鏡，五月五日揚子江中所鑄也。或言無有百錬者，或至六、七十錬則已，易破難成，往往有自鳴者〔註34〕。

則所稱「百錬鏡」則至少要煉製 60、70 次，且云「易破難成」，可見百錬鏡的鑄造需有極高的技巧。另白居易在〈百錬鏡〉詩中則云：

> 百錬鏡，鎔範非常規，日辰處所靈且祇（奇）；江心波上舟中鑄，五月五日日午時。瓊粉金膏磨瑩已，化爲一片秋潭水。鏡成將獻蓬萊宮，楊（揚）州長史手自封。人間臣妾不合照，背有九五飛天龍〔註35〕。

詩中有「瓊粉金膏磨瑩已」句，可見銅鏡華麗之一斑。至於百錬鏡要在江心中鑄造，有可能是因煉製此鏡需有特殊技術，爲了保密而在江心鑄造。按《舊唐書·德宗紀》載大曆十四年（779）六月「揚州每年貢端午日江心所鑄鏡，

〔註30〕薛居正〔宋〕等撰，邵晉涵〔清〕輯《舊五代史》（臺北，鼎文書局，1992年），卷一四六，〈食貨志〉，頁1949。

〔註31〕參見張澤咸，《唐代工商業》（北京，中國社會科學出版社，1995年），頁51。

〔註32〕參見張鷟〔唐〕撰，趙守儼點校，《朝野僉載》（北京，中華書局，1997年），卷三，頁69。

〔註33〕見揚州博物館、周欣、周長源，〈揚州出土的唐代銅鏡〉，《南京博物館集刊》第三輯（1980年3月），頁154。

〔註34〕見李肇〔唐〕撰，《唐國史補》，收入《唐國史補等八種》（臺北，世界書局，1991年），卷下，頁64。

〔註35〕見白居易〔唐〕撰，《白居易集》（北京，中華書局，1991年），卷四，〈諷諭四，樂府詩〉，「百錬鏡」，頁73～74。

幽州貢麝香，皆罷之。」〔註36〕，而白居易此詩作於憲宗元和四年（809），則說明揚州在德宗罷貢後，又恢復貢鏡〔註37〕，可見唐宮廷對揚州銅鏡的偏愛。

揚州銅鏡，由於製作精美，除了上貢外，其廣銷四方，張籍的〈白頭吟〉詩云：「揚州青銅作明鏡，暗中持照不見影。」〔註38〕，也顯示了時人對揚州銅鏡的喜愛。著名才子張文成（張鷟）亦有〈揚州青銅鏡留與十孃〉一詩，足見當時揚州青銅鏡爲時人所重，乃至於用作離別之贈物。此外，《太平廣記》，卷三三四，所載韋栗之女死後在揚州市上購鏡一事〔註39〕，最能表現當時人對揚州銅鏡的喜好，至死不渝。

此外，據《唐大和上東征傳》記載，鑑眞和尚在第一次東赴日本時，所準備的物品就有銅瓶廿口〔註40〕及「大銅〔盂〕四口，〔竹葉盂〕冊口，大銅盤廿面，中銅盤廿面，小銅盤四十四面，一尺銅疊八十面，少銅疊三百面。」〔註41〕這些林林總總的銅器，總數達 500 餘個，數量可說是相當的多。由於揚州附近有銅礦礦藏，並且銅器製造業十分發達，鑑眞和尚所準備的這些銅器，大部分應爲當地所造。

（二）鑄錢業

揚州鑄錢始於西漢吳王濞時，前小節已提及。隋文帝時，因銅錢需和以錫鑞，而「錫鑞既賤，求利者多，私鑄之錢，不可禁約」〔註42〕，可見當時民間多私鑄銅錢以謀利。隋文帝開皇十年（590）即詔晉王廣於揚州立五鑪鑄錢〔註43〕，爲揚州立官鑄錢之始。唐初東南地區雖僅有桂州有設鑄錢監〔註44〕，但因百姓利用當地有利的地理環境，故私鑄不休。武后時「盜

〔註36〕《舊唐書》，卷一二，〈德宗紀〉，頁 322。
〔註37〕自大曆十四年到元和四年共計 30 年。此詩作於元和四年，說見李廷先，〈唐代揚州的手工業〉，頁 369。
〔註38〕《全唐詩》，卷三八二，頁 950 中。
〔註39〕見李昉〔宋〕等編，《太平廣記》（臺北，文史哲出版社，1987 年），卷三三四，〈韋栗條〉，頁 2651。
〔註40〕元開〔日〕撰、汪向榮校注，《唐大和上東征傳》（北京，中華書局，2000 年），頁 47。
〔註41〕元開撰、汪向榮校注，《唐大和上東征傳》，頁 47。
〔註42〕魏徵〔唐〕等撰，《隋書》（台北，鼎文書局，1992 年），卷二四，〈食貨志〉，頁 692。
〔註43〕參見《隋書》，卷二四，〈食貨志〉，頁 692。
〔註44〕桂州設錢監見《新唐書》，卷五四，〈食貨四〉，頁 1384。

鑄蜂起，江淮遊民依大山陂海以鑄，吏莫能捕。」〔註45〕

　　開元二十六年（738）宣、潤等州雖初置錢監，兩京用錢稍善〔註46〕。然過不久之後，「天下盜鑄益起，廣陵、丹楊、宣城尤甚。」〔註47〕足見唐初廣陵雖在文獻記載上未見設官鑄錢，但廣陵（揚州）等江淮城市的私鑄甚盛，顯示出揚州除有良好的地理環境（有銅、鐵礦藏）外，又擁有為數不少的工匠。另一方面，這些盜鑄錢嚴重的地方，如廣陵、丹陽（潤州）及宣城等，其實都是當時經濟發達地區，因此對於作交易使用的銅錢需求孔急，按文獻記載當時江淮地區雖有宣、潤二州置錢監，但很明顯尚不能滿足當時民間的需要。

　　據《通典·食貨九》記載揚州在玄宗天寶中始設官鑄錢，其云：「諸州凡置九十九鑪鑄錢，絳州三十鑪，揚、潤、宣、鄂、蔚各十鑪，益、鄧、郴皆五鑪，洋州三鑪，定州一鑪」〔註48〕。每鑪每年鑄錢三千三百緡，每千錢用銅鑞錫約七百五十文，丁匠在外〔註49〕，可見即使是官鑄，仍有利潤，更不用說盜鑄的暴利了。至於像揚州這樣一個商業貿易發達的地方，在唐代一直要到玄宗天寶末年才有官方設鑪鑄錢的記錄，似乎與當時的經濟繁榮的情形並不相符，而在《資治通鑑》中有一則記載，提到武后光宅元年（684）徐敬業舉兵討伐武則天時，曾「開府庫，令士曹參軍李宗臣就錢坊，驅囚徒、工匠〔數百〕，授以甲。」〔註50〕，從這條記載來看，揚州至遲在武則天時期，就已有設置錢坊鑄錢，並且規模還不小。

　　按從《資治通鑑》此段記載錢坊中有囚徒來看，這錢坊是官營作坊的可能性相當大；因自三國以來，因戰亂等因素，官府作場（官營手工業）常佔有著大量的工匠，用以確保國家之所需，生產包括武器在內的手工業製品〔註51〕。其後雖出現了番役及納資代役等制度〔註52〕，然而這種使用刑徒

〔註45〕同前註。
〔註46〕《新唐書》，卷五四，〈食貨四〉，頁1386。
〔註47〕同前註。
〔註48〕《通典》，卷九，〈食貨九〉，頁204。
〔註49〕《通典》，卷九，〈食貨九〉，頁204。
〔註50〕《資治通鑑》，卷二〇三，武后光宅元年九月甲寅條，頁6423。
〔註51〕參見唐長孺，〈魏、晉至唐官府作場及官府工程的工匠〉，收入《魏晉南北朝史論叢》（外一種）（河北，河北教育出版社，2002年1月初版2刷），頁471～476。
〔註52〕關於番役及納資代役制度，參見唐長孺，〈魏、晉至唐官府作場及官府工程的工匠〉，收入《魏晉南北朝史論叢》（外一種）（河北，河北教育出版社，2002

從事官府手工業生產的情況，到了唐代仍舊存在〔註53〕。如這個鑄錢坊可以確認是官方經營的話，就可證明在玄宗開元以前揚州就已有官營鑄錢坊，然目前因這方面的佐證資料相當缺乏，尚不能作成定論。

到了德宗建中元年（780）九月，戶部侍郎韓洄奏「江淮錢監，歲共鑄錢四萬五千貫，輸于京師，度工用轉送之費，每貫計錢二千，是本倍利也。」〔註54〕奏請停罷江淮七監，朝廷從之。揚州的官鑄由是暫停，但私鑄仍不止，如「江淮多鉛錫錢，以銅盪外，不盈斤兩，帛價益貴。」〔註55〕在揚州等江淮七錢監停罷後，銷錢爲銅鑄器的情形並未稍減，影響所及，銅錢日益減少。以往是盜鑄錢有暴利，其後又增加了銷錢爲器的牟利方法，嚴重的影響了當時的經濟和物價的平穩。

當時對私鑄錢及銷錢爲器的的處罰，按《唐律疏議》所載爲：「諸私鑄錢者流三千里，作具已備未鑄者徒二年，作具未備者杖一百。若磨錯成錢令薄小，取銅以求利者徒一年」〔註56〕，其刑罰已不輕。其後更加重私鑄錢的刑責，甚至無論謀首、勾合頭首及居停主人皆處以極刑，里正、坊正均連坐杖一百〔註57〕，致使私鑄錢罪爲爲謀反逆叛以外最重之罪〔註58〕，足見盜鑄鑄的嚴重及唐廷對私鑄錢的重視。

〔註53〕　年），頁 496～517 詳論。

關於此點，唐長孺先生引《唐律疏議》，卷二十九，〈斷獄律〉律文及《唐六典》，卷六，〈尚書刑部・都官郎中條〉條文爲證，唐代仍舊存在著刑徒從事手工業生產的情況，參見唐長孺，〈魏、晉至唐官府作場及官府工程的工匠〉，頁 509～510。另天一閣博物館、中國社會科學院歷史研究所天聖令整理課題組校證，《天一閣藏明鈔本天聖令校證附唐令復原研究》（北京，中華書局，2006 年），卷三十，〈雜令〉，頁 378，唐 22「犯罪配沒諸司條」云「諸犯罪配沒，有技能者，各隨其所能配諸司，其婦人，與內侍省相知，簡能縫作巧者，配掖庭局；自外無技能者，竝配司農寺」，亦可說明唐代罪人仍然從事手工業的生產。

〔註54〕　《舊唐書》，卷四八，〈食貨上〉，頁 2100；《冊府元龜》，卷五○一，〈邦計部，錢幣三〉，頁 6000 上略同。

〔註55〕　見《新唐書》，卷五四，〈食貨四〉，頁 1388。

〔註56〕　參見長孫無忌〔唐〕等撰、劉俊文箋解，《唐律疏議箋解》（北京，中華書局，1996 年），卷二六，〈雜律〉，總第 391 條，「私鑄錢」，頁 1779。

〔註57〕　參見《通典》，卷九，〈食貨九・錢幣下〉及〈唐神龍散頒刑部格殘卷〉，該殘卷引自劉俊文，《敦煌吐魯番唐代法制文書考釋》（北京，中華書局，1989 年），「格」，頁 246～254。

〔註58〕　《唐律疏議箋解》，卷二六，〈雜律〉，總第 391 條，「私鑄錢」條解析，頁 1781～1782。

在 1975 年～1978 年間，江蘇南京博物院及揚州博物館，對揚州外掃垢山一帶發現的唐代手工業作坊遺址，進行三次的發掘。共發現爐灶 22 座，窯井 7 座，灰坑 27 個，有熔鑄用的坩堝，並發現少量的開元通寶錢〔註59〕。這些遺跡證明這裡曾存在著金屬熔鑄的大型作坊。有學者推測這些開元通寶錢可能是銷錢鑄器的殘餘〔註60〕，可證當時銷錢為器相當地流行。而私鑄之所以蜂起的原因在於：

> 天下盜鑄益起，廣陵、丹楊、宣城尤甚。京師權貴，歲歲取之，舟
> 車相屬。……公鑄者號官鑪錢，一以當偏鑪錢七八，富商往往藏之，
> 以易江淮私鑄者〔註61〕。

由此段文字可知當時私鑄之風，實是京師權貴及富商鼓勵之下的產物，只要私鑄的暴利存在，私鑄就會繼續下去。

在代宗廣德年間，劉晏掌監鐵轉運使一職，他以「江、嶺諸州，任土所出，皆重粗賤弱之貨，輸京師不以供道路之直」〔註62〕，所以他「於是積之江淮，易銅鉛薪炭，廣鑄錢，歲得十餘萬緡，輸京師及荊、揚二州，自是錢日增矣。」〔註63〕，劉晏「廣鑄錢」之處，史無明文，然應在江淮地區之大城市，以及附近有銅、錫等礦藏之處。揚州不但屬縣有鑄錢所需的礦藏，並且當時已成為「江吳大都會」〔註64〕，商業貿易繁盛，又擁有大量手藝精良的工匠，故揚州應在設鑪鑄錢之列。

武宗會昌五年（845）滅佛，許諸道觀察使可銷毀佛像取銅鑄錢之前，江淮地區就因民間銷錢為器可獲取暴利，故造成嚴重的經濟問題，武宗會昌五年滅佛後：

> 永平監官李郁彥請以銅像、鍾、磬、鑪、鐸皆歸巡院，州縣銅益多
> 矣。鹽鐵使以工有常力，不足以加鑄，許諸道觀察使皆得置錢坊。
> 淮南節度使李紳請天下以州名鑄錢，京師為京錢，大小徑寸，如開

〔註59〕見南京博物院、揚州博物館及揚州師範學院發掘工作組，〈揚州唐城遺址一九七五年考古工作簡報〉，頁 18 至 22；南京博物院，〈揚州唐城手工業作坊遺址第二、三次發掘報告〉，頁 11 至 13。

〔註60〕卞孝萱，〈唐代揚州手工業與出土文物〉，頁 35。

〔註61〕《新唐書》，卷五四，〈食貨四〉，頁 1386。

〔註62〕《新唐書》，卷五四，〈食貨四〉，頁 1388。

〔註63〕《新唐書》，卷五四，〈食貨四〉，頁 1388。

〔註64〕《輿地紀勝》，卷三七，〈淮南東路，揚州〉，頁 278 下。

元通寶，交易禁用舊錢〔註65〕。

這次朝廷同意以各州州名鑄錢，堪稱是鑄幣史上的一件大事，還有學者認為這乃是我國古代鑄幣史中第一次以州名鑄於錢面〔註66〕。而據洪遵，《泉志》，卷三云：

> 揚州節度使李紳乃于新錢背加「昌」字以表年號而進之，有勅遂勒鑄錢之所，各以本州郡名為背文。於是京兆府以「京」字右穿上，洛陽以「洛」字在穿上，揚州改以「揚」字在穿上，……廣州以「廣」字在穿右，東川以「梓」字在穿上，福州以「福」字在穿上，丹州以「丹」字在穿上，桂陽監以「桂」字在穿右。孝李美曰：「此錢背文復有『襄』字或在穿右，『梁』字或在穿上者，但『揚』字錢終莫之見，疑當時已行昌字而未嘗改耳。」〔註67〕

由此看來當時淮南地區應有鑄造背「昌」字及背「揚」字兩種錢幣，但不僅文獻記載上未見到揚字錢，在過去的考古發現中也尚未見到揚字錢，以此推論背「揚」字錢，可能並未行於世，或其數量甚少，而以背「昌」字錢為主要的鑄造貨幣〔註68〕。此外，《舊唐書》，卷一六五，〈柳公綽附柳仲郢傳〉云：「時廢浮圖法，以銅像鑄錢，仲郢為京畿鑄錢使，錢工欲於模加「新」字，仲郢止之，唯淮南加「新」字，後竟為僧人取之為像設鐘磬。」〔註69〕從本條記載可瞭解到當時淮南亦有鑄「新」字錢，然《泉志》等書皆未提及。其後宣宗即位，曾盡廢會昌之政，新鑄錢復鑄為佛像〔註70〕，但從現今考古所出土的會昌開元錢數量來看，此項政策並未徹底執行。

〔註65〕見《新唐書》，卷五四，〈食貨四〉，頁1390～1391。

〔註66〕見張澤咸，《唐代工商業》，頁49。

〔註67〕見洪遵〔宋〕，《泉志》，卷三，〈正用品下〉，收入《叢書集成新編》（台北市，新文豐出版公司，1986年），第26冊，頁534中。此次幣制改革參見王怡辰，〈由武宗會昌錢看經濟領域的割據〉，《中國歷史學會史學集刊》第37期（2005年7月）一文詳論。

〔註68〕見洪遵，《泉志》，卷三，〈正用品下〉，收入《叢書集成新編》，第26冊，頁534中。並參見朱新茂著，《西魏隋唐五代十國貨幣圖說》（北京，文物出版社，2005年），頁201。朱新茂的《西魏隋唐五代十國貨幣圖說》一書，列出各種的開元通寶錢的樣式，其中背「昌」字錢以鑄背上最為常見，錢背穿孔下方及錢背穿孔左側為少見品，見朱新茂，《西魏隋唐五代十國貨幣圖說》，頁202。

〔註69〕《舊唐書》，卷一六五，〈柳公綽附柳仲郢傳〉，頁4306。

〔註70〕見《新唐書》，卷五四，〈食貨四〉，頁1391。

　　而有學者提出背「丹」字錢，如以桂陽監「以『桂』字在穿右」的例子來看，有可能是由隸屬於淮南道的丹楊監所鑄造的〔註71〕。其主要理由是丹州不是觀察或節度使治所，經濟也不甚發達，也未曾設錢監，以其名稱鑄幣似乎並不合理，因而推測背「丹」字錢為揚州的丹楊監所鑄造〔註72〕。從文獻資料及合理性來看，筆者贊同此項推論。此外，其他《泉志》所提到的鑄錢地，會不會也有這樣的情況呢？洛、永、平、藍等背字，已有先進學者提出質疑，並提出合理的說法〔註73〕。

　　另在背「廣」字開元錢部分，筆者則認為似與揚州廣陵監的關係不大，因廣州不但是嶺南節度使治所，也是唐代最大外貿港口，經濟相當發達〔註74〕。並且廣州及其屬縣在《唐天寶初年地志殘卷》中所記載的公廨本錢，迥異於嶺南地區他州大都以銀兩繳付，而是均以銅錢繳付〔註75〕，側面顯示在廣州地區銅錢的使用仍然相當普遍；故雖嶺南地區在交易上一般以金銀為大宗，銅錢使用的比例相較於五嶺以北為低〔註76〕，然似乎不能排除廣州鑄造錢幣的需求性及合理性〔註77〕。

〔註71〕　參見王怡辰，〈由武宗會昌錢看經濟領域的割據〉，《中國歷史學會史學集刊》
　　　　　第 37 期（2005 年 7 月）頁 23～25 詳論。

〔註72〕　王怡辰，〈由武宗會昌錢看經濟領域的割據〉，頁 24～25。

〔註73〕　參見王怡辰，〈由武宗會昌錢看經濟領域的割據〉，頁 23～27 詳論。

〔註74〕　參見李慶新，〈論唐代廣州的對外貿易〉，載《中國史研究》，第 1992 年第 4
　　　　　期（1992 年 11 月），頁 12～21、周偉洲，〈唐朝與南海諸國通貢關係研究〉，
　　　　　載《中國史研究》，第 2002 年第 3 期（2002 年 8 月），頁 59～74、俞永炳，〈試
　　　　　談絲綢之路上的唐城〉，收入《漢唐與邊疆考古研究》（第 1 輯）（北京，科學
　　　　　出版社，1994 年 8 月），頁 169～172、及陳明光、靳小龍〈論唐代廣州的海
　　　　　外交易、市舶制度與財政〉，《中國經濟史研究》2005 年第 1 期（2005 年 3 月），
　　　　　頁 107～115 等專文詳論。

〔註75〕　王仲犖，〈唐天寶初年地志殘卷考釋〉，收入氏著，《敦煌石室地志殘卷考釋》
　　　　　（上海，上海古籍出版社，1993 年），頁 53。

〔註76〕　從對敦煌所藏《唐天寶初年地志殘卷》的分析中，可得出嶺南地區以銅錢為
　　　　　公廨本錢的州，約佔全數的百分之 27，而使用銀兩者約為百分之 73。此數字
　　　　　雖不一定代表所有嶺南貨幣使用的情形，卻可作為嶺南地區仍然是金銀與銅
　　　　　錢並用的佐證；參見王承文，〈晉唐時代嶺南地區金銀的生產和流通〉，《唐研
　　　　　究》第 13 卷（2007 年），頁 519。

〔註77〕　從王承文在〈晉唐時代嶺南地區金銀的生產和流通〉一文中，對《唐天寶初
　　　　　年地志殘卷》的分析，得出嶺南地區以銅錢為公廨本錢的州，約佔百分之 27
　　　　　（王承文，〈晉唐時代嶺南地區金銀的生產和流通〉，頁 519），亦可作為嶺南
　　　　　地區仍然是金銀與銅錢並用的佐證，既然銅錢有其實際上的需求，則會昌年

《新唐書‧食貨志》云：「先是楊（揚）州租、調以錢，嶺南以米，安南以絲，益州以羅、紬、綾、絹供春綵」〔註78〕，揚州的租、調以錢繳付，顯示當時揚州的貨幣經濟相當發達，流通的銅錢亦多。文宗開成二年（837），李德裕接替牛僧儒爲淮南節度使，「時揚州府藏錢帛八十萬貫匹」〔註79〕，可見揚州之富實。此外，1975 年在揚州地區槐子橋附近，發現一個唐代窖藏，挖掘出「開元通寶」、「乾元重寶」等銅錢達十四萬五千枚〔註80〕，雖無法確認這些錢幣均爲揚州所鑄，然從其數量之多，說明揚州商業貿易的繁榮，側面也顯示了揚州鑄錢業相當發達。

（三）金銀製造業

有關金銀製造業的原料方面，雖《新唐書‧地理志》云揚州土貢中有「金銀」〔註81〕，但翻檢相關資料卻未有類似記載，且《新唐書‧地理志》對揚州金銀生產的情形亦語焉不詳，因此推測可能有部分金銀原料是由外地運來，再製成一定樣式上貢，因而揚州土貢中有「金、銀」。在唐中葉以後，淮南節度使還經常有土貢之外的進獻，有的名義上是爲了助軍，但有不少是爲了討好皇帝，前者如元和十一年（816）淮南節度使李鄘，進獻金五百兩，銀三千兩〔註82〕；而後者如王播在大和元年（827）五月，自淮南入覲，進大小銀盌（碗）三千四百枚，綾絹二十萬匹〔註83〕，這個數量可謂相當驚人。

另《冊府元龜‧邦計部‧希旨》云「大和元年五月巳卯，（王播）自淮南節度兼諸道鹽鐵轉運進綾絹三萬疋。丙戌，又進銀榼二百枚、銀盖椀一百枚、散椀二千枚，綾絹各二十萬疋。」〔註84〕《冊府元龜‧邦計部》此記條載，與《舊唐書‧王播傳》所載時間點，均爲大和元年五月，然所進的品項及數

間廣州就有設鑪鑄造銅錢的必要性；而廣州又是嶺南節度使兼五府經略使治所，且商業貿易十分發達，較之桂州與交州等地設鑪鑄錢應更具有合理性；然因相關考古及文獻資料均相當匱乏，故本項推論仍待進一步論證。

〔註78〕《新唐書》，卷五一，〈食貨一〉，頁 1345。
〔註79〕《舊唐書》，卷一七四，〈李德裕傳〉，頁 4521；另《新唐書》，卷一八〇，〈李德裕傳〉，頁 5334 作「淮南府錢八十萬緡」。
〔註80〕原見蔣華，〈唐代揚州古城遺址和出土文物參觀記〉，此處引自李廷先，〈唐代揚州的手工業〉，頁 363。
〔註81〕見《新唐書》，卷四一，〈地理五〉，1051。
〔註82〕《冊府元龜》，卷四八五，〈邦計部‧濟軍〉，頁 5797 下。
〔註83〕《舊唐書》，卷一六四，〈王播傳〉，頁 4277。
〔註84〕《冊府元龜》卷五一〇，〈邦計部‧希旨〉，頁 6118 上。

量略有不同，或爲敘述方法不同所致。《舊唐書・王播傳》所記數字應爲所進銀器的總數，而《冊府元龜・邦計部》所載則較類似細目。

而皇帝仍不時向淮南宣索銀器，如長慶四年（824）八月淮南節度使王播進宣索銀粧奩二件〔註85〕。其後，在同年十月淮南、淮西又各進宣索銀粧奩三件〔註86〕。據浙西觀察使李德裕上奏「詔令當道造盉子二十具，計用銀一萬三千兩，金一百三十兩。昨已進兩具，用銀一千三百兩，……」〔註87〕，可知這些朝廷「宣索」的銀製品，因既是御用，其質量要求必高，因此需耗費大量銀兩加以製造。

到了晚唐，淮南節度使仍然上供金銀或金銀器，如天祐二年（905）三月淮南楊溥遣其右威衛上將軍許確進賀郊天銀二千兩〔註88〕。十二月又進賀正金花銀器、金器爲太后禮物〔註89〕。而在崔致遠的《桂苑筆耕集》，卷五中有〈進金銀器物狀〉〔註90〕一文，可見淮南一直在向朝廷進貢金銀，或金銀器，而揚州本地的金銀製造業之發達也可見一斑。

而據《舊唐書》，卷一七四，〈李德裕傳〉載長慶四年（824）七月，李德裕在浙西觀察使任內上奏：

> 去年二月中奉宣令進盉子，計用銀九千四百餘兩，其時貯備，都無二三百兩，乃諸頭收市，方獲製造上供。昨又奉宣旨，令進粧具二十件。計銀一萬三千兩，金一百三十兩。……今差人於淮南（揚州）收買，旋到旋造，星夜不輟，雖力營求，深憂不進。〔註91〕

此條記載李德裕爲籌集製造進奉銀粧具所需的大量金銀，差人至揚州購買金銀的情事，李德裕未向鄰近的產銀地區如越州、衢州收買，卻差人渡江至揚州收買，應有其原因。又趙璘，《因話錄》卷三載范陽盧仲元「持金鬻於揚州，時遇金貴，兩獲八千。」〔註92〕他受人所托遠從洛陽赴揚州賣金百兩，

〔註85〕《冊府元龜》卷一六九，〈帝王部・納貢獻〉，頁2034上。

〔註86〕《冊府元龜》卷一六九，〈帝王部・納貢獻〉，頁2034上；筆者按「淮西」，《舊唐書・敬宗紀》作「浙西」，見《舊唐書》，卷一七上，〈敬宗紀〉，頁512。觀同年七月浙西觀察使李德裕爲造盉子一事上奏，此處應以《舊唐書・敬宗紀》所載「浙西」爲是。

〔註87〕《舊唐書》，卷一七上，〈敬宗紀〉，頁511。

〔註88〕同註85，頁2035上。

〔註89〕同註85，頁2035下。

〔註90〕見《桂苑筆耕集》，卷五，頁40。

〔註91〕見《舊唐書》，卷一七四，〈李德裕傳〉，頁4512。

〔註92〕見趙璘〔唐〕，《因話錄》，收錄於《唐國史補》等八種（臺北，世界書局，1991

又購買南貨再回到洛陽，若不是有特別的原因，盧仲元應在東都洛陽賣金以易貨，何必捨近求遠，到揚州交易呢？合理的推測是當日揚州不但金子易於脫手，且可購買到所需之貨品，故盧仲元乃不辭辛勞，遠赴揚州交易。綜上所述，日本學者加藤繁氏認為揚州殆為當時中國最大的金銀市場〔註 93〕，是合於史實的。也因在揚州市場上流通的金銀數量極多，而可側面瞭解揚州金銀製造業亦十分興盛。

在揚州市文化宮的唐代建築基址中，曾發掘出黃金三塊，為不規則扁方塊形，且均有切割痕跡，據推測為市場流通使用切割所造成〔註 94〕。換言之，這些金塊應作為貨幣形式使用，足見唐代揚州的金、銀交易不僅十分活絡，更進一步地作為交易媒介使用。

在出土實物方面，1975 年在揚州邗江縣楊廟公社，發現五代墓葬一座，隨葬物品中有鎏金銅鑰匙，鎏金銅帽釘等，製作極為精美〔註 95〕。結合文獻記載和出土文物可見揚州在金銀製造中的鑄造、刻鏤、鎏金、金銀平脫等技術上，有極高的水準。

（四）軍器業

軍器業也是手工業中相當重要一環，據《通典》卷六，〈賦稅下〉及《新唐書》，卷四一，〈地理五〉，記載揚州貢「鐵精」、「水兕甲」〔註 96〕及「水牛皮甲千領並袋」〔註 97〕。並從唐代宗的〈停揚、洪、宣三州作坊詔〉中「往以軍興，是資戎器。」〔註 98〕一語中來看，揚州和洪、宣等州，均是當時全國軍器製造業的中心。如徐敬業在武后光宅元年（684）舉兵討武則天時，曾「開府庫，令士曹參軍李宗臣就錢坊，驅囚徒、工匠〔數百〕，授以甲。」〔註 99〕，徐敬業在倉促之間就能聚甲數百，側面顯示揚州有一定

年），卷三，頁 23。

〔註93〕見加藤繁〔日〕，《唐宋時代金銀之研究》（臺北，新文豐出版公司，1974 年），頁 73。

〔註94〕見中國社會科學院考古研究所等，〈江蘇揚州市文化宮唐代建築基址發掘簡報〉，《考古》，1994 年第 5 期（1994 年 5 月），頁 419。

〔註95〕原見揚州市文物管理委員、揚州博物館，《文物工作資料選輯》，第一輯，〈邗江蔡庄五代墓清理簡報〉，此處引自卞孝萱，〈唐代揚州手工業與出土文物〉，頁 129。

〔註96〕《新唐書》，卷四一，〈地理五〉，頁 1051。

〔註97〕《通典》，卷六，〈賦稅下〉，頁 120。

〔註98〕見《全唐文》，卷四七，頁 224 中。

〔註99〕《資治通鑑》，卷二〇三，武后光宅元年九月甲寅條，頁 6423。

數量的兵甲生產。

《舊唐書》，卷一二九，〈韓滉傳〉云：「陳少遊時鎮揚州，以甲士三千臨江大閱。」〔註100〕時陳少遊以甲士三千，並以此炫耀於鄰藩，足見當時揚州擁有兵甲數量不在少數。另李吉甫任宰相時，曾「以江淮甲三十萬以給太原、澤潞軍」〔註101〕，以實邊備，其中當有不少數量的甲產於淮南。

另外，在弓弩方面，玄宗時曾詔「淮南弩士十萬」討瀧州蠻陳行範〔註102〕，淮南一地能召募十萬弩士，顯示淮南善弩戰士眾多，更證明了淮南的弓弩生產量相當大，否則應無法供應數量如此多的弓弩。在《嘉靖惟揚志》，卷一〇，〈軍政志〉中亦云：「唐府兵在淮南者，析為四屯，……楊思勖征蠻，發十萬人為淮南弩兵」〔註103〕，足見淮南弩弓在當時聞名於世。而弓弩所使用的箭支，其箭頭需要使用金屬構件，以加強其殺傷力，而當時揚州的金屬鑄造已相當發達，故其所製造的箭支殺傷力應較一般箭支為強。

直至晚唐，據《新唐書‧鄭畋傳》載，淮南仍有「淮南天下之勁兵」的美譽〔註104〕，所謂「勁兵」，若無精良的兵器、護甲，則不能稱之為勁兵。而揚州軍器之生產正是「淮南勁兵」的最大後盾，而精良的製造技術更是其中不可或缺的關鍵。

（五）造船業

揚州地扼運河入長江之口，自隋煬帝開運河以來，即成為南北要衝，而淮南地區，河川交錯，利於航行，故船舶為交通必需，揚州的造船業也在此情況下應運而生。隋煬帝在南巡江都前，即令江都製造水殿龍舟，《大業雜記》云：「勅王弘於揚州造舟及樓船、水殿、朱航、板楫、板舫、黃篾舫、平乘、艫舳輕舸等五千餘艘，八月方得成就」〔註105〕，此次造船數量高達五千餘艘，足證當時揚州造船業已有相當基礎。另據《資治通鑑》，卷一八二，煬帝大業

〔註100〕見《舊唐書》，卷一二九，〈韓滉傳〉，頁3601。

〔註101〕《新唐書》，卷一四六，〈李栖筠傳附李吉甫傳〉，頁4742。

〔註102〕《新唐書》，卷二〇七，〈楊思勖傳〉，頁5857。

〔註103〕見朱懷幹〔明〕修，盛儀〔明〕纂，《嘉靖惟揚志》，收入《天一閣藏明代方志選刊》（台北，新文豐出版事業公司，1981年出版），第四冊，卷一〇，〈軍政志〉，頁645上。

〔註104〕見《新唐書》，卷一八五，〈鄭畋傳〉，頁5402。另《舊唐書》，卷一七八，〈鄭畋傳〉，作「甲兵甚銳」，其意略同。

〔註105〕見杜寶〔唐〕撰，辛德勇輯校，《大業雜記輯校》（西安，三秦出版社，2006年），頁16。

十一年（615）載：「楊玄感之亂，龍舟水殿皆為所焚，詔江都更造，凡數千艘，制度仍大於舊者。」〔註106〕這些龍舟水殿原為揚州所造，故云「更造」。

結合《大業雜記》和《資治通鑑》的記載來看，當時包括龍舟水殿等大批的各式船隻，都委由揚州製造，顯示不但揚州有製造大型船舶的能力，且造船技術深受肯定。再者，從所造龍舟水殿的數量達千艘來看，反映揚州擁有大量的工匠，才能承接這樣龐大的委製訂單。並且這些御用船隻的要求，必然比一般船隻要高，其形制，據《大業雜記》載「其龍舟高四十五尺，闊五十尺，長二百尺。四重，上一重有正殿、內殿、東、西朝堂，周以軒廊。中二重有一百六十房，皆飾以丹粉。裝以金碧珠翠，雕鏤奇麗，綴以流蘇羽葆，朱絲網絡。」〔註107〕龍舟形制之巨大及裝飾之華麗，可見一斑，表明當時揚州的造船技術已達相當高的水準。

揚州是唐代造船業的中心之一，高宗時張鷟判文稱：「五月五日洛水竟渡船十雙，請差使於揚州修造，須錢五千貫，請速分付。」〔註108〕這是因揚州當時有較高的造船能力，因此連洛水競渡船也指定在揚州製造。同時揚州不僅能造輕快的賽船，也有製造海船的能力，如天寶元年（742）揚州大明寺高僧鑑真，為東渡日本「始於（揚州）東河造船，揚州倉曹李湊依李林宗書，亦同檢校造船，備糧。」〔註109〕因河船與海船的船身構造不同，且因海上風浪較大，船身結構的穩定性較河船要求為高，顯示揚州擁有的較高水準的造船技術。《舊唐書‧玄宗紀》載：開元九年（721）七月，「揚、潤等州暴風，發屋拔樹，漂損公私船舫一千餘隻」〔註110〕，另據《新唐書‧五行志》載，天寶十載（751）「廣陵大風駕海潮，沈江口船數千艘」〔註111〕；上述資料顯示來往揚州的船隻相當多，僅天寶十載那次沈沒船隻即達數千艘，若加計其餘未受波及的船隻，則數量應更為龐大。而當時揚州是南糧北運的集中地，因此其中有部分應是漕船，而這些船舶中應有相當數量是在揚

〔註106〕《資治通鑑》，卷一八二，煬帝大業十一年十月壬戌條，頁5700。

〔註107〕見杜寶〔唐〕撰，辛德勇輯校，《大業雜記輯校》（西安，三秦出版社，2006年），頁18～19。

〔註108〕見張鷟〔唐〕撰，田濤、郭成偉校注，《龍筋鳳髓判校注》（北京，中國政法大學出版社，1996年），卷二，頁79。

〔註109〕見元開〔日〕撰，汪向榮校注，《唐大和上東征傳》，是書與《日本考》合刊（北京，中華書局，2004年），頁43。

〔註110〕《舊唐書》，卷八，〈玄宗紀上〉，頁182。

〔註111〕《新唐書》，卷三六，〈五行志〉，頁931。

州製造的。

　　代宗廣德二年（764）以劉晏爲河南、江淮以來轉運使，爲解決漕運問題，除疏浚運河水道外，並在揚州設十場，差專知官十人，競自營辦。每船用錢百萬，可載漕糧千石〔註112〕。這些造船廠的規模之大可謂前所未有，並且存在時間很長，直到懿宗咸通末年，仍然持續造船，只是「用木廉薄」〔註113〕。這樣大規模且長時間的造船計劃，所製造漕船的總數，想必相當驚人。因而可以說這些造船廠是唐朝後期的經濟命脈所在，而對揚州的繁榮也有相當大的影響。

　　由於揚州是中晚唐時期，全國最大經濟都會，又當運河與長江交叉口，是東南各道賦稅集中地，因而來往船隻甚多，甚至使河道擁塞，《太平廣記・神仙四四》，〈蕭洞玄〉條引《河東記》云：

　　　　至貞元中，洞玄自浙東抵揚州。至廢亭埭，維舟於逆旅主人。于時舳艫萬艘，臨於河次，堰開爭路。上下眾船，相軋者移時，舟人盡力擠之〔註114〕。

文中「逆旅」即爲旅舍之意，「舳艫萬艘」雖有些誇張，卻可反映出唐德宗時揚州的水上交通的繁忙景象。到了文宗開成三年（838），日本僧人圓仁在揚州，仍見到「江中充滿大舫船、積蘆船、小船等不可勝計」〔註115〕，這些各式船隻有部分應爲揚州所造，側面顯示唐代揚州造船業的興盛。

　　在出土實物方面，1960 年 3 月在唐代揚州運河遺址，發掘出唐代木船，原長 24 公尺（殘長 18.4 公尺），中寬 4.3 公尺，底寬 2.4 公尺，深 1.3 公尺，船板厚達 13 公分，平底。從全船分爲五艙來看，已具有隔艙技術。全船以榫頭和鐵釘並用銜接方法建造〔註116〕。從出土地層、地理環境及地貌變化等因素，並結合文獻來判斷，這艘木船「很可能是唐代中期來往長江和運河中的貨船」〔註117〕。由此船可見唐代來往於揚州船舶規模之大，製造技術之進步。

〔註112〕見王讜〔宋〕，《唐語林》（臺北，世界書局，1975 年），卷一，〈政事上〉，頁 60～61。

〔註113〕《唐語林》，卷一，〈政事上〉，頁 61。

〔註114〕《太平廣記》，卷四四，〈神仙四四・蕭洞玄條〉，頁 277。

〔註115〕圓仁〔日〕撰，《入唐求法巡禮行記》（北京，花山文藝，1992 年），卷一，〈七月二五日條〉，頁 22。

〔註116〕見陸覺，〈揚州施橋發現了古代木船〉，《文物》，1961 年第 6 期（1961 年 6 月），頁 52。

〔註117〕見姚遷，〈唐代揚州考古綜述〉，南京博物院編，《南京博物院集刊》第三集（1981 年 3 月），頁 2。

（六）製鹽業

揚州的製鹽業十分發達，因淮南爲當時海鹽產量之首位地區〔註118〕，揚州所屬的海陵監及楚州鹽城監，當時鹽產量居全國第一位及第二位。揚州的製鹽業十分發達，主要以海水煮鹽方式取鹽，其法爲先從海水取滷，再煮滷水使水份蒸發，即可取得食鹽〔註119〕。唐寶應年間，鹽鐵使劉晏領東南鹽事，爲了食鹽生產和管理，設置了四場十監，分別是：

> 吳、越、揚、楚鹽廩至數千，積鹽二萬餘石，有漣水、湖州、越州、
>
> 杭州四場，嘉興、海陵、鹽城、新亭、臨平、蘭亭、永嘉、大昌、
>
> 候官、富都十監，歲得錢百餘萬緡，以當百餘州之賦。〔註120〕

當時鹽鐵十監裡最大的海陵監在揚州，海陵監早在開元六年（716）就已設置，「歲煮鹽六十萬石，而楚州鹽城、浙江嘉興、臨平兩監所出次焉。」〔註121〕，僅海陵監一地的食鹽年產量就已達六十萬石，顯見當時揚州的製鹽業相當發達。

另一方面，在劉晏主持鹽務時期，設置了十三個巡院，淮南有揚州、白沙及盧壽等三院，其中就有揚州、白沙等二個巡院在揚州，也顯見對揚州鹽務的重視〔註122〕。永泰元年（765），劉晏與第五琦分掌天下財賦，分別在所轄之區，整頓地方財政組織，而以巡院做爲中央財政使在地方的組織，此後，巡院就兼具鹽鐵及轉運二者的功能。到了中晚唐時期，淮南道因其鹽務之重要及特殊的地理位置，使唐中央在此設了六個巡院，分別是鹽鐵揚子院（留後）、鹽鐵江淮院（留後）、白沙院、鹽鐵盧壽院、淮口院及如皋院等〔註123〕。其數量爲當時諸道之冠〔註124〕，足見唐中央對揚州所在的淮南地區鹽利的仰賴與重視，側面也顯示食鹽的生產量相當大。

〔註118〕見陳衍德、楊權著，《唐代鹽政》（西安，三秦出版社，1990年），頁16。

〔註119〕其方法可參見《太平寰宇記》，卷一三〇，〈淮南道・海陵監〉，頁2569詳論。

〔註120〕見《新唐書》卷五十四，〈食貨志〉，頁1378。

〔註121〕《太平寰宇記》，卷一三〇，〈淮南道・泰州〉，頁2565。

〔註122〕見《新唐書》卷五四，〈食貨志〉，頁1378。

〔註123〕見楊淑洪，《唐代漕運運輸之研究》（臺北，中國文化大學史學研究所博士論文未刊本，1994年6月），頁168至170。據楊淑洪註解，這些巡院並不是完全從事鹽鐵業務，也有兼營轉運者，然據筆者研究，唐後期巡院不論本務爲何，大部分已兼有鹽鐵及轉運兩種功能。

〔註124〕見楊淑洪，《唐代漕運運輸之研究》，頁172，表15，「唐後期鹽運使系各道巡院數量表」。

（七）製茶業

在製茶業方面，唐中葉以後，茶葉成為新飲料，如《新唐書‧食貨志》即云「茗飲，人之所資」〔註125〕表明當時茶葉已逐漸成為人們的日常必需品。而「江淮人什二三以茶葉為業」〔註126〕，不但說明了淮南及江南地區，廣植茶樹，也顯示以製茶為業之人不在少數。揚州之蜀岡據《圖經》記載亦產茶〔註127〕，而在崔致遠《桂苑筆耕集‧謝新茶狀》中亦云「伏以蜀崗養秀，隋苑騰芳，始興採擷之功，方就精華之味」〔註128〕，從崔致遠的稱讚來看，蜀岡茶的品質應相當優良。揚州鄰近的盧州、壽州及光州等州均為重要產茶區〔註129〕，壽州且早在玄宗時即出現專以製茶為生的茶商〔註130〕，而揚州為淮南首府，且蜀岡一地產茶，又鄰近壽州等著名產茶區，故製茶業有一定的規模。

而作為揚州腹地的淮南地區，包括揚州、壽州、舒州、盧州、光州、蘄州、申州及黃州等州均產優質良茶〔註131〕，其中尤以壽州的「霍山之黃芽」〔註132〕、「霍山小團」〔註133〕，以及舒州的「天柱茶」及「開火茶」最為著名〔註134〕。

〔註125〕《新唐書》，卷五十四，〈食貨志〉，頁1382。

〔註126〕見《冊府元龜》，卷四九三，〈邦計部‧山澤一〉，頁5900上。

〔註127〕《太平寰宇記》，卷一二五，〈淮南道‧揚州〉「蜀岡條」載：「《圖經》云：『今枕禪智寺，即隋之故宮。岡有茶園，其茶甘香，味如蒙頂。』」參見《太平寰宇記》，卷一二三，〈淮南道‧揚州〉，頁2443。

〔註128〕參見崔致遠〔新羅〕撰，黨銀平校注，《桂苑筆耕集校注》（北京，中華書局，2007年），卷十八，頁663，〈謝新茶狀〉。

〔註129〕參見朱祖德，〈唐五代淮南地區的經濟發展〉，載《中國中古社會與國家——中國中古「社會與國家」史料典籍研讀會成果論文集》（臺北，稻鄉出版社，2009年8月），頁322～323。

〔註130〕見戴孚〔唐〕，方詩銘輯校，《廣異記》（北京，中華書局，1992年），頁5，「劉清真」條。

〔註131〕參見《新唐書》，卷四一，〈地理五〉，頁1051～1056、《太平寰宇記》卷一二三，〈淮南道一〉至〈淮南道十〉，頁2441～2602、楊煜〔唐〕，《膳夫經》（臺北，臺灣商務印書館，1981年）收入《宛委別藏》第71冊，頁5～11及陸羽〔唐〕，《茶經‧八之出》，參見張宏庸輯校，《陸羽全集》（臺北，茶學文學出版社，1985年），頁23～24。

〔註132〕《唐國史補》，卷下云：「風俗貴茶，茶之名品益眾，……壽州有霍山之黃芽。」參見《唐國史補》，卷下，頁60。

〔註133〕楊煜，《膳夫經》，頁8。

〔註134〕舒州是淮南的重要產茶區，包括天柱茶及開火茶等均為名產。尤其山高多霧的天柱山所產茶，頗負盛名，《太平廣記》，卷四一二，〈消食茶條〉，可資證

表6-2　唐代淮南地區茶葉品種表

生產地	茶　名	資　料　來　源	備　　註
揚州	蜀岡茶	《太平寰宇記·淮南道》引《圖經》、《桂苑筆耕集·謝新茶狀》《茶譜》〔註135〕	其茶甘香，味如蒙頂
壽州	霍山黃芽	《唐國史補》、《茶譜》	
壽州	霍山小團	《膳夫經》	
舒州	天柱茶	《北夢瑣言》、《玉泉子》	或作「天柱峯茶」，又名「消食茶」。
蘄州	蘄門團黃	《唐國史補》	

陸羽的《茶經·八之出》認為淮南光州所產茶可列上等，義陽郡（申州）、舒州所產茶較為次等，壽州所產茶應列為下等，蘄州及黃州所產茶則又更次一等〔註136〕。陸羽對淮南茶的評等固然有其原因，然將壽州所產茶列為下等，與壽州茶之受歡迎程度（據《唐國史補》記載曾遠銷至西蕃〔註137〕），似大相逕庭，可能與個人偏好有關，或係對壽州茶不同時期之評價。其云蘄州黃州又下，並與荊州、梁州同也；按山南荊州茶，陸羽評等為僅次於峽州者（峽州茶陸羽評為上等），但梁州所生者，陸羽評等則為「又下」，即較下等更次一等，為品質最低等的茶。兩者似有天壤之別，而列於同一等級，其行文似有脫誤。

明。另《北夢瑣言》，卷四，〈薛氏子具軍儀〉條亦云「唐薛尚書能，以文自負，累出戎鎮，常鬱鬱歎息。因有詩謝淮南寄天柱茶……」，足見當時天柱茶已為淮南名產，參見孫光憲〔宋〕，賈二強點校，《北夢瑣言》（北京：中華書局，2002年），頁67。此外，《玉泉子》亦載「昔有人授舒州牧，李德裕謂之曰：『到郡彼日，天柱峯茶可惠三角』，其人獻之數十斤，李不受退還。明年罷郡，用意精求，獲數角投之，李德裕閱而受曰：『此茶可以消酒食毒』。」見闕名撰，《玉泉子》（上海，上海古籍出版社，1988年），頁26。《太平寰宇記》，卷一二五，〈淮南道·舒州〉亦云開火茶為舒州土產，參見《太平寰宇記》，卷一二五，〈淮南道·舒州〉，頁2474。
〔註135〕陳尚君，〈毛文錫《茶譜》輯考〉，收入氏著《唐代文學叢考》（北京，中國社會科學出版社，1997年），頁422。
〔註136〕陸羽，《茶經·八之出》，頁23～24。
〔註137〕李肇，《唐國史補》，卷下，頁66。

表6-3　《茶經》所列淮南地區茶葉產地及等級表

州 名	產　　地	資 料 來 源	《茶經》評等	備　註
光州	生光山縣黃頭港者，與峽州同	《茶經·八之出》	上	峽州上
申州	生義陽縣鍾山者，與襄州同	《茶經·八之出》	次	襄州次
舒州	生太湖縣潛山者，與襄州同	《茶經·八之出》	次	襄州次
壽州	盛唐縣生霍山者，與衡山同	《茶經·八之出》	下	衡山下
蘄州	生黃梅縣山谷，與荊州、梁州同	《茶經·八之出》	又下	荊州次；梁州「又下」
黃州	生麻城縣山谷，與荊州、梁州同	《茶經·八之出》	又下	荊州次；梁州「又下」

　　淮南地區的茶葉不但種植普遍，且質地優良，甚至成爲鹽鐵使與地方長官爭相進貢的物品〔註138〕。《封氏聞見記》云「其茶自江、淮而來，舟車相繼，所在山積，色額甚多」〔註139〕，表明茶葉大多產自江淮地區。江南地區所生產的茶葉則多集中揚州後，再經由揚州北運，因而揚州茶商在市場上十分活躍，每年二、三月「茶熟之際，四遠商人，皆將錦繡繒纈、金釵銀釧，入山交易。」〔註140〕可見淮南茶葉的銷路甚廣，茶葉買賣亦相當地活絡。宣宗大中六年（852）正月，鹽鐵使裴休改革茶稅之弊端，其中有一條即「今請強幹官吏，先於出茶山口及廬、壽、淮南界內，布置把捉，曉諭招收，量加半稅，給陳首帖子，令其所在公行，從此通流，更無苛奪」〔註141〕換言之，即置吏於各茶山口及淮南境內產茶州，以徵收茶稅。《唐會要》此段改革茶稅文字，益證揚州在內的淮南茶稅所受到的重視，所以唐中央要特別重視此地的茶稅徵收，不容私販獲取暴利及藩鎮擅加重稅。

〔註138〕《舊唐書》，卷一二三，〈劉晏傳〉，頁3515。
〔註139〕見封演〔唐〕撰、趙貞信校注，《封氏聞見記校注》（北京，中華書局，2005年），卷六，〈飲茶〉，頁51。
〔註140〕見杜牧，《樊川文集》，卷一一，〈上李太尉論江賊書〉，頁168。
〔註141〕《唐會要》，卷八四，〈雜稅〉，頁 1548；《新唐書》，卷五四，〈食貨四〉，頁1382亦有關於此次改革的記載。

（八）紡織業

在紡織業方面，唐代包括揚州在內的淮南紡織業是後來居上，因在唐初，淮南以麻布類紡織品質較好，而絲織類紡織品則較落後〔註142〕，但在唐玄宗時，淮南絲織業已有相當程度的進步，如天寶三載（744），韋堅在廣運潭開各地物產的「博覽會」時，揚州的錦也在展出之列〔註143〕，說明當時揚州的紡織業已有一定的技術。有學者據《通典‧食貨典》所載天寶貢進行研究，認為當時揚州的特殊絲織品數量居當時全國第二位，僅次於定州〔註144〕。除揚州的紡織業生產技術持繼進步外，作為揚州腹地的楚州、滁州、和州、壽州、廬州、舒州、蘄州、安州、黃州及申州等州，紡織業亦相當地發達，所生產的絲布、紵布及貲布等，亦提供了揚州紡織業加工的原料〔註145〕。

據《新唐書‧食貨志》記載，揚州土貢有蕃客錦袍、被錦、半臂錦及獨窠綾等數種高級絲織品。半臂這種服裝款式在唐代十分流行，而半臂錦則是一種高級絲織品〔註146〕。在《太平廣記》中有一條記貞元時竇參為御史中丞，曾夢到德宗召見於便殿「問以經國之務，上喜，因以錦半臂賜之，及寤，奇其夢」〔註147〕，錦半臂即半臂錦，此事足見當時錦半臂乃稀奇貴重之物，故竇參喜不自勝。有人告訴他此夢是吉兆，明日果拜中書侍郎平章事〔註148〕。

安史亂後，因大批北方包括織工在內的人民南遷，並帶了較先進的技術，因而淮南地區的紡織業，進步更為快速，如淮南節度使王播入觀，一次就進貢淮南綾、絹各二十萬匹〔註149〕。到了晚唐，崔致遠在〈進御衣段狀〉一文中，稱「除先進納外，續織造九千六百七十八段」〔註150〕，可以見其數量之大；並稱讚淮南所貢御衣及綾錦綺等是「薄慚蟬翼，輕愧鴻毛，然舒

〔註142〕李林甫〔唐〕撰，《唐六典》（北京，中華書局，1992年），卷三，〈尚書戶部〉，頁69。並參見周東平，〈唐代淮南地區工商業的發展和繁榮〉，《中國社會經濟史研究》，1986年第3期，頁23。

〔註143〕《舊唐書》，卷一○五，〈韋堅傳〉，頁3222。

〔註144〕王永興，〈試論唐代絲紡織業的地理分佈〉，《陳門問學叢稿》（江西，江西人民出版社，1993年），頁322。

〔註145〕參見《新唐書》，卷四一，〈地理五〉，頁1052～1056。

〔註146〕有關半臂錦的形式及錦的等級和特色，參見盧華語著，《唐代桑蠶絲綢研究》（北京，首都師範大學出版社，1995年），頁167。

〔註147〕《太平廣記》，卷二七八，「竇參條」，頁2204。

〔註148〕同前註。

〔註149〕《冊府元龜》，卷五一○，〈邦計部‧希旨〉，頁6118上。

〔註150〕見崔致遠，《桂苑筆耕集》，卷五，〈進御衣段狀〉，頁130。

張則凍雪交光，疊積則餘霞鬥彩。既成功於鳳杼，希人用於龍衣」〔註151〕，這段描繪淮南進貢的御衣及綾錦特色的文字，貼切地表現了所貢御衣及綾錦綺的品質及精美程度。

另在〈進綾絹錦綺等狀〉中，崔致遠亦稱「前件綾絹錦綺等，雖製自鴛機，而價慚鮫室，复謝八蠶之號，劣登三品之名」〔註152〕；而此次進奉數量，高達一十萬匹段兩，雖亦有可能不全由揚州所製造，然充分顯示了包括揚州在內的淮南地區，紡織技術已有長足的進步，和唐初相比，是不可同日而語的。綜上所述，足見揚州紡織業的進步及技術之高超。

（九）木器業

由於民生的需要，唐代揚州的木器業也相當發達，因此工匠亦復不少，《太平廣記》中的〈廣陵木工條〉就提到：「廣陵有木工，因病，手足皆拳，不能復執斤斧。」〔註153〕這位木工後因遇到貴人，而得以復原。此外，《太平廣記》卷三五五，〈廣陵賈人條〉亦載「廣陵有賈人，以栢木造床，凡什器百餘事，製作甚精，其費已二十萬，載之建康，賣以求利」〔註154〕。要製作這樣精美，且數量達百餘件的木造什器，除需要技藝純熟的工匠外，亦需要大量質地良好的木材，很有可能是在揚州所購買的良材。

而木材是房屋建築業的重要材料，而江西盛產良材，在《太平廣記》中就提到有人將江西木材運至廣陵（揚州）販售謀利的例子，其文云「豫章諸縣，盡出良材，求利者採之，將至廣陵，利則數倍」〔註155〕。結合此條資料來看，揚州木器業的原料應有部分來自江西地區。

（十）製帽業

揚州製帽業的產品以氈帽最為著名，憲宗時中興名相裴度，因對藩鎮用兵問題曾遭刺客暗算，所幸當時裴度因戴著揚州氈帽，因帽厚而幸免於難，僅受輕傷，此後揚州氈帽乃名聲大噪。

《太平廣記》，卷一五三，〈裴度條〉即云：「是時京師始重揚州氈帽」〔註156〕，即是明證。揚州氈帽因品質優良甚受時人之愛好，故銷路甚廣。

〔註151〕見崔致遠，《桂苑筆耕集》，卷五，〈進御衣段狀〉，頁130～131。
〔註152〕見崔致遠，《桂苑筆耕集》，卷五，〈進綾絹錦綺等狀〉，頁132。
〔註153〕《太平廣記》卷二二〇，〈廣陵木工條〉引《稽神錄》。
〔註154〕《太平廣記》，卷三五五，〈廣陵賈人條〉，頁2810。
〔註155〕《太平廣記》，卷三三一，〈楊溥條〉，頁2631。
〔註156〕參見《太平廣記》，卷一五三，〈裴度條〉，頁1101～1102。

《太平廣記》中載李敏求在「陰府」中，遇見故舊柳澥秀才，柳秀才謂敏求曰：「此間甚難得揚州氈帽子，他日請致一枚」〔註157〕。此條記載雖係記「陰府」之事，卻也反映出當時揚州氈帽的廣受歡迎，供不應求的情形。

揚州的手工業，除上述十項外，尚有漆器業〔註158〕、製糖業〔註159〕、造紙業〔註160〕及骨雕業〔註161〕等，因較爲次要，且限於篇幅，不一一具述。

唐代揚州手工業的規模之大，種類之多，可從前述文獻記載中略窺一二。在考古發現方面，在1975年、1977年及1978年，這3年之中，江蘇南京博物院及揚州博物館，對揚州外掃垢山一帶發現的唐代手工業作坊遺址，進行三次的發掘。發掘面積達1,590平方公尺〔註162〕。共發現爐灶22座，其中磚砌爐灶13個，土灶共9個，窣井7座，灰坑27個，陶缸4只，並有熔鑄用的坩鍋、碾輪和碾槽，石磨和礪石，人像和動物像陶範等，並發現大量的骨料和骨雕成品，貝雕以及少量的開元通寶錢〔註163〕。

這些遺跡證明這裡曾存在著金屬熔鑄和雕刻製骨二種大型作坊，而據推測這片手工業作坊遺址至少在1萬平方公尺以上〔註164〕，僅小面積的發

〔註157〕參見《太平廣記》，卷一五七，〈李敏求條〉，頁1127～1128。

〔註158〕據崔致遠的〈進漆器狀〉載，淮南節度使高駢曾一次進貢給朝廷的漆器就達15,935事（件），並云「右件漆器，作非淫巧，用得質良。……雖有慚於瓊玉，或可代於琉瓶」，雖是謙詞，亦足見其漆器的品質，該文載崔致遠〔新羅〕撰、黨銀平校注，《桂苑筆耕集》（北京，中華書局，2007年8月初版），卷五，頁129～130。高駢一次就能進貢如此大量的漆器，反映出包括揚州在內的淮南地區，漆器製造業十分發達。

〔註159〕據《唐會要》，卷一〇〇，〈雜錄〉載：「西番胡國出石蜜，中國貴之，太宗遣使至摩伽佗國取其法，令揚州煎蔗之汁，於中廚自造焉，色味逾於西域所出者」。參見王溥〔宋〕撰，《唐會要》（臺北，世界書局，1990年），卷一〇〇，〈雜錄〉，頁1796。自西域引進技術後，製糖業遂成爲揚州的手工業之一。鑑眞和尚在第一次東赴日本時，所準備的物品就有蔗糖及甘蔗八十束，見元開撰、汪向榮校注，《唐大和上東征傳》，頁47。

〔註160〕據《唐國史補》載揚州有「六合牋」，見《唐國史補》，卷下，頁60。

〔註161〕根據對揚州手工業作坊遺址的考察，考古資料表明這裡曾存在著雕刻製骨等手工業大型作坊，參見〈揚州唐城手工業作坊遺址第二、三次發掘報告〉，頁14。

〔註162〕其中第一次挖掘800平方公尺，第二、三次共挖掘790平方公尺，合計1590平方公尺。

〔註163〕見南京博物院、揚州博物館及揚州師範學院發掘工作組，〈揚州唐城遺址一九七五年考古工作簡報〉，《文物》，頁18至22；南京博物院，〈揚州唐城手工業作坊遺址第二、三次發掘報告〉，頁11至13。

〔註164〕〈揚州唐城手工業作坊遺址第二、三次發掘報告〉，頁14。

掘，就有如此豐富的出土物品，其餘尚未鑽探的面積，出土文物數量應相當可觀。而據已發掘的兩種作坊不僅排列密集整齊，且相距不遠來看，可推測在唐代揚州已有類似當時長安、洛陽，在城市佈局中有專門的手工業作坊存在。〔註165〕

另從文獻記載來看，唐代揚州的手工業者已有一定規模，《太平廣記》卷三一五「吳延瑤條」云：「廣陵豆倉官吳延瑤者，其弟既冠，將為求婦。……一日有人詣（老嫗）門云：『張司空家使召』，隨之而去，在政勝寺之東南，宅甚雄壯。……廳之西復有廣廈，百工製作畢備」〔註166〕，此廣廈「百工製作畢備」，則為類似手工業作坊之處，此條記載可與考古發現的揚州手工業作坊遺址相互印證。

從目前的考古發現及文獻資料來看，不但在揚州發現了金屬熔鑄及雕刻製骨等大型手工業作坊，在唐代江南的潤州、湖州等州亦已發現官營及私營的金銀器手工業作坊；而河北的定州等地亦有相當規模的紡織業作坊〔註167〕。而據《太平廣記·韋公幹條》的記載，甚至遠在海南島上，竟也出現相當進步的手工業作坊，足見當時手工製造業已朝向集中化、商品化的方向發展。〔註168〕

四、揚州手工業發達的背景因素

手工業的製造技術的進步，以及各式手工業的發達，是唐代揚州繁榮的主要因素之一。而揚州手工業的發達，總括來說，存在著下列數項有利因素：第一、揚州的糧食及經濟作物等農業生產十分發達，而有「維揚右都，東南奧壤」〔註169〕之美譽。崔致遠在《桂苑筆耕集》，卷一三，〈許權攝觀察衙

〔註165〕見〈揚州唐城遺址一九七五年考古工作簡報〉，頁22及〈揚州唐城手工業作坊遺址第二、三次發掘報告〉，頁14。
〔註166〕《太平廣記》，卷三一五，「吳延瑤條」，頁2491。
〔註167〕《朝野僉載》載定州何名遠「家有綾機五百張」，見張鷟〔唐〕撰，趙守儼點校，《朝野僉載》（北京，中華書局，1997年），卷三，頁75。
〔註168〕根據考古發現及史料記載，有關上述各地手工業作坊考古成果的介紹及史料探討，參見朱祖德，《唐五代兩浙地區經濟發展之研究》（臺北市，花木蘭文化出版社，2009年），頁72～74、張澤咸，《唐代工商業》（北京，中國社會科學出版社，1995年），頁105及翁俊雄，〈唐代嶺南社會經濟漫談〉，收入《唐代人口與區域經濟》（臺北，新文豐出版事業公司，1995年），頁504～505等。
〔註169〕《全唐文》，卷七八八，頁3653下，蔣伸，〈授李珏淮南節度使制〉。

推充洪澤巡官〉牒中指出：「山陽沃壤，淮畔奧區，地占三巡，田逾萬頃」，足見揚州地區耕種面積相當廣大〔註 170〕。揚州的七個屬縣提供了發展鑄錢、製銅、紡織、製茶、製糖及食品加工業等手工業所需的豐富原料。

第二、揚州襟江臨海，有「魚鹽之殷」〔註171〕，而其屬縣江都、六合、天長都有銅，而六合縣亦有鐵礦〔註172〕，可供提煉，豐富的天然資源有利於製銅、鑄錢及製鹽業等手工業的發展。第三、揚州位於大運河和當時的水運動脈長江的交會點上，擁有極為優越的交通位置，水陸運輸均相當發達，有利於手工業產品之運輸與銷售。第四、因揚州是當時江淮地區的鹽、茶、糧食、藥、瓷器及金銀等物資的集散地，史云：「廣陵當南北大衝，百貨所集」〔註173〕，貼切地說明了揚州在物資流通方面的樞紐地位。除了本地所生產外，還有眾多外地運來的貨物，商業貿易的需求極大地刺激了手工業的發展〔註174〕。

第五、當時揚州擁有眾多且技術精熟的工匠，《太平廣記》，卷二三引《原化記》載：「唐貞元初，廣陵人馮俊，以佣工資生」〔註175〕，這裡所提到的「佣工」，並非指一般家中傭人，而應是以日計酬的「日佣人」或按月計資的「月作人」〔註176〕。另《舊唐書・后妃上・玄宗楊貴妃傳》亦云揚州刺史「必求良工造作奇器異服，以奉貴妃獻賀」〔註177〕，此條資料顯示揚州對於技藝嫻熟的工匠需要量相當大。再者，據《唐大和上東征傳》記載，鑑真和尚在第一次東赴日本時，同行者有「玉作人、畫師、彫佛、刻鏤、鑄寫、繡師、修文、鐫碑等工手都有八十五人」〔註178〕，這 85 名工匠包括具有各種技藝的工匠，並且大部分應為揚州本地人。鑑真和尚能在短時間內找到這麼多願意渡

〔註170〕見崔致遠〔新羅〕撰、黨銀平校注，《桂苑筆耕集》（北京，中華書局，2007年），卷一三，頁 441。

〔註171〕見《全唐文》，卷三六八，頁 1653 中，貫至，〈送蔣十九丈奏事畢拜殿中歸淮南幕府序〉。

〔註172〕見《新唐書》，卷四一，〈地理五〉，頁 1052。

〔註173〕《冊府元龜》，〈邦計部・關市〉，頁 6050 下。

〔註174〕參見卞孝萱，〈唐代揚州手工業與出土文物〉，《文物》，1977 年第 9 期（1977年 9 月），頁 31。

〔註175〕見《太平廣記》，卷二三，〈神仙二三・馮俊條〉，頁 156。

〔註176〕詳見羅宗真，〈唐代揚州經濟繁榮初探——1975～78 年手工業作坊遺址的考古收穫〉，《揚州師院學報》，1979 年第 1 期（1979 年 3 月），頁 138。

〔註177〕見《舊唐書》，卷五一，〈玄宗楊貴妃傳〉，頁 2179。

〔註178〕元開〔日〕撰、汪向榮校注，《唐大和上東征傳》（北京，中華書局，2000 年），頁 51。

海到日本的各種技藝的工匠，顯見揚州當時的工匠不在少數。上述這些資料側面顯示當時揚州擁有許多具技能的工匠，且其中不乏良工巧匠，為揚州手工業的興盛奠下了良好基礎。

除上述有利因素外，揚州手工業與鄰近地區的產業分工模式、多樣化的手工業產品及大型手工業作坊的出現等，亦是促進且提升揚州手工業整體發展的重要因素。其中最值得一提的是，揚州的手工業和江西地區的饒州、浙東的越州衢州，以及浙江西道的潤州等地，形成了產業分工的模式。如揚州本地不產金銀，乃從富於金銀礦藏的江西地區及浙東地區的越州、衢州等地，輸入金銀原料，待再加工後，除部分作為本地從事金銀製造業業者的加工原料外，並製成一定式樣上供；此外，亦有相當部分的金銀錠〔註179〕成為商品而流入市場。

另一方面，揚州由各金銀產地所輸入，且經揚州手工業者加工過的金銀錠等，則又透過市場的買賣機制而銷售到其他地區，以供製造金銀器等物。如浙西觀察使李德裕奉旨製造金銀器時，因金銀的庫存量不足，因此要到當時最大的金銀市場——揚州來購買金銀，以供製作及加工「宣索」的銀器〔註180〕。上述這種產業分工模式，極大促進了揚州和周邊地區經濟上的連結，並且相當程度地活絡了揚州所在的江淮區域經濟，使得區域總體經濟蓬勃發展起來。

其次，因揚州本地及其腹地，提供了發展手工業所需的豐富原料，加以唐代中期以後，商品經濟發展的影響，是以揚州的手工業的呈現多樣化的發展，手工業的類別也因此而相當地繁多。可分為製銅業、鑄錢業、金銀製造業、軍器製造業、造船業、製鹽業、製茶業、紡織業、木器業、製帽業、製糖業、漆器業、造紙業及骨雕業等十餘種手工業。揚州手工業產品的不但有著多樣化的特徵，產品的創新性，亦為其手工業產品的特色。

此外，由於揚州的若干手工業，為因應市場上需求量的增加〔註181〕，必需著手於產量的提升，因此大規模的生產製造乃成為不可避免的趨勢。從上節所述的考古發現，可證揚州當時已有金屬熔鑄及雕刻製骨等手工業的大型手工業作坊。由於這些大型手工業作坊的運作，使得揚州部分手工業者的產

〔註179〕因目前所能掌握的文獻及考古資料相當有限，有關揚州加工製成的金銀產品，除了金銀器和金銀錠外，尚無法確定當時是否尚有金銀器方面的半成品供售。
〔註180〕《舊唐書》，卷一七四，〈李德裕傳〉，頁4512。
〔註181〕當時市場上需求量的增加，與人口的增長及商品經濟的推波助瀾，有密不可分的關係。

量得以提升，充裕的商品對於市場上交易的活絡，有著積極的作用。由於手工業生產技術的進步，進一步促進了商業貿易的活絡；而商業貿易的活絡，又使得市場對商品的需求更爲殷切，如此良性循環，使得揚州的整體經濟呈現快速的發展。

五、結 論

本文主要探討揚州的製銅業、鑄錢業、金銀製造業、製茶業、紡織業、軍器製造業、造船業、製鹽業、製帽業及木器業等手工業的發展。並從相關文獻資料得出揚州應在武則天時期，即已有鑄錢坊存在的結論。此外，在揚州的礦藏方面，主要對銅、鐵等礦藏進行探討，並分析了《新唐書·地理志》載揚州進貢之金、銀，應不是指揚州的金銀礦藏，而是主要應指經提煉後的金銀錠。

本文對揚州的眾多手工業的發展及技術的進步，提出了相關文獻資料記載，並以考古發現加以佐證。本文將揚州手工業所擁有的有利條件，以及促使手工業技術持續進步的因素，歸納爲五項加以論述。再者，唐代揚州的手工業的發達，與市場需求及商品經濟的發展等因素有密切關連，進而發展出大規模且多元化的手工業；另一方面，揚州與鄰近地區也出現了產業分工的模式，由江西的饒州及浙東的越、衢等州，提供金銀原料，再由揚州加工製造金銀器等物件；部分經揚州加工後的金銀製品，再經市場銷售到有金、銀需求的鄰近地區。唐代揚州的手工業的種類，據筆者的初步統計，至少應在十四種以上，本文因限於篇幅，乃針對較重要及對人民生活影響較大的十種手工業加以說明，期待未來能對揚州的手工業的整體發展及技術層面有更深入的探究。

〔附註〕本篇原刊於《淡江史學》第二十四期（2012 年 9 月）。

柒、唐代揚州的商業貿易

一、前　言

　　魏晉南北朝時期，揚州所在地區的區域經濟，因受到戰亂的影響而時榮時枯〔註1〕。隋唐時期是揚州經濟發展的加速期，隋代因南北大運河的開通及煬帝的三下揚州，促進了揚州及鄰近地區的經濟發展〔註2〕。到了唐代後，揚州因位於長江、運河交會點並具有河海合一型港口等優勢，為加以江淮地區的整體經濟繼續發展，唐前期揚州已發展為江淮平原的最大經濟都會〔註3〕。

　　安史之亂後，北方農業經濟因戰爭遭受到嚴重的破壞，而江淮以南有賴於張巡、許遠力守睢陽之功，因而經濟上的損失較小。加以大量北方人口的南遷，並帶來較先進的生產技術，以及在古代經濟重心南移的大趨勢影響下，揚州的農業、手工業及商業貿易等均十分興盛，促使揚州在中晚唐時期，一躍而成為當時的全國最大經濟都會，而有「揚一益二」之美譽〔註4〕。

〔註1〕　參見方亞光，〈六朝隋唐時期的金陵與廣陵〉，載江蘇省六朝史研究會、江蘇省社科院歷史所編，《古代長江下游的經濟開發》（西安，三秦出版社，1989年），頁92～102詳論。

〔註2〕　隋煬帝三次下揚州，對於揚州政治地位的提昇及揚州經濟的發展所產生的催化作用，參見方亞光，〈隋唐揚州歷史二題〉，收入《江蘇史論考》（江蘇，江蘇古籍出版社，1989年），頁144～150詳論。

〔註3〕　見劉希為，〈盛唐以後商胡麇集揚州之由〉，載《古代長江下游的經濟開發》，頁262。

〔註4〕　參見司馬光〔宋〕等撰，《資治通鑑》（臺北，世界書局，1974年），卷二五九，昭宗景福元年七月丙辰條，頁8431。其中「揚」指揚州，「益」係指益州。並參見洪邁〔宋〕，《容齋隨筆》（上海，上海古籍出版社，1996年），卷九，頁

　　唐代揚州所在的江淮地區，由於掌握了移栽、稻麥複種〔註5〕等較先進的耕作技術，以及牛耕的廣泛使用〔註6〕等因素，因此農業生產較前代大為進步。耕作技術的進步，使單位生產量得以提昇，農民方有剩餘的糧食及副產品可以進入商品市場；並且這些糧食及副產品，經過交易或交換後，也使得農民較有能力去購買手工業製品。加以揚州的手工業相當地發達，其產品具備多樣化及大規模製造的特徵，因此市場上對於商品及交易的需求乃與日俱增。以上這些有利因素，促使揚州的商業貿易不但十分發達，並且還持續暢旺。

　　本文主要探討揚州的商業貿易情形，一方面藉由史籍記載及唐代詩人所描繪當時揚州的詩文，來呈現揚州的繁榮及富庶，另一方面，則探討唐代揚州在國內及國際商業貿易等方面的發展；並對揚州及其貿易網絡的關係加以論述及分析。同時，亦企圖連繫唐代揚州經濟的繁榮，與其廣大腹地的密切關連性。

　　在研究對象方面，因狹義的揚州城，係指揚州的郭下縣，包括西側的江都縣及東側的江陽縣〔註7〕，然涉及揚州的相關史籍及眾多唐人詩文，絕大多數並未指明其敘述或描繪的對象是揚州城，抑或是揚州地區。有鑑於此，本文所指揚州，除個別情形外，係指包括江都、江陽、六合、海陵、高郵、揚子及天長等七縣在內的揚州地區。

　　在相關研究回顧方面，將主要分為以下數方面加以說明：

122「唐揚州之盛」條。

〔註5〕參見林立平，〈唐代主糧生產的輪作複種制〉，載《暨南學報》（哲社版），1984年第1期，頁46及朱祖德，〈唐五代淮南地區的經濟發展〉，載《中國中古社會與國家——中國中古「社會與國家」史料典籍研讀會成果論文集》（臺北，稻鄉出版社，民國98年），頁324～325。

〔註6〕據學者研究，江蘇北部地區早在漢代，就已實施牛耕，參見李學勤、徐吉軍主編，《長江文化史》（南昌，江西教育出版社，1996年），上冊，頁239～240。江蘇北部地區約為唐代淮南東部地區包括揚州及楚州等地。舒州等地在東漢時因廬江太守王景「教用牛耕，由是墾闢，境內豐給。」參見王象之〔宋〕，《輿地紀勝》（臺北，文海出版社據咸豐五年南海伍氏粵雅堂影印，民國60年）卷46，〈淮南東路‧安慶府〉，頁335。以此推之，淮南部分地區在漢代已使用牛耕技術，到了唐代，其間又經過400至500年時間，因此可以合理推論唐代淮南其他地區亦已採用牛耕技術。

〔註7〕參見劉昫〔後晉〕，《舊唐書》（臺北，鼎文書局點校本，1992年），卷四○，〈地理志‧淮南道‧揚州〉，頁1572。若單指揚州城，即為揚州的郭下縣，包括西側的江都縣及東側的江陽縣。

（一）經濟重心南移問題

在探討經濟重心南移問題方面，專書主要有鄭學檬的《中國古代經濟重心南移和唐宋江南經濟研究》一書，主要探究經濟重心南移問題，並對經濟重心南移的定義、標準及分期有精闢的研究，是一部唐宋經濟史方面的力作。楊遠的《西漢至北宋中國經濟文化向南發展》一書，從戶口、糧食生產及進士籍貫等各方面，來分析中國古代經濟文化由北向南發展的趨勢。此外，尚有杜瑜的《中國經濟重心南移──唐宋間經濟發展的地區差異》等書，亦對唐宋經濟重心南移的課題有所論述。

至於單篇的重要論文則有日本學者桑原隲藏撰，黃約瑟譯的〈歷史上所見的南北中國〉、曹爾琴的〈唐代經濟重心的南移〉、林立平的〈試論唐宋之際城市分佈重心的南遷〉、施和金的〈唐宋時期經濟重心南移的地理基礎〉、魏明孔的〈隋唐手工業與我經濟重心的南北易位〉及王洪軍的〈唐代水利管理及其前後期興修重心的轉移〉等多篇文章，對研究經濟重心南移課題均有參考價值。

（二）區域經濟研究

長江下游的區域經濟研究方面，則有江蘇省六朝史研究會及江蘇省社科歷史所主編的《古代長江下游的經濟開發》一書，論述主題涵蓋農業、手工業、商業、交通、水利、城市經濟、土地制度及戶口賦稅等，對區域史研究具有重要的參考價值。不過由於該論文集的成書時間較早，以致未能參考新發現的部分考古資料。

陳勇的《唐代長江下游經濟發展研究》及張學恕的《中國長江下游經濟發展史》隋唐五代部分，對長江下游的經濟發展有相當翔實的敘述。由應岳林、巴兆祥合寫的《江淮地區開發探源》一書是研究淮南區域史的著作。此外，江蘇社會科學院江蘇史綱編寫組的《江蘇史綱》古代卷，則對江蘇北部地區有較細部的敘述，可作為參考。論文方面，則有方亞光的〈論唐代江蘇地區的經濟實力〉及翁俊雄的〈唐代長江三角洲核心地區經濟發展初探〉等數篇論文。

（三）農業發展

在農業方面，則有張澤咸的《隋唐時期農業》及裴安平、熊建華合著的《長江流域的稻作文化》等專書。由於後者較偏重於史前時期，且以專題方

式敘述，因此對於唐代長江流域的稻作著墨不多；在論文部分史念海的〈隋唐時期長江下游農業的發展〉、鄭學檬的〈五代時期長江流域及江南地區的農業經濟〉、顏亞玉所撰〈唐中後期淮南農業的發展〉及李天石的〈唐代江蘇地區農業經濟發展述論〉等數篇論文，對於江淮地區的農業，進行了相關研究。

（四）手工業

張澤咸的《唐代工商業》一書，對唐代手工業及商業作全面性的評述，為目前工商業方面較完備的著作。唯該書所涉及唐代商業部分為綜論性質，對區域或個別城市的經濟發展則著墨不多。魏明孔的《隋唐手工業研究》一書，則對隋唐時期手工業的發展及經濟重心南移問題頗多著墨。在各種手工業的研究方面，則以冶金業、製瓷業、製茶業、紡織業及製鹽業等研究成果較多。

冶金業以楊遠的《唐代的礦產》及張澤咸的〈唐代的五金生產〉，較具代表性。金銀生產方面，日本學者加藤繁的《唐宋時代之金銀研究》是加藤繁在《中國經濟史考證》外的另一部重要著作，對唐宋時期的金銀製造研究頗有啟發性。齊東方的《唐代金銀器》，內容結合了文獻及出土實物，並詳述唐代金銀的生產、製造、販售及南北方器物的差距等。

製瓷業方面，馮先銘的《中國陶瓷》及中國硅酸鹽學會主編的《中國陶瓷史》二書對唐代的瓷器製造有相當詳細的介紹。齊東方的《隋唐考古》及秦浩的《隋唐考古》的陶瓷部分，對唐五代的瓷器研究亦頗有助益。學位論文方面，則有康才媛的《唐代越窯青瓷的研究》及陳瑋靜的《唐代長江中下游地區瓷器手工業之研究》等博士論文，前者精研越窯所生產的青瓷器，後者則對唐代長江中下游地區瓷器的型式、製造及銷售作了深入的研究。

紡織業方面，專書以盧華語的《唐代桑蠶絲綢研究》較具代表性，唯該書因體例關係，對區域性的紡織業發展著墨不多，僅作大致介紹。論文方面，嚴耕望的〈唐代紡織工業之地理分佈〉及王永興的〈試論唐代紡織業的地理分佈〉二文，對唐代紡織業的種類、技術、前後期差異及南北分布等，作了較深入的探究。製鹽業方面，陳衍德、楊權合著的《唐代鹽政》及郭正忠編的《中國鹽業史》（古代篇）較為重要，是值得參考的書籍；而日本學者佐伯富在《中國鹽政史の研究》第三章及第四章唐及五代部分，對巡院、鹽商及鹽法等方面多所著墨，頗值得參考。論文部分，尚有孫永如、張建生合撰的〈論唐代後期淮南道鹽業與社會經濟的發展〉一文。

在茶葉的生產及銷售方面，專書主要有孫洪升的《唐宋茶葉經濟》一書；論文則有林文勛的〈唐代茶葉產銷的地域結構及對全國經濟聯繫的影響〉、王洪軍的〈唐代的茶葉生產——唐代茶葉史研究之一〉、李季平與王洪軍合撰〈唐代淮南、江南兩道的茶葉生產〉及陳勇、黃修明合撰的〈唐代長江下游的茶葉生產與茶葉貿易〉等數篇論文，對於唐代茶葉的生產、製作、運銷及茶稅等重要課題的研究有所助益。

（五）商業貿易

專書方面，桑原騭藏著，楊鍊譯的《唐宋貿易港研究》及凍國棟的《唐代的商品經濟與經營管理》二書均有參考價值。在草市的萌芽及發展方面，傅宗文的《宋代草市鎮研究》，對草市的起源、草市向鎮縣轉化等問題作了研究，對唐代草市的研究亦有所啟發。論文方面，主要則有凍國棟的〈唐代長江下游地區的開發與市場的擴展〉等文章。

（六）交通運輸

交通運輸方面，專書主要有劉希為的《隋唐交通》、史念海的《唐代歷史地理研究》及楊淑洪的《唐代漕運運輸之研究》等三部專著。其中劉希為的《隋唐交通》一書是隋唐交通史方面專著；史念海的《唐代歷史地理研究》為作者數十年來研究唐代歷史地理之力作，足可為研究唐代歷史地理者借鏡。楊淑洪的《唐代漕運運輸之研究》，研究課題不但涉及廣泛且深入，是研究唐代經濟史的參考論著。此外，嚴耕望的《唐代交通圖考》亦是影響相當大的交通及地理著作，可惜嚴氏尚未完成其計畫中的淮南部分即已謝世，故無緣得見。論文方面，則以全漢昇的〈唐宋帝國與運河〉影響較大，該文揭示了運河研究課題，有對運河方面的研究有相當的開創性。

（七）城市史研究

城市方面研究，專書主要有黃新亞的《消逝的太陽——唐代城市生活長卷》及程存潔的《唐代城市史研究初篇》二書，其中《唐代城市史研究初篇》一書，上篇為東都（洛陽）研究，下篇則為唐王朝邊城研究。此外，施堅雅主編，葉光庭等譯，陳橋驛校訂的《中華帝國晚期的城市》，則呈現各國學者治區域史的方法和概念，值得借鏡。

在揚州城市經濟方面，全漢昇所撰〈唐宋時代揚州經濟景況的繁榮與衰落〉，為較早研究揚州經濟方面的論文。史念海的〈論唐代揚州和長江下游的

經濟地區〉一文，以長江下游的整體經濟發展的角度來看揚州的經濟情形。
韓茂莉撰，〈唐宋之際揚州經濟興衰的地理背景〉，從地理環境的變遷角度來
探討唐代揚州的興盛及唐末五代時的衰微的原因。唯前述論文或因撰寫時間
較早，或因討論主題而有所侷限，以致未能吸收近年揚州城的考古發掘相關
成果，因此本文在這方面，試圖對揚州近年的考古方面成果有較完整的呈現。
此外，日本學者愛宕元的〈唐代の揚州城とその郊區〉一文，揭示了揚州城
牆規模的變化過程，並對揚州城的城區有所研究。

在城市與交通的關係方面，論文有史念海的〈隋唐時期的交通與都會〉
一文，對隋唐時期的交通路線及城市有廣泛性的探討，另史念海的〈隋唐時
期運河和長江的水上交通及其沿岸的都會〉一文，則對長江及運河的水路交
通及沿線的都市有深入的研究。由於國內外學者對揚州，以及揚州的城市經
濟方面的研究，已有一定的成果，對本文撰寫有相當的助益。換言之，本文
的寫作過程中相當程度有賴於前輩學者的心血及成果。

有鑑於目前相關研究成果，雖對揚州的商業貿易情形有所探討，但對於
探究揚州的腹地地區的範圍，以及這廣大腹地與揚州間的關係和相互間所發
揮的加乘效果，這方面論者則相對較少，即使有涉及者，亦未能加以深入的
探討。因此本文除詳述揚州的國內貿易及國際貿易外，並有專節討論唐代揚
州的貿易網絡，其目的在於透過揚州貿易網絡的探究，對其腹地區域的位置、
地理空間及與揚州商品的互補性等方面，有進一步的瞭解，以期對唐代揚州
整體經濟發展的進程，以及對其腹地的影響有更為深入的瞭解。

二、唐代揚州繁榮的景況

唐代揚州因擁有堅實的農業及手工業基礎〔註8〕，加上位於長江和南北大
運河這兩條水運動脈的交會點上，得天獨厚的良好地理位置，使揚州的水陸
交通運輸均十分便捷。加以唐代揚州是河海合一型的港口〔註9〕，海船可直達

〔註8〕 唐代揚州農業經濟的發展參見史念海，〈論唐代揚州和長江下游的經濟地
　　　 區〉，《揚州師院學報》，1982 年第 2 期，頁 21～27 及顏亞玉〈唐中後期淮南
　　　 農業的發展〉，《中國社會經濟史研究》，1984 年第 4 期，頁 72～77 詳論；揚
　　　 州手工業發展部分，參見朱祖德〈唐代揚州手工業析論〉，《淡江史學》第 24
　　　 期（2012 年 9 月），頁 126～147 詳論。
〔註9〕 羅傳棟主編，《長江航運史》（古代部分）（北京，人民交通出版社，1991 年），
　　　 頁 184～186。

揚州城外；且揚州又身爲陸上絲綢之路的終點站，來自全國各地及海外商客雲集於揚州，使得商業貿易活動十分活絡，從而促進了揚州整體經濟的發展與進步。

　　然而揚州的繁榮並非一蹴可及的，仍有其發展進程。而揚州在唐初李襲譽任揚州大都督府長史時，當地俗尚即已是「俗好商賈，不事農桑」〔註10〕。足見當地從商的習俗已有一段時間了。至武則天長安年間（701～704）蘇瓌任長史時，史云「揚州地當衝要，多富商大賈，珠翠珍怪之產，前長史張潛、于辯機皆致之數萬，唯瓌挺身而去。」〔註11〕，表明至武后時期，揚州已儼然成爲「富商大賈」集中之地，足見當時揚州的商業貿易已日漸繁榮。

　　唐代著名詩人杜牧亦說「揚州大郡，爲天下通衢」〔註12〕，說明揚州因便利的交通樞紐位置，促進了商業貿易的繁榮。而權德輿撰的〈淮南杜公遺愛碑〉更指稱揚州所在的淮南地區是「通夷越之貨賄，四會五達，此爲咽頤」〔註13〕，適切地反映了當時揚州處於四通八達之地，水陸交通均相當便捷的情形。

　　安史之亂後，當北方地區飽受戰亂及藩鎮割據之苦時，因江淮地區相對較爲安定，有利於經濟的發展。且當時爲數眾多的北方移民避亂南下，使得揚州地區人口大爲增加，揚州因而「人物繁會」〔註14〕。這些移民除增加了勞動力外，對生產技術的進步亦有相當的貢獻。揚州本是東南貢賦集中之地，在消費人口以及勞動力大量增加後，呈現了舟車相屬，晝夜不絕，欣欣向榮的景象。

　　而揚州發達且多樣化的手工業，爲市場提供了豐富的商品，可以從事商業交易。此外，來自海外的舶來品也源源不絕，使揚州的商業貿易十分活絡。揚州的經濟遂在此有利情況下，持續快速地發展，其後揚州遂成爲全國最大

〔註10〕《舊唐書》，卷五九，〈李襲譽傳〉，頁2332。
〔註11〕見《舊唐書》，卷八八，〈蘇瓌傳〉，頁2787。
〔註12〕杜牧〔唐〕撰，斐延翰編，《樊川文集》（臺北，漢京文化出版公司，民國72年），卷一六，頁245，〈上宰相求湖州第二啓〉。
〔註13〕權德輿〔唐〕，《權載之文集》（臺北，臺灣商務印書館據四庫叢刊本影印，民國64年），卷一一，頁63下至頁65下，〈大唐銀青光祿大夫檢校司徒同中書門下平章事太清宮及度支諸道鹽鐵轉運等使崇文館大學士上柱國岐國公杜公淮南遺愛碑銘〉。
〔註14〕見白居易〔唐〕撰，顧學頡校點，《白居易集》（北京，中華書局點校本，1991年），卷五六，頁1196，〈答李廓《授淮南節度使謝上表》〉。

經濟都會，而有「揚一益二」的名號〔註15〕。由於當時揚州經濟相當繁榮，故唐末崔致遠在為高駢所作的〈請巡幸江淮表〉中，即盛讚當時富庶的揚州地區是「揚都粵壤，桂苑名區」〔註16〕，衡諸當時揚州的整體經濟情形，崔致遠所言實無過譽之處。

有關「揚一益二」這個稱謂，最明確的說法見於《資治通鑑》，卷二五九，昭宗景福元年（892）七月丙辰條，其云：「先是揚州富庶甲天下，時人稱『揚一益二』」〔註17〕。洪邁在《容齋隨筆》，卷九，〈唐揚州之盛〉條亦云「唐世鹽鐵轉運使在揚州，盡斡利權，判官多至數十人，商賈如織。故諺稱『揚一益二』，謂天下之盛，揚為一而蜀次之也」〔註18〕，文中稱之為「諺稱」，表明「揚一益二」說法的形成已有一段相當長時間。此外，《全唐詩》，卷八七七〈鹽鐵諺〉，其云：「唐世鹽鐵轉運使在揚州，盡筦利權，商賈如織，天下之盛，揚為首而蜀次之，故諺曰『揚一益二』」〔註19〕。宋代韓琦的〈揚州廳壁題名記〉也認為「揚九州之一，地總淮海，扼制吳會，……故有唐藩鎮之盛，惟揚、益二州，號天下繁侈」〔註20〕。

其實在唐代就已有類似的說法，只不過尚未十分明確而已，如《元和郡縣圖志》云，揚州「與成都號為天下繁侈，故稱揚益。」〔註21〕唐代著名詩人劉禹錫在〈奉和淮南李相公早秋即事寄成都武相公〉詩中有「八柱共承

〔註15〕 參閱李廷先，〈唐代揚州的商業〉，《揚州師院學報》，1986年4月，頁374。

〔註16〕 該文雖為崔致遠所作，然實則高駢之宿願矣，見崔致遠〔新羅〕撰，黨銀平校注，《桂苑筆耕集校注》（北京，中華書局，2007年），卷二，頁55，〈請巡幸江淮表〉。

〔註17〕 《資治通鑑》，卷二五九，昭宗景福元年七月丙辰條，頁8431。

〔註18〕 見《容齋隨筆》，卷九，頁122「唐揚州之盛」條。然並非每任鹽鐵轉運使均駐揚州，如為淮南節度使兼領者，如王播和高駢，方駐揚州，參見王溥〔宋〕，《唐會要》（上海，上海古籍出版社，1991年），卷八七，〈轉運使〉，頁1560～1561。

〔註19〕 見彭定求、沈三曾〔清〕等纂修，《全唐詩》（上海，上海古籍出版社，1990年），卷八七七，頁2141下。

〔註20〕 阿克當阿、姚文田〔清〕撰，《嘉慶重修揚州府志》（揚州，廣陵書社據嘉慶十五年刻本影印，2006年），卷六三，〈藝文二〉，頁1234下。

〔註21〕 此條今本《元和郡縣志》缺載，此處乃是引自《輿地紀勝》，卷三七，〈淮南東路〉，頁278下注引《元和郡縣志》文。按李吉甫〔唐〕撰，《元和郡縣圖志》（北京，中華書局點校本，1995年）的〈淮南道〉部分全佚，而《輿地紀勝》此處乃是徵引自《元和郡縣志》原文，故仍稱《元和郡縣圖志》。又繆荃孫〔清〕輯，《元和郡縣圖志逸文》，卷二，〈淮南道‧揚州〉，亦收此條。

天，東西別隱然」〔註22〕語，其中「東」指揚州：「西」係指成都；此二句意爲東有揚州、西有成都，且均威重一方，此詩中已然將揚、益並舉。而約在同時，武元衡在〈奉酬淮南中書相公見寄〉詩序中也說：「時號揚益，俱爲重藩，左右皇都。」〔註23〕詩中「中書相公」係指李吉甫，李吉甫在元和三年至元和五年間（808～810）爲淮南節度使，並兼中書侍郎平章事（使相），故此詩應作於此期間，亦即憲宗初年，足見在當時已有類似的說法流傳。

而更爲明確的是盧求在〈成都記序〉文中所說：「大凡今之推名鎭爲天下第一者，曰揚、益，以揚爲首，蓋聲勢也。」〔註24〕此語如稍加引申，即「揚一益二」之意，故「揚一益二」之說，即應由此而出，但在當時應尙未有此種說法。雖然盧求在其後又說「較其要妙，揚不足以侔其（成都）半。」〔註25〕似乎對揚州及益州的等第有不同的意見，但並不會影響到當時人心目中的看法，因此觀念已深植人心了〔註26〕。

按盧求的〈成都記序〉作於宣宗大中九年（855），較武元衡撰寫〈奉酬淮南中書相公見寄〉詩序的時間，僅晚約50年，而「揚一益二」之說卻已隱然成形。有關「揚一益二」說法的形成時間，從時間的排序來看，李吉甫撰寫《元和郡縣圖志》時，揚、益二州顯然已超過其他名都雄郡，而有旗鼓相當之勢。直至盧求撰寫〈成都記序〉時，當時人們此議題仍有不同看法，以致未形成定論，因此「揚一益二」說的定型時間，應在盧求撰寫〈成都記序〉之後，而在唐末逐漸成爲一致性的看法。

在城市經濟的發展方面，據文獻記載，在隋代揚州即出現了商業性的街市〔註27〕，到了唐代，揚州城市經濟仍然持續發展，在中晚唐時期，揚州已由唐前期的地區性經濟中心，因農業、手工業及商業貿易等方面的快速發展，一躍而成爲全國最大經濟都會，如《新唐書》，卷二二四，〈叛臣下‧高駢傳〉

〔註22〕劉禹錫〔唐〕撰，蔣維崧等箋注，《劉禹錫詩集編年箋注》（濟南，山東大學出版社，1997年），頁60，〈奉和淮南李相公早秋即事寄成都武相公〉。

〔註23〕見《全唐詩》，卷三一七，頁787中。

〔註24〕見董誥〔清〕等編，《全唐文》（上海，上海古籍出版社，1993年），卷七四四，頁3413下。

〔註25〕《全唐文》，卷七四四，頁3413下。

〔註26〕見謝元魯，〈揚一益二〉，載《唐史論叢》第3輯（西安，三秦出版社，1987年），頁236。

〔註27〕參見李裕群，〈隋唐時代的揚州城〉，《考古》，2003年第3期，頁73。

云：「揚州雄富冠天下。」〔註28〕又《舊唐書》，卷一八二〈高駢傳附秦彥傳〉亦云：「江淮之間，廣陵大鎮，富甲天下。」〔註29〕更有甚者，《太平廣記》，卷二七三，〈杜牧條〉引《唐闕史》說：

> 揚州，勝地也。每重城向夕，倡樓之上，常有絳紗燈萬數，輝羅耀烈空中。九里三十步街中，珠翠填咽，邈若仙境〔註30〕。

詩中「珠翠填咽，邈若仙境」等語對揚州的夜生活之描繪雖稍嫌誇大，而杜牧雖風流成性，然因他不但是唐代著名詩人，且長期旅居揚州，所言應與實際情形相差不遠。杜牧在揚州時因經常流連於青樓，其後乃自嘲云：「落魄江湖載酒行，楚腰纖細掌中情，三年一覺揚州夢，贏得青樓薄倖名」〔註31〕。此外，《全唐詩》，卷八六二，〈廣陵道士〉詩云：「無事到揚州，相攜上酒樓。藥囊爲贈別，千載更何求」〔註32〕，亦爲當時揚州酒樓甚多的寫照。

此外，李紳的〈宿揚州〉詩云：「江橫渡闊煙波晚，潮過金陵落葉秋，嘹唳塞鴻經楚澤，淺深紅樹見揚州。夜橋燈火連星漢，水郭帆檣近斗牛，今日市朝風俗變，不需口問迷樓。」〔註33〕其中「夜橋燈火連星漢，水郭帆檣近斗牛」句，說明揚州即使在晚上，仍有船舶川流不息地進出。王建的〈夜看揚州市〉詩云「夜市千燈照碧雲，高樓紅袖客紛紛，如今不似時平日，猶自笙歌徹曉聞」〔註34〕等，是對揚州繁華的夜市及夜夜笙歌的最佳寫照。以上例子表明唐代詩人屢屢提及揚州繁華的夜市，以及熱鬧的夜生活絕非偶然〔註35〕。《資治通鑑》，卷二五九，景福元年（892）七月丙辰條：「先是

〔註28〕見歐陽修、宋祁〔宋〕等撰，《新唐書》（臺北，鼎文書局點校本，1992 年），卷二二四，〈叛臣下・高駢傳〉，頁 6404。

〔註29〕見《舊唐書》，卷一八二，〈高駢傳附秦彥〉，頁 4716。

〔註30〕見李昉等〔宋〕編，《太平廣記》（臺北，文史哲出版社，民國 76 年），卷二七三，〈婦人四附妓女・杜牧條〉引《唐闕史》，頁 2151。

〔註31〕《太平廣記》，卷二七三，〈婦人四附妓女・杜牧條〉引《唐闕史》，頁 2151。

〔註32〕《全唐詩》，卷八六二，頁 2111 中。

〔註33〕《全唐詩》，卷四八一，頁 1220 上。

〔註34〕《全唐詩》，卷三〇一，頁 759 上。

〔註35〕如杜牧，〈贈別〉詩云：「春風十里揚州路，卷上珠簾總不如」，見《樊川文集》，卷四，頁 82；又《全唐詩》，卷八七二，無名氏，〈言志〉詩云：「腰纏十萬貫，騎鶴上揚州」，皆是揚州繁華及豔麗的夜生活之最佳寫照。張雁南氏認爲揚州的消費經濟，與青樓妓業脫離不了關係，他認爲「揚州繁榮的青樓妓業，醉生夢死的生活方式，吸引了大批慕名而來的消費者，使旅遊、服飾、化妝品等行業形成了一條產業鏈，推動了當地消費經濟的增長」，參見張雁南

揚州富庶甲天下，時人稱『揚一益二』〔註36〕。揚州由於財力的雄富，遂成為一個非常繁榮的大都會〔註37〕。

此外，中晚唐的詩人在詩中對揚州的繁榮情景，多所稱頌，如韋應物在〈廣陵行〉中對揚州的雄富做了全面的描寫：

> 雄藩鎮楚郊，地勢鬱岧嶢。雙旌擁萬戟，中有霍嫖姚。
>
> 海雲助兵氣，寶貨益軍饒。嚴城動寒角，晚騎踏霜橋。
>
> 翕習英豪集，振奮士卒驍。列郡何足數，趨拜等卑寮〔註38〕。

其中「寶貨益軍饒」等語，說明揚州的商業貿易相當發達。而權德輿的〈廣陵詩〉更以比喻手法來形容揚州的繁華：

> 廣陵實佳麗，隋季此為京，八方稱輻湊，五達如砥平。
>
> 大旆映空色，笳簫發連營，層臺出重宵，金碧摩顥清。
>
> 交馳流水轂，迴接浮雲軑，青樓旭日映，綠野春風晴〔註39〕。

其中「八方稱輻湊，五達如砥平」顯示了廣陵（揚州）的交通發達，為水陸要衝。「交馳流水轂」語則形容揚州因交通便捷，且商業貿易活絡，因此來往的人車及商旅甚眾。

李紳詩云：「夜橋燈火連星漢，水郭帆檣近斗牛。」〔註40〕李紳此詩說明揚州夜市的繁盛和水上交通的繁忙。更有甚者，趙嘏的〈送沈單任江都尉〉詩中云：「煬帝都城春水邊，笙歌夜上木蘭船。三千宮女自塗地，十萬人家如洞天」〔註41〕，詩中以「十萬人家如洞天」形容揚州的人口，雖稍嫌誇張，但以當日揚州的繁榮景況來說，應是符合實際情形的。

據《唐大和上東征傳》載，鑑真和尚從廣州回到揚州時「江都道俗，奔

著，《唐代消費經濟研究》（濟南，齊魯書社，2009 年），頁 341。張氏並認為揚州是當時除兩京外，青樓消費文化最繁榮的地方（頁 102）。

〔註36〕《資治通鑑》，卷二五九，昭宗景福元年七月丙辰條，頁 8431。

〔註37〕見全漢昇，〈唐宋時代揚州經濟景況的繁榮與衰落〉，刊《中研院史語所集刊》第 11 本，民國 33 年 9 月，頁 151。

〔註38〕見《全唐詩》，卷一九四，頁 455 上。

〔註39〕見權德輿〔唐〕撰，霍旭東校點，《權德輿詩集》（蘭州，甘肅人民出版社，1994 年），卷九，頁 119。

〔註40〕見《全唐詩》，卷四八一，頁 1220 上，〈宿揚州〉。

〔註41〕《全唐詩》，卷五四九，頁 1404 中。許渾和薛逢都有相同之詩，見《全唐詩》，卷五三五，1352 上及《全唐詩》，卷五四八，頁 1400 上。據計有功〔宋〕著，王仲鏞箋注，《唐詩紀事校箋》（成都，巴蜀書社，1992 年），卷五六，頁 1539，〈趙嘏條〉，張為取嘏此詩作〈主客圖〉，因而此詩應為趙嘏所作。

塡道路，江中迎舟，舳艫連接。」〔註42〕足見當時揚州不僅市況繁榮，並因人口的眾多，而顯得相當擁擠。而杜牧的〈揚州〉詩亦云：「金絡擎鵰去，鸞環拾翠來。蜀船紅錦重，越橐水沉堆。」〔註43〕另張祜的〈庚子歲寓游楊州贈崔荊四十韻〉詩曰：「冷滑連心簟，輕疎著體繒。被裁新蜀錦，光硏小吳綾。」〔註44〕其中「蜀船」、「越橐」及「吳綾」等說明了遠從益州和鄰近的吳越一帶，都有商人前來揚州從事商業活動。而張祜詩中的「蜀錦」和「吳綾」均可見於揚州市面上，足見揚州是全國各地貨物的集散地，故商業貿易十分興盛。

而徐凝在〈憶揚州〉詩中，甚至稱：「天下三分明月夜，二分無賴是揚州。」〔註45〕，雖然有些誇大了揚州的繁榮，但卻是揚州繁榮受到時人嚮往的最佳寫照。直到文宗開成三年（838）十二月廿九日除夕，日本僧人圓仁在揚州還見到：「暮際，道俗共燒紙錢，俗家後夜燒竹，與爆聲，道『萬歲』。街店之內，百種飯食，異常彌滿。」〔註46〕可以說完全是一派昇平景象。

總而言之，揚州因位於邗溝北上的起點，又與江南河的終點京口隔江相望，並且是由長江達淮河的第一要埠〔註47〕，因而成爲極重要的漕運咽喉及交通要衝。加以手工業發達，爲唐中後期製鹽、製銅、鑄錢、造船、紡織等製造業中心，並因優良的地理位置及便捷的水陸交通，促使商業貿易的繁榮，不僅造就了揚州成爲唐中後期的全國最大經濟都會，更躋身成爲當時世界最大的貿易都會之一〔註48〕。

三、國內貿易

自隋煬帝開通南北大運河，位於長江及運河交會點上的揚州，即因優異的地理位置，使得水陸交通均相當便利，因而在經濟上有所長足的發展。加

〔註42〕參見元開〔日〕撰、汪向榮校注，《唐大和上東征傳》（北京，中華書局，2000年），頁80。

〔註43〕見《樊川文集》，卷三，頁42。

〔註44〕參見陳尚君輯校，《全唐詩補編》（北京，中華書局，1992年）上冊，第二編，孫望，《全唐詩補逸》，卷之一一，頁214～215。

〔註45〕見《全唐詩》，卷四七四，頁1199上。

〔註46〕釋圓仁〔日〕撰，白化文等校註，周一良審閱，《入唐求法巡禮行記校注》（石家莊，花山文藝出版社，1992年），卷一，〈十二月二九日條〉，頁89。

〔註47〕潘鏞，《隋唐時期的運河和漕運》（西安，三秦出版社，1986年），頁121。

〔註48〕見劉希爲，〈盛唐以後商胡麇集揚州之由〉，頁263。

以隋煬帝在十餘年內三次下揚州，不但提昇了揚州的政治地位，更促進了揚州的手工業及商業貿易的繁榮和進步。

揚州的手工業產品不但種類繁多且式樣推陳出新，據不完全統計，僅稍具規模者就達十四種以上〔註 49〕。並且考古發現由於中晚唐時期商品經濟日益活絡，致使所需要的手工業產品有增無減，為了提高產能，揚州乃順應出現了大規模的手工業作坊〔註 50〕。充足的商品供應，促使揚州的商業貿易日益活絡且蓬勃發展。

另一方面，揚州的物產亦可從土貢資料中略知端倪，據《新唐書·地理志》記載，揚州土貢有金、銀、銅器、青銅鏡、綿、蕃客袍錦、被錦、半臂錦、獨窠綾、殿額莞席、水兕甲、黃稑米、烏節米、魚臍、魚鮬、糖蟹、蜜薑、藕、鐵精、空青、白芷、兔絲、蛇粟及括蔞粉等〔註 51〕，僅《新唐書·地理志》所記載的土貢品項即達 24 項之多，大幅超越《通典·食貨典》的 14 項〔註 52〕，因此可以說隨著時間的推移，揚州的土貢項目不斷增加，側面顯示揚州經濟的蓬勃發展。

揚州擁有絕佳的地理位置，不但瀕臨大海，且位於長江和運河的交會點上，實為南北交通之要衝，水、陸運均十分便利，實是全國貨物最理想的集散地〔註 53〕。且早在唐初，揚州經商之風氣即相當盛行，《舊唐書》，卷五九，〈李襲譽傳〉即云：「江都俗好商賈，不喜農桑。」〔註 54〕。李襲譽為揚州大都督府長史期間在貞觀八年至十三年間（634～639）〔註 55〕，足見揚州當時的商人已不在少數，也象徵著揚州傾向商業貿易的發展。其後隨著揚州農業經濟、手工業的進步和發展，商業貿易日趨興盛。《舊唐書》，卷八八，〈蘇瓌

〔註 49〕 揚州的手工業主要有製銅業、鑄錢業、金銀製造業、製茶業、紡織業、軍器製造業、造船業、製鹽業、製帽業、木材業、製糖業、漆器業、造紙業及骨雕業等十餘種手工業。參見朱祖德，〈唐代揚州手工業析論〉，《淡江史學》，第 24 期（民國 101 年），頁 126～147 詳論。

〔註 50〕 朱祖德，〈唐代揚州手工業析論〉，頁 146～147。

〔註 51〕 《新唐書》，卷四一，〈地理志〉，頁 1051。

〔註 52〕 參見朱祖德，〈唐代淮南地區的經濟發展探析——以敦博第 58 號敦煌石室寫本為核心〉，載《淡江史學》第 23 期（民國 100 年），頁 10～12。

〔註 53〕 見全漢昇，〈唐宋時代揚州經濟景況的繁榮與衰落〉，頁 153。

〔註 54〕 見《舊唐書》，卷五九，〈李襲譽傳〉，頁 2332。

〔註 55〕 見郁賢皓，《唐刺史考》（中華書局香港分局、江蘇古籍出版社聯合出版，1987年版），頁 1445。

傳〉稱：「揚州地當衝要，多富商大賈，珠翠珍怪之產。」〔註56〕，而在《唐會要》，卷八六亦稱：「廣陵當南北大衝，百貨所集。」〔註57〕足見揚州擁有優越的地理位置，因而百貨均在此銷售。

又杜牧在〈上宰相求湖州第二啓〉中亦稱「揚州大郡，爲天下通衢，世稱奇人術士多遊其間。」〔註58〕，足見揚州因位居交通要津，故成爲當時「百貨所集」及富商大賈、奇人異士聚集的都市。天寶二年（743）揚州大明寺高僧鑑眞，準備東渡日本，所置辦的東西中有農產品、漆器、玉器、各式銅器及各種香料等多達六百餘斤〔註59〕。其中有來自海外的伊朗、波斯及印度等地的香料，也有來自嶺南地區的白籐簞、五色籐簞〔註60〕等特產，充分反映當時揚州已是百貨所集的商業大城。

由於安史之亂後的持續發展，使揚州由地區性的經濟中心，一躍而成爲全國最大經濟都會，得到「揚一益二」的稱號〔註61〕。在此種情形下，除了富商大賈要到揚州來牟利外，連各地的節度使，甚至朝廷官員都來到此處設置邸店，以致引起朝廷的重視下令禁止，在代宗大曆十四年（779）七月下詔：「王公卿士不得與民爭利，諸節度觀察使於揚州置迴易邸，並罷之。」〔註62〕可見在此之前，揚州市上掛著官方招牌營業而取私利者不在少數，一般商賈在此開業者的自然更多。這次的皇帝詔令的成效如何，史無明文，而所謂的「王公卿士」也很可能不會因一道詔令而置厚利於不顧，其效果可想而知。

此外，據《太平廣記》記載：「杜子春者，蓋周隋間人。……子春以孤孀寓淮南，遂轉資淮南，置良田百頃，郭中起甲第，要路置邸百餘間，悉召孤孀分居其中。」〔註63〕記杜子春受人所託，於淮南置邸百間之事。如此條記載在揚州郭中起甲第置邸的時間無誤的話，則揚州置邸的歷史應可提前至隋代。

〔註56〕見《舊唐書》，卷八八，〈蘇瓌傳〉，頁2787。
〔註57〕見《唐會要》，卷八六，〈市〉，頁1582。
〔註58〕《樊川文集》，卷一六，頁248，〈上宰相求湖州第三啓〉。
〔註59〕參見《唐大和上東征傳》，頁47～48。
〔註60〕《新唐書》，卷四三上，〈嶺南道〉載廣州土貢籐簞，循州土貢五色籐盤，振州土貢五色籐盤，賓州土貢籐器，參見《新唐書》，卷四三上，〈地理七下·嶺南道〉，頁1095～1102。
〔註61〕有關「揚一益二」的稱號及形成時間，參見本文第二節詳論。
〔註62〕見《舊唐書》，卷一二，〈德宗紀〉，頁322。
〔註63〕《太平廣記》，卷一六，〈杜子春條〉，頁109～110。

當時揚州還出現了類似現今金融業的柜枋，如《太平廣記》卷二三〈張李二公條〉載「張有故席帽，謂李曰『可持此詣藥鋪，問王老家，張三令持此取三百千貫錢』，彼當與君也。遂持帽詣王家求錢，……李問張是何人，王云『是五十年前來茯苓主顧，今有二千餘貫錢在藥行中』」〔註64〕，有學者認為此條足以證明，揚州柜坊出現時期要比長安來的早。〔註65〕筆者基本上同意此說，但認為以揚州商業經濟的發達和貨幣使用的情形來看，其時間點應可再往前提。

同書卷十六〈張老條〉亦云「張老者，揚州六合縣園叟也。……（張老）與一故席帽，曰『兄若無錢可于揚州北邸賣藥王老家，取一千萬，持此為信。』」〔註66〕此條史料中，揚州的藥鋪僅憑信物（均是故席帽），就可提領鉅額的現錢，可見這套交易制度行之已久。然《太平廣記‧張老條》云張老係梁天監（502～519）時人，因此揚州設柜坊的時間或可再往前推至梁武帝天監時期。

揚州繁榮的商業直至晚唐仍不減其盛。《廣陵妖亂志》中即云：「時四方無事，廣陵為歌鐘之地，富商大賈，動逾百數。」〔註67〕，值得一提的是，呂璜、呂用之父子長期在揚州經商，呂璜「以貨茗為業，來往於淮、浙間」〔註68〕，呂用之亦「素負販，久客廣陵，公私利病，無不詳熟」〔註69〕，《新唐書》，卷二二四下，〈高駢傳〉亦云呂用之「世為商儈，往來廣陵，得諸賈之驪。」〔註70〕為其後以方術為淮南節度使高駢所重之張本〔註71〕。

在當時揚州的確有許多大商人十分活躍，如「大賈周師儒者，其居處花木樓榭之奇，為廣陵甲第。」〔註72〕這位周姓大商，能有居住在如此華麗的

〔註64〕《太平廣記》，卷二三，頁158，〈張李二公條〉。
〔註65〕諸祖煜，《東方明珠——唐代揚州》（貴州，貴州人民出版社，2001年），頁122。
〔註66〕《太平廣記》，卷一六，頁112～115，〈張老條〉。
〔註67〕見郭廷誨〔後唐〕，《廣陵妖亂志》，收錄於羅隱〔唐〕著，雍文華輯，《羅隱集》（北京，中華書局點校本，1983年），頁538。這裡要特別說明的是《廣陵妖亂志》一書，實為郭廷誨所著，而非羅隱所著，說見傳璇琮主編，《唐才子傳校箋》第五冊（北京，中華書局點校本，1995年），頁457詳論，故本處作者仍題為郭廷誨。
〔註68〕《廣陵妖亂志》，頁538。
〔註69〕《廣陵妖亂志》，頁538。
〔註70〕參見《新唐書》，卷二二四下，〈高駢傳〉，頁6396。
〔註71〕參見《新唐書》，卷二二四下，〈高駢傳〉，頁6396～6398。
〔註72〕《廣陵妖亂志》，頁250。

宅邸，可見其之富有。另一位名爲萬貞者，《太平廣記》說：「大商也，多在於外，運易財寶，以爲商」〔註73〕。這位萬姓商人應常年在外，經營高價值的商品買賣。此外，尚有名爲王四舅者，是具有相當影響力的一位揚州商人，《唐國史補》云：

> 揚州有王生者，人呼爲王四舅，匿跡貨殖，厚自奉養，人不可見。
>
> 揚州富商大賈，質庫酒家，得王四舅一字，悉奔走之〔註74〕。

看來王四舅是位富有卻十分低調的商人；「質庫」即今日之典當業，「揚州富商大賈，質庫酒家，得王四舅一字，悉奔走之」，可見王四舅之財勢及影響力之鉅，另一方面，也說明了揚州的富商大賈所在多有。另有一位被稱爲俞大娘的巨商：

> 大曆貞元間有俞大娘，航船最大，居者養生送死、嫁娶悉在其間。
>
> 開巷爲圃，操駕之工數百，南至江西，北至淮南，歲一往來，其利
>
> 甚博〔註75〕。

像這種可以讓數百人居住，並載有許多貨物的大船，可見其規模之大，應即爲《國史補》中所說的「萬石船」〔註76〕，像俞大娘這樣擁有萬石大船的巨商，每次航行的獲利想必十分豐厚，故此處說「其利甚博」。另外，可從當時商人婦的遭遇，來看當時來往揚州商旅的情形，如：

> 尼妙寂，姓葉氏，江州潯陽人也。初嫁任華，潯陽之賈也。父昇，
>
> 與華往復長沙廣陵間〔註77〕。

據此，則任昇、任華父子爲了經商而長途跋涉於長沙、廣陵間。另王建〈江南三臺詞四首〉云：

> 揚州橋邊少婦，長安城一作市裏商人，二年不得消息，各自拜鬼求神
>
> 〔註78〕。

此詩說明出外做生意的揚州商人，往往滯留經商之所長達數年，以致要「各自拜鬼求神」。又有名爲周迪者，《太平廣記》載：「迪善賈，往來廣陵」〔註79〕，

〔註73〕《太平廣記》，卷三四五，頁2735，〈孟氏條〉引《瀟湘錄》。
〔註74〕見李肇〔唐〕，《唐國史補》（臺北，世界書局，民國80年），卷中，頁46至47。
〔註75〕《唐國史補》，卷下，頁62。
〔註76〕同前註。
〔註77〕見《太平廣記》，卷一二八，頁906，〈尼妙寂條〉。
〔註78〕《全唐詩》，卷三○一，頁757中。
〔註79〕見《太平廣記》，卷二七○，頁2117，〈周迪條〉。

此條《廣陵妖亂志》所記則更為詳細，其云「有豫章民周迪，貨利於廣陵」〔註80〕，則周迪為來自江西的商賈。以上數例，顯示當時來自各地的商賈，在揚州經商謀利，以及揚州商人到外地做生意者均不在少數。

此外，因奇遇致富，在揚州大買田宅置產者亦復不少，如貞元時廣陵人馮俊，以傭工為生。在揚州逢一道士，「自此不復為人傭工，廣置田園，為富民焉」〔註81〕，另《太平廣記·杜子春條》亦有類似記載，杜子春「置良田百頃，郭中起甲第，要路置邸百餘間」〔註82〕，足見在揚州居住的富人為數不少。

揚州由於商業繁盛，因而人口大增，以致在杜亞任淮南節度使（784～789）時「僑寄衣冠及工商等多侵衢造宅，行旅擁弊。」〔註83〕，杜亞乃「開拓疏啟，公私悅賴，而盛為奢侈」〔註84〕。可見當日在揚州，因工商業的繁榮，加以人口眾多，在唐前期嚴格規定的坊市制度〔註85〕，已遭到破壞，亦是揚州商業繁榮的側面證據之一。其實早在玄宗天寶時，揚州因商業貿易的日益發達，已有跡象顯示坊市制度的約束力逐漸消失。

如《太平廣記》，卷三三四，載「韋栗者，天寶時為新淦丞，有女十餘歲，時之官。……至揚州，泊河次。女將一婢持錢市鏡，行人見其色甚艷，狀如貴人家子，爭欲求賣。有一少年年二十餘，白皙可喜。女以黃錢五千餘之，少年與漆背金花鏡，徑尺餘。」〔註86〕所謂「泊河次」，應為揚州城內官河之側，表明當時在揚州的商品交易已不侷限於坊市內〔註87〕，因原有的坊市規

<hr>

〔註80〕 《廣陵妖亂志》〈補遺〉，頁 255。
〔註81〕 《太平廣記》，卷二三，頁 157，〈馮俊條〉。
〔註82〕 《太平廣記》，卷一六，頁 109～110，〈杜子春條〉。
〔註83〕 見《舊唐書》，卷一四六，〈杜亞傳〉，頁 3963。
〔註84〕 見《舊唐書》，卷一四六，〈杜亞傳〉，頁 3963。
〔註85〕 唐前期對坊市制度有嚴格規定，違者即處杖七十之刑罰，參見劉俊文撰，《唐律疏議箋解》（北京，中華書局，1996 年），卷二六，〈雜律〉，頁 1822，「侵巷街阡陌」條，其文云「諸侵巷街、阡陌者杖七十，若種植墾食者笞五十。各令復故」。〈雜律〉另有「犯夜」條，對夜晚擊鼓後出入坊門的行為加以限制，違者處笞二十之刑罰，參見劉俊文撰，《唐律疏議箋解》，卷二六，〈雜律〉，頁 1825～1828「犯夜」條。
〔註86〕 見《太平廣記》，卷三三四，〈韋栗條〉，頁 2651。
〔註87〕 齊東方據此段史料，認為「店鋪之外的河邊，還有移動兜售的商販」，見氏著，《隋唐考古》（北京，文物出版社，2002 年），頁 46。筆者並不完全同意此種說法，其一是據齊東方，《隋唐考古》一書頁 44 的「唐揚州城平面復原圖」，官河即在大市旁邊，因此這些賣銅鏡的「行人」，極可能是由官河旁邊的市所延伸出來的商品交易模式，即和現今商店門口有人招呼的情形類似，而與一

劃無法滿足日益活絡的商業行爲，故逐漸轉向其他交通便利而又有商機的城區發展。張祜的〈縱遊淮南〉詩云：「十里長街市井連」〔註88〕，即說明了揚州市內街市相連的情形。

按唐制，州縣的治所設有市，揚州既長期作爲大都督府及淮南節度使治所，城內必然有市的設置，然而有關揚州市的記載卻並不多見，《太平廣記》，卷四七十，「謝二條」云：「唐開元時，東京士人以遷歷不給，南遊江淮。求丐知己，困而無獲。徘徊揚州久之。同亭有謝二者，矜其失意，恒欲恤之。……其後五年，士人選得江南一尉，之任，至揚州市中東店前，忽見謝二，……」〔註89〕，此條爲有關揚州市的少數記載之一，時間在開元時期，至於「東店」的位置則仍需進一步考證。

有學者推測揚州郭下有江都及江陽二縣，因而推測兩縣各有一市〔註90〕，筆者則認爲由於江陽縣是由江都縣析出，而不是一開始就有兩個縣，因此從揚州的沿革來看，大市應只有一個。並且根據目前考古發現，揚州得到確認的市，也只有緊臨官河的一個大市，另據「小市橋」之名，推測在官河同側，大市稍北之處可能尚有一小市，但仍需更多資料才能證實〔註91〕。

而在唐代揚州國內貿易的商品，種類繁多，以食鹽、茶、糧食、金銀、瓷器、藥、珠寶、木材、銅鏡及紡織品等爲大宗，分述於後。其中部分商品係來自於海外，因揚州爲當時最大的藥材集散地，這些藥材等舶來品主要集中於揚州後，再運銷至全國各地，因而仍列入國內貿易的商品。

（一）食鹽交易

淮南地區是唐代重要的海鹽產區，揚州轄內海陵監爲當時生產量最大的鹽

般流動攤商並不相同。其二是該條又載其後少年知實情後，除不再追究銅鏡的價值（三千錢）之外，又贈十千錢，以爲女子設齋。可見這位少年身上現錢不少，顯非一般流動的小販可比。

〔註88〕《全唐詩》，卷五一一，頁1298上。

〔註89〕見《太平廣記》，卷四七〇，頁3870～3871，〈謝二條〉。

〔註90〕金相範〔韓〕，〈唐代後期揚州的發展和外國人社會〉，《臺灣師大歷史學報》，第44期（2010年），頁58。金文主要依據爲愛宕元〔日〕，〈唐代の揚州城とその郊區〉，載氏著，《唐代地域社會史研究》（京都，同朋舍出版，1997年），頁375；該文原載於梅原郁〔日〕編，《中國近世の都市と文化》（京都大學人文科學研究所，1984年），頁247～288。

〔註91〕參見李裕群，〈隋唐時代的揚州城〉，《考古》，2003年第3期，頁71、73及蔣忠義，〈唐代揚州河道與二十四橋考〉，載《漢唐與邊疆考古研究》第一輯（北京，科學出版社，1994年），頁163。

監，年產量達六十萬石，與楚州鹽城監二監合計，年產量超過一百萬石〔註92〕。
而揚州又為當時東南地區海鹽的集散地，因而食鹽的交易相當活絡。《新唐書‧
食貨志》載劉晏領東南鹽事，設立了四場十監：

> 吳、越、揚、楚鹽廩至數千，積鹽二萬餘石，有漣水、湖州、越州、
> 杭州四場，嘉興、海陵、鹽城、新亭、臨平、蘭亭、永嘉、大昌、
> 候官、富都十監，歲得錢百餘萬緡，以當百餘州之賦〔註93〕。

其中漣水場在楚州及泗州交界處，十監中亦有海陵、鹽城等二監在淮南。唐
代自安史亂後實施鹽專賣制，鹽利成為政府重要的歲入項目，史云：「大曆末，
通計一歲征賦所入總一千二百萬貫，而鹽利且過半」〔註94〕。足見鹽利已成
為唐廷財政的支柱。淮南地區鹽產量既大，其鹽利亦相當可觀。由於劉晏改
革的成功，故《新唐書‧食貨志》稱：「晏之始至也，鹽利歲纔四十萬緡，至
大曆末，六百餘萬緡。天下之賦，鹽利居半，宮闈服御、軍饟、百官祿俸皆
仰給焉。」〔註95〕，其中應有相當部分鹽利，是淮南地區的貢獻。

　　日本僧人圓仁在揚州時，曾見「鹽官船積鹽，或三四船，或四五船，雙
結續編，不絕數十里，相隨而行。乍見難記，甚為大奇。」〔註96〕，足見揚
州海陵縣一帶，載鹽船來往絡繹於途，其言「不絕數十里」，可見場面亦相當
壯觀，無怪乎圓仁要大為驚奇了。

　　當時鹽鐵使因揚州地位重要，故常駐揚州，有時甚且兼任淮南節度使
〔註97〕。其後因政府不斷增加鹽價，加以奸商哄抬鹽價，使民苦於高價，甚
至有「淡食」者，促使私販日盛，唐政府為之設各地巡院以便追捕，仍不能
遏止私販行為。晚唐時成為唐朝大患的黃巢及王仙芝原先均是鹽販〔註98〕，
甚至許多割據群雄或藩鎮用事者均是鹽商出身，如吳越錢鏐、前蜀王建及吳

〔註92〕參見樂史〔宋〕，《太平寰宇記》（臺北，文海出版社，1979 年），卷一三〇，
　　　　頁 2565 及《輿地紀勝》，卷三九，頁 292 上。
〔註93〕見《新唐書》，卷五四，〈食貨志〉，頁 1378。
〔註94〕《舊唐書》，卷一二三，〈劉晏傳〉，頁 3514。
〔註95〕見《新唐書》卷五四，〈食貨志〉，頁 1378；唐代鹽產量參見日本學者佐伯富
　　　　〔日〕撰，《中國鹽政史の研究》（京都，法律文化社，1988 年），頁 96「鹽
　　　　稅收入額表」。
〔註96〕《入唐求法巡禮行記校注》，卷一，〈七月廿一日條〉，頁 19。
〔註97〕如王播和高駢，見《唐會要》，卷八七，〈轉運使〉，頁 1560～1561。然並非每
　　　　任鹽鐵轉運使均駐揚州，如淮南節度使兼領鹽鐵轉運使者，方駐揚州。
〔註98〕見《新唐書》，卷二二五下，〈黃巢傳〉，頁 6451 及《舊唐書》，卷一五〇下，〈黃
　　　　巢傳〉，頁 5391。

國輔臣徐溫等〔註99〕，可見當時販賣私鹽十分盛行。因販賣私鹽有厚利，故地方豪強亦紛紛與唐政府爭奪鹽利，如唐文宗〈追收江淮諸色人經紀本錢敕〉稱：「江淮富豪大戶，……私販茶、鹽，頗撓文法，州縣之弊，莫甚於斯」〔註100〕，表明江淮地區私販茶、鹽的情形十分嚴重，尤其是所謂的「富豪大戶」。當時私販情形亦可由白居易的〈鹽商婦〉中看出，其云：「鹽商婦多金帛，不事田農與蠶績，……婿作鹽商十五年，不屬州縣屬天子，每年鹽利入官時，少入官家多入私，官家利薄私家厚，鹽鐵尚書遠不知」〔註101〕。生動說明鹽商販賣私鹽有厚利可圖。韓愈則更進一步說：「鹽商納榷，為官糶鹽，子父相承，坐收厚利」〔註102〕。足見販賣私鹽之暴利，無怪乎鹽商無懼於嚴刑峻罰，而趨之若鶩，正因販售私鹽有厚利可圖，故私販終唐之世不絕。

（二）茶交易

唐代飲茶之風盛行，故茶葉交易十分活絡，然據史籍記載早在晉代，廣陵（唐揚州）已有販賣茶葉者，其文云「晉元帝時有老姥，每旦擎一器茗，往市鬻之，市人競買，自旦至暮，其器不減茗」〔註103〕，其器不減茗等語雖有些神異色彩，然當時在揚州有販賣茶葉之人則無庸置疑。

到了唐代，飲茶已從文人雅士或山林寺僧的嗜好，逐漸成為民生必需品，《封氏聞見記》云「自鄒、齊、滄、棣，漸至京邑，城市多開店鋪煎茶賣之，不問道俗，投錢取飲」〔註104〕，足見當時在北方飲茶已成風尚。但唐代的飲茶風尚其實是有一段進程的，如「南人好飲之，北人初不多飲」〔註105〕，

〔註99〕錢鏐事見歐陽修〔宋〕撰，徐無黨〔宋〕注，《新五代史》（臺北，鼎文書局標點本，1994 年），卷六七，〈吳越世家〉，頁 835；王建事見《新五代史》，卷六三，〈前蜀世家〉，頁 783；徐溫事見《新五代史》，卷六一，〈吳世家附徐溫傳〉，頁 760。

〔註100〕《全唐文》，卷七四，頁 338 下。

〔註101〕見《白居易集》，卷四，頁 84。

〔註102〕韓愈〔唐〕撰，馬通伯校注，《韓昌黎文集校注》（香港，中華書局，1991 年），卷八，頁 379，〈論變鹽法事宜狀〉。

〔註103〕引自《廣陵耆老傳》，收入劉緯毅編，《漢唐方志輯佚》（北京，北京圖書館出版社，1997 年），頁 100。

〔註104〕封演〔唐〕撰，趙貞信校注，《封氏聞見記校注》（北京，中華書局，2005 年），卷六，〈飲茶〉，頁 51。

〔註105〕見封演〔唐〕撰、趙貞信校注，《封氏聞見記校注》（北京，中華書局，2005 年），卷六，〈飲茶〉，頁 51。

足見飲茶本爲南方習俗，而北方人因漸沾染飲茶習俗。迨飲茶成爲風尚後，《唐會要》甚至說：「茶爲食物，無異米鹽，人之所資，遠近同俗。既祛渴乏，難捨斯須。田閭之閒，嗜好尤切。」〔註106〕可見當時茶葉已不再是純粹的個人嗜好而已，而是已提升到民生必需品的層級了。

因茶葉的需求量日益增加，但茶葉的產地多在江南，故茶商乃應運而生。當時茶葉的運銷，因受市場及產地位置的影響，故以「從南向北」〔註107〕及「由東向西」〔註108〕爲主要的運銷模式。唐代江淮地區爲主要的產茶區，《封氏聞見記》云「其茶自江、淮而來，舟車相繼，所在山積，色額甚多」〔註109〕。當時淮南及江南所產的各式茗茶，大部分經由揚州運輸至全國各地銷售。揚州之蜀岡據《圖經》記載亦產茶〔註110〕，而在崔致遠《桂苑筆耕集·謝新茶狀》中亦云「伏以蜀崗養秀，隋苑騰芳，始興採擷之功，方就精華之味」〔註111〕，從崔致遠的稱讚來看，蜀岡茶的品質應相當優良。而作爲揚州腹地的淮南地區，包括揚州、壽州、舒州、廬州、光州、蘄州、申州及黃州等州均產優質良茶〔註112〕，其中尤以壽州的「霍山之黃芽」〔註113〕、「霍山

〔註106〕《唐會要》，卷八四，〈雜稅〉，頁 1546 載長慶元年左拾遺李珏上書論增茶稅事。

〔註107〕「由南而北」流通的觀點，可參考大澤正昭〔日〕撰，牟發松譯，〈唐宋時代的小生產方式及其發展階段〉，收入武漢大學中國三至九世紀研究所編，《中國前近代史理論國際學術研討會論文集》（漢口，湖北人民出版社，1997 年），頁 450。

〔註108〕李肇，《唐國史補》載：「常魯公使西番，烹茶帳中，贊普問曰：『此爲何物？』魯公曰：『滌煩療渴，所謂茶也。』贊普曰：『我此亦有』遂命出之，以指曰：『此壽州者，此舒州者，此顧渚者，此蘄門者，此昌明者，此灉湖者』。參見《唐國史補》，卷下，頁 66。淮南的壽州茶、舒州茶及兩浙的湖州顧渚茶及常州灉湖含膏等茗茶，遠銷至吐蕃（今西藏地區）一帶，即是標準的「由東向西」運銷模式，由於北方及西藏等地均非茶葉產地，且由於風俗所尚，需求量甚大，而淮南及兩浙地區又是當時的主要產茶區，故此二種運銷模式亦符合經濟學上的生產及供給的原則。

〔註109〕見《封氏聞見記校注》，卷六，〈飲茶〉，頁 51。

〔註110〕《太平寰宇記》，卷一二五，〈淮南道·揚州〉蜀岡條載：「圖經云：『今枕禪智寺，即隋之故宮。岡有茶園，其茶甘香，味如蒙頂。』」參見《太平寰宇記》，卷 123，〈淮南道·揚州〉，頁 2443。

〔註111〕參見《桂苑筆耕集校注》，卷一八，頁 663，〈謝新茶狀〉。

〔註112〕參見《新唐書》，卷四，〈地理五〉，頁 1051～1056、《太平寰宇記》卷一二三至一三二，〈淮南道一〉至〈淮南道十〉，頁 2441～2602、楊煜〔唐〕，《膳夫經》（臺北，臺灣商務印書館據舊鈔本影印，民國 70 年）收入阮元〔清〕輯，《宛委別藏》第 71 冊，頁 5～11 及陸羽〔唐〕，《茶經·八之出》，參見張宏庸輯校，《陸羽全集》（臺北，茶學文學出版社，民國 74 年），頁 23～24。

小團」〔註114〕，以及舒州的「天柱茶」及「開火茶」最爲著名〔註115〕。

　　揚州因位居長江與運河的交會點，爲東南水、陸運中心，故不僅淮南道所產茶集中於此處，江南的名茶亦集中於此處北運，或由長江西行運入益州及吐蕃等地，故茶商絡繹不絕來往於揚州，以謀取利益。其後因茶稅日重，又產生了不肖商人販運私茶的問題，甚至武裝而成爲「劫江賊」，對地方治安有極大的危害。杜牧的〈上李太尉論江賊書〉云：

> 伏以江淮賦稅，國用根本，今有大患，是劫江賊耳。……所劫商人，皆得異色財物，盡將南渡，入山博茶。蓋以異色財物，不敢貨於城市，唯有茶山，可以銷售。茶熟之際，四遠商人，皆將錦繡繒纈、金釵銀釧，入山交易。……凡千萬輩，盡販私茶。……濠、亳、徐、泗、汴、宋州賊，多劫江西、淮南、宣、潤等道；許、蔡、申、光州賊多劫荊襄、鄂岳等道，劫得財物，皆是博茶，北歸本州貨賣，循環往來，終而復始〔註116〕。

從劫江賊「北歸本州貨賣，循環往來，終而復始」來看是屬南貨北運的模式，亦符合本文前述「從南向北」的運銷模式。

　　到了晚唐，揚州茶商在江淮地區更爲活躍，如《廣陵妖亂志》載呂用之父親呂璜「以貨茗爲業，來往於淮、浙間」〔註117〕。《資治通鑑》載：「（楊）行密遣押牙唐令回持茶萬餘斤如汴宋貿易，全忠執令回，盡取其茶，揚、汴始有隙」〔註118〕，表明淮南茶即使在唐末動亂之際，仍然行銷四方。總之，揚州由於良好的地理位置，爲江淮地區茶葉的集散地，加以當時飲茶成爲風尚，故茶葉交易十分活絡，直至唐末，揚州仍然是茶葉貿易的重要城市。

（三）糧食交易

　　唐代淮南地區因位於主要的農業地帶，糧食生產數量隨著生產技術的提昇而大增〔註119〕。而揚州的農業生產因唐政府多次興修水利灌溉設施，而有

〔註113〕參見《唐國史補》，卷下，頁 60。
〔註114〕《膳夫經》，頁 8。
〔註115〕淮南地區的茶葉生產，參見朱祖德，〈唐代揚州手工業析論〉，頁 141～144 詳論。
〔註116〕見《樊川文集》，卷一一，頁 168～171。
〔註117〕《廣陵妖亂志》，頁 538。
〔註118〕《資治通鑑》，卷二五九，昭宗乾寧元年（894）十一月，頁 8458。
〔註119〕有關淮南地區的糧食生產情形及耕種技術的進步，參見郭黎安，〈論魏晉隋唐

大幅的進展。其中貞元時，淮南節度使杜佑，決雷陂以廣灌溉，開海濱棄地為田，積米至五十萬斛〔註120〕。又元和中，淮南節度使李吉甫築富人、固本二塘，灌溉田畝萬頃。〔註121〕李吉甫凡三次興建揚州水利工程，於農業發展、漕運均有大貢獻。崔致遠在《桂苑筆耕集》，卷一三，〈許權攝觀察衙推充洪澤巡官〉牒中指出：「山陽沃壤，淮畔奧區，地占三巡，田逾萬頃。」〔註122〕足見揚州地區耕種面積十分廣大，其產量亦應相當可觀。

　　因當時揚州不僅是淮南首府，且為全國最大經濟都會，東南各州府的上供賦稅均集中揚州，經運河北上而達京城〔註123〕，故糧食方面交易十分活絡。《太平廣記》，卷三一，〈李敘條〉引《續仙傳》云李敘「世居城市（揚州），販糴自業」，「不計時之貴賤，一斗只求兩文利」，因深諳做生意之道，不求厚利，而運用薄利多銷的策略，而「衣食甚豐」〔註124〕。另《唐國史補》卷中載：

> 江淮賈人，積米以待踊貴，圖畫為人，持錢一千，買米一斗，以懸
> 於市，揚子留後徐粲杖殺之〔註125〕。

生動的描寫了當時江淮米商意圖謀取暴利的方法，足見當時米商的活躍。然此種哄抬民生必需品價格的行為，勢必受到鹽鐵揚子院在內各地巡院的關注；因唐政府賦予各地巡院的工作，除鹽鐵及轉運本務及查處私販鹽者外，

　　　　之間江淮地區水利業的發展〉，《古代長江下游的經濟開發》，頁 165～168 及
　　　　朱祖德，〈唐五代淮南地區的經濟發展〉，載《中國中古社會與國家——中國
　　　　中古「社會與國家」史料典籍研讀會成果論文集》（台北，稻鄉出版社，民國
　　　　98 年），頁 317～323 詳論。

〔註120〕見《新唐書》，卷一六六，〈杜佑傳〉，頁 5088 及《權載之文集》，卷一一，頁
　　　　63 下至頁 65 下，〈大唐銀青光祿大夫檢校司徒同中書門下平章事太清宮及度
　　　　支諸道鹽鐵轉運等使崇文館大學士上柱國岐國公杜公淮南遺愛碑銘〉。

〔註121〕見《新唐書》，卷一四六，〈李栖筠傳附李吉甫傳〉，頁 4740。

〔註122〕參見《桂苑筆耕集校注》，卷一三，頁 441。

〔註123〕〈開元水部式〉：「桂廣二府鑄錢及嶺南諸州庸調並和市折租等物，遞至揚州
　　　　訖，令揚州差綱部領送都。」足見安史之亂前，桂廣嶺南之賦稅已集中揚州
　　　　再北運長安。見葉式，《水部式殘卷》，收入黃永武主編，《敦煌寶藏》（臺北，
　　　　新文豐出版社，民國 74 年），第 121 冊，頁 271。安史亂後，江淮為國之根
　　　　本，而東南各地的租稅貢獻也大部集中於揚州而後經運河北運，參見史念海，
　　　　〈論唐代揚州和長江下游的經濟地區〉，《揚州師院學報》，1982 年第 2 期，
　　　　頁 291 及 293 詳論。

〔註124〕見《太平廣記》，卷三一，頁 200。

〔註125〕見《唐國史補》，卷中，頁 35。

察查各地物價均在其業務範圍內〔註 126〕。

（四）金銀交易

《新唐書‧地理志》記載揚州土貢有金、銀〔註 127〕，但翻檢相關資料卻未有類似記載，且《新唐書‧地理志》對揚州金銀生產的情形亦語焉不詳，因此推測可能有部分金銀原料是由外地運來，再製成一定樣式上貢〔註 128〕。揚州的金銀交易十分活絡，為當時最大的金銀市場〔註 129〕。《舊唐書》，卷一七四，〈李德裕傳〉云「昨又奉宣旨，令進粧具二十件。計銀一萬三千兩，金一百三十兩。……今差人於淮南收買，旋到旋造，星夜不輟，雖力營求，深憂不進」〔註 130〕。此條記載李德裕為籌集製造進奉銀粧具所需的大量金銀，差人至淮南揚州購買金銀的情事。李德裕未向鄰近的產金銀地區如浙東的越州、衢州收買，卻差人渡江至揚州收買，應是當時揚州的金銀供貨較多，可以購買到製造粧具所需的大量金銀。

另《因話錄》卷三載范陽盧仲元「持金鬻於揚州，時遇金貴，兩獲八千。」〔註 131〕，盧仲元受人所托遠從洛陽赴揚州賣金百兩，又購買南貨再回到洛陽，若不是有特別的原因，盧仲元應在東都洛陽賣金以易貨，何必捨近求遠，到揚州交易呢？合理的推測是當日揚州不但金子易於脫手，並且可購買到所需之貨品，故盧仲元乃不辭辛勞，遠赴揚州交易，側面顯示揚州金銀交易的活絡。加藤繁先生在其名著《唐宋時代之金銀研究》中，認為揚州是當時最大的金銀市場〔註 132〕，是合於史實的。

日本僧人圓仁在揚州時，曾用「砂金大二兩，於市頭令交易」〔註 133〕，

〔註 126〕各地巡院被政府賦與調查物價（經濟狀況），以及安定物價的公務。參見高橋繼男〔日〕撰，〈唐代後半期的巡院地方行政監察事務〉，收入《日本中青學者論中國史——六朝隋唐卷》（上海，上海古籍出版社，1995 年），頁 280～281 詳論。

〔註 127〕見《新唐書》，卷四一，〈地理五〉，1051。

〔註 128〕參見朱祖德，〈唐代揚州手工業析論〉，頁 124～126 詳論。

〔註 129〕見加藤繁〔日〕，《唐宋時代金銀之研究》（臺北，新文豐出版公司，民國 63 年），頁 73。

〔註 130〕見《舊唐書》，卷一七四，〈李德裕傳〉，頁 4512。

〔註 131〕見趙璘〔唐〕，《因話錄》，收錄於《唐國史補》等八種（臺北，世界書局新校本，民國 80 年），卷三，頁 23。

〔註 132〕見加藤繁，《唐宋時代金銀之研究》，頁 73。

〔註 133〕《入唐求法巡禮行記校注》，卷一，〈十月十四日條〉，頁 53。

《入唐求法巡禮行記校注》中亦常見以「砂金」或「沙金」作爲寺廟供養或禮品〔註134〕。足見當時揚州地區以金子交易的情形相當普遍。在實物方面，揚州市文化宮的唐代建築基址中，曾發掘出黃金三塊，爲不規則扁方塊形，且均有切割痕跡，據推測爲市場流通使用切割所造成。〔註135〕結合《入唐求法巡禮行記校注》的相關記載，這些金塊在當時應作爲貨幣形式使用〔註136〕，足見唐代揚州金子不僅交易十分活絡，更進一步與絹布等成爲交易媒介。

（五）瓷器交易

因瓷器本身易碎不耐震且笨重的特性，宜以水路運銷至各地，而隋代所修建的大運河系統正符合此需求，而揚州正位在大運河的樞紐位置，因此瓷器交易十分活絡。舉例來說，有唐一代，越窯青瓷產品在域內的主要銷售途徑，仍以運河系統爲主，據統計在運河沿線以外，較少見越窯青瓷器的遺存〔註137〕。特別在九世紀後，主要市場從北方換成南方後，江南運河及邗溝（山陽瀆）〔註138〕成爲越窯青瓷器的主要運輸孔道。在1975年揚州唐城遺址、揚州市文化宮唐代建築基址及揚州教育學院等數次的考古發掘中，出土了大量來自長沙窯、邢窯、宜興窯、壽州窯及越窯等唐代著名瓷窯的瓷器，其中不乏精品〔註139〕，在在表明「唐代揚州是全國陶瓷業的主要銷售地和

〔註134〕參見《入唐求法巡禮行記校注》，卷一，〈八月廿六條〉，頁38載「即沙金小二兩宛設供料，留學僧亦出二兩，總計小四兩。」、卷一，〈九月廿九條〉，頁49云「大使君贈砂金大十兩」及卷一，〈二月廿七條〉，頁123亦云「本國使賜留學僧東絁卅五疋、帖綿十疊、長綿六十五屯、砂金廿五大兩」等。

〔註135〕見中國社會科學院考古研究所等，〈江蘇揚州市文化宮唐代建築基址發掘簡報〉，《考古》，1994年第5期，頁419。

〔註136〕隋唐史學者邱添生認爲金銀之眞正發揮貨幣作用，應至唐宋時代才有顯著的進展。參見氏著，〈由貨幣經濟看唐宋間的歷史演變〉，《師大歷史學報》第五期（民國66年），頁237～241、246詳論。

〔註137〕參見康才媛，《唐代越窯青瓷的研究》（臺北，中國文化大學史學所博士論文，民國86年），頁170～172詳論。

〔註138〕有關邗溝的開鑿課題，有學者認爲隋煬帝所開鑿的山陽瀆，係在文帝所開的山陽瀆基礎上拓寬、加深的，見王煦楗、王庭槐，〈略論揚州歷史地理〉，《江蘇城市地理》（江蘇，江蘇科技出版社，1982年），頁161。而有些學者則認爲邗溝和山陽瀆是兩條並存的河道，詳見中國唐史學會唐宋運河考察隊編，《唐宋運河考察記》（西安，陝西省社會科學院，1985年），頁73。

〔註139〕參見南京博物院、揚州博物館及揚州師院發掘工作組，〈揚州唐城遺址一九七五年考古工作簡報〉，《文物》，1977年第9期，頁27、中國社會科學院考古研究所等，〈江蘇揚州市文化宮唐代建築基址發掘簡報〉，《考古》，1994年第

集散中心」〔註140〕。

同時，謝明良先生在〈記黑石號（Batu Hitam）沈船中的中國陶瓷器〉一文中，亦認爲從目前國內長沙窯瓷器的考古發現來看「推測唐代揚州設有專營瓷器的店舖」〔註141〕。而黑石號沈船中以長沙窯瓷器最多，其中玩具置物等目前除長沙窯址外，僅發現於揚州唐代遺址〔註142〕。而目前的考古發現也表明唐代揚州城內，存在著三條古河道〔註143〕。揚州城內南北向的河流除東側的官河外，西側尚有一條史籍未言名的河流；城內北部河流則爲東西向，有邗江和濁河二條河流，這二條河均由官河加以連接，因此揚州城內可謂水渠縱橫，城外東側尚有運河流經，而運河與官河、邗江均相連接，構成了揚州區完整的水運網絡〔註144〕。揚州發達且綿密的水運網絡，使得瓷器這種易碎且較爲笨重的商品，在運送上與銷售方面更爲便捷。

（六）藥交易

揚州在當時不僅是江淮地區鹽、茶等物資的集散地，同時也是重要的藥物市場〔註145〕。如天寶二年（743），鑑眞和尚在東渡前所準備的香藥就有麝香、沉香、甲香、甘松香、龍腦香及膽唐香等共十一種，共達六百餘斤，其餘藥材及物品尚有畢鉢、訶梨勒、胡椒、阿魏、石蜜及蔗糖等共約五百餘斤〔註146〕。除蔗糖外，這些藥材及物品在當時均非揚州本地所產，這些藥材爲來自各地（包括來自全國各地及印度、波斯及南洋等地區）運來的商品，如此多種類的香藥和藥材，都可在揚州市面上買到，充分反映了揚州藥材交易商的活絡。

在《太平廣記》中對揚州藥商的活動，也多有記載，如卷一七，〈裴諶條〉

---

5 期，頁 416～419 及揚州博物館，〈揚州教育學院內發現唐代遺迹和遺物〉，《考古》，1990 年第 4 期，頁 337 等考古報告相關記載。

〔註140〕參見揚州博物館，〈揚州教育學院內發現唐代遺迹和遺物〉，《考古》，1990 年第 4 期，頁 343。

〔註141〕謝明良，〈記黑石號（Batu Hitam）沈船中的中國陶瓷器〉，《美術史研究集刊》第 13 期（民國 91 年），頁 27。

〔註142〕參見〈記黑石號（Batu Hitam）沈船中的中國陶瓷器〉，頁 27。

〔註143〕參見〈揚州教育學院內發現唐代遺迹和遺物〉，頁 342 詳論。

〔註144〕參見蔣忠義，〈唐代揚州河道與二十四橋考〉，載《漢唐與邊疆考古研究》第一輯（北京，科學出版社，1994 年），頁 162～168 詳論；並參見齊東方，《隋唐考古》，頁 43～45。

〔註145〕見李廷先，〈唐代揚州的商業〉，頁 201。

〔註146〕參見《唐大和上東征傳》，頁 47～48。

〔註147〕和卷二三，〈馮俊條〉〔註148〕等，其中〈馮俊條〉云「唐貞元初廣陵人馮俊，以傭工資生。多力而愚直，故易售。常遇一道士，於市買藥，置一囊，重百餘斤。」〔註149〕這位道士遠從外地來到揚州，購買多達百餘斤的藥材，側面反映出揚州藥材市場的貨源充足，以及藥材交易的活絡。上述這些種類繁多的藥材，經由揚州這個當時最大的藥品集散地銷往全國各地。

再者，《太平廣記》中至少有二處記載有人憑著信物至藥鋪取錢，其金額從三百千錢至一千萬不等〔註150〕，雖這些記載主要與柜坊有關，但從其取錢金額之大，可以推測這些藥鋪均有相當的規模。揚州的藥材交易十分活絡，除前述《太平廣記》的記載外，並由唐詩中的「江南藥少淮南有」〔註151〕及「揚州喧喧賣藥市」〔註152〕等詩句，可證揚州為當時全國藥材的集散地，應是名符其實的。

（七）珠寶交易

在揚州經營珠寶生產的，多為胡商，他們或從陸上絲綢之路經由長安而到達揚州，或由海道經廣州、江州抵達揚州。天寶九載（750）鑑真和尚第五次東渡未成，所乘船隻漂流到廣州時，看到「江中有婆羅門、波斯、昆侖等舶，不知其數，並載香葯、珍寶，積載如山。」〔註153〕這些珠寶中有相當部分會經由大庾嶺及贛江北上，行經洪州、江州等地而抵達揚州，或由靈渠經湘江、漓江，接長江而到達揚州，成為待價而沽的商品〔註154〕。

《太平廣記》中有許多對胡商經營珠寶業的記載；如卷四〇二的〈李勉條〉〔註155〕，卷三三的〈韋弇條〉〔註156〕及卷四〇二的〈守船者條〉〔註157〕等，

〔註147〕《太平廣記》，卷一七，頁116，〈裴諶條〉。
〔註148〕《太平廣記》，卷二三，頁156～157，〈馮俊條〉。
〔註149〕《太平廣記》，卷二三，頁156，〈馮俊條〉。
〔註150〕參見《太平廣記》，卷一六，〈張老條〉，頁112～115及《太平廣記》，卷二三，頁158，〈張李二公條〉記載。
〔註151〕《全唐詩》，卷八二一，皎然，〈買藥歌送楊山人〉，頁2014下。
〔註152〕《全唐詩》，卷八二一，皎然，〈買藥歌送楊山人〉，頁2014下。
〔註153〕見《唐大和上東征傳》，頁74。
〔註154〕參見朱祖德，〈試論唐代揚州在中西交通史上的地位〉，載《興大歷史學報》第18期（民國96年6月），頁205。
〔註155〕見《太平廣記》，卷四〇二，頁3240，〈李勉條〉。
〔註156〕見《太平廣記》，卷三三，頁209，〈韋弇條〉。
〔註157〕見《太平廣記》，卷四〇二，頁3241～3242，〈守船者條〉。

均描寫胡商在揚州經營珠寶買賣，而胡商往往出高價搶購他們認為是奇珍的珠寶，甚至有達「數十萬金」者〔註158〕。可見珠寶交易在揚州之活絡，而胡商在珠寶轉手的獲利亦應不在少數。這些由胡商所販賣的珠寶，亦經由揚州而轉銷至各地。

（八）木材交易

木材是建築房屋的主要材料，而揚州長期為淮南道首府及淮南節度使駐所，加以經濟十分發達，人口增長相當快速，本地居民已不在少數〔註159〕，再加上為數眾多的官員和士兵〔註160〕，以及大量從事手工業及商業貿易的流動人口等〔註161〕，因而人口十分稠密，帶動了房屋建築業的蓬勃發展。揚州附近地區森林可能因長期的砍伐而逐漸消失殆盡，因此乃由鄰近林木較為茂密的江西地區等地輸入木材。

江西在江南地區的開發中是屬於較晚開發者，因此森林仍然繁茂，而江西地區當時即以生產良材著稱，在《太平廣記》中就提到有人將江西木材運至廣陵（揚州）販售謀利的例子，其文云「豫章諸縣，盡出良材，求利者採之，將至廣陵，利則數倍」〔註162〕，可見揚州地區對於木材，特別是品質好

〔註158〕見《太平廣記》，卷三三，頁209，〈韋弇條〉。

〔註159〕揚州的天寶時戶數為73,381戶，比貞觀十三年（639）增加了3倍有餘，幾乎等於貞觀時淮南道的總人口數，元和時揚州人口更成長至87,647戶，足見有唐一代，揚州人口均呈現直線上升的趨勢。貞觀戶數參見《舊唐書》，卷四○，〈地理志〉，頁1572；天寶戶數參見《新唐書》，卷四一，〈地理志〉，頁1051；元和戶數參見朱懷幹〔明〕修、盛儀纂〔明〕，《嘉靖惟揚志》，收入《天一閣藏明代方志選刊》（臺北，新文豐出版公司據嘉靖二十一年刻本影印，民國74年），第四冊，卷八，頁614上。

〔註160〕杜牧在《樊川文集》，卷一○，〈淮南監軍使院廳壁記〉中說：「淮南軍西蔽蔡，壁壽春，有團練使；北蔽齊，壁山陽，有團練使。節度使為軍三萬五千人，居中統制二處，一千里，三十八城，護天下餉道，為諸道府軍事最重。」足見淮南節度使為維持糧道的暢通，故管內駐有重兵。揚州為淮南首府，城外即為運河，因此駐守的士兵肯定不在少數。另據《入唐求法巡禮行記校注》載揚州「州內有二萬軍，總管七州，都有十二萬軍。」見《入唐求法巡禮行記校注》，卷一，〈九月十三日條〉，頁44。據此二條記載推測揚州城內及其城外，僅駐軍就有2～3萬人之譜，在當時是相當大的數目。

〔註161〕有關手工業者及從事商業貿易等流動人口問題，參見鄭學檬，《中國古代經濟重心南移和唐宋江南經濟研究》（長沙，岳麓出版社，2003年），頁217～218詳論。

〔註162〕《太平廣記》，卷三三一，〈楊溥條〉，頁2631。

的木材需求量甚大。此外，《太平廣記》卷三五五，〈廣陵賈人〉條載「廣陵有賈人，以栢木造床，凡什器百餘事，製作甚精，其費已二十萬，載之建康，賣以求利」〔註163〕，製作這樣精美的木造什器，需要大量質地良好的木材，應是就近在揚州購買的良材。

（九）銅鏡交易

銅鏡為揚州的特產，不但品質優良，且為時人所重。揚州銅鏡，由於製作精美，除了上貢外，並廣銷四方。韋應物〈感鏡〉詩云「鑄鏡廣陵市，菱花匣中發」〔註164〕，菱花是當時常見的銅鏡裝飾紋。另劉禹錫〈和樂天以鏡換酒〉詩中亦有「把取菱花百鍊鏡，換他竹葉十分（一作旬）盃」等語〔註165〕，百鍊鏡為揚州特產，異常名貴。張籍的〈白頭吟〉詩云：「揚州青銅作明鏡，暗中持照不見影。」〔註166〕則顯示了時人對揚州銅鏡的喜愛。

此外，《太平廣記》，卷三三四，載韋栗「至揚州，泊河次。女將一婢持錢市鏡，行人見其色甚艷，狀如貴人家子，爭欲求賣。」〔註167〕，所謂「行人」，是因該種手工業的工匠人數眾多，故結為「行」，一般並有「行首」或「行頭」的存在〔註168〕，應即為類似今日同業公會的組織。目前唐代史料中最為明確者為蘇州的金銀行〔註169〕，〈韋栗條〉所云之「行人」，則應為銅鏡行的人員〔註170〕。

另從才子張文成的〈揚州青銅鏡留與十孃〉一詩中〔註171〕，可得知當時揚州所產的青銅鏡已成為貴重的禮品，用以贈送知己好友。揚州青銅鏡既然在市場上廣受歡迎，故其銷路甚廣，交易也十分的熱絡。

〔註163〕《太平廣記》，卷三五五，〈廣陵賈人條〉，頁 2810。
〔註164〕《全唐詩》，卷一九一，頁 448 下。
〔註165〕劉禹錫〔唐〕撰，《劉賓客集‧劉賓客外集》（臺北，臺灣中華書局，民國 72 年），卷一，頁 5。
〔註166〕《全唐詩》，卷三八二，頁 950 中。
〔註167〕見《太平廣記》，卷三三四，〈韋栗條〉，頁 2651。
〔註168〕見凍國棟，《唐代商品經濟與經營管理》（漢口，武漢大學出版社，1990 年），頁 28 及諸祖煜，《東方明珠──唐代揚州》，頁 111。
〔註169〕見《太平廣記》，卷二八，劉景復條引《纂異記》，頁 2235。
〔註170〕目前史料上所能看到的有關「行」的資料，有製造方面的行，同時亦有銷售特定商品的行，故此處的行人，如果只解釋為製造鏡組織的成員，似乎有些武斷，因此解釋為包括製造或銷售行的成員則較為妥當。
〔註171〕《全唐詩逸》（收入於上海古籍出版社出版之《全唐詩》），卷下，頁 2209 上。

（十）紡織品交易

　　揚州所生產的紡織品種類就相當多，其品質亦佳，僅《新唐書》，卷四一，〈地理志・淮南道〉所記揚州土貢品項，就有蕃客袍錦、被錦、半臂錦、獨窠綾等多種高級絲織品〔註 172〕。半臂這種服裝款式在唐代十分流行，而半臂錦則是一種高級絲織品〔註 173〕。在《太平廣記》有一條記載云，竇參爲御史中丞，曾夢到德宗召見於便殿「問以經國之務，上喜，因以錦半臂賜之，及寤，奇其夢」〔註 174〕，錦半臂即半臂錦，由此事足見當時錦半臂乃稀奇貴重之物，故竇參乃喜不自勝。

　　晚唐時揚州的絲織技術更爲進步，到了晚唐，崔致遠在〈進御衣段狀〉一文中，稱「除先進納外，續織造九千六百七十八段」〔註 175〕，可以見其數量之大；崔致遠又稱所貢御衣及綾錦是「薄慚蟬翼，輕愧鴻毛，然而舒張則凍雪交光，疊積則餘霞鬥彩。」〔註 176〕足見揚州紡織業的先進及技術的高超。由於揚州不僅本地生產絲織品的質量均優，且揚州的市面可以見到由益州及蘇州等地，運來銷售的高級絲織品〔註 177〕，因此紡織品交易相當地絡。

　　此外，揚州所生產的氈帽及漆器〔註 178〕等商品，亦受到當時市場上的歡迎，而行銷各地。其中氈帽尤爲揚州的著名特產，憲宗時中興名相裴度曾遭刺客暗算，裴度因當時戴著揚州氈帽，而幸免於難，僅受輕傷，「是時京師始重揚州氈帽」〔註 179〕。揚州氈帽因品質優良甚受時人之愛好，故銷路甚廣〔註 180〕。

　　當時不僅來自全國的各地客商群集於揚州，揚州商人亦不遠千里到全國各地從事商業貿易。及至五代戰亂時期，揚州商客仍活躍於北方地區，從事商業行爲，如《冊府元龜・邦計部》云「長興元年（930）正月許州奏，准詔

〔註 172〕參見《新唐書》，卷四一，〈地理志・淮南道〉，頁 1051。
〔註 173〕有關半臂錦的形式及錦的等級和特色，參見盧華語著，《唐代桑蠶絲綢研究》
　　　　　（北京，首都師範大學出版社，1995 年），頁 167。
〔註 174〕《太平廣記》，卷二七八，「竇參條」，頁 2204。
〔註 175〕見崔致遠，《桂苑筆耕集》，卷五，〈進御衣段狀〉，頁 130。
〔註 176〕《桂苑筆耕集》，卷五，〈進御衣段狀〉，頁 130～131。
〔註 177〕參見本文第五節詳論。
〔註 178〕參見《桂苑筆耕集》，卷五，〈進漆器狀〉，頁 129～130。
〔註 179〕參見《太平廣記》，卷一五三，〈裴度條〉，頁 1101～1102。
〔註 180〕揚州氈帽之受歡迎程度，參見《太平廣記》，卷一五七，〈李敏求條〉，頁 1127
　　　　　～1128。

放過淮南客二百三十人，通商也。」〔註 181〕長興爲後唐明宗的第二年號，從此條記載可見淮南商人的行跡甚廣，即使在分裂時期，行商仍遠達許州一帶。所謂「商人無祖國」，此應即其例也。

四、國際貿易

揚州不僅爲當時國內貿易的樞紐，同時也是國際貿易的重要港口。如九世紀大食著名地理學家伊本・胡爾達茲比赫（Ibn khordadbeh）在所著《道里邦國志》一書中，已把揚州列爲與魯金（龍編）、漢府（廣州）、漢久（泉州）齊名的四大港口〔註 182〕。

當時唐朝與日本、朝鮮的交通，大都沿著傳統的北線陸路，即沿著朝鮮半島西側近海航行，由山東半島北部的登州登岸陸行，經由濟水入淮河，再由運河抵達揚州；或由江蘇北部的楚州及其鄰近沿海登陸，經運河而抵達揚州。此外，亦可由日本九州島南部的薩摩半島，或北部的博多灣一帶渡海，直抵長江口岸，駛抵揚州等地，前二種路線一般稱爲「北部航線」；後一種航線稱爲「南部航線」〔註 183〕。

唐前期以「北部航線」爲主要航行路線，而「南部航線」則是在北部航線受到新羅的影響後，所採用的主要航行路線，第七次以後的遣唐使均由南部航線抵達長江沿岸的口岸〔註 184〕。但這種較爲直線性的航線，雖然航程較北部航線大爲縮短，但由於當時航海技術尚不成熟，因此走南部航線的船隻折損率甚高。如公元 837 年日本國圓仁和尚隨遣唐使入唐時，第一次出發時一共有四艘船隻，但剛出海就有一艘船則不幸翻覆，其他船隻則受損返航，838 年第二次出海則遇到逆風，三艘船全被吹壞，但在日本朝廷督屬下，839 年第三次再次出海，其後抵達揚州的也只有二艘船，另一艘則偏離航道，在

〔註 181〕王欽若、楊億〔宋〕等編，《冊府元龜》（北京，中華書局據明崇禎黃國奇刻本影印，1988 年），卷五〇四，〈邦計部・關市〉，頁 6052 下。

〔註 182〕見伊本・胡爾達茲比赫〔阿拉伯〕撰，宋峴譯注，《道里邦國志》（北京，中華書局，1991 年），頁 71～72。並參見桑原騭藏氏對《道里邦國志》所載地名的考證，參見桑原騭藏〔日〕撰，楊鍊譯，《唐宋貿易港研究》（臺北，台灣商務印書館，民國 52 年）頁 67 至 72，頁 130 及 154。

〔註 183〕參見俞永炳，〈試談絲綢之路上的揚州唐城〉，頁 170 及朱江，〈朝鮮半島和揚州的交通〉，《揚州師院學報》，1988 年第 1 期，頁 126。

〔註 184〕古瀨奈津子〔日〕著，高泉益譯，《遣唐使眼中的中國》（臺北，臺灣商務印書館，民國 94 年），頁 10。

海州沿岸登陸〔註185〕。

當時圓仁和尙入唐求法時是經由南路航線,在揚州海陵縣登岸。〔註186〕而回程則是由登州出發返回日本博多〔註187〕。日本遣唐使團從第八次開始,均循南路航線至揚州,再轉運河北上至洛陽、長安〔註188〕。另一方面,由揚州到朝鮮半島的航線,主要循著北線航行,當時新羅人崔致遠就是循此線由揚州返回新羅的〔註189〕。

揚州與新羅、高麗間的交通亦相當頻繁,在中和四年（884）,時任淮南節度使的高駢和新羅互遣使者,崔致遠即爲派去新羅的使者〔註190〕。至於高麗,雖然因兩國和戰不常,交通時受阻礙,但仍有不少的高麗人經由南部路線至揚州。由於揚州和朝鮮半島的國家,特別是新羅、百濟來往十分密切,尤其與新羅間的頻繁遣使往來〔註191〕及商業貿易的活絡〔註192〕,故雙邊貿易量應相當大。

波斯人和阿拉伯人在中唐以前,就已由波斯灣沿海,經麻六甲和北部灣

〔註185〕參見《入唐求法巡禮行記校注》,卷一,頁1～8。

〔註186〕參見《入唐求法巡禮行記校注》,頁2～3及《遣唐使眼中的中國》,頁8～9。

〔註187〕參見《入唐求法巡禮行記校注》,卷四,頁514～520。

〔註188〕見陳炎,〈唐代中國日本之間的海上交通〉,《青海師範大學學報》,1985年第1期,頁121。

〔註189〕筆者按:在崔致遠的《桂苑筆耕集》,卷二〇,即記載其離唐回國的詳細經過,係從揚州出發,先經楚州山陽,又經由山東半島的密州大珠山,再經登州,其後抵達新羅,參見崔致遠,《桂苑筆耕集》,卷二〇,頁735～757,〈行次山陽續蒙太尉寄賜衣段令充歸覲續壽信物謹以詩謝〉、〈石峰〉及〈祭巉山神文〉等詩及校注者說明。

〔註190〕崔致遠在《桂苑筆耕集》,卷二〇,〈祭巉山神文〉中指出自己的身份是「淮南入新羅兼送國信等使、前都統巡官、承務郎、殿中侍御史、內供奉、賜緋魚袋崔致遠」足見崔致遠爲遣往新羅的使者,見崔致遠,《桂苑筆耕集》,卷二〇,〈祭巉山神文〉,頁735。

〔註191〕新羅與唐之間的通使來往可參見韓國磐,〈南北朝隋唐與百濟新羅的往來〉,《歷史研究》,1994年第2期,頁21～42詳論,據韓氏統計,僅在唐朝時期,和新羅的通使往來的次數就達120次以上,雙方的關係可說相當密切。

〔註192〕新羅人在揚州的活動情形,參見王儀,《隋唐與後三韓關係及日本遣隋使運動》（臺北,臺灣中華書局,民國61年）,頁107。另金相範認爲雖目前對於新羅人在揚州的活動,雖史料中的直接證據較少,然透過相關資料,可證新羅人在揚州無論短期或長期停留均相當地活躍。如大批遣唐留學生隨著新羅使節入唐,他們除入唐學習外,在回國前通常會在揚州購物,其中包括名畫等物品。此外,推測新羅商人將來自阿拉伯半島的珍貴貨物——乳香,運回新羅販售。參見金相範〔韓〕,〈唐代後期揚州的發展和外國人社會〉,《臺灣師大歷史學報》,第44期（2010年）,頁59～61詳論。

抵達廣州〔註 193〕，或在福建沿岸登陸，再由大庾嶺、贛水，經洪州及江州
沿長江至揚州〔註 194〕。這種情形在安史之亂後，因路上絲綢之路受到吐蕃
等勢力的阻礙而幾近斷絕，因此經由海路抵達揚州及長安、洛陽的胡商較安
史亂前更爲眾多〔註 195〕。由於揚州不僅是南北水陸交通與長江運輸的樞紐
和貨物的集散地，而且也是陸上和海上絲路的連接點，也是重要的國際貿易
都市〔註 196〕。因而胡商來揚州做生意的甚多，加以由海路來中國的胡商，
多以揚州爲海洋航運的終點站，再由揚州轉赴洛陽和長安，故路經揚州的胡
商也不在少數。唐肅宗上元元年（760）平廬兵馬使田神功討劉展於揚州，「商
胡大食、波斯等商旅死者數千人。」〔註 197〕僅揚州一地被殺的胡商達數千
人，如加上逃過一劫者，當不止此數，足見當時揚州胡商之多。

此外，在《全唐文》，卷七五，〈大和八年疾愈德音〉中提到：

> 南海蕃舶本以慕化而來，固在接以恩仁，使其感悅。如聞比年，長
> 吏多務徵求，嗟怨之聲，達於殊俗。……其嶺南、福建及揚州蕃客，
> 宜委節度觀察使常加存問，除舶腳、收市、進奉外，任其來往通流，
> 自爲交易，不得重加率稅〔註 198〕。

此段記載一方面肯定揚州存在著與市舶相關事務，另一方面，也明確地說明
在唐文宗大和八年以前，揚州尚不存在市舶司這樣的專責機構〔註 199〕。也
有學者根據圓仁的《入唐求法巡禮行記》之記載，解讀揚州在唐代已設市舶

〔註 193〕俞永炳，〈試談絲綢之路上的揚州唐城〉，頁 170。
〔註 194〕參見《全唐文》，卷 291，頁 1304 中，張九齡，〈開大庾嶺路記〉；並參閱何
榮昌，〈隋唐運河與長江中下游航運的發展〉，收入於中國唐史學會等編，《古
代長江中游的經濟開發》（湖北，武漢出版社，1988 年），頁 376。
〔註 195〕除此之外，有學者認爲海上絲綢之路取代路上絲綢之路的原因，與當時造船及
航海技術的進步，以及逐漸發展起來的瓷器出口和香藥進口等因素有關，參見
陳炎，〈絲綢之路的興衰及其從由陸路轉向海路的原因〉，收入氏著，《海上絲
綢之路與中外文化交流》（北京，北京大學出版社，2002 年），頁 22～24 詳論。
〔註 196〕見俞永炳，〈試談絲綢之路上的揚州唐城〉，頁 170。
〔註 197〕見《舊唐書》，卷一一〇，〈鄧景山傳〉，頁 3313。
〔註 198〕《全唐文》，卷七五，〈大和八年疾愈德音〉，頁 342 中。
〔註 199〕有關唐代揚州是否有市舶司的問題，學界存在著不同的見解，陳勇認爲從文
獻資料來看，唐代並未設置市舶司，參見氏著，《唐代長江下游經濟發展研究》
（上海，上海人民出版社，2006 年），頁 330。此說雖有一定根據，然筆者並
不完全贊同，其理由在於現存有關市舶司的文獻資料十分稀少，因而未必能
完全呈現歷史事實，至多只能說明在此時間點（文宗大和八年）之前，揚州
未設置市舶司，卻不能武斷的說整個唐代揚州都未曾設置市舶司。

司〔註200〕，但仍存著爭議〔註201〕。筆者認爲無論揚州在當時是否設有市舶司，唐文宗的〈大和八年疾愈德音〉都表明了揚州和廣州、泉州是當時的三大胡商聚集地，也是當時中國最大的三個國際港口之一。而到目前爲止瓷器考古方面的資料，也表明揚州和日本間的商業貿易往來，要比唐代最大的外貿港口廣州來的密切〔註202〕。

　　這些遠來的胡商在揚州多從事珠寶及貴重藥品的買賣，如《太平廣記》卷三三〈韋弇〉條引《神仙感遇傳》說，韋弇游蜀遇女仙，贈以三寶。弇至廣陵，有一胡商「拜而言曰『此玉清眞人之寶，千萬年無人見者，信天下之奇貨矣。』，以數十萬金易而求之，弇以大富。」〔註203〕而《太平廣記》，卷四○二〈李勉〉條引《廣異記》，則說李勉將游廣陵，見一老胡得病，老胡死前，托李勉將珠交於其子，後李勉至揚州，訪見老胡之子，將原因告之，胡雛乃取珠而去〔註204〕。此故事說明揚州在開元時已有許多胡商，且有的已在此定居，生兒育女。胡商在揚州活動者甚眾，《太平廣記》還記載胡商經營金融業，如卷一七，〈盧李二生〉條即記載盧生予李生一柱杖，李生持往波斯店取錢，波斯胡見杖即付二萬貫與李生〔註205〕。此波斯店二萬貫之巨款可立取，足見其資產相當雄厚。

　　此外，根據《唐六典・太府寺・右藏署》「雜物州土」條，記載揚州還進貢一種名爲「蘇木」給朝廷〔註206〕，而經查唐代史籍，皆未對其性質及產地

〔註200〕朱江在〈唐代揚州市舶司的機構及其職能〉（《海交史研究》1988 年第 1 期）一文中認爲揚州存在管理市舶的專門機構。

〔註201〕如顧敦信在〈略論唐代的市舶事務〉（《揚州師院學報》，1990 年第 2 期）一文中則對朱文提出反駁，另陳勇亦贊成其觀點，參見陳勇，《唐代長江下游經濟發展研究》，頁 329～330。筆者則認爲唐代揚州是否存在市舶司並不是最重要的問題，因揚州所擁有的國際交通上的地位，並不受市舶司是否存在的影響。但根據唐文宗的〈大和八年疾愈德音〉內容來看，揚州存在著類似市舶司業務的機構則不可否認。

〔註202〕謝明良先生經比對日本考古遺址所見唐代陶瓷器的種類組合，以及中日間的交通航線，認爲「揚州無疑也是日方取得陶瓷等物資的重要據點之一，而主要從事南海貿易的廣州和日本的關係相對淡薄」，參見謝明良，〈記黑石號（Batu Hitam）沈船中的中國陶瓷器〉，《美術史研究集刊》，第 13 期（民國91 年），頁 33～34 詳論。

〔註203〕見《太平廣記》，卷三三，〈韋弇條〉，頁 209 至 210。

〔註204〕《太平廣記》，卷四○二，頁 3240，〈李勉條〉。

〔註205〕《太平廣記》，卷一七，頁 119，〈盧李二生條〉。

〔註206〕李林甫〔唐〕等撰，陳仲夫點校，《唐六典》（北京，中華書局點校本，1992年），卷二○，〈太府寺・右藏署〉，頁 545。

有所說明。唯九世紀阿拉伯旅行家伊本‧胡爾達茲比赫（Ibn khordadhbeh），在他所著的《道里邦國志》一書中記載，蘇木（Al-Baqqam）是一種生產於拉米島的藥材，其汁液可快速解毒，可治蛇咬傷口〔註207〕。揚州能上供遠自海外進口的珍貴藥材，則說明其國際貿易十分興盛。而同樣名為「蘇木」的物品，也曾作為其後吳越國對後晉等政權的貢物〔註208〕，雖目前因相關史料記載較為缺乏，無法確定這兩者是否為同一種藥材〔註209〕。然吳越國的海外貿易亦相當發達〔註210〕，所進貢的蘇木為來自海外舶來貨的可能性相當大。

在歷年對唐代揚州的考古發掘中，發現唐代中晚期的文化堆積層始終是為最厚的，其中數以百計的綠釉波斯陶器，無疑是當年胡商雲集的最可靠物證〔註211〕。1975年，在揚州城西蘇北農學院，唐代手工業作場遺址中，發現了一些胡人陶花和三彩人面，人面浮雕非常生動，形像深目高鼻，一望可知並非漢人〔註212〕。另外，也有一件人頭陶範，形狀酷似馬來人〔註213〕。1990年在揚州市文化宮唐代建築基址中發掘出波斯陶、玻璃器、皮囊壺等胡商的遺物，表明這裡曾經是「波斯邸胡店」或是「胡商」寄跡的客舍〔註214〕。更有甚者，在揚州出土的唐人墓誌銘中還曾發現「次子名曰波斯」等字樣〔註215〕，足見揚州胡商人數的眾多和其對當地社會文化影響力的深遠。

而這些器物之所以有外來文化的色彩，乃是因為揚州的胡商眾多，故當時的手工業作坊，為迎合胡商的需要而製作這些帶有濃厚外來文明色彩的器物。因揚州是當時重要的國際貿易港口，而瓷器為當時重要的貿易商品，有「貿易瓷」之稱，故在揚州手工業作場第一、二、三次發掘中，發現了大量的瓷器碎片，其中尤以青瓷為多。僅1975年那次便發掘出瓷片一萬五千餘

〔註207〕《道里邦國志》，頁67。

〔註208〕參見朱祖德，〈五代時期吳越立國的經濟基礎〉，載《史學彙刊》第23期（民國98年6月），表二「吳越國進貢表」，頁106～109。

〔註209〕因目前所能掌握到的資料相當有限，尚未能作出具體結論。

〔註210〕吳越國的海外貿易參見朱祖德，〈五代時期吳越立國的經濟基礎〉，頁101～104詳論。

〔註211〕見俞永炳，〈試談絲綢之路上的揚州唐城〉，頁171。

〔註212〕見南京博物院、揚州博物館及揚州師院發掘工作組，〈揚州唐城遺址一九七五年考古工作簡報〉，《文物》，1977年第9期，頁27。

〔註213〕見〈揚州唐城遺址一九七五年考古工作簡報〉，頁21。

〔註214〕中國社會科學院考古研究所等，〈江蘇揚州市文化宮唐代建築基址發掘簡報〉，《考古》，1994年第5期，頁420。

〔註215〕見河東裴子章撰，〈唐渤海吳公故夫人衛氏墓誌銘并序〉，《南京博物館集刊》第三集（1981年3月），頁193。

片，數量驚人，並且種類繁多，包括青釉、白釉、黃釉瓷及各種彩釉〔註216〕。並且根據考古證據顯示，揚州是各著名窯瓷器出口的主要港口之一〔註217〕，這些數量眾多的瓷器碎片，應是待裝出售的商品。

西元1985年在揚州教育學院進行考古發掘時，發現唐代遺跡和遺物，其中有來自邢窯、長沙窯、宜興窯、壽州窯及越窯等瓷窯瓷器殘片，並出土鞏縣窯三彩瓷片〔註218〕。其中有為數不少的的精品，顯示了「唐代揚州是全國陶瓷業的主要銷售地和集散中心」〔註219〕。而在1990年的考古挖掘中，揚州市文化宮唐代建築基址出土瓷器殘片則更多達三、四萬片，包括宜興窯、長沙窯、越窯、洪州窯、壽州窯、鞏縣窯、邢窯及定窯等諸多窯場的產品〔註220〕。結合上述考古資料來看，當時揚州市場上有來自全國各地著名瓷窯的大量瓷器，而這些瓷器除部分產自淮南的壽州窯外，絕大部分是來自湖南長沙窯、浙江越窯、江西洪州窯及河北邢窯等著名瓷窯的產品，如此多樣化的各式瓷器集中在揚州，益證揚州是當時陶瓷製品的集散和銷售中心。

並且根據謝明良教授對從黑石號沈船中所發現的大量瓷器及瓷器碎片，經查證其產地和特徵，以及比對揚州、廣州等當時大型港口的瓷器遺存，有充分的理由推斷這艘船是從揚州出海的商船〔註221〕，足證揚州不僅是國內著名瓷窯所產瓷器的集散中心，更是當時瓷器外銷的重要國際港口之一。

由上可知，揚州不但在域內的商業貿易佔有一席之地，在唐代對外貿易

〔註216〕 參見〈揚州唐城遺址一九七五年考古工作簡報〉，頁22；有關揚州唐城第二、三次發掘情形，見南京博物院，〈揚州唐城手工業作坊遺址第二、三次發掘簡報〉，《文物》，1980年第3期，頁11至14。

〔註217〕 參見謝明良，〈記黑石號（Batu Hitam）沈船中的中國陶瓷器〉，《美術史研究集刊》，第13期（民國91年），頁26～34詳論。

〔註218〕 參見揚州博物館，〈揚州教育學院內發現唐代遺跡和遺物〉，《考古》，1990年第4期，頁337～341。

〔註219〕 參見揚州博物館，〈揚州教育學院內發現唐代遺跡和遺物〉，頁343。

〔註220〕 參見〈江蘇揚州市文化宮唐代建築基址發掘簡報〉，頁416～419。

〔註221〕 參見謝明良，〈記黑石號（Batu Hitam）沈船中的中國陶瓷器〉，《美術史研究集刊》，第13期（民國91年），頁26～34詳論。黑石號是一艘阿拉伯商船，在1,200年前由揚州載運一批專為西亞人製造的各式瓷器，包括長沙窯及邢窯，越窯等瓷窯的瓷器，共計67,000餘件，準備運送到現在的沙烏地阿拉伯地區，因此由沈船上所打撈的文物，都具有濃郁的西亞色彩。據史學家研判該船在行經蘇門答臘海域時撞上暗礁而沈沒。之後被德國人打撈上岸。這批文物已由新加坡聖淘沙休閒集團買下，現在由新加坡亞洲文明博物館收藏。見《中央日報》2005年4月10日。

上，更有著舉足輕重的地位，其重要性甚至凌駕廣州、泉州之上，故揚州已成爲當時世界上最大的貿易都會之一〔註222〕。

五、唐代揚州的貿易網絡

唐代揚州所在的淮南地區，南鄰長江，北瀕淮河，境內河川密佈，交通運輸可謂相當便捷〔註223〕，且淮南地區開發較早，早在春秋時期，楚國孫叔敖即在芍陂進行水利工程〔註224〕。因淮南地區有著良好的農業基礎，唐代淮南地區乃成爲重要的糧食生產地區〔註225〕。淮南地區的造船業、製瓷業、製鹽業及製茶業等手工業均十分發達，且有些技術且十分地高超〔註226〕。

揚州轄區內的揚子及海陵等縣均十分富庶，揚子縣是「一同繁劇，四達要衝」〔註227〕，海陵縣是「眷彼東吳之近境，實爲南兗之奧區」〔註228〕。唐末海陵鎮遏使高霸，奉楊行密之命「帥其民悉歸府城」〔註229〕，僅這一次遷入的人民就達數萬戶之多，足見海陵之富實；以上資料顯示揚州之繁榮與自身的經濟發展有一定的關係。淮南地區揚州的鑄錢業、製銅業、紡織業及製鹽業等，楚州的製鹽業，壽州的製瓷業，舒州的酒器製造，廬州的紡織業，以及壽州、舒州及光州等州的製茶業等均聞名於時。李翰〈淮南節度行軍司馬廳壁記〉亦稱：「淮南之地，提封千里，徵令百役，稅以足食，賦以足兵」〔註230〕，相當程度地稱讚了淮南地區的富庶。淮南地區整體經濟的發展，無疑地爲揚州城市經濟的發展提供了堅強有力的後盾，是使揚州的經濟得以快速發展的重要原因之一。史念海先生亦認爲揚州成爲全國最大經濟都會，與

〔註222〕見劉希爲，〈盛唐以後商胡麇集揚州之由〉，頁263。

〔註223〕揚州的交通運輸情形參見朱祖德，〈試論唐代揚州在中西交通史上的地位〉，頁203～208詳論。

〔註224〕見陳懷荃，〈楚在江淮地區的開發和孫叔敖開芍陂〉，《歷史地理》第9期，頁275～281。

〔註225〕淮南地區在唐代以前及隋唐時期的農業經濟發展，參見郭黎安，〈論魏晉隋唐之間江淮地區水利業的發展〉，載《古代長江下游的經濟開發》，頁165～168及顏亞玉，〈唐中後期淮南農業的發展〉，《中國社會經濟史研究》，1984年第4期，頁72～77詳論。

〔註226〕淮南地區的手工業參見朱祖德，〈唐五代淮南地區的經濟發展〉，載《中國中古「社會與國家」史料典籍研讀會成果論文集》，頁323～329詳論。

〔註227〕《桂苑筆耕集》，卷一三，〈前宣州當塗縣令王翱攝揚子縣令〉，頁425。

〔註228〕《桂苑筆耕集》，卷一三，〈海陵縣令鄭杞〉，頁423。

〔註229〕《資治通鑑》，卷二五七，僖宗光啓三年十一月壬寅條，頁8366。

〔註230〕參見《全唐文》，卷四三○，頁1939下，李翰〈淮南節度行軍司馬廳壁記〉。

長江下游地區經濟的發展是分不開的〔註231〕。

在唐代由於伴隨著區域經濟的不斷發展，而身為區域中心城市的揚州，在唐前期已成為江淮平原最大經濟都會〔註232〕，至中晚唐時期更躋身為全國最大經濟都會。由於揚州是江淮區域的中心城市，且位於長江和大運河這兩條水運大動脈的交會點，因而擁長江流域和大運河所流經的廣大精華地區作為腹地，這幅員遼闊且物資豐富的腹地，提供了揚州大量且種類繁多可從事交易的商品，極大促進了揚州的經濟發展。故史云：「自淮南之西，大江之東，南至五嶺蜀漢，十一路百州之遷徙貿易之人，往還皆出揚州之下，舟車日夜灌輸京師者，居天下十之七」〔註233〕，「居天下十之七」之詞雖稍嫌誇大，但卻表明了揚州在交通運輸及商業貿易上的樞紐地位，對揚州商業貿易的繁忙是相當貼切的描述。揚州能擁有這廣大的精華地區作為其腹地，可以說是有唐一代，揚州經濟得以穩健發展的重要原因之一。

由於揚州不但是茶、鹽、糧食、瓷器及各式絲織品等物資的集散地，又是中晚唐時期的最大商業都會，擁有大量的消費人口；所以這廣大腹地的物資大部分集中運往揚州，再由揚州運往洛陽、長安等地〔註234〕。在《元和郡縣圖志·河南府》中就指出：「自揚、益、湘南至交、廣、閩中等州，公家漕運，私行商旅，舳艫相繼」〔註235〕，生動描繪了從揚州、益州到交州、廣州等地，舟船川流不息的景象。

另一方面，揚州又是重要的對外貿易港口，因而各地著名瓷窯的瓷器等商品亦滙集於揚州，再經由揚州外銷到日本、南洋等地。來自海外的的奇珍異寶及香料等商品，亦集中在揚州出售或循運河、長江等路線運至各地販賣，由於許多的物資經由揚州綿密的交通網絡運輸、進出，不但促進了揚州自身

〔註231〕 參見史念海，〈論唐代揚州和長江下游的經濟地區〉，收入氏著《唐代歷史地理研究》（北京，中國社會科學出版社，1998 年），頁 288。

〔註232〕 見劉希為，〈盛唐以後商胡麇集揚州之由〉，載《古代長江下游的經濟開發》，頁 262。

〔註233〕 參見《輿地紀勝》，卷三七，〈淮南東路·揚州〉，頁 278 上。

〔註234〕 參見〈開元水部式〉：「桂廣二府鑄錢及嶺南諸州庸調並和市折租等物，遞至揚州訖，令揚州差綱部領送都，應須運腳，於所送物內取充。」足見安史之亂前，桂廣嶺南之賦稅已集中揚州再北運長安。見葉式，《水部式殘卷》，收入黃永武主編，《敦煌寶藏》，第 121 冊，頁 271。安史亂後，江淮為國之根本，而東南各地的租稅貢獻也大部集中於揚州而後經運河北運，參見史念海，〈論唐代揚州和長江下游的經濟地區〉，頁 291 及 293 詳論。

〔註235〕 《元和郡縣圖志》，卷五，〈河南道一〉，頁 137。

的繁榮，亦對鄰近地區的經濟發展起了帶頭作用。

這些受到揚州正面影響的城市，從距離較近的楚州、壽州、潤州、常州、蘇州及杭州等地，到距離稍遠的江州、洪州及鄂州，乃至於益州、廣州及長安等地，在經濟上均受到揚州不同程度幅射效應的影響〔註236〕。有學者指出「揚州的繁盛，充分發揮了中心城市的作用，帶動了沿河、沿江、沿海城市的發展，在它影響下，北面的楚州，西面的鄂州，南面的洪州，周圍的潤州、常州、蘇州、杭州，以至沿海港口城市等都得到了長足的發展」〔註237〕，對於當時揚州作為江淮地區的區域中心城市，所產生的影響力的描述，可謂十分允當。

在鄰近地區中，以對楚州及潤州、常州的影響較大，潤州與揚州僅隔江相望，從江南運河北上的物資都需經過潤州及常州，故工商業均十分繁榮。由於受惠於大運河及江淮地區的經濟發展的影響，使得潤州、常州在天寶時期戶數均高達十萬有餘。在蘇州方面，女商荊十三娘則往來於蘇州和揚州間，從事商品交易〔註238〕。張祜的〈庚子歲寓游楊州贈崔荊四十韻〉詩云：「光研小吳綾」〔註239〕，在揚州市面上可以見到來自蘇州及越州等地的「吳綾」〔註240〕，說明了揚州和鄰近的蘇州、越州等地區，有著相當密切的商

〔註236〕有關區域中心城市與腹地的關係，參見斯波義信〔日〕撰，方健、何忠禮譯，《宋代江南經濟史研究》（南京，江蘇人民出版社，2001年），頁321。城市的層級方面參見施堅雅，〈城市與地方體系層級〉一文詳論，收入施堅雅〔美〕主編，葉光庭等譯，陳橋驛校，《中華帝國晚期的城市》（北京，中華書局，2002年），頁327～417詳論。
〔註237〕參見蕭建樂，《唐代城市經濟研究》（北京，人民出版社，2009年），頁136～137詳論。
〔註238〕《北夢瑣言》，卷八，〈荊十三娘義俠事〉，頁181。
〔註239〕陳尚君輯校，《全唐詩補編》（北京，中華書局，1992年）上冊，第二編，孫望，《全唐詩補逸》，卷之一一，頁214～215。
〔註240〕此處「吳綾」，狹義來說，應單指蘇州所產的綾，且蘇州的紡織品生產在唐代頗負盛名，《元和郡縣圖志》及《新唐書·地理志》記載蘇州上貢的絲、綿織品就有絲棉、絲葛、八蠶絲、排綾等多種，此外，據《大唐國要圖》記載尚有絲絹、綾絹、烏眼綾杉、段羅、折包布等，可謂種類繁多。蘇州的紡織品生產參見朱祖德，〈試論唐代蘇州繁榮的經濟基礎〉，載《淡江史學》第13期（民國91年9月），頁95～96。但若其意涵為廣義的「三吳」地區，則泛指包括蘇州、越州、潤州及湖州等地所產的綾。上述諸州在唐代都是以精美絲織品而聞名於時，參見朱祖德，《唐五代兩浙地區經濟發展之研究》（臺北，花木蘭文化出版社，民國98年，頁74～80詳論。因此，無論是單指蘇州綾或泛指三吳地區所生產的綾，都意味著在揚州可以買到精美的絲織品。

業貿易關係。此外，在《廣陵妖亂志》中提及呂用之父親呂璜，「以貨茗爲業，來往於淮、浙間」〔註241〕，「淮、浙間」指淮南和兩浙地區，因當時兩浙地區和淮南的情況類似，大部分州郡均生產良質茶，因此呂璜來往於淮、浙間，進行茶葉交易是有其必要的。從上述數條記載可瞭解，以揚州爲首的淮南地區與當時的浙東、浙西地區，由於地利之便和商品交換的需要，使得商業貿易的來往十分地頻繁，並且也因此建立了綿密的貿易網絡。

在與益州的商業交易方面，著名詩人杜牧的〈揚州三首〉詩云「蜀船紅錦重，越橐水沉堆」〔註242〕及張祜〈庚子歲寓游楊州贈崔荊四十韻〉詩云：「被裁新蜀錦」〔註243〕，可知在揚州市面上可以看到從益州遠道而來的蜀錦。揚州、益州間的貿易往來，因物產的運銷及商品的交換，而顯的十分頻繁〔註244〕。

而揚州與嶺南地區間的經濟交流則相當頻繁，如天寶二年（743）揚州大明寺高僧鑑眞，爲了東渡日本所置辦的東西中除農產品、漆器、玉器、各式銅器及各種香料等多達六百餘斤〔註245〕。也有來自嶺南地區的白籐簟、五色籐簟等特產〔註246〕，在揚州能買到嶺南地區所生產的白籐簟、五色籐簟等特產，反映出嶺南地區與揚州在商易貿易上的密切關連。

前述鑒眞和尙在東渡前所準備的香藥及藥材共有麝香、沉香、甲香、甘松香、龍腦香、膽唐香、安息香、棧香、零陵香、青木香及薰陸香等十餘種，另有畢鉢、訶黎勒、胡椒及阿魏等〔註247〕。這些藥材當時均非揚州本地所產，這些藥材除部分來自全國各地外，大部分係來自印度、波斯及南洋等地區的商品。而這些商品主要經過廣州北運，足見揚州與廣州間的貿易來往相當頻繁。史云：「自揚、益、湘南至交、廣、閩中等州，公家運漕，私行商旅，舳

〔註241〕《廣陵妖亂志》，頁538。
〔註242〕見杜牧，《樊川文集》，卷三，頁42。
〔註243〕陳尚君輯校，《全唐詩補編》上冊，第二編，孫望，《全唐詩補逸》，卷之一一，頁214～215。
〔註244〕有關揚州和益州之間的貿易往來及商品物資，詳見謝元魯，〈揚一益二〉，頁243～244詳論。
〔註245〕參見《唐大和上東征傳》，頁47～48。
〔註246〕《新唐書》，卷四三上，〈嶺南道〉載廣州土貢藤簟，循州土貢五色藤盤，振州土貢五色藤盤，賓州土貢藤器，參見《新唐書》，卷四三上，〈地理七下，嶺南道〉，頁1095～1102。
〔註247〕參見元開，《唐大和上東征傳》，頁47～48。

艫相繼」〔註248〕，生動描繪了從揚州到廣州等地，商旅川流不息的情形。

揚州與江西地區的江州、洪州等地在商業上的往來亦十分的密切，如《太平廣記・尼妙寂條》記其夫任華為潯陽商人，與其父昇「往復長沙廣陵間」。〔註249〕潯陽即唐代江州潯陽縣，以在潯水之陽故曰潯陽〔註250〕。另「有豫章民周迪，貨利於廣陵」〔註251〕，豫章係指江西地區的首府洪州。再者，《唐國史補》亦云：「大曆貞元間有俞大娘，航船最大。……南至江西，北至淮南，歲一往來，其利甚博。」〔註252〕說明當時江西與淮南間有大型商船定期航行，並從事商業行為。此外，白居易的〈鹽商婦〉詩云：

> 鹽商婦，多金帛，不事田農與蠶績，南北東西不失家，風水為鄉舟船作宅。本是揚州小家女，嫁得西江大商客。……婿作鹽商十五年，不屬州縣屬天子，每年鹽利入官時，少入官家多入私，官家利薄私家厚，鹽鐵尚書遠不知〔註253〕。

本條資料清楚地說明鹽商販賣私鹽有厚利可圖，詩中鹽商婦所嫁的「西江大商客」應指江西地區一帶的商人。陳寅恪先生指出劉禹錫的〈夜聞商人船中箏〉詩云：「大艑高船一百尺，新聲促柱十三弦，揚州市里商人女，來占西江明月天。」〔註254〕可與白香山此詩互證。並認為揚州為唐代最大經濟都會，鉅商富賈薈集之所〔註255〕。以上數例說明當時有相當多的商賈來往於淮南揚州和江西之間，經商貿易，牟取利潤，而其中不乏巨商大賈，側面顯示揚州與江西等地區的商業往來相當密切。

在與鄂州的往來方面，唐代著名詩人李白在〈江夏行〉詩中提及：「憶昔嬌小姿，春心亦自持。……誰知嫁商賈，令人卻愁苦。自從為夫妻，何曾在鄉土。去年下揚州，相送黃鶴樓。……悔作商人婦，青春長別離。」〔註256〕描述了江夏商人往來揚州的情形，同時也貼切地說明嫁作商人婦的無奈。另

〔註248〕《元和郡縣圖志》，卷五，〈河南道一〉，頁137。

〔註249〕參見《太平廣記》，卷一二八，頁906，〈尼妙寂條〉。

〔註250〕見《元和郡縣圖志》，卷二八，〈江西觀察使・江州〉，頁676。

〔註251〕《廣陵妖亂志》〈補遺〉，頁255。

〔註252〕《唐國史補》，卷下，頁62。

〔註253〕《白居易集》，卷四，頁84，〈鹽商婦〉。

〔註254〕劉禹錫〔唐〕撰，蔣維崧等箋注，《劉禹錫詩集編年箋注》（濟南，山東大學出版社，1997年），頁782，〈夜聞商人船中箏〉。

〔註255〕參見陳寅恪，《元白詩箋證稿》（北京，三聯書店，2001年），頁280。

〔註256〕李白〔唐〕撰，王琦〔清〕注，《李太白全集》（北京，中華書局，2012年），卷八，頁446～447。

李白的詩中提及「萬舸此中來，連帆過揚州」〔註257〕，對於當時來往揚州的船隻之眾多，留下了最佳的佐證。

在與京城長安的往來方面，唐末王建的〈江南三臺詞四首〉詩云：「揚州橋邊少婦，長安城（市）裏商人，二年不得消息，各自拜鬼求神。」〔註258〕深動描繪了揚州商人「重利輕別離」〔註259〕的特性，側面也顯示揚州商人為了做生意，可以長期在帝都長安從事買賣而不返家。說明商人為了利益，是可以無遠弗屆地，從事商業貿易。

由於揚州不僅是南北大運河與長江水運的樞紐和貨物集散地，並且亦是陸上和海上絲路的連接點，是重要的國際貿易都市之一〔註260〕。因此商胡來此做生意的甚多，加以由海路來中國的胡商，多以揚州為海洋航運的終點站，再由揚州轉赴洛陽和長安，故路經揚州的胡商也不在少數。這種情形在安史之亂後，路上絲綢之路被吐蕃勢力阻斷後更為明顯。既然胡商多由廣州登岸，再經由揚州而輾轉到達洛陽、長安，則揚州與洛陽、長安間的交通必因此十分繁忙，商旅不絕於途。唐肅宗上元元年（760）平盧兵馬使田神功討劉展於揚州，「商胡大食、波斯等商旅死者數千人。」〔註261〕僅揚州一地被殺的胡商達數千人，如再加上逃過一劫者，當不止此數，足見當時揚州胡商之眾多。

六、結　論

有唐一代是揚州的興盛時期，中晚唐時期更有「揚一益二」之譽，足見揚州的經濟繁榮的景況已然居全國之首位。唐代揚州的社會經濟之所以有如此快速的發展，首先要歸功隋代開鑿的大運河，大運河是唐帝國的命脈，無數的物資從富庶的江南地區通過運河北上，再往西運至洛陽、長安等地，而揚州恰位在大運河及長江會合點這關鍵的位置上，所以造就了它的繁榮。

政治因素亦有相當的影響，如隋煬帝三下揚州，並在揚州大造龍舟，雖是為了滿足個人的享受，然卻間接使得揚州的經濟發展起來，成就了往後唐代揚州的極度繁榮。再者，古代經濟重心南移對江淮地區經濟發展的影響，

〔註257〕 李白，〈經亂離後天恩流夜郎憶舊遊書懷贈江夏韋太守良宰〉，《李太白全集》，卷一一，頁574。
〔註258〕 《全唐詩》，卷三〇一，頁757中。
〔註259〕 參見《白居易集》，卷一二，〈琵琶引并序〉，頁242。
〔註260〕 見俞永炳，〈試談絲綢之路上的揚州唐城〉，頁170。
〔註261〕 見《舊唐書》，卷一一〇，〈鄧景山傳〉，頁3313。

是近年來學界著墨較多的部分，雖然論者對於經濟重心南移的起始點和完成時間尚有爭議，無論如何，古代經濟重心南移對包括揚州在內江淮地區經濟發展所產生的影響，應是不容否認的，只是影響的程度，各地仍存在著差異性。

唐代揚州因擁有大運河和長江這兩條水運動脈，作為它的交通運輸和商業貿易的主要通道，而大運河和長江所流經的廣大精華地區也就成為揚州的腹地。揚州作為江淮地區的中心城市，揚州的經濟的發展和繁榮，從而帶動了與其腹地及鄰近地區的經濟發展，包括楚州、潤州、常州、蘇州、杭州、江州、鄂州，以及稍遠的益州、廣州及長安等地，均和揚州有相當密切的商業貿易來往，並且因此而產生了交互的正面影響，使得揚州及上述各地的經濟日趨繁榮。

揚州雖在晚唐因畢師鐸、秦彥及楊行密、孫儒的數度爭奪而幾成荒場，到了宋代仍未恢復唐代盛時的舊觀〔註262〕。然宋元時期以揚州為首的淮東鹽區，仍為當時的最大的食鹽產地，在政府財政上仍佔有重要的地位〔註263〕。到了明、清時期揚州則因其良好的地理位置，而復為鹽商的雲集之地，再次展現了昔時的繁榮景象，是揚州的重要性未被忽視之明證〔註264〕。

〔附註〕本篇曾於 2010 年 6 月宣讀於中興大學歷史系「中國中古社會與國家史料典籍研讀會」所主辦的「中國中古社會與國家國際學術研討會」，會中承蒙魏嚴堅教授惠賜卓見，特此致謝。後經增補，刊於《史學彙刊》第三十期（2012 年 12 月）。

〔註262〕《容齋隨筆》，卷九，頁122，「唐揚州之盛」條。
〔註263〕宋元時期揚州的經濟情形及鹽業發展，參見王曾瑜，〈宋金時代的淮南經濟述略〉，收入中國社會科學院歷史所隋唐遼宋金元史研究室編，《隋唐遼宋金元史論叢》第一輯（北京市，紫禁城出版社，2011 年），頁 317～318、337～338 及 346～347。
〔註264〕參見王瑜、朱正海主編，《鹽商與揚州》（南京，江蘇古籍出版社，2001 年），頁 35～49 詳論。

圖 7-1　唐揚州城圖

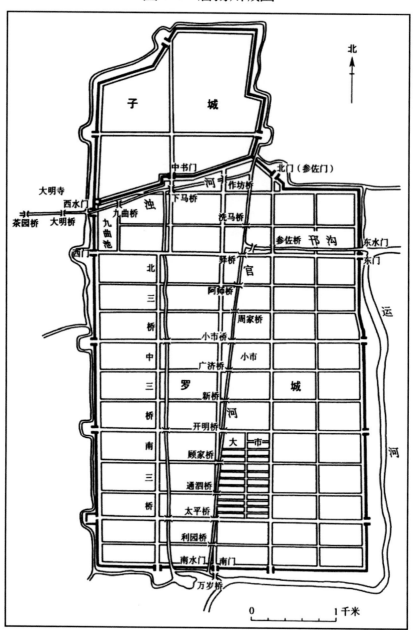

引自中國社會科學院考古研究所、南京博物館、揚州市文物考古研究所編，
《揚州城 1987～1998 年考古發掘報告》(北京，文物出版社，2010 年 7 月初
版)，頁 64。

附　錄
試論唐代廣州在中西交通史上的地位

一、前　言

　　唐五代時期是廣州地區經濟發展的加速期，嶺南道首府廣州在唐代不但
經濟發達，也因絕佳的地理位置，而成為海上絲路的最重要的轉運站和唐代
最大外貿易港口。而本文以廣州為研究對象，乃因唐代廣州在中西交通方面
之影響，既深且遠；從唐代直至清朝末年，廣州均因其優越的地理位置，而
為中西交會的樞紐，從而發揮其商業貿易及經濟上的優勢，故以廣州為主要
研究範疇。

　　本文將從廣州的地理位置、交通條件及經濟基礎如農業、手工業、商業
等各方面加以深入的探究，以期明瞭廣州在唐代中西文化的交流上所扮演的
角色及其影響。

二、廣州的地理位置及經濟條件

　　廣州〔註1〕位於富饒的珠江三角洲上，水陸交通皆十分便捷〔註2〕。廣州

─────────────

〔註1〕廣州一地在唐代以前，史籍多稱為「番禺」，原隸屬交州，吳孫皓時「以交州
　　　　土壤太遠，乃分置廣州，理番禺。交州徙理龍編。晉代因而不改。……隋開
　　　　皇九年平陳，於廣州置總管府，仁壽元年改廣州為番州，大業三年罷番州為
　　　　南海郡。隋末陷賊，武德四年討平蕭銑，復為廣州。」參見李吉甫〔唐〕撰，
　　　　賀次君點校，《元和郡縣圖志》（北京，中華書局，1995年）卷三四，〈嶺南道‧
　　　　廣州〉，頁885～886。

因擁有良好的地理位置及交通條件，在魏晉南北朝時期已成為嶺南地區最大的貿易港口〔註3〕。到了唐代，由於海上絲綢之路逐漸取代了路上絲綢之路，加以海外貿易的興盛，為廣州帶來極大的商機，經濟的日益繁榮，使得廣州成為唐代最大的對外貿易港口。本節將對廣州的地理位置、農業發展及手工業佈局等，加以論述。

（一）地理位置

唐代廣州因其位於漲海（南海）之濱，且居三江之會合點，對外及對內水路交通均十分便捷。陸路交通則在張九齡開大庾嶺路後有所改善，不論由廣州北上或由長江沿線南下廣州，在交通上均相當便捷，如從韶州經大庾嶺，可抵達虔州，接贛水支流貢水及贛水，再由彭蠡湖，經江州入長江，過揚子可達唐代最大經濟都會揚州。故云廣州「利兼水陸，環寶山積」〔註4〕，實不為過。

由廣州到交州，由海道甚為方便，若走陸路則可經由溯郁水可達邕州，再從路陸可通安南都督府（交州）〔註5〕。唐代名相陸贄也說廣州「地當衝要，俗號殷繁」〔註6〕，說明了廣州地理位置的優越。

而在海外交通方面，廣州自從取代了交州〔註7〕在海上絲綢之路終點站的地位後，海舶即絡繹不絕地來到廣州，從事商業貿易等活動，其中與阿拉伯國家的來往亦十分地頻繁〔註8〕，加以前述廣州北上的路線相當通暢，在在使

〔註2〕 參見許輝、蔣福亞主編，《六朝經濟史》（江蘇，江蘇古籍出版社，1993年），頁88。

〔註3〕 廖幼華指出，因三國以後越洋航路的逐漸形成，自此「大型船舶逐漸捨棄沿海航線，轉走新的南海航線，自此廣州取代徐聞，成為嶺南最大的貿易港口」，參見廖幼華，〈唐宋之際北部灣沿海交通發展〉，載《白沙歷史地理學報》，第7期（2009年4月），頁5。

〔註4〕 劉昫〔後晉〕等撰，《舊唐書》（臺北，鼎文書局，1992年），卷九八，〈盧奐傳〉，頁3070。

〔註5〕 史念海撰，〈隋唐時期的交通與都會〉，《唐史論叢》第六輯（西安，三秦出版社，1995年），頁24。

〔註6〕 陸贄〔唐〕撰，劉澤民校點，《陸宣公集》（杭州，浙江古籍出版社，1988年），卷一八，〈論嶺南請於安南置市舶中使狀〉，頁186。

〔註7〕 有關廣州取代交州在海上絲綢之路終點站地位，參見本文第四節「廣州商業貿易的繁榮」詳論。

〔註8〕 參見李金明，〈唐代廣州與阿拉伯的海上交通〉，《湛江師範學院學報》，第23卷第2期（2002年4月），頁1～6、李慶新，〈論唐代廣州的對外貿易〉，載《中國史研究》，第1992年第4期，頁12～21及周偉洲，〈唐朝與南海諸國通貢關

得廣州據有地利上的優勢。

（二）、農業發展

《新唐書・食貨志》載：「先是楊州租、調以錢，嶺南以米，安南以絲，益州以羅、紬、綾、絹供春綵」〔註9〕，說明在唐初嶺南地區的稻米生產已有相當成績。在安史之亂後，唐廷傾全力對其可掌握地區加以建設，嶺南地區亦因此受惠；加以廣州的商業貿易發達，人口相對地增加十分快速。因而嶺南地區在中晚唐時期遂成爲唐廷重要的賦稅支柱之一。《新唐書・食貨志》載：

> 貞元初，關輔宿兵，米斗千錢，……（崔造）增江淮之運，浙江東、
> 西歲運米七十五萬石，復以兩稅易米百萬石，江西、湖南、鄂岳、
> 福建、嶺南米亦百二十萬石，詔浙江東、西節度使韓滉，淮南節度
> 使杜亞運至東、西渭橋倉。〔註10〕

嶺南等五道運米共有一百二十萬石，雖不能確定來自嶺南道的比例有多少，側面也顯示嶺南地區農業生產較之前所有進步，才能運送相當數量的米糧。

在農業生產技術的進步方面，首述耕作技術，而牛耕技術則是其中較爲重要者。古代的耕田向以人力爲主，牛耕技術的採用，可大幅提高產量，間接可降低成本。早在東漢初年，九眞郡〔註11〕已有相當開發，並已施行牛耕，東漢時之九眞郡即唐代嶺南道西部安南都護府的愛州。如《後漢書・循吏・任延傳》云：

> 延乃令鑄作田器，教之墾闢，田疇歲歲開廣，百姓充給。〔註12〕

任延係由會稽太守轉任九眞太守，九眞舊俗不知牛耕，「延乃令鑄作田器，教之墾闢」〔註13〕，而九眞在東漢時已有牛耕技術，而屬同一區域的廣州，在三國時期，鄰近的州郡應已開始使用牛耕。而九眞在今越南北部，東漢時尙

係研究〉，載《中國史研究》，第 2002 年第 3 期，頁 59～74 等論文詳論。

〔註9〕 宋祁、歐陽修〔宋〕等撰，《新唐書》（臺北，鼎文書局景印，1993 年），卷五一，〈食貨志〉，頁 1345。

〔註10〕《新唐書》，卷五三，〈食貨三〉，頁 1369～1370。

〔註11〕九眞郡，爲漢初南越趙佗置，轄境約當今越南清化全省及義靜省東部地區。

〔註12〕見范曄〔南朝宋〕、司馬彪〔晉〕等撰，《後漢書》（臺北，鼎文書局，1977年），卷七六，〈循吏・任延傳〉，頁 2462。有學者認爲，不宜把「鑄作田器」等語，因此而確定有牛耕，「田器」雖可包括犁鏵，但不等於牛耕，參見黃展岳，《先秦兩漢考古文化》（臺北，允晨文化，1999 年），頁 52～53 詳論。筆者則認爲雖無其他文獻記載加以證實，不過如果任延「鑄作田器」，不是較進步的農具，則史籍不必特記其事，因此仍有相當可能是指牛耕的犁具。

〔註13〕見《後漢書》，卷七六，〈循吏・任延傳〉，頁 2462。

屬落後地區，然已開始用牛耕田，且在任延任官會稽後。故在嶺南地區，在三國時應有部分地區已使用牛耕技術；而到唐代，嶺南地區理應較東漢時更廣泛使用牛耕，惜因史料缺乏，無確切證據，故暫時無法下唐代嶺南已廣泛使用牛耕的定論。

此外，由於唐代江南地區牛耕已較三國時期為普及，嶺南地區的韶州因地理位置與江南僅一嶺之隔，加以地方長官的領導，因而已採用牛耕技術。《新唐書》，卷一四三，〈徐申傳〉即提到：

> 徐申字維降，京兆人。擢進士第，累遷洪州長史。嗣曹王皋討李希烈，檄申以長史行刺史事，任職辦，皋表其能，遷韶州刺史。韶自兵興四十年，刺史以縣為治署，而令丞雜處民閭。申按公田之廢者，募人假牛犁墾發，以所收半畀之，田久不治，故肥美，歲入凡三萬斛。諸工計所庸，受粟有差，乃徙治故州。未幾，邑閭如初。創驛候，作大市，器用皆具。州民詣觀察使，以其有功於人，請為生祠，申固讓，觀察使以狀聞，遷合州刺史·始來韶，戶止七千，比六年，倍而半之。〔註14〕

「募人假牛犁墾發」表明韶州刺史徐申募人給牛耕田，而有「歲入凡三萬斛」的績效。由於徐申之後升任嶺南節度使〔註15〕，且韶州鄰近廣州，故廣州地區或在同時，至遲在徐申任嶺南節度時，應已使用牛耕技術。由於古代農業生產主要靠人力，而利用牛耕可提高生產力，又可減少人力的消耗，牛耕的普及對於嶺南地區農業生產有重大的貢獻。

由於徐申曾任洪州長史，洪州在當時的農業技術相當進步，故在江南地區所使用的稻麥複種制〔註16〕及移栽技術〔註17〕等技術，廣州地區至遲在徐申任嶺南節度使時，應已採用。而嶺南地區因氣溫較高，稻麥複種制的實行

〔註14〕《新唐書》，卷一四三，〈徐申傳〉，頁4694。

〔註15〕《新唐書》，卷一四三，〈徐申傳〉，頁4695。

〔註16〕稻麥複種制，參見張澤咸，〈試論漢唐間的水稻生產〉，載《文史》，第十八輯（1983年7月），頁55～57；李伯重，《唐代江南農業的發展》（北京，農業出版社，1990年），頁108～120及鄭學檬，《中國古代經濟重心南移和唐宋江南經濟研究》（長沙，岳麓出版社，2003年10月修訂再版），頁85～87。

〔註17〕移栽（插秧）技術除可大大提高除草和施肥的效率外，稻苗先在秧圃中培植，又可使春季缺水時能充分利用水源，並縮短大田的種植時間，提高稻米產量。參見林立平，〈唐代主糧生產的輪作複種制〉，載《暨南學報》（哲社版），1984年第1期，頁46。

及稻米二熟，甚至三熟的機率大幅提高〔註18〕。

在經濟作物方面，早在東漢時期廣州地區已有龍眼及荔支（枝）的生產，《後漢書》，卷四，〈孝和孝殤帝紀〉注引《交州記曰》:「龍眼樹高五六丈，似荔支而小。」而《後漢書•孝和孝殤帝紀》注引《廣州記》的記載尤詳，其云:

> 子似荔支而員，七月熟。荔支樹高五六丈，大如桂樹，實如雞子，
> 甘而多汁，似安石榴。有甜醋者，至日禺中，翕然俱赤，即可食。

〔註19〕

而唐代廣州地區所產荔枝已相當有名，據《新唐書•地理志》記載廣州土貢中即有「荔支」一項〔註20〕。在玄宗時，楊貴妃好食荔枝，「南海所生，尤勝蜀者，故每歲飛馳以進，然方暑而熟，經宿則敗，後人皆不知之」〔註21〕。足見廣州所產荔枝品質優良，較之蜀地所生者尤佳。而唐代廣州地區龍眼及荔枝等熱帶水果的生產，應已上軌道，唯應以野生樹為主，是否有人工種植的情形，擬於日後再作進一步研究。

嶺南地區由於農業生產技術的進步，糧食生產量較前增加，唐中後期乃與兩浙及江西、湖南、鄂岳、福建等地區成為糧食出口地區。上述史料，顯示包括廣州在內的嶺南地區，農業生產較之前大為進步。而嶺南地區能在唐中後期，農業上有如此進步，除歸功於生產技術的進步外，勞動力的增加以及因人口增加而使得耕作面積不斷擴大，亦是主要原因。

（三）手工業佈局

嶺南地區因豐於多種礦藏，且手工業技術進步，故鑄錢業、冶鑄業、製瓷業、造船業及製鹽業等多種手工業均十分發達。

而在唐代著名詩人李白的〈為宋中丞請都金陵表〉中就已提到江南地區的物產富饒，其文云:

> 臣伏見金陵舊都，地稱天險，龍盤虎踞，開扃自然，六代皇居，五
> 福斯在，雄圖霸跡，隱軫由存，咽喉控帶，縈錯如繡，天下衣冠士

〔註18〕 張澤咸也認為嶺南地區的氣候屬於亞熱帶，因此「這些地區的水稻複種在當時是可能的」，參見張澤咸，〈試論漢唐間的水稻生產〉，載《文史》，第十八輯（1983年7月），頁56～57詳論。

〔註19〕 《後漢書》，卷四，〈孝和孝殤帝紀〉注引《廣州記》，頁194。

〔註20〕 《新唐書》卷四十三上，〈地理七上〉，頁1095。

〔註21〕 《唐國史補》，卷上，頁19。

庶，避地東吳，永嘉南遷，未盛於此。……況齒革羽之所生，梗楠
豫章之所出，元龜大貝充牣其間，銀坑鐵冶，連綿相屬，劃銅陵爲
金穴，煮海水爲鹽山。以征則兵強，以守則國富。〔註22〕

從李白此文可瞭解到唐中葉時南北經濟的變化，以及南北經濟重心易位的趨
勢〔註23〕。其言「況齒革羽之所生，梗楠豫章之所出，元龜大貝充牣其間，
銀坑鐵冶，連綿相屬，劃銅陵爲金穴，煮海水爲鹽山。」〔註24〕形容包括嶺
南在內的東南地區物產富饒，且富有金、銀、銅、鐵等礦藏，冶金業、製鹽
業及木材業等亦十分發達，呈現一片欣欣向榮的情景，實是唐代東南地區經
濟快速發展的最佳寫照。而嶺南地區的冶金業及製鹽業均相當發達。此外，
齒、革、羽及元龜大貝等亦爲嶺南地區的特有產品。

唐代廣州手工業的技術不但十分進步且項目繁多，因篇幅所限，故僅舉
鑄錢業、冶鑄業、製瓷業、造船業、紡織業及製鹽業等手工業加以說明。

1、鑄錢業

在鑄錢業的原料生產部分，徵之史籍，嶺南地區僅勤州銅陵縣有銅的生
產記載〔註25〕，其他郡縣則未見記載，可能因產量較少，而未列入史籍。然
銀銅爲共生礦，《新唐書‧食貨志》即云：「天下有銀之山必有銅」〔註26〕，
而嶺南地區自古即爲金、銀的主要生產地，故銅的產量應不少。其他鑄錢所
需的原料，如鉛及錫等金屬，廣州皆有生產。

在德宗建中元年（780）至武宗會昌五年（845）滅佛，許諸道觀察使可銷
毀佛像取銅鑄錢，江淮地區因民間銷錢爲器獲取暴利，故造成銅錢嚴重不足。
武宗會昌五年滅佛後，「鹽鐵使以工有常力，不足以加鑄，許諸道觀察使皆得置
錢坊。」〔註27〕淮南節度使李紳遂請以天下州名鑄錢，其大小尺寸皆如開元通
寶，交易禁用舊錢〔註28〕。這是我國鑄幣史中第一次以州名鑄於錢面〔註29〕，

〔註22〕李白〔唐〕著，王琦〔清〕注，《李太白全集》（北京，中華書局，2003年），
卷二六，〈爲宋中丞請都金陵表〉，頁1212～1214。

〔註23〕參見魏明孔，〈隋唐手工業與我經濟重心的南北易位〉，《中國經濟史研究》，
1999年第2期，頁56。

〔註24〕李白，〈爲宋中丞請都金陵表〉，頁1212～1214。

〔註25〕《新唐書》卷四十三上，〈地理七上〉，頁1099。

〔註26〕見《新唐書》，卷五四，〈食貨四〉，頁1389。

〔註27〕《新唐書》，卷五四，〈食貨四〉，頁1391。

〔註28〕見《新唐書》，卷五四，〈食貨四〉，頁1391。

〔註29〕見張澤咸，《唐代工商業》（北京，中國社會科學出版社，1995年），頁49。

堪稱是鑄幣史上的一件大事，在這段時間，嶺南道首府廣州亦有以州名來鑄錢。

　　宋代洪遵在《泉志》中，就記載「廣州以『廣』字穿在右」〔註30〕，而《新唐書・食貨中》雖未明確記載廣州在武宗會昌前曾設鑪鑄錢，然在敦煌文書《開元水部式》殘卷中，提到「桂、廣二府鑄錢，及嶺南諸州庸調並和市、折租等物，遞至揚州訖，令揚州差綱部領送部，應須運腳，於所送物內取充」〔註31〕，這段記載說明了廣州在開元時期曾設鑪鑄錢。故可以說廣州在武宗會昌以前，至少在玄宗時期曾設鑪鑄錢，但因史籍語焉不詳，致使不易論證。

　　在考古資料方面，廣州曾發現唐代初期的鑄錢遺址〔註32〕，足見廣州一地，在唐初已開始鑄造錢幣。且考古隊在唐代鑄幣遺址旁，發掘出三國時期的錢幣窖藏，此窖藏不但錢幣數量大，種類多，並且所出土的錢幣，從西漢時期到三國時期的都有，所跨時間亦相當長〔註33〕，側面顯示廣州地區從漢代以來，錢幣的使用相當普遍。據上述資料推論，廣州從唐初即已開始鑄造錢幣，側面顯示廣州地區，有一定數量的鑄造錢幣工匠。故武宗時期在各州郡紛紛以州名鑄錢時，廣州也應在其列。

　　唐代嶺南地區在交易上的確常使用金、銀為貨幣，然銅錢亦同時流通〔註34〕，只是使用的比例上較金銀為低〔註35〕，故會昌年間在各道及觀察使駐所設鑪鑄錢亦應包括廣州在內〔註36〕。然宣宗即位後，乃盡廢會昌之

〔註30〕　見洪遵〔宋〕，《泉志》，卷三，〈正用品下〉，收入《叢書集成新編》（台北市，新文豐出版公司，1986年台一版），第26冊，頁534中。此次幣制改革參見王怡辰，〈由武宗會昌錢看經濟領域的割據〉，《中國歷史學會史學集刊》第37期（2005年7月）一文詳論。

〔註31〕　見葉式，《水部式殘卷》，收入《敦煌寶藏》（臺北，新文豐出版社，1985年初版）第121冊，頁271。

〔註32〕　廣州省文物局、廣東省文物考古研究所、廣州市文物考古研究所、深圳市文物考古鑑定所編，《廣東文物考古三十年》（廣州，暨南大學出版社，2009年），頁463～470。關於此遺址的性質和年代，見同書469～470詳論。

〔註33〕　《廣東文物考古三十年》，頁455～463。

〔註34〕　銅錢在嶺南的流通情形，請參考王承文，〈晉唐時代嶺南地區金銀的生產和流通〉，《唐研究》第13卷（2007年），頁528～533詳論。

〔註35〕　從對敦煌所藏《唐天寶初年地志殘卷》的分析中，可得出嶺南地區以銅錢為公廨本錢的州，約佔全數的百分之27，其他為使用銀兩者。此數字雖不一定代表所有嶺南貨幣使用的情形，卻可作為嶺南地區仍然是金銀與銅錢並用的明證。參見王承文，〈晉唐時代嶺南地區金銀的生產和流通〉，《唐研究》第13卷（2007年），頁519。

〔註36〕　然因目前仍未掌握充分的證據，故尚不能排除《泉志》中所記載的背「廣」

政，各地新鑄銅錢復銷鑄爲佛像。

2、冶金業

嶺南地區礦藏豐富，尤富於金、銀礦藏，銅、鐵產量亦不在少數，故金屬製造業十分發達〔註37〕。其實早在東漢時期廣州的當地土著即已具有鑄銅技術，如《後漢書‧馬援傳》注引《裴氏廣州記》云：

> 俚獠鑄銅爲鼓，鼓唯高大爲貴，面闊丈餘。初成，懸於庭，剋晨置酒，招致同類，來者盈門。豪富子女以金銀爲大釵，執以叩鼓，叩竟，留遺主人也。〔註38〕

從廣州的當地土著鑄銅爲鼓，面積寬達丈餘，以當時的技術水準而言，其製作技術已具有相當的水準。

在唐代以前，嶺南地區即有產銀的記載，唐代嶺南地區則以金、銀生產著名，《新唐書‧地理七上》即云：「厥賦：蕉、紵、落麻。厥貢：金、銀、孔翠、犀、象、綵藤、竹布」〔註39〕。廣州地區因富於金、鐵、鉛及錫等礦藏，加以鄰近地區的產銀州甚多，故冶金業十分發達，成爲重要的金、銀等金屬產地及冶金業中心。

字錢，是淮南揚州的「廣陵監」所製造的可能性。

〔註37〕嶺南地區有關銅的生產記載較少，然《新唐書》卷四十三上，〈地理七上〉記載勤州銅陵縣產銅，勤州與廣州屬同一區域，故廣州的冶鑄業亦有原料可供使用。下表據《新唐書》卷四十三上，〈地理志七上〉，頁1096～1099及《元和郡縣圖志》，卷三四，〈嶺南道一〉，頁885～903等資料製成：

州名	金	銀	銅	鐵	鉛	錫	玉
廣州	四會			懷集、湞陽	化蒙	化蒙	
循州							
潮州							
端州		V					
康州	V	V					
封州		V					
韶州		曲江					曲江
勤州			銅陵				

表中「V」代表有生產，有註明文字者，表示產地縣名。

〔註38〕《後漢書》，卷二十四，〈馬援列傳〉，頁841注引《裴氏廣州記》。

〔註39〕《新唐書》卷四十三上，〈地理七上〉，頁1095。

冶金業方面，嶺南地區雖以金銀生產聞名，但不若江西饒州有明確的產量記載，如《元和郡縣圖志》云饒州：「每歲出銀十餘萬兩，收稅山銀七千兩」〔註40〕，但包括廣州在內的嶺南地區金銀產量應相當大，惜目前尚未有數字可資證明。而《新唐書・食貨志》記載：

> 凡銀、銅、鐵、錫之冶一六八，陝、宣、潤、饒、衢、信五州，銀冶五十八，銅冶九十六，鐵山五，錫山二，鉛山四，汾州明礬山七。
>
> 麟德二年，廢陝州銅冶四十八。〔註41〕

嶺南地區盛產銀，而《新唐書・食貨志》未列入，是否缺列，仰或作者仍認為嶺南地區在全國的銀生產中不甚重要，是仍需要探討的問題。廣州及鄰近的康州均產金，廣州亦因為唐代第一大貿易港，商業繁盛，人物薈萃，擁有大量的能工巧匠，故成為嶺南地區的主要金屬鑄造中心。

3、造船業

造船業方面，《唐國史補》云：「凡東南郡邑，無不通水。故天下貨利，舟楫居多。」〔註42〕，表明廣州在內的東南地區是以舟船為主要交通工具。廣州地區瀕臨大海，船舶使用十分頻繁，故造船業應相當發達。如元開和尚在東征日本期間，即曾用八十萬貫正鑪錢向嶺南道採訪使劉巨鱗，買得軍船一艘〔註43〕，這艘船很明顯的是一艘海船，雖不能肯定是在廣州所造，然其可能性相當大。

唐代造船技術已相當進步，據唐代考古發現，船身已用隔艙技術，且具有速度快、容積大及船身嚴密堅固等優點〔註44〕。而在 1960 年 3 月，在唐代揚州運河遺址，發掘出唐代木船，原長 24 公尺（殘長 18.4 公尺），中寬 4.3 公尺，底寬 2.4 公尺，深 1.3 公尺，船板厚達 13 公分，並有隔艙技術。由此船可見唐代船舶規模之大，以及製造技術的進步〔註45〕。

4、製鹽業

唐代沿海地區大都生產海鹽，兩浙、淮南是主要產區。而嶺南地區除沿

〔註40〕《元和郡縣圖志》，卷二八，〈江西觀察使〉，頁 672。

〔註41〕《新唐書》，卷五十四，〈食貨四〉，頁 1383；志文有陝、宣、潤、饒、衢、信等 6 州，而云 5 州，可能有漏誤。

〔註42〕李肇，《唐國史補》，卷下，頁 62。

〔註43〕元開〔日〕，撰，汪向榮校注，《唐大和上東征傳》（北京，中華書局，2000 年），頁 47。

〔註44〕南京博物館，〈如果發現唐代木船〉《文物》，1974 年第 5 期，頁 84-90。

〔註45〕見陸覺，〈揚州施橋發現了古代木船〉，《文物》，1961 年第 6 期，頁 52。

海外，由於日照較強，可減少曝曬的時間，故產量應不小，然其品質似不如浙鹽來的好。嶺南地區所生產的食鹽爲海鹽，並早在漢代即設鹽官，據《漢書》，卷二十八下，〈地理志〉記載：

> 南海郡，秦置。秦敗，尉佗王此地。武帝元鼎六年開。屬交州。戶萬九千六百一十三，口九萬四千二百五十三。有圃羞官。縣六：番禺，尉佗都。有鹽官。〔註46〕

番禺約爲唐代的廣州地區，足見番禺的食鹽生產量相當大，漢廷才會專門設置鹽官來管理。《新唐書‧食貨四》就記載了廣州新會縣「有鹽」〔註47〕，而《元和郡縣圖志‧嶺南道一》亦載鄰近的潮州海陽縣產鹽，其云：「鹽亭驛，近海。百姓煮海水爲鹽，遠近取給」〔註48〕，此外，端州之高要縣亦設有鹽官〔註49〕。

5、製瓷業

唐代包括廣州在內的嶺南地區製瓷業，雖不如越窯及邢窯來的有名，而考古所發現的瓷窯遺址卻相當多。如僅嶺南道東部就有瓷窯遺址 23 處，分佈在廣州、潮州、瑞州、封州、高州、羅州及雷州等地。南漢時廣州更增加了皇帝崗窯、南海官窯、澄海程洋崗窯、官隴窯、北洋窯及窯東窯等處瓷窯〔註50〕。

再者，廣東梅縣及新會均發現唐代瓷窯遺址。其中廣東梅縣的唐窯爲水車窯，水車窯有兩處窯口，均爲橢圓形饅頭窯；不過與一般饅頭窯的構造大不相同，水車窯做了一些改良，促進了瓷窯的產量和質量〔註51〕。另廣東新會所發現的唐窯爲官沖窯，有四座窯爐，窯場分佈達二萬餘平方公尺，足見窯場規模甚大。該窯的產品以青瓷與素燒瓷爲主，亦有個別的醬黑釉瓷〔註52〕。

〔註46〕《漢書》，卷二十八下，〈地理志第八下〉，頁 1628。
〔註47〕《新唐書》，卷四三上，〈地理七上〉，頁 1096。
〔註48〕《元和郡縣圖志》，卷三四，〈嶺南道一〉，頁 895。
〔註49〕《元和郡縣圖志》，卷三四，〈嶺南道一〉，頁 897。
〔註50〕廣東博物館等，《廣東唐宋窯址出土陶瓷》（香港，香港大學馮平山博物館，1985 年），頁 11、陳歷明主編，《潮汕文物志》上冊，（廣東，汕頭市文管會，1985 年），頁 68～73 及陳萬里，《中國青瓷史略》（上海，上海人民出版社，1962 年），頁 50。
〔註51〕參見楊少祥，〈廣東梅縣市唐宋窯址〉，載《廣東文物考古三十年》，頁 479～483。
〔註52〕參見廣東省文物考古研究所、新會市博物館，〈廣東新會官沖古窯址〉，載《廣東文物考古三十年》，頁 487 及 497～498。

1954 年南漢昭陵出土了青釉四耳罐、六耳罐及夾耳罐等，「鐵還原燒製十分成功，釉色晶瑩，均極精美」〔註 53〕。綜上所述，廣州的燒製瓷器技術在唐代已有相當水準，到了南漢時期更有相當大的進步。

6、紡織業

廣州在唐代紡織業比起江南的蘇州、潤州等地所生產的精美絲織品，並不出色，但仍據有一席之地。如《新唐書·地理七上》即云：「厥賦：蕉、紵、落麻。厥貢：金、銀、孔翠、犀、象、綵藤、竹布。」〔註 54〕其中紵、落麻及竹布等均為紡織品。

包括廣州在內的嶺南地區手工業的發達，可以從《舊唐書·玄宗紀》所載開元二年時一事觀之：

> 時右威衛中郎將周慶立為安南市舶使，與波斯僧廣造奇巧，將以進
>
> 內。監選使、殿中侍御史柳澤上書諫，上嘉納之。〔註 55〕

因安南時未有市舶使，故安南應為「嶺南」之誤，從上文來看，不僅表明奢侈品製造業的進步，側面也顯示中西交流的成果。而從嶺南地區較為偏遠的瓊州亦有大規模的紡織及金銀製造等手工業作坊來看〔註 56〕，廣州地區的手工業，應已朝向手工業作坊的方向發展〔註 57〕。

而《舊唐書·敬宗紀》云：

> 九月丙午朔。丁未，波斯大商李蘇沙進沉香亭子材，拾遺李漢諫云：
>
> 「沉香為亭子，不異瑤臺、瓊室。」上怒，優容之。……詔浙西織

〔註 53〕見曾廣億等，〈廣東陶瓷的歷史〉，載《中國陶瓷全集》（京都，美乃美出版社，1982 年），頁 194。

〔註 54〕《新唐書》卷四十三上，〈地理七上〉，頁 1095。

〔註 55〕《舊唐書》，卷八，〈玄宗上〉，頁 174。

〔註 56〕詳見《太平廣記》，卷二六九，頁 2113，〈韋公幹條〉引《投荒雜錄》。

〔註 57〕根據考古發現及史料記載，在唐代江南的潤、湖等州已發現官營及私營的金銀器手工業作坊，在揚州更發現金屬熔鑄及雕刻製骨等大型手工業作坊；而北方的定州等地亦有相當規模的手工業作坊。而據《太平廣記·韋公幹條》的記載，甚至遠在海南島上，竟也出現相當進步的手工業作坊，足見手工製造業已朝向集中化、商品化的方向發展。有關上述各地手工業作坊考古成果的介紹及史料探討，參見朱祖德，〈唐代揚州手工業析論〉，載《淡江史學》第二四期（2012 年 9 月），頁 146～147、朱祖德，《唐五代兩浙地區經濟發展之研究》（臺北，花木蘭文化出版社，2009 年），頁 72、張澤咸，《唐代工商業》（北京，中國社會科學出版社，1995 年），頁 105 及翁俊雄，〈唐代嶺南社會經濟漫談〉，收入《唐代人口與區域經濟》（臺北，新文豐出版事業公司，1995 年），頁 504～505 等。

> 造可幅盤條繚綾一千匹。觀察使李德裕上表論諫，不奉詔，乃罷
> 之。……己巳，浙西、淮南各進宣索銀粧盒三具。〔註58〕

這波斯商人李蘇沙欲進貢高級沉香木材，很可能是為了討好敬宗皇帝，觀此後詔浙西織造可幅盤條繚綾一千匹及浙西、淮南各進敬宗宣索的銀粧盒，可見敬宗務求華奢及享受，李蘇沙乃投其所好，無奈被不識好歹的李漢給看破了，波斯商人李蘇沙若從海路來則應由廣州上京，亦可能從絲路來；但若要運沉香木材這樣貴重且搬運不易的貨物，則勢必要從水路來，即從海路，入廣州，再北運入京。

三、交通及運輸佈局

在交通運輸上，廣州地區因有郁水（西江水）、湞水等河川及其支流，可以北連湘水及贛水，因而水上交通十分便捷。加上位居南北要衝，又是海上絲綢之路的必經之路，因而交通十分繁忙。廣州也因優越的地理位置，而使得商業貿易大盛，誠如《舊唐書・盧奐傳》所云：「南海郡利兼水陸，環寶山積」〔註59〕。《元和郡縣圖志・河南府》亦云：「自揚、益、湘南至交、廣、閩中等州，公家漕運，私行商旅，舳艫相繼」〔註60〕，生動描繪了從揚州到廣州等地，舟船川流不息的景象。

武則天長安（701~704）年間，有司表稅關市，鳳閣舍人崔融上疏勸諫，其諫文據《舊唐書・崔融傳》載：

> 四海之廣，九州之雜，關必據險路，市必憑要津。……且如天下諸
> 津，舟航所聚，旁通巴、漢，前指閩、越，七澤十藪，三江五湖，
> 控引河洛，兼包淮海，弘舸巨艦，千軸萬艘，交貿往還，昧旦永日
> 〔註61〕。

崔融此奏獲得武則天的同意，遂罷關市之征〔註62〕。可見在武則天時期，各地的關、市已是「舟航所聚」，交通十分繁忙，亦間接帶動當地經濟發展。

在海外交通方面，廣州自從取代了交州在海上絲綢之路終點站的地位後，海舶即絡繹不絕地來到廣州，從事商業貿易等活動，其中與阿拉伯國家

〔註58〕《舊唐書》，卷十七上，〈敬宗紀〉，頁512。
〔註59〕《舊唐書》，卷九八，〈盧奐傳〉，頁3070。
〔註60〕《元和郡縣圖志》，卷五，〈河南道一〉，頁137。
〔註61〕《舊唐書》卷九四，〈崔融傳〉，頁2997～2998。
〔註62〕《舊唐書》，卷九四，〈崔融傳〉，頁2996～3000。

的來往亦十分地頻繁〔註63〕。唐貞元時宰相賈耽所考察方域道里數最爲詳細，《新唐書‧地理七下》列出賈耽之入四夷道有七，其云：

> 一曰營州入安東道，二曰登州海行入高麗渤海道，三曰夏州塞外通大同雲中道，四曰中受降城入回鶻道，五曰安西入西域道，六曰安南通天竺道，七曰廣州通海夷道〔註64〕。

其中第七條即爲廣州通海夷道，其原文如下：

> 廣州東南海行，二百里至屯門山，乃帆風西行，二日至九州石。又南二日至象石。又西南三日行，至占不勞山，山在環王國東二百里海中。又南二日行至陵山。又一日行，至門毒國。又一日行，至古笪國。又半日行，至奔陀浪洲。又兩日行，到軍突弄山。又五日行至海硤，蕃人謂之「質」，南北百里，北岸則羅越國，南岸則佛逝國。佛逝國東水行四五日，至訶陵國，南中洲之最大者。又西出硤，三日至葛葛僧祇國，在佛逝西北隅之別島，國人多鈔暴，乘舶者畏憚之。其北岸則箇羅國。箇羅西則哥谷羅國。又從葛葛僧祇四五日行，至勝鄧洲。又西五日行，至婆露國。又六日行，至婆國伽藍洲。又北四日行，至師子國，其北海岸距南天竺大岸百里。又西四日行，經沒來國，南天竺之最南境。又西北經十餘小國，至婆羅門西境。又西北二日行，至拔颶國。又十日行，經天竺西境小國五，至提颶國，其國有彌蘭太河，一曰新頭河，自北渤崑國來，西流至提颶國北，入于海。又自提颶國西二十日行，經小國二十餘，至提羅盧和國，一曰羅和異國，國人於海中立華表，夜則置炬其上，使舶人夜行不迷。又西一日行，至烏剌國，乃大食國之弗利剌河，南入于海。小舟泝流，二日至末羅國，大食重鎮也。又西北陸行千里，至茂門王所都縛達城。自婆羅門南境，……西北至康國七百里〔註65〕。

〔註63〕參見李金明，〈唐代廣州與阿拉伯的海上交通〉，《湛江師範學院學報》，第23卷第2期（2002年4月），頁1～6、李慶新，〈論唐代廣州的對外貿易〉，載《中國史研究》，第1992年第4期，頁12～21及周偉洲，〈唐朝與南海諸國通貢關係研究〉，載《中國史研究》，第2002年第3期，頁59～74等論文詳論。

〔註64〕《新唐書》，卷四十三下，〈地理七下〉，頁1146。

〔註65〕《新唐書》，卷四十三下，〈地理七下〉，頁1153～1155。有關「廣州通海夷道」中，各地地名的今地及在交通路線上的重要性，詳見劉希爲，《隋唐交通》（臺

　　如從唐代最大經濟都會揚州往嶺南的通道，就是經長江進入贛江，再經
江西大庾嶺而達廣州，廣州是唐代海外貿易的最大港口，又是南海航線的起
點〔註66〕，且設有市舶司，來自海外的商旅群集於廣州。在開元四年（716）
張九齡重修了大庾嶺通道後，不但便於商旅的往來，更大大提高了此條路線
的運輸量〔註67〕，此通道乃與靈渠成為淮南至嶺南的重要路線〔註68〕。在修
建大庾嶺路方面，張九齡〈開大庾嶺路記〉即云：

> 初嶺東廢路，人苦峻極，行逾寅緣，數里重林之表，飛梁嶻嵲，千
> 丈層崖之半，顛躋用惕，漸絕其元。……而海外諸國，日以通商，
> 齒革羽毛之殷，魚鹽蜃蛤之利，上足以備府庫之用，下足以贍江淮
> 之求〔註69〕。

從文中可知在張九齡開大庾嶺路前，由南向北及由北向南的交通均相當的不
方便，而此路關係到國家府庫的充實與否，故此路開成後，對南北交通乃至
於唐廷均有相當大的助益，〈開大庾嶺路記〉中云：「而海外諸國，日以通
商，齒革羽毛之殷，魚鹽蜃蛤之利，上足以備府庫之用，下足以贍江淮之求」
〔註70〕，表明江淮地區及唐廷對舶來品的需求甚殷。

　　而從波斯及阿拉伯遠道而來的胡商，在中唐以前就已由波斯灣沿海，經
麻六甲和北部灣抵廣州，或在福建沿岸登陸，再由梅嶺（大庾嶺）、贛水，經
洪州及江州沿長江至揚州〔註71〕。而張九齡開大庾嶺路一事，則值得大書特
書的，由於嶺東的道路廢棄，故以往翻越五嶺，由於缺乏道路，是相當艱難
的，自從張九齡開大庾嶺後，不論由廣州北上或由長江沿線南下廣州，在交
通上均相當便捷，如從韶州經大庾嶺，可抵達虔州，接贛水支流貢水及贛水，

北，新文豐出版社，1992年），頁139～140。並參見王仲犖，〈唐和南海各國
的經濟文化交流〉，《唐史論叢》第二輯（西安，陝西人民出版社，1987年），
頁278～298詳論。

〔註66〕劉希為，《隋唐交通》（臺北，新文豐出版社，1992年），頁283。

〔註67〕參見《全唐文》，卷二九一，頁1304中，張九齡，〈開大庾嶺路記〉。

〔註68〕有關靈渠的交通路線，參見《全唐文》，卷八〇四，魚孟威，〈桂州重修靈渠記〉，
頁3747下；並參閱何榮昌，〈隋唐運河與長江中下游航運的發展〉收入於中
國唐史學會等編，《古代長江中游的經濟開發》（漢口，武漢出版社，1988年），
頁375～376。

〔註69〕參見《全唐文》，卷二九一，頁1304中，張九齡，〈開大庾嶺路記〉。

〔註70〕參見《全唐文》，卷二九一，頁1304中，張九齡，〈開大庾嶺路記〉。

〔註71〕參見俞永炳，〈試談絲綢之路上的揚州唐城〉，載《漢唐與邊疆考古研究》第
一輯（北京，科學出版社，1994年），頁170。

再由彭蠡湖，經江州入長江，過揚子可達唐代最大經濟都會揚州。

在當時淮南廬州有「二京路」，可通達長安和洛陽，而江州與廬州之間只隔著舒州〔註72〕，若經由廬州到達二京（長安和東都洛陽），可謂十分便捷。而廣州北上可由江州經舒州、廬州等地，而抵達二京。洪州、江州〔註73〕、廬州等地均因位於自廣州往北，至淮南及河南等地交通路線的必經之地，因而商業貿易十分發達。其實早在漢代，番禺（唐廣州地區）即因地理位置優越，而成爲漢武帝時南征大軍的集合地，《漢書·武帝紀》即云：

> 波將軍路博德出桂陽，下湟水；樓船將軍楊僕出豫章，下湞水；歸義越侯嚴爲戈船將軍，出零陵，下離水；甲爲下瀨將軍，下蒼梧。皆將罪人，江淮以南樓船十萬人。越馳義侯遺別將巴蜀罪人，發夜郎兵，下牂柯江，咸會番禺。〔註74〕

足見番禺（廣州）的戰略地位及交通位置均十分重要，伐南越的南征大軍才會在此集合。降至唐代，廣州的地理位置及交通條件，仍對其城市經濟的繁榮，乃至在中西文化交流上的地位，均有相當大的影響。

四、廣州商業貿易的繁榮

交州在兩漢及魏晉南北朝時期，長期爲遠洋航行之終點站〔註75〕，而到了唐代交州的地位則由鄰近的廣州所取代，著名漢學家伯希和在他所著的《交廣印度兩道考》一書中認爲，由於「航舶漸取直接航線徑赴中國，交州之地位，逐終爲廣州所奪。七世紀時如義淨等即在廣州登舶，然其間興替不無競爭也」〔註76〕，可見廣州在唐初已取代交州的海上絲路終點地位，而廣州因而成爲當時第一大外貿港口。然交州仍有不少外舶停靠，如當時嶺南節度經略使就上奏，希望派遣中使到安南（交州）以負責收市的工作，而陸贄則以〈論嶺南請於安南置市舶中使狀〉〔註77〕一文加以駁斥，側面說明交州仍有

〔註72〕 史念海，《唐代歷史地理研究》，頁335。
〔註73〕 洪州、江州的地理位置及商業貿易情形，請參見朱祖德，〈唐代江西地區的經濟發展〉，載《淡江史學》第十九期（2008年9月），頁49-～50；53。
〔註74〕 《漢書》，卷六，〈武帝紀〉，頁186。
〔註75〕 參見伯希和〔法〕，著，馮承鈞譯，《交廣印度兩道考》（北京，中華書局，2003年），頁184，上卷，「陸道考」之「交廣之興替」一節詳論。
〔註76〕 伯希和〔法〕著，馮承鈞譯，《交廣印度兩道考》（北京，中華書局，2003年），頁184。
〔註77〕 參見陸贄〔唐〕撰，劉澤民校點，《陸宣公集》（杭州，浙江古籍出版社，1988

一定程度的對外貿易收入。

（一）廣州商業貿易的繁榮

　　唐代廣州擁有極為優越的地理位置，不僅瀕臨大海，並且位於西江、東江及北江之交會點，故交通十分便捷〔註78〕，也因此成為嶺南地區的最重要商業城市。其實早在漢代，廣州就已成為嶺南地區的經濟中心，《史記·貨殖列傳》云：「番禺亦其一都會也，珠璣、犀、瑇瑁、果、布之湊。」〔註79〕番禺即為唐代的廣州地區，《史記》的記載說明了廣州的優越的交通條件及商業的繁榮，早在西漢時期已受到重視。六朝時期，廣州對外貿易的地位逐漸上升並漸漸取代龍編（交州），成為南部最重要的外貿港口。故《隋書·地理下》云：

> 南海、交趾，各一都會也，並所處近海，多犀象瑇瑁珠璣，奇異珍瑋，故商賈至者，多取富焉。……並鑄銅為大鼓，初成，懸於庭中，置酒以招同類。來者有豪富子女，則以金銀為大釵，執以叩鼓，竟乃留遺主人，名為銅鼓釵。〔註80〕

隋代南海郡即為唐代的廣州地區，史言「故商賈至者，多取富焉」〔註81〕，足見廣州在六朝時期，商業貿易已相當地繁榮。

　　嶺南地區的商業不但受惠於優越的地理位置，加上有良好的農業生產及堅實手工業基礎而相當繁榮。廣州除瀕海，對外交通發達之外，對內的水陸交通亦十分發達。自張九齡開大庾嶺路後，不論南來北往交通均十分便捷，如從韶州經大庾嶺，可抵達虔州，接贛水支流貢水及贛水，再由彭蠡湖，經江州入長江，過揚子可達唐代最大經濟都會揚州。或經由淮南廬州的「二京路」，通達京城長安和東都洛陽〔註82〕。

　　武后時名相陸贄說廣州「地當衝要，俗號殷繁，交易之徒，素所奔湊。」〔註83〕表明廣州地理位置的優異及來往商旅之眾多。《舊唐書·盧奐傳》云

　　　　年），卷一八，〈論嶺南請於安南置市舶中使狀〉，頁186。

〔註78〕見張澤咸，《唐代工商業》，頁224。

〔註79〕司馬遷〔漢〕，《史記》（臺北，鼎文書局，1986年），卷一二九，〈貨殖列傳〉，頁3268。

〔註80〕魏徵、令狐德棻〔唐〕等撰，《隋書》（臺北，鼎文書局，1987年），卷三十一，〈地理下〉，頁886～887。

〔註81〕《隋書》，卷三十一，〈地理下〉，頁886～887。

〔註82〕史念海，《唐代歷史地理研究》（北京，中國社會科學出版社，1998年），頁335。

〔註83〕陸贄〔唐〕撰，劉澤民校點，《陸宣公集》（杭州，浙江古籍出版社，1988年），

廣州「利兼水陸，瓌寶山積」〔註84〕；而《舊唐書・盧鈞傳》亦云「舊帥
作法興利以致富，凡為南海者，靡不梱載而還」〔註85〕。嶺南節度使因掌
握市舶之利，故多懷珍藏，其中亦有富可敵國者，如《舊唐書・王鍔傳》云：
「西南大海中諸國舶至，則盡沒其利，由是鍔家財富於公藏。日發十餘艇，
重以犀象珠貝，稱商貨而出諸境。周以歲時，循環不絕，凡八年，京師權門
多富鍔之財」〔註86〕。「京師權門多富鍔之財」一語雖有些誇張，卻也是嶺
南藩帥「財」傾朝野的顯例。王鍔因歷經大藩，且常以錢財結交權貴，故他
的富有，在當時是非常相當有名的。《唐國史補》就記載有人勸他散盡家財
以避禍，他卻將所有錢財都分給他的親戚，令論者啞然的故事〔註87〕。

　　《唐國史補》云：「凡東南郡邑，無不通水。故天下貨利，舟楫居多」
〔註88〕，說明廣州在內的東南地區是以舟船為主要交通工具。《唐國史補》
又云「舟船之盛，盡于江西，編蒲為帆，大者或數十幅，自白沙泝流而上，
常待東北風（信風），謂之潮信」〔註89〕，可見包括廣州在內，唐代東南地
區的造船業及商業貿易均相當發達。

　　而廣州為嶺南首府，擁有良好的地理位置，安史亂後人口猛增，加以手
工業發達，產品的多樣化，使其商業交易十分繁榮，如《唐國史補》曰：

　　　　南海舶，外國船也。每歲至安南、廣州。獅子國舶最大，梯而上下
　　　　數丈，皆積寶貨。至者本道奏報，郡邑為之喧闐。有蕃長為主領，
　　　　市舶使籍其名物，納舶腳，禁珍異，蕃商有以詐欺入牢獄者。〔註90〕

由「梯而上下數丈」來看，足見獅子國船舶規模之大，其載貨量想必十分驚
人。「至者本道奏報，郡邑為之喧闐」的敘述，表明當地官民對海外商船靠岸
的興奮與期待。

　　曾數次欲前往日本弘法，而遭風浪飄流到廣州的鑑真和尚，在《唐大和
上東征傳》中也提到：

　　　　江中有婆羅門、波斯、崑崙等舶，不知其數；並載香藥、珍寶、積

　　　　卷一八，〈論嶺南請於安南置市舶中使狀〉，頁186。
〔註84〕《舊唐書》，卷九八，〈盧奐傳〉，頁3070。
〔註85〕《舊唐書》，卷一七七，〈盧鈞傳〉，頁4591。
〔註86〕《舊唐書》，卷一五一，〈王鍔傳〉，頁4060。
〔註87〕李肇，《唐國史補》，卷中，頁43。
〔註88〕李肇，《唐國史補》，卷下，頁62。
〔註89〕《唐國史補》，卷下，頁62。
〔註90〕《唐國史補》，卷下，頁63。

載如山，其舶深六、七丈。師子國、大石國、骨唐國、白蠻、赤蠻
等往來居〔住〕，種類極多。〔註91〕

其中「大石國」即為大食，「師子國」為獅子國；「崑崙」應為今日的馬來半
島、印度尼西亞等東南亞國家〔註92〕。足見至廣州的海外商旅從事貿易甚多，
「香藥、珍寶、積載如山」的描述，呈現出胡商的貴重貨物之多，價值甚高，
側面顯示廣州商業貿易的發達。

在《太平廣記》中有許多對胡商經營珠寶、珍貝及犀角的記載；如卷三
四的〈崔煒條〉中，崔煒將所得到的南越王趙佗陪葬寶珠〔註93〕，鬻於波斯
邸，雖頗有神話意味，然稱「波斯邸」指由來自波斯胡商所聚集的交易地，
廣州有「波斯邸」的存在，亦為胡商群集廣州之證。同書卷三一○的〈張無
頗條〉中張無頗得到廣利王所贈的「駭雞犀、翡翠盆及麗玉明瑰」〔註94〕等
珍寶，在廣州僅出售駭雞犀，就已獲巨萬〔註95〕。同書卷四七六的〈陸顒條〉
〔註96〕，胡商以「珍貝數品遺於顒，貨於南越，獲金千鎰」〔註97〕。上述數
例，均描寫胡商在廣州經營珠寶、珍貝等買賣，胡商往往出高價搶購他們認
為珍貴的珠寶，可見珠寶交易在廣州不但興盛，且獲利是相當巨大的。

廣州地區由於是海鹽產地，故食鹽的交易亦十分興盛，其中私鹽的交易
如同嶺北，應佔有相當的比例。白居易〈鹽商婦〉詩云：「鹽商婦，多金帛，
不事田農與蠶績，南北東西不失家，風水為鄉舟船作宅。……婿作鹽商十五
年，不屬州縣屬天子，每年鹽利入官時，少入官家多入私，官家利薄私家厚，
鹽鐵尚書遠不知。」〔註98〕生動說明鹽商販賣私鹽有厚利可圖。

而唐文宗，〈追收江淮諸色人經紀本錢敕〉稱：「江淮富豪大戶，……私
販茶、鹽，頗撓文法，州縣之弊，莫甚於斯」〔註99〕，此詔是說明江淮地區
的富豪大戶，因私販茶葉及鹽有暴利可圖，故挺而走險；另一方面，也可作

〔註91〕元開〔日〕撰，汪向榮校注，《唐大和上東征傳》（北京，中華書局，2000年），
　　　　頁74。
〔註92〕參見《唐大和上東征傳》，頁75注。
〔註93〕見《太平廣記》，卷三四，頁216～219，〈崔煒條〉引《傳奇》。
〔註94〕見《太平廣記》，卷三一○，頁2452，〈張無頗條〉引《傳奇》。
〔註95〕見《太平廣記》，卷三一○，頁2452，〈張無頗條〉引《傳奇》。
〔註96〕見《太平廣記》，卷四七六，頁3920～3922，〈陸顒條〉引《宣室志》。
〔註97〕見《太平廣記》，卷四七六，頁3920～3922，〈陸顒條〉引《宣室志》
〔註98〕《白居易集》，卷四，頁84，〈鹽商婦〉。
〔註99〕《全唐文》，卷七四，頁338下。

爲廣州地區的私鹽交易興盛的寫照。

在貿易商品方面，嶺南地區主要的可交易商品有金、銀、玳瑁、荔枝及水產品等物資，是嶺南地區最重要的貿易商品。

在城市經濟方面，早在漢代，番禺即爲嶺南的經濟中心，《史記·貨殖列傳》即云：

> 九疑、蒼梧以南至儋耳者，與江南大同俗，而楊越多焉。番禺亦其
>
> 一都會也，珠璣、犀、瑇瑁、果、布之湊〔註100〕。

將廣州與其他的區域經濟中心並列，足見其重要性。六朝時期，廣州對外貿易的地位逐漸上升，並漸漸取代龍編（交州），乃成爲最重要的外貿港口。

廣州在唐代先後爲廣州總管府、大都督府、中都督府及嶺南道采訪使駐所，肅宗至德時爲嶺南五府經略使兼節度使（下文簡稱「嶺南節度使」）駐所，足見軍事、政治、經濟地位均十分重要。廣州的農業生產進步，加以手工業發達，對外的商業交易又十分繁榮，故經濟十分發達。廣州在安史亂後，因經濟繁榮，人口增加快速，元和時戶數已躍居嶺南道第一位。

廣州的地理位置十分優異，如海外胡商在中唐以前，就在廣州或福建沿岸登陸，再由梅嶺（大庾嶺）、贛水，經洪州及江州沿長江至揚州。〔註101〕故廣州乃成爲主要的口岸。廣州因位居於對外商業貿易的第一要埠，外舶來往絡繹於途，因而商業貿易十分發達，故史稱：「南海有蠻舶之利，珍貨輻湊。」〔註102〕。

足見嶺南爲唐廷財稅之所寄，而廣州更是重中之重，除要收市外〔註103〕，還要不時視上意來進奉，且因置市舶使收取舶腳，故需倚重能臣幹吏，招徠商船，以收其效。而廣州則是嶺南地區的政、經中心，人口稠密，物產富饒，且擁有便利的交通，加上充足的勞動力，使手工業及商業均相當發達。

《新唐書》，卷一四三，〈徐申傳〉載：

> 踰年，進嶺南節度使。前使死，吏盜印，署府職百餘員，畏事泄，

〔註100〕《史記》，卷一二九，〈貨殖列傳〉，頁3268。

〔註101〕參見俞永炳，〈試談絲綢之路上的揚州唐城〉，載《漢唐與邊疆考古研究》第一輯（北京，科學出版社，1994年），頁170。

〔註102〕《舊唐書》，卷一七七，〈盧鈞傳〉，頁4591。

〔註103〕「收市」，參見陳明光、靳小龍，〈論唐代廣州的海外交易、市舶制度與財政〉，《中國經濟史研究》，2005年第1期，頁108～109及黎虎，〈唐代的市舶使與市舶管理〉，《歷史研究》，1998年第3期，頁32。

謀作亂。申覺，殺之，註誤一不問。遠俗以攻劫相矜，申禁切，無
復犯。外蕃歲以珠、瑇（玳）瑁、香、文犀浮海至，申於常貢外，
未嘗膌索，商賈饒盈。〔註104〕

以上文觀之徐申任嶺南節度使時可謂理有善政，實爲良吏之表率，且「外蕃
歲以珠、瑇（玳）瑁、香、文犀浮海至，申於常貢外，未嘗膌索，商賈饒盈」
〔註105〕表明其處理外貿事務十分妥善。

　　而由唐代最大經濟都會揚州南下經商，往往經由長江及贛水，翻越大庾
嶺而達廣州。商旅在沿途並可匯集江西地區所盛產的茶葉及瓷器等物資再南
下廣州，故在這條路線上的江州、洪州及廣州等城市商業貿易均相當發達。
在當時淮南廬州有「二京路」，可通達長安和洛陽，而江州與廬州之間只隔
著舒州〔註106〕，若從廣州北上，再經由江州、廬州而到達二京，可謂十分
便捷。

　　此外，在《全唐文》，卷七五，〈大和八年疾愈德音〉中提到：

　　　嶺南、福建及揚州蕃客，宜委節度觀察使常加存問，除舶腳、收市、
　　　進奉外，任其來往通流，自爲交易，不得重加率稅。〔註107〕

此段記載有學者解讀爲，揚州在唐代設有市舶司的證據〔註108〕，但仍有爭議
〔註109〕，無論揚州在當時是否有設市舶司，唐文宗的〈大和八年疾愈德音〉
都表明了廣州、泉州及揚州是當時三大胡商聚集地，也是當時中國最大的三
個國際港口之一。

　　廣州不僅爲當時中外交流的樞紐，同時也是國際貿易的重要港口。如九
世紀大食著名地理學家伊本‧胡爾達茲比赫（Ibn khordadbeh）在所著《道里
邦國志》一書中，已把廣州列爲與交州（龍編）、揚州、泉州齊名的四大港口

〔註104〕《新唐書》，卷一四三，〈徐申傳〉，頁4695。
〔註105〕《新唐書》，卷一四三，〈徐申傳〉，頁4695。
〔註106〕史念海，《唐代歷史地理研究》，頁335。
〔註107〕《全唐文》，卷七五，〈大和八年疾愈德音〉，頁342中。
〔註108〕如朱江在〈唐代揚州市舶司的機構及其職能〉（《海交史研究》1988年第1期）
　　　　一文中，認爲揚州存在管理市舶的專門機構。
〔註109〕如顧敦信在〈略論唐代的市舶事務〉（《揚州師院學報》1990年第2期）文中
　　　　則對朱文提出反駁，另陳勇亦贊成其觀點，參見陳勇，《唐代長江下游經濟發
　　　　展研究》（上海，上海人民出版社，2006年1月初版），頁329～330。筆者則
　　　　認爲唐代揚州是否存在市舶司，並不是最重要的問題，因揚州所擁有的國際
　　　　交通上的地位，並不受市舶司是否存在的影響。但根據唐文宗〈大和八年疾
　　　　愈德音〉來看，揚州有類似市舶司業務的機構則不可否認。

〔註110〕。而桑原騭藏在《唐宋貿易港研究》一書中提到，歷來學者對 Kantou 港有六種說法，經作者列舉各種史料，證實爲揚州無誤〔註111〕。

（二）「市舶之利」的管理及影響

1、市舶司的設立及市舶使

市舶使的任務，是負責管理海舶，查驗貨物，並依定收取舶腳〔註112〕，如《唐國史補》所言：

> 南海舶，外國船也。每歲至安南、廣州。……有蕃長爲主領，市舶
> 使籍其名物，納舶腳，禁珍異，蕃商有以詐欺入牢獄者。〔註113〕

足見「籍其名物，納舶腳，禁珍異」是市舶使的職責責所在，然常利用職權，橫徵暴斂，或賄賂中官及朝廷重臣，或中飽私囊，不一而足，可說是一個肥缺。

而宦者亦時常領市舶使，市舶使不但攬利權，且有領兵供其指使，如《資治通鑑》，卷二二三，代宗廣德元年（763）十一月壬寅條云：

> 宦官廣州市舶使呂太一發兵作亂，唐置市舶使於廣州，以收商舶之利，時
> 以宦者爲之。節度使張休棄城奔端州，太一縱兵焚掠，官軍討平之。
> 〔註114〕

從代宗廣德元年，市舶使宦官呂太一叛亂一事來看，太一所領兵竟能在重兵駐守的廣州作亂〔註115〕，可見其勢不小，然宦者作亂似乎較爲少見，可能是與節度使不和或有衝突，才會導致呂太一爲亂。

2、地方官吏的經營及得失

因廣州擁有極爲優越的地理位置，是海上絲路的中繼站，因此廣州常有

〔註110〕見伊本・胡爾達茲比赫（Ibn khordadhbeh）〔阿拉伯〕著，宋峴譯注，《道里邦國志》（北京，中華書局，1991 年），頁 72。

〔註111〕參見桑原騭藏〔日〕著，楊鍊譯，《唐宋貿易港研究》（臺北，商務印書館，1963 年），頁 72 至 130。

〔註112〕有關市舶使的設置及功能，詳見黎虎，〈唐代的市舶使與市舶管理〉，《歷史研究》，1998 年第 3 期，頁 21～37。

〔註113〕《唐國史補》，卷下，頁 63。

〔註114〕《資治通鑑》，卷二二三，代宗廣德元年十一月壬寅條。

〔註115〕依《舊唐書》，卷四一，〈地理志・嶺南道・廣州中都督府〉云：「州內有經略軍，管鎮兵五千四百人」，參見《舊唐書》，卷四一，〈地理志〉，頁 1712。《元和郡縣圖志》，卷三四，〈嶺南道一〉，頁 886，更指出此經略軍鎮兵是駐守在州城內，可見在廣州爲亂不易，是故呂太一所發若非城內鎮兵，實難爲患。

外舶停靠做生意，故史云：「外蕃歲以珠、璣（玳）瑁、香、文犀浮海至」。〔註116〕節度使常用提高稅率，或巧立名目的方法收取額外的巨額錢財寶貨，時任嶺南節度使者，大都以肥缺視之，如《舊唐書》，卷一五二，〈王茂元傳〉云：

> 茂元幼有勇略，從父征伐知名。……。大和中檢校工部尚書、廣州刺史、嶺南節度使·在安南招懷蠻落，頗立政能。南中多異貨，茂元積聚家財鉅萬計。〔註117〕

其中王鍔任嶺南節度使的收穫最大，《舊唐書》，卷一五一，〈王鍔傳〉云：

> 尋除容管經略使，凡八年，谿洞安之。遷廣州刺史、御史大夫、嶺南節度使。廣人與夷人雜處，地征薄而叢求於川市。鍔能計居人之業而榷其利，所得與兩稅相埒。鍔以兩稅錢上供時進及供奉外，餘皆自入。西南大海中諸國舶至，則盡沒其利，由是鍔家財富於公藏。日發十餘艇，重以犀象珠貝，稱商貨而出諸境。周以歲時，循環不絕，凡八年，京師權門多富鍔之財〔註118〕。。

王鍔可以說買遍了朝中大臣，因此他在嶺南大撈一筆，卻並未像鄭權因賄賂中官受到譴責〔註119〕，反而因杜佑要辭淮南，而得到淮南節度的美缺。

而在唐代曾任嶺南節度使的，並非均是濁流，清官也相當多，其中有政績的，以孔戣最為知名，《舊唐書·孔戣傳》云：

> 戣剛正清儉，在南海，請刺史俸料之外，絕其取索。先是帥南海者，京師權要多託買南人為奴婢，戣不受託。至郡，禁絕賣女口。先是準詔禱南海神，多令從事代祠。戣每受詔，自犯風波而往。韓愈在潮州，作詩以美之。時桂管經略使楊旻、桂仲武、裴行立等騷動生蠻，以求功伐，遂至嶺表累歲用兵。唯戣以清儉為理，不務邀功，交、廣大理〔註120〕。

孔戣不但不去送禮求富貴，且不避權貴，婉拒其買人為奴婢要求，已屬難得

〔註116〕《新唐書》，卷一四三，〈徐申傳〉，頁4695。

〔註117〕《舊唐書》，卷一五二，〈王茂元傳〉，頁4070。

〔註118〕《舊唐書》，卷一五一，〈王鍔傳〉，頁4060。

〔註119〕《舊唐書》，卷一六二，〈鄭權傳〉，頁4246云：「旬月，檢校右僕射、廣州刺史、嶺南節度使。初權出鎮，有中人之助，南海多珍貨，權頗積聚以遺之，大為朝士所嗤。」

〔註120〕《舊唐書》，卷一五四，〈孔巢父傳附孔戣〉，頁4098。

〔註 121〕。更不避風險，親自奉詔到南海神廟祭祀〔註 122〕，實是難中之難。故本傳曰：「唯戣以清儉爲理，不務邀功，交、廣大理」〔註 123〕，可說是大力讚揚其恤民之情。而《唐國史補》亦云孔戣「有殊政，南中士人死於于流竄者，子女皆爲嫁之」〔註 124〕可謂存憐憫之心，愛民之官。

而鄭絪任藩帥時亦以清廉著稱，《舊唐書》，卷一五九，鄭絪本傳提及他在任內的作爲：「出爲嶺南節度觀察等使、廣州刺史、檢校禮部尙書，以廉政稱。」〔註 125〕徐申在嶺度節度任內，亦將廣州移風化俗，且「未嘗賸索」，故商賈饒盈〔註 126〕」。另李勉在嶺南的作爲亦是足堪楷模，如《舊唐書》，卷一三一，〈李勉傳〉載：

> 勉至，遣將李觀與容州刺史王翃倂力招討，悉斬之，五嶺平。前後
> 西域舶泛海至者歲纔四五，勉性廉潔，舶來都不檢閱，故末年至者
> 四十餘。在官累年，器用車服無增飾。及代歸，至石門停舟，悉搜
> 家人所貯南貨犀象諸物，投之江中，者老以爲可繼前朝宋璟、盧奐、
> 李朝隱之徒。人吏詣闕請立碑，代宗許之。〔註 127〕

李勉「悉搜家人所貯南貨犀象諸物，投之江中」一事，《唐國史補》亦有記載，作「悉搜家人犀象，投于江中而去」〔註 128〕。李勉不但剿平內亂，又不擾民，讓外商安心作生意，故來廣州的海舶日增，至其任後數年，海舶來者竟達原先的十倍，其政務輕簡，又不貪求財寶，且潔身自愛，故人樂之。並且代宗還詔准立碑爲其紀念，實爲少見的榮寵。

宋璟、盧奐、李朝隱爲官廣州時，皆清廉公正，故爲世所稱。《新唐書·

〔註 121〕 從嶺南略買奴婢，政府雖屢禁止，然成效不彰，翁俊雄認爲直到「和雇制」推廣後，此種情形才有改善。參見翁俊雄，〈唐代嶺南社會經濟漫淡〉，收入氏著，《唐代人口與區域經濟》（臺北，新文豐出版事業公司，1995 年），頁 502～504。

〔註 122〕 南海神在唐代地位十分崇高，朝廷屢屢加封，有「廣利王」之稱，故孔戣乃受詔前往祭祀；有關南海神信仰的形成，以及南海神廟的創建、發展及重要性，參見王元林，《國家祭祀與海上絲路遺跡──廣州南海神廟研究》（北京，中華書局，2006 年），頁 15～97 及王元林，〈論唐代廣州內外港與海上交通的關係〉，《唐都學刊》第 22 卷第 6 期（2006 年 11 月），頁 23～24。

〔註 123〕 《舊唐書》，卷一五四，〈孔巢父傳附孔戣〉，頁 4098。

〔註 124〕 《唐國史補》，卷中，頁 42。

〔註 125〕 《舊唐書》，卷一五九，〈鄭絪傳〉，頁 4181。

〔註 126〕 《新唐書》，卷一四三，〈徐申傳〉，頁 4695。

〔註 127〕 《舊唐書》，卷一三一，〈李勉傳〉，頁 3635。

〔註 128〕 《唐國史補》，卷上，頁 21。

盧奐傳》記載：

> 南海兼水陸都會，物產瓌怪，前守劉巨鱗、彭果皆以贓敗，故以奐
> 代之。汙史歛手，中人之市舶者亦不敢干其法，遠俗爲安。時謂自
> 開元後四十年，治廣有清節者，宋璟、李朝隱、奐三人而已。〔註129〕

盧奐爲官廣州，不但貪污官吏收手，連一向跋扈的中官，也謹遵法度，不敢
亂來。足見李勉之清正廉潔，爲時論所稱許，是十分中肯的。

　　而其中嶺南節度中也有爲官廉潔，請宦官領市舶司，以免除無謂的困擾
者，如盧鈞，《舊唐書》，卷一七七，盧鈞本傳就詳述其原委：

> 其年冬，代李從易爲廣州刺史、御史大夫、嶺南節度使。南海有蠻
> 舶之利，珍貨輻湊。舊帥作法興利以致富，凡爲南海者，靡不稇載
> 而還。鈞性仁恕，爲政廉潔，請監軍領市舶〔註130〕。

官者領市舶，在唐代屢見不鮮，已有學者專論〔註131〕，而其作用及影響，是
值得深究的問題。而內中也有清廉過頭的，如《舊唐書·蕭俶傳》云：

> 俶氣勁論直，同列忌之，罷知政事，出爲廣州刺史、嶺南節度使。
> 俶性公廉，南海雖富珍奇，月俸之外，不入其門。家人疾病，醫工
> 治藥，須烏梅，左右於公廚取之，俶知而命還，促買於市。〔註132〕

因家人生病，僅取公家烏梅數枚先用，而蕭俶乃催促歸還，雖有些不近情理，
然亦爲清官之寫照。

　　《舊唐書》，卷一九八，〈西戎·波斯國〉云：「乾元元年，波斯與大食
同寇廣州，劫倉庫，焚廬舍，浮海而去。」〔註133〕另據《舊唐書》，卷一○，
〈肅宗紀〉記載：乾元元年（758）九月「癸巳，廣州奏大食國、波斯國兵
眾攻城，刺史韋利見棄城而遁」〔註134〕。從時間上來看，這二條資料所載
爲同一事件。此次事件極有可能是因市舶使或節度使處理胡商事務不當，才
會導致波斯與大食同攻廣州。而有時亦因節帥處理不當，而導致胡商群起攻
之，如《資治通鑑》，卷二○三，光宅元年（684）秋七月戊午條即云：

> 廣州都督路元叡爲崑崙所殺，元叡闇懦，僚屬恣擅。有商舶至，僚

〔註129〕《新唐書》，卷一二六，〈盧懷愼傳附盧奐〉，頁4418。
〔註130〕《舊唐書》，卷一七七，〈盧鈞傳〉，頁4591。
〔註131〕黎虎，〈唐代的市舶使與市舶管理〉，《歷史研究》，1998年第3期，頁21～37。
〔註132〕《舊唐書》，卷一七二，〈蕭俶傳〉，頁4482。
〔註133〕《舊唐書》，卷一九八，〈波斯國〉，頁5313。
〔註134〕《舊唐書》，卷一○，〈肅宗紀〉，頁253。

> 屬侵漁不已，商胡訴於元叡，元叡索枷，欲繫治之，羣胡怒，有崑
> 崙袖劍直登聽事，殺元叡及左右十餘人而去，無敢近者，登舟入海，
> 追之不及。〔註135〕

廣州都督元叡縱容官吏浸漁胡商，羣胡怒不可遏，甚至殺了元叡，事情可以
說已經到了不可收拾的地步。此事除說明節度使若處理「番務」不當，恐有
殺身之禍，側面也表明廣州胡商之眾，駐守在此的嶺南節度使公務及責任均
十分繁重。

五、胡商群集廣州的原因

廣州不僅為當時中外交流的樞紐，同時也是國際貿易的重要港口。如九
世紀大食著名地理學家伊本・胡爾達茲比赫（Ibn khordadbeh）在所著《道里
邦國志》一書中，已把廣州列為與交州（龍編）、揚州、泉州齊名的四大港口
〔註136〕。

在《全唐文》，卷七五，〈大和八年疾愈德音〉中提到：「嶺南、福建及揚
州蕃客，宜委節度觀察使常加存問，除舶腳、收市、進奉外，任其來往通流，
自為交易，不得重加率稅。」〔註137〕表明嶺南地區特別是廣州及泉州、揚州
等地直到文宗時期仍是胡商的聚集之處。並且根據《中國印度見聞錄》的記
載，廣州不但是胡商群集之所，還是阿拉伯商人薈萃的城市〔註138〕。根據阿
拉伯遊歷家阿布賽特・哈桑（Abu Zaid Hassan）的記載：

> 亂黨首領，名曰龐勛，攻陷劫掠國中無數城邑後，以回教紀元二六
> 四年陷廣府，殺回教徒、猶太人、基督教徒、火教徒，數達十二萬
> 以至二十萬人。……外國之商人船主，皆遭虐待侮辱，貨物則悉被
> 劫掠，國內商品製造廠，皆被破壞。對外貿易，完全停滯。〔註139〕

僅在龐勛之亂時，廣州被殺的回教徒、猶太人、基督教徒及火教徒〔註140〕等，
人數達十二萬以上，雖有些誇張，側面顯示廣州胡人之多，廣州一地有這麼多

〔註135〕《資治通鑑》，卷二〇三，則天后光宅元年（684）秋七月戊午條，頁6420。
〔註136〕見伊本・胡爾達茲比赫（Ibn khordadhbeh）〔阿拉伯〕，宋峴譯注，《道里邦國
　　　　志》（北京，中華書局，1991年），頁72。
〔註137〕《全唐文》，卷七五，〈大和八年疾愈德音〉，頁342中。
〔註138〕參見穆根來等譯，《中國印度見聞錄》（北京，中華書局，1983年），頁96。
〔註139〕原出自 Reinaud 編 Relation des voyages, I., pp61～68.此處乃是轉引自方豪，
　　　　《中西交通史》（臺北，中國文化大學出版社，1983年），上冊，頁258。
〔註140〕應為祆教徒，祆教又被稱為拜火教。

來自海外各地的回教徒、猶太人、基督教徒、火教徒等教徒，表明唐代廣州是胡商群集之地，甚至比起唐代最大經濟都會揚州〔註141〕，都有過之而無不及。

此外，在黃巢之亂時，黃巢軍隊曾攻入廣州，根據《中國印度見聞錄》的記載僅當時被黃巢軍隊殺害的各種教徒，就達到了十二萬人之多。其云：

> 不計罹難的中國人在內，僅寄居城中經商的伊斯蘭教徒、猶太教徒、
> 基督教徒、拜火教徒，就總共有十二萬人被他殺害了，這四種宗教
> 徒的死亡人數所以知道得這樣確鑿，那是因爲中國人按他們的人
> （頭）數課稅的緣故。〔註142〕

從此以後，廣州的商業貿易受到了嚴重的打擊，不但因大批胡商遭殘殺而所剩無幾，並且大量的桑樹被砍伐，是使阿拉伯各國失去了貨源，特別是失去絲綢的原因〔註143〕。

而當時在廣州的胡人，信奉佛教的也相當多，如大曆四年二月，「南天竺國僧三藏文殊德上言，廣州南界蕃人新營兩寺，望賜寺名，詔以寶應、廣德二名賜之」〔註144〕，足見在廣州信奉佛教的胡人信徒甚眾。由前述史料，表明在唐代廣州的胡人，信奉各種宗教的都有，除前述回教徒、猶太人、基督教徒及火教徒外，在廣州的佛教徒也不在少數。廣州在當時不僅是多種民族的聚集處，同時也是各種宗教的博覽會，可說是中西文化交流的樞紐。

當時胡商在中國各地，所經營的商品相當廣泛，包括珠寶、藥材〔註145〕、珍貝及犀角等，此外還有跨足金融業者〔註146〕。其中以珠寶最爲搶手，經營者亦眾，在廣州經營珠寶生意的，多爲胡商，他們或由陸上絲綢之路到達長安、揚州再南下廣州，或由海道抵達廣州。天寶九載（750）鑑眞和尚第五次東渡未成，漂流到廣州，看到「江中有婆羅門、波斯、昆侖等舶，不知其數，並載香藥、珍寶，積載如山。」〔註147〕。足見香藥、珍寶是胡商主要的貿易

〔註141〕如唐肅宗上元元年（760）平盧兵馬使田神功討劉展於揚州，《舊唐書》，卷一一〇〈鄧景山傳〉云：「商胡大食、波斯等商旅死者數千人」，見《舊唐書》，卷一一〇，〈鄧景山傳〉頁3313。

〔註142〕穆根來等譯，《中國印度見聞錄》，頁96。

〔註143〕見穆根來等譯，《中國印度見聞錄》，頁96。

〔註144〕見王欽若、楊億〔宋〕等撰，《冊府元龜》（北京，中華書局，1988年），卷五十二，〈帝王部·崇釋氏二〉，頁577上。

〔註145〕參見朱祖德，〈試論唐代揚州在中西交通史上的地位〉，載《興大歷史學報》第18期（2007年6月），頁211～212。

〔註146〕參見朱祖德，〈試論唐代揚州在中西交通史上的地位〉，頁214詳論。

〔註147〕見元開，《唐大和上東征傳》，頁991下。

商品，至於胡商買入的商品應以絲綢、瓷器、茶葉及珍寶等爲大宗。

　　《太平廣記》中有許多對胡商經營珠寶、珍貝及犀角的記載；如卷三四的〈崔煒條〉中，崔煒將所得到的南越王趙佗陪葬寶珠〔註 148〕，鬻於波斯邸，有一老胡見則大驚，云非自「南越王趙佗墓中來，不然者，不合得斯寶」〔註 149〕。雖有神話意味，然稱「波斯邸」亦爲胡商群集廣州之力證。同書卷三一〇的〈張無頗條〉〔註 150〕及卷四七六的〈陸顒條〉〔註 151〕，均描寫胡商在廣州經營珠寶、珍貝等買賣，胡商往往出高價搶購他們認爲珍貴的珠寶，甚至有「獲金千鎰」〔註 152〕者，可見珠寶交易在廣州不但興盛，且獲利是相當豐厚的。

六、結　語

　　唐五代時期嶺南地區的經濟發展是呈現不均衡的，在淮南及兩浙等精華地區遭受安史之亂的影響，而戶口大量減少時，嶺南道首府廣州的戶口反而呈現逆勢上升的趨勢。而與戶口增長有密切關連的農業生產，在嶺南地區亦欣欣向榮。在手工業商品的生產上，本區也相當有特色，在金銀製造、鑄錢及造船等手工業均十分發達，其製作技術相當精良。而在海外貿易方面，廣州除是當時首屈一指的對外貿易大港外，不但是海上絲路的終點，更是北上兩京、揚州等城市的必經之地，故商易貿易十分繁榮。

　　本文主要旨趣，意在探究唐五代時期廣州地區的經濟發展，特別是其在中西交通史上的地位。而本文以廣州地區爲研究對象，乃因廣州地區不僅在經濟上有長足的發展，並且在唐代的中西交通史上扮演著舉足輕重的角色。其後宋元等時期，亦持續發揮其在中西文化交流方面的影響力，實爲東南之精華區域，故以廣州地區爲主要研究範疇，期待未來能對洛陽等地在中西交通史上的作用，有進一步的探討。

〔附註〕本篇原刊於《白沙歷史地理學報》第七期（2009 年 4 月）。

〔註 148〕見《太平廣記》，卷三四，頁 216～219，〈崔煒條〉引《傳奇》。
〔註 149〕《太平廣記》，卷三四，頁 219。
〔註 150〕見《太平廣記》，卷三一〇，頁 2452，〈張無頗條〉引《傳奇》。
〔註 151〕見《太平廣記》，卷四七六，頁 3920～3922，〈陸顒條〉引《宣室志》。
〔註 152〕見《太平廣記》，卷四七六，頁 3922，〈陸顒條〉引《宣室志》。

參考書目

一、史　籍

1. 王溥〔宋〕撰，《唐會要》，一○○卷，上海，上海古籍出版社，1991 年初版。

2. 王溥〔宋〕撰，《五代會要》，三○卷，臺北，世界書局，1979 年 2 月 4 版。

3. 王讜〔宋〕撰，周勛初校證，《唐語林校證》（上、下），八卷，北京，中華書局，1997 年 12 月初版 2 刷。

4. 王夫之〔清〕撰，《讀通鑑論》，三○卷，臺北，漢京文化事業公司，1984 年 7 月再版。

5. 王定保〔五代〕撰，姜漢椿校注，《唐摭言校注》，一五卷，上海，上海社會科學院出版社，2003 年 1 月初版。

6. 王欽若、楊億〔宋〕等編，《冊府元龜》，一○○○卷，北京，中華書局，1988 年 8 月 3 版。

7. 王象之〔宋〕撰，《輿地紀勝》，二○○卷，臺北，文海出版社，1971 年 10 月 2 版。

8. 元開〔日〕撰，汪向榮校注，《唐大和上東征傳》，一卷，北京，中華書局，2000 年 4 月初版，與《日本考》合刊。

9. 元稹〔唐〕撰，《元稹集》，六○卷，附《外集》八卷及篇目索引，臺北，漢京文化出版公司，1983 年 10 月初版。

10. 白居易〔唐〕撰，顧學頡點校，《白居易集》，七一卷，北京，中華書局，1991 年 7 月。

11. 司馬光〔宋〕撰，胡三省〔元〕注，《資治通鑑》，二九四卷，附胡氏《通

鑑釋文辨誤》十二卷,陳垣《通鑑胡注表微》二十篇,臺北,世界書局,
1974 年 3 月 6 版。

12. 司馬遷〔漢〕撰,《史記》,一三○卷,臺北,鼎文書局,1986 年 10 月
3 版。

13. 伊本‧胡爾達茲比赫〔阿拉伯〕撰,宋峴譯注,《道里邦國志》,北京,
中華書局,1991 年 12 月初版。

14. 宋綬、宋敏求〔宋〕編,《唐大詔令集》,一三○卷,臺北,鼎文書局,
1978 年 4 月再版。

15. 杜佑〔唐〕撰,王文錦等點校,《通典》,二○○卷,北京,中華書局,
1992 年再版。

16. 杜牧〔唐〕撰,斐延翰編,《樊川文集》,二○卷,附《外集》、《別集》,
臺北,漢京文化出版公司,1983 年 11 月初版。

17. 李白〔唐〕撰,王琦〔清〕注,《李太白全集》,三六卷,北京,中華書
局,2003 年 10 月初版 8 刷。

18. 李昉、宋白〔宋〕等輯,《文苑英華》,一○○○卷,臺北,大化書局,
1977 年 5 月。

19. 李昉〔宋〕等編,《太平廣記》,五○○卷,臺北,文史哲出版社,1987
年 5 月再版。

20. 李昉〔宋〕等編,《太平御覽》,一○○○卷,臺北,大化書局,1977 年
5 月初版。

21. 李華〔唐〕撰,《李遐叔文集》,四卷,收入《文淵閣四庫全庫》,臺北,
商務印館,1983 年。

22. 李肇〔唐〕撰,《唐國史補》,三卷,收入楊家駱主編,《唐國史補等八
種》;臺北,世界書局,1991 年 6 月 4 版。

23. 李吉甫〔唐〕撰,賀次君點校,《元和郡縣圖志》,今存三四卷,附繆荃
孫《元和郡縣圖志闕卷逸文》三卷,北京,中華書局,1995 年 1 月初版
2 刷。

24. 李希泌主編,《唐大詔令集補編》,上海,上海古籍出版社,2003 年 12
月初版。

25. 李林甫〔唐〕等撰,《唐六典》,三○卷,北京,中華書局,1992 年 1 月
初版。

26. 沈約等〔南朝梁〕撰,《宋書》,一○○卷,臺北,鼎文書局,1987 年 1
月 5 版。

27. 吳縝〔宋〕撰,《新唐書糾繆》,二○卷,附錄一卷,收入《新舊唐書合
鈔並附編十六種》第七冊;臺北,鼎文書局,1973 年 5 月初版。

28. 吳綱主編,《全唐文補遺》(1～9),西安,三秦出版社,1994 年～2007

年。

29. 吳任臣〔清〕撰,徐敏霞、周瑩點校,《十國春秋》,一一六卷,四冊,北京,中華書局,2010 年 9 月 2 版。

30. 吳廷燮〔清〕撰,《唐方鎮年表》,附《考證》二卷,上海開明書店《二十五史補編本》,北京,中華書局,1991 年 3 月初版 6 刷。

31. 吳松弟編撰,《兩唐書地理志匯釋》,合肥市:安徽教育出版社,2002 年 7 月初版。

32. 周紹良、趙超等編,《唐代墓誌匯編》,二冊,上海,上海古籍出版社,1992 年 11 月初版。

33. 周紹良、趙超等編,《唐代墓誌匯編續集》,上海,上海古籍出版社,2001 年 12 月初版。

34. 周勛初主編,《唐人軼事匯編》(上、下),上海,上海古籍出版社,1995 年 12 月初版,2236 頁。

35. 柳宗元〔唐〕撰,王國安箋釋,《柳宗元詩箋釋》,四卷,附《諸家評論輯要》,上海,上海古籍出版社,1993 年 9 月初版。

36. 韋應物〔唐〕撰,陶敏、王友勝校注,《韋應物集校注》,一〇卷,附《拾遺》及《附錄》,上海,上海古籍出版社,1998 年 12 月初版。

37. 房玄齡〔唐〕等撰,《晉書》,一三〇卷,臺北,鼎文書局,1976 年 10 月初版。

38. 姚思廉〔唐〕撰,《陳書》,三六卷,鼎文書局,1986 年 10 月 5 版。

39. 洪邁〔宋〕撰,《容齋隨筆》,共五集七四卷,附《宋史‧洪邁傳》,上海,上海古籍出版社,1996 年 3 月初版。

40. 洪亮吉〔清〕撰,謝鍾英〔清〕補注,《補三國疆域志補注》,一五卷,上海開明書店《二十五史補編》本,北京,中華書局,1991 年 3 月初版 6 刷。

41. 洪亮吉〔清〕撰,《東晉疆域志》,四卷,上海開明書店《二十五史補編》本,北京,中華書局,1991 年 3 月初版 6 刷。

42. 范曄〔南朝宋〕、司馬彪〔西晉〕等撰,《後漢書》,一三〇卷,臺北,鼎文書局,1977 年 9 月初版。

43. 計有功〔宋〕撰,王仲鏞校勘箋證,《唐詩紀事校箋》(二冊),八一卷,附錄一五篇;成都:巴蜀書社,1989 年 8 月初版。

44. 班固〔漢〕等撰,《漢書》,一〇〇卷,臺北:鼎文書局,1991 年 9 月 7 版。

45. 孫光憲〔五代〕撰,賈二強點校,《北夢瑣言》,二〇卷,北京:中華書局,2002 年 6 月初版。

46. 馬令〔宋〕撰,《南唐書》,三〇卷,《四部叢刊續編‧史部》,臺北:商務印書館,1976 年 6 月臺 2 版,第 11 冊,頁 5157～5274。

47. 高適〔唐〕撰,劉開揚箋注,《高適詩集編年集注》,臺北:漢京文化事業公司,1983 年 9 月初版。

48. 張鷟〔唐〕撰,趙守儼點校,《朝野僉載》(與《隋唐嘉話》合刊),北京,中華書局,1997 年 12 月初版 2 刷。

49. 張鷟〔唐〕撰,田濤、郭成偉校注,《龍筋鳳髓判校注》,北京,中國政法大學出版社,1996 年 1 月初版。

50. 張宏庸輯校,《陸羽全集》,桃園,茶學文學出版社,1985 年 3 月初版。

51. 張敦頤〔宋〕撰,張忱石點校,《六朝事跡編類》,上海,上海古籍出版社,1995 年 1 月初版。

52. 彭定求、沈三曾〔清〕等纂修,《全唐詩》,九〇〇卷,附知不足齋本日本上毛河世寧輯《全唐詩逸》三卷,共二冊;上海,上海古籍出版社,1990 年 4 月初版 6 刷。

53. 黃永武主編,《敦煌寶藏》,130 冊,臺北,新文豐出版事業公司,1981 年初版。

54. 陳壽〔晉〕撰、裴松之〔南朝宋〕注,《三國志》,六五卷,臺北,洪氏出版社,1984 年 8 月 2 版。

55. 陳尚君輯校,《全唐詩補編》,三冊,北京,中華書局,1992 年 10 月初版,1796 頁。

56. 崔致遠〔新羅〕撰,黨銀平校注,《桂苑筆耕集校注》,二〇卷,北京,中華書局,2007 年 8 月初版。

57. 傅璇琮、徐海榮、徐吉軍主編,《五代史書彙編》,共十冊,杭州,杭州出版社,2004 年初版。

58. 路振〔宋〕撰,《九國志》,一二卷,收入《宛委別藏叢書》,第 43 冊;臺北,商務印書館,1981 年 10 月初版。

59. 陸游〔宋〕撰,《南唐書》,一五卷,收錄於《四部叢刊‧史部》,第 11 冊,頁 5275～5372;臺北:商務印書館,1976 年 6 月臺 2 版。

60. 陸贄〔唐〕撰,劉澤民點校,《陸宣公集》,二二卷,附「輯補」及「附錄」;杭州,浙江古籍出版社,1988 年 10 月初版。

61. 董誥〔清〕等編,《全唐文》,一〇〇〇卷,附陸心源輯,《唐文拾遺》七二卷、《唐文續拾遺》一六卷;勞格、岑仲勉兩位學者,〈讀全唐文札記〉及全唐文作者索引,共五冊;上海,上海古籍出版社,1993 年 11 月初版 2 刷。

62. 樂史〔宋〕撰,王文楚等點校,《太平寰宇記》,二〇〇卷,北京,中華書局,2007 年 10 月初版。

63. 歐陽修、宋祁〔宋〕等撰，《新唐書》，二二五卷，臺北，鼎文書局，1992年1月7版。

64. 歐陽修〔宋〕撰，徐無黨〔宋〕注，《新五代史》，七四卷，附吳任臣〔清〕《十國春秋》，一一四卷；臺北，鼎文書局，1994年6月6版。

65. 劉昫〔後晉〕等撰，《舊唐書》，二○○卷，臺北，鼎文書局，1992年5月7版。

66. 劉肅〔唐〕撰，許德楠等點校，《大唐新語》，北京，中華書局，1997年12月初版3刷。

67. 劉長卿〔唐〕撰，儲仲君箋注，《劉長卿詩編年箋注》，北京，中華書局，1996年7月初版。

68. 劉禹錫〔唐〕撰，《劉賓客集》，臺北，臺灣中華書局，1983年12月臺2版。

69. 劉禹錫〔唐〕撰，蔣維崧等箋注，《劉禹錫詩集編年箋注》，濟南，山東大學出版社，1997年9月初版。

70. 劉義慶〔南朝宋〕撰，余嘉錫箋疏，《世說新語箋疏》，臺北，仁愛書局，1984年10月初版。

71. 劉緯毅，《漢唐方志輯佚》，北京，北京圖書館出版社，1997年12月初版，440頁。

72. 盧照鄰〔唐〕撰，祝尚書箋注，《盧照鄰集箋注》，上海，上海古籍出版社，1994年12月初版。

73. 蔡次薛編，《中國工商稅收史資料選編》第三輯隋唐五代部分，北京，中國財政經濟出版社，1992年9月初版。

74. 錢易〔宋〕撰，黃壽成點校，《南部新書》，北京，中華書局，2002年6月初版。

75. 戴孚〔唐〕撰，方詩銘輯校，《廣異記》，原二○卷，方氏自《太平廣記》等書輯校（與唐臨，《冥報記》合刊），北京，中華書局，1992年3月初版。

76. 薛居正〔宋〕等撰，邵晉涵〔清〕輯，《舊五代史》，一五○卷，臺北，鼎文書局，1992年4月7版。

77. 蕭統〔南朝梁〕編，李善〔唐〕注，《文選》，六○卷，臺北，華正書局，1984年初版。

78. 蕭子顯〔南朝梁〕撰，《南齊書》，五九卷，臺北，鼎文書局，1987年1月5版。

79. 裴庭裕〔唐〕撰，《東觀奏記》，三卷，田廷柱點校；與鄭處誨〔唐〕《明皇雜錄》合刊；北京，中華書局，1994年9月初版。

80. 魏收〔北齊〕撰，《魏書》，一三○卷；附謝啟崑〔清〕撰，《西魏書》，

二四卷；臺北，鼎文書局，1993 年 10 月 7 版。

81. 魏徵、令狐德棻〔唐〕等撰，《隋書》，八五卷，臺北，鼎文書局，1987 年 5 月 5 版。

82. 韓愈〔唐〕撰，馬通伯校注，《韓昌黎文集校注》，八卷，附《外集》二卷及附錄，香港，中華書局，1991 年 11 月重印。

83. 羅隱〔唐〕撰，潘慧惠校注，《羅隱集校注》，含《甲乙集》、《讒書》、《兩同書》及《廣陵妖亂志》等及雜撰、附錄；杭州，浙江古籍出版社，1995 年 6 月初版。

84. 釋圓仁〔日〕撰，白化文等校註，周一良審閱，《入唐求法巡禮行記校注》，四卷，河北，花山文藝出版社，1992 年初版。

85. 顧祖禹〔清〕撰，《讀史方輿紀要》，一三〇卷，附錄四卷；臺北，樂天出版社，1973 年 10 月初版。

86. 權德輿〔唐〕撰，《權載之文集》，一九卷，收入《宋蜀刻本唐人集叢刊》，上海，上海古籍出版社，1994 年 9 月初版。

87. 酈道元〔北魏〕注，楊守敬、熊會貞〔清〕疏，段熙仲點校，陳橋驛復校，《水經注疏》，四〇卷，江蘇古籍出版社，1986 年 6 月初版。

二、一般論著

（一）中 文

1. 王恢撰，《中國歷史地理》，二冊，臺北，學生書局，1976 年出版，141 頁。

2. 王瑜、朱正海主編，《鹽商與揚州》，南京，江蘇古籍出版社，2001 年 4 月初版，354 頁。

3. 王儀撰，《隋唐與後三韓關係及日本遣隋使遣唐使運動》，臺北，臺灣中華書局，1972 年 12 月初版，148 頁。

4. 王永興撰，《陳門問學叢稿》，江西，江西人民出版社，1993 年 11 月初版，443 頁。

5. 王吉林撰，《唐代宰相與政治》，臺北，文津出版社，1999 年 6 月初版，263 頁。

6. 王仲犖撰，《隋唐五代史》，二冊，上海，上海人民出版社；上冊，1992 年 3 月初版 2 刷；下冊，1990 年 12 月初版，共 1444 頁。

7. 王仲犖撰，《魏晉南北朝史》，二冊，上海，上海人民出版社，1990 年 3 月初版 6 刷，1069 頁。

8. 王仲犖撰，《敦煌石室地志殘卷考釋》，上海，上海古籍出版社，1993 年 9 月初版，317 頁。

9. 王仲犖撰,《金泥玉屑叢考》,北京,中華書局;1998 年 8 初版,440 頁。

10. 王長俊主編,《江蘇文化史論》,南京,南京師範大學出版社,1999 年 4
    月初版,467 頁。

11. 王怡辰撰,《魏晉南北朝貨幣交易和發行》,臺北,文津出版社,2007
    年 1 月初版,370 頁。

12. 王賽時撰,《唐代飲食》,濟南,齊魯書社,2003 年 3 月初版,276 頁。

13. 王壽南撰,《唐代藩鎮與中央關係之研究》,臺北,大化書局,1980 年 9
    月初版,1020 頁。

14. 王壽南撰,《唐代宦官權勢之研究》,臺北,正中書局,1992 年 4 月臺初
    版 3 刷,181 頁。

15. 王壽南撰,《唐代政治史論集》,臺北,商務印書館,1977 年 7 月初版,
    341 頁。

16. 甘懷眞撰,《身分、文化與權力:士族研究新探》,臺北,國立臺灣大學
    出版中心,2012 年 2 月初版,445 頁。

17. 木宮泰彥〔日〕撰,陳捷譯,《中日交通史》,臺北,三人行出版社,1974
    年 7 月初版,462 頁。

18. 中村圭爾〔日〕、辛德勇編,《中日古代城市研究》,北京,中國社會科
    學出版社,2004 年 3 月初版,290 頁。

19. 中國社會科學院歷史研究所,魏晉隋唐史研究室編,《隋唐五代史論撰
    目錄》,蘇州,江蘇古籍出版社,1985 年 4 月初版,602 頁。

20. 中國唐史學會編,《中國唐史學會論文集》,西安,三秦出版社,1991
    年 9 月初版,265 頁。

21. 中國硅酸鹽學會主編,《中國陶瓷史》,北京,文物出版社,1997 年 6
    月初版 3 刷,494 頁。

22. 中國社會科學院考古研究所、南京博物院、揚州市文物考古研究所編,
    《揚州城 1987～1998 年考古發掘報告》,北京,文物出版社,2010 年 7
    月初版,602 頁。

23. 天一閣博物館、中國社會學院歷史研究所天聖令整理課題組校證,《天
    一閣藏明鈔本天聖令校證》,北京,中華書局,2006 年 10 月初版。上冊,
    圖版;下冊,《校錄本》、《清本》及《唐令復原研究》,共 753 頁。

24. 毛漢光,《中國中古社會史論》,臺北,聯經出版事業公司,1988 年初版,
    502 頁。

25. 毛漢光,《中國中古政治史論》,臺北,聯經出版事業公司,1990 年初版,
    509 頁。

26. 牛致功撰,《唐代碑石與文化研究》,西安,三秦出版社,2002 年 3 月初
    版,510 頁。

27. 方豪撰,《中西交通史》(2 冊),臺北,中國文化大學出版社,1983 年 12 月新一版。

28. 古瀨奈津子〔日〕撰,高泉益譯,《遣唐使眼中的中國》,臺北,商務印書館,2005 年月初版,192 頁。

29. 平岡武夫〔日〕編,《唐代的曆》,上海,上海古籍出版社,1990 年 9 月初版,381 頁。

30. 平岡武夫、市原亨吉〔日〕編,《唐代的行政地理》,上海,上海古籍出版社,1989 年 11 月初版,382 頁。

31. 加藤繁〔日〕撰,譯者不詳,《唐宋時代之金銀研究》,臺北,新文豐出版社,1974 年 12 月初版,551 頁。

32. 加藤繁〔日〕撰,陳裕菁譯訂,《中國經濟史考證》,臺北,稻鄉出版社,1991 年 2 月初版,854 頁。

33. 史念海撰,《中國史地論稿(河山集)》,臺北,弘文館出版社,1986 年 1 月初版,329 頁。

34. 史念海主編,《唐史論叢》(第三輯),西安,三秦出版社,1987 年 1 月初版。

35. 史念海主編,《唐史論叢》(第五輯),西安,三秦出版社,1990 年 7 月初版,304 頁。

36. 史念海撰,《河山集》(第五輯),太原,山西人民出版社,1991 年 12 月初版,571 頁。

37. 史念海主編,《唐史論叢》(第六輯),西安,三秦出版社,1995 年 12 月初版,440 頁。

38. 史念海撰,《唐代歷史地理研究》,北京,中國社會科學出版社,1998 年 12 月初版,533 頁。

39. 史念海撰,《河山集》(第七輯),西安,陝西師大出版社,1999 年 1 月初版,588 頁。

40. 孔祥星、劉一曼撰,《中國古代銅鏡》,臺北,藝術圖書公司,1994 年 1 月初版,157 頁。

41. 任育才撰,《唐史研究論集》,臺北,鼎文書局,1975 年初版,264 頁。

42. 任育才撰,《醋貫古今:醋文化的發展》,南投市:南投縣文化局出版,2012 年 4 月初版,348 頁。

43. 朱雷主編,《唐代的歷史與社會》,武漢,武漢大學出版社,1997 年 4 月初版,580 頁。

44. 朱大渭等撰,《魏晉南北朝社會生活史》,北京,中國社會科學出版社,1998 年 8 月初版,527 頁。

45. 朱玉龍撰，《五代十國方鎮年表》，北京：中華書局，1997 年 6 月初版，654 頁。

46. 朱祖德撰，《唐五代兩浙地區經濟發展之研究》，臺北，花木蘭文化出版社，2009 年 3 月，243 頁。

47. 朱振宏撰，《隋唐政治、制度與外交關係》，臺北，文津出版社，2010 年 8 月初版，420 頁。

48. 朱惠勇撰，《中國古船與吳越古橋》，杭州：浙江大學出版社，2001 年 12 月初版 2 刷，399 頁。

49. 全漢昇撰，《中國經濟史論叢》，二冊，香港，新亞研究所，1972 年 8 月初版，815 頁。

50. 全漢昇撰，《中國經濟史研究》，二冊，臺北，稻鄉出版社，1991 年 1 月初版，1015 頁。

51. 伊本‧胡爾達茲比赫（Ibn khordadhbeh）〔阿拉伯〕著，宋峴譯注，《道里邦國志》，北京，中華書局，1991 年 12 月初版，283 頁。

52. 池田溫〔日〕撰，龔澤銑譯，《中國古代籍帳研究》，北京，中華書局，2007 年 5 月初版；正文 196 頁，錄文及插圖 523 頁。

53. 江蘇省六朝史研究會、江蘇省社科院歷史所編，《古代長江下游的經濟開發》（西安，三秦出版社，1989 年 8 月初版），292 頁。

54. 江蘇省社聯歷史學會、江蘇省社科院歷史所編，《江蘇史論考》，南京市，江蘇古籍出版社，1989 年 10 月初版。

55. 安格斯‧麥迪森〔英〕撰，伍曉鷹、馬德斌譯，王小魯校，《中國經濟的長期表現（公元 960～2030）》，上海市，上海人民出版社，2009 年 1 月初版 3 刷，209 頁。

56. 安徽省博物館編，《安徽省博物館藏瓷》，北京，文物出版社，2002 年 11 月初版。

57. 何一民主編，《近代中國衰落城市研究》，成都，巴蜀書社，2007 年 1 月初版。

58. 宋德熹編，《中國中古社會與國家史料典籍研讀會成果論文集》，臺北，稻鄉出版社，2009 年 7 月初版，619 頁。

59. 宋德熹撰，《唐史識小：社會與文化的探索》，臺北，稻鄉出版社，2009 年 8 月初版，421 頁。

60. 岑仲勉撰，《岑仲勉史學論文選集》，北京，中華書局，1990 年 7 月初版，797 頁。

61. 岑仲勉撰，《岑仲勉史學論文續集》，北京，中華書局，2004 年 8 月初版，408 頁。

62. 岑仲勉撰，《唐史餘瀋》，臺北，弘文館出版社，1985 年 9 月初版，278

頁。

63. 岑仲勉撰，《通鑑隋唐紀比事質疑》，臺北，九思出版公司，1978 年 5 月臺 1 版，420 頁。

64. 岑仲勉撰，《隋書求是》，北京，中華書局，2004 年 4 月新 1 版，378 頁。

65. 吳楓撰，《隋唐歷史文獻集釋》，河南，中州古籍出版社，1987 年 9 月初版，349 頁。

66. 吳玉貴撰，《資治通鑑疑年錄》，北京，中國社會科學出版社，1994 年 7 月初版，318 頁。

67. 吳必虎撰，《歷史時期蘇北平原地理系統研究》，上海，華東師大出版社，1996 年 3 月初版，178 頁。

68. 吳子輝撰，《揚州建置筆談》，南京，江蘇古籍出版社，2002 年 4 月初版。

69. 吳汝煜等編，《唐五代交往詩索引》，上海：上海古籍出版社，1993 年 5 月初版，1503 頁。

70. 吳松弟撰，《中國移民史》（隋唐五代卷），福州市：福建人民出版社，1997 年 7 月初版，458 頁。

71. 吳覺農主編，《茶經述評》，北京，中國農業出版社，2005 年 3 月第 2 版，370 頁。

72. 李孝聰主編，《唐代地域結構與運作空間》，上海，上海辭書出版社，2003 年 8 月初版，463 頁。

73. 李孝聰著，《中國區域歷史地理》，北京，北京大學出版社，2009 年 9 月初版 5 刷，503 頁。

74. 李廷先撰，《唐代揚州史考》，江蘇，江蘇古籍出版社，1992 年 5 月初版，612 頁。

75. 李寅生撰，《論唐代文化對日本文化的影響》，成都，巴蜀書社出版社，2001 年 11 月初版，216 頁。

76. 李新玲撰，《詩化的品茗藝術——從唐代茶詩看唐代茶藝》，西安，中國農業出版社，2008 年 10 月初版，154 頁。

77. 李萬生撰，《南北朝史拾遺》，西安，三秦出版社，2003 年 4 月初版，188 頁。

78. 李錦繡撰，《唐代財政史稿》（上卷），三冊，北京，北京大學出版社，1995 年 7 月初版，1277 頁。

79. 李錦繡撰，《唐代財政史稿》（下卷），二冊，北京，北京大學出版社，2001 年 6 月初版，1357 頁。

80. 李學勤、徐吉軍主編，《長江文化史》（上、下冊），南昌，江西教育出版社，1996 年 10 月 2 版，1362 頁。

81. 杜瑜撰,《中國經濟重心南移——唐宋間經濟發展的地區差異》,臺北,五南出版社,2005 年 4 月初版,546 頁。

82. 谷川道雄〔日〕撰,馬彪譯,《中國中世社會與共同體》,北京,中華書局,2002 年 12 月初版,333 頁。

83. 谷川道雄〔日〕撰,李濟滄譯,《隋唐帝國形成史論》,上海,上海古籍出版社,2004 年 10 月初版,362 頁。

84. 汪向榮撰,《古代中日關係史話》,上海,上海古籍出版社,1999 年 2 月初版,232 頁。

85. 邱添生撰,《唐宋變革期的政經與社會》,臺北,文津出版社,1999 年 6 月初版,229 頁。

86. 周長山撰,《漢代城市研究》,北京,人民出版社,2001 年 10 月初版,196 頁。

87. 周勛初撰,《唐人筆記小說考索》,江蘇,江蘇古籍出版社,1996 年 5 月初版,294 頁。

88. 周紹良撰,《資治通鑑唐紀勘誤》,北京,北京師範大學出版社,2001 年 6 月初版,607 頁。

89. 周藤吉之〔日〕等撰,姜鎮慶、那向芹譯,《郭煌學譯文集:敦煌吐魯番出土社會經濟文書研究》,蘭州,甘肅人民出版社,1985 年 4 月初版。

90. 武秀成撰,《『舊唐書』辨証》,上海,上海古籍出版社,2003 年 5 月初版,353 頁。

91. 武漢大學中國三至九世紀研究所編,《中國前近代史理論國際學術研討會論文集》,漢口,湖北人民出版社,1997 月初版,865 頁。

92. 房仲甫、李二和撰,《中國水運史》,北京,新華出版社,2003 年 1 月初版,334 頁。

93. 柳春藩撰,《秦漢魏晉經濟制度研究》,哈爾濱,黑龍江人民出版社,1993 年 10 月初版,339 頁。

94. 姜錫東撰,《宋代商人和商人資本》,北京,中華書局,2002 年 12 月初版,415 頁。

95. 胡戟等主編,《二十世紀唐研究》,北京,中國社會科學出版社,2001 年 1 月初版,958 頁。

96. 胡如雷撰,《隋唐五代社會經濟史論稿》,北京,中國社會科學出版社,1996 年 12 初版,394 頁。

97. 施和金撰,《中國歷史地理研究(續集)》,北京,中華書局,2009 年 11 月初版,314 頁。

98. 施堅雅〔美〕主編,葉光庭等譯,陳橋驛校,《中華帝國晚期的城市》,北京,中華書局,2002 年 4 月初版 2 刷,832 頁。

99. 郁賢皓撰，《唐刺史考全編》（1～5 冊），合肥市，安徽大學出版社，2000年1月初版，3489頁，附索引一冊，368頁。

100. 桂齊遜撰，《國法與家禮之間：唐律有關家族倫理的立法規範》，臺北縣，龍文出版：萬億圖書總經銷，2007年3月初版，251頁。

101. 高敏主編，《魏晉南北朝經濟史》，上海，上海人民出版社，1996年9月初版，1093頁。

102. 高敏撰，《南北史掇瑣》，鄭州市，中州古籍出版社，2003年8月初版，702頁。

103. 高明士撰，《戰後日本的中國史研究》，臺北，明文書局，1986年6月增訂新版，417頁。

104. 高明士撰，《東亞古代的政治與教育》，臺北，臺灣大學出版中心，2004年初版，446頁。

105. 高明士撰，《中國中古政治的探索》，臺北，五南出版事業公司，2006年10初版，305頁。

106. 唐宋運河考察隊編，《運河訪古》，上海，人民出版社，1985年5月出版，427頁。

107. 唐文基主編，《福建古代經濟史》，福州，福建教育出版社，1995年初版，643頁。

108. 唐任伍撰，《唐代經濟思想研究》，北京，北京師範大學出版社，1996年3月初版，287頁。

109. 唐長孺撰，《三至六世紀江南大土地所有制的發展》，上海，人民出版社，1957年初版，103頁。

110. 唐長孺撰，《魏晉南北朝史論拾遺》，北京，中華書局，1983年5月初版，285頁。

111. 唐長孺撰，《魏晉南北朝隋唐史三論》，武漢，武漢大學出版社，1992年12月初版，493頁。

112. 唐長孺撰，《魏晉南北朝史論叢》（外一種），河北，河北教育出版社，2002年1月初版2刷，651頁。

113. 唐長孺著，《山居存稿》，北京，中華書局，1989年7月初，596頁。

114. 宮崎市定〔日〕撰，邱添生譯，《中國史》，臺北，華世出版社，1980年初版，637頁。

115. 馬正林編撰，《中國城市歷史地理》，濟南，山東教育出版社，1999年9月初版2刷，478頁。

116. 馬植杰撰，《三國史》，北京，人民出版社，1994年1月初版1刷，465頁。

117. 郭鋒撰，《唐史與敦煌文獻論稿》，北京，中國社會科學出版社，2002 年 10 月初版，506 頁。

118. 孫洪升撰，《唐宋茶葉經濟》，北京，社會科學文獻出版社，2001 年 1 月 初版，366 頁。

119. 桑原騭藏〔日〕撰，楊鍊譯，《唐宋貿易港研究》，臺北，商務印書館，1966 年 8 臺 1 版，154 頁。

120. 桑原騭藏〔日〕撰，陳裕菁譯訂，《蒲壽庚考》，北京，中華書局，2009 年 5 月初版，187 頁。

121. 凍國棟撰，《唐代的商品經濟與經營管理》，武昌，武漢大學出版社，1990 年初版，197 頁。

122. 凍國棟撰，《唐代人口問題研究》，武昌，武漢大學出版社，1993 年 2 月 初版，490 頁。

123. 凍國棟撰，《中國人口史》第二卷（隋唐五代時期），上海，復旦大學出 版社，2002 年 11 月初版，677 頁。

124. 徐連達撰，《唐朝文化史》，上海，復旦大學出版社，2003 年 11 月初版，514 頁。

125. 徐庭雲主編，《中國社會通史‧隋唐五代卷》，太原，山西教育出版社，1996 年初版，557 頁。

126. 徐俊祥撰，《漢代揚州區域文明發展》，北京，社會科學文獻出版社，2013 年 4 月初版，202 頁。

127. 翁俊雄撰，《唐初政區與人口》，北京，北京師範大學，1990 年 8 月初版，291 頁。

128. 翁俊雄撰，《唐朝鼎盛時期政區與人口》，北京，首都師範大學，1995 年 9 月初版，282 頁。

129. 翁俊雄撰，《唐代人口與區域經濟》，臺北，新文豐出版事業公司，1995 年 9 月初版，653 頁。

130. 翁俊雄撰，《唐後期政區與人口》，北京，首都師範大學，1999 年 12 月 初版，314 頁。

131. 堀敏一〔日〕撰，韓昇編，韓昇、彭建英譯，《隋唐帝國與東亞》，昆明，雲南人民出版社，2002 年 1 月初版，163 頁。

132. 陸勤毅主編，《安徽考古》，合肥，時代出版傳媒公司、安徽文藝出版社，2011 年 7 月初版，254 頁。

133. 陸勤毅主編，《安徽歷史》，合肥，時代出版傳媒公司、安徽文藝出版社，2011 年 7 月初版，265 頁。

134. 陳欣撰，《南漢國史》，廣州市，廣東人民出版社，2010 年 2 月初版，463 頁。

135. 陳勇撰，《唐代長江下游經濟發展研究》，上海，上海人民出版社，2006年1月初版，412頁。

136. 陳文華撰，《農業考古》，北京，文物出版社，2002年2月初版，205頁。

137. 陳文華撰，《長江流域茶文化》，武漢市，湖北教育出版社，2004年初版。

138. 陳尚君撰，《唐代文學叢考》，北京，中國社會科學出版社，1997年10月初版，548頁。

139. 陳明光撰，《漢唐財政史論》，長沙，岳麓出版社，2003年10月初版，330頁。

140. 陳寅恪撰，《隋唐制度淵源略論稿》、《唐代政治史述論稿》（合刊），臺北，里仁書局，1984年8月再版，304頁。

141. 陳寅恪撰，《陳寅恪讀書札記——新舊唐書之部》，上海，上海古籍出版社，1989年4月再版，397頁。

142. 陳寅恪撰，《元白詩箋證稿》，北京，三聯書店，2001年4月初版，383頁。

143. 陳登武撰，《地獄·法律·人間秩序：中古中國的宗教、社會與國家》，臺北市，五南出版公司，2009年9月初版，449頁。

144. 陳衍德、楊權撰，《唐代鹽政》，西安，三秦出版社，1990年12月初版，186頁。

145. 陳國燦、劉健明撰，《全唐文職官叢考》，武漢大學出版社，1997年5月初版，502頁。

146. 陳國燦撰，《斯坦因所獲吐魯番文書研究》，武漢大學出版社，1997年初版，584頁。

147. 陳萬里撰，《瓷器與浙江》，上海，中華書局，1946年。

148. 陳橋驛撰，《陳橋驛方志論集》，杭州，杭州大學出版社，1997年8月初版，514頁。

149. 陳橋驛主編，《中國運河開發史》，北京，中華書局，2008年9月初版，578頁。

150. 張弓撰，《唐朝倉廩制度初探》，北京，中華書局，1986年初版，175頁。

151. 張金龍主編，《黎虎教授古稀紀念——中國古代史論叢》（北京市，世界知識出版社，2006年初版），764頁。

152. 張星烺編注，朱杰勤校訂，《中西交通史料滙編》（1～4冊），北京，中華書局，2003年6月初版。

153. 張雁南撰，《唐代消費經濟研究》，臺北，齊魯書社，2009年8月初版。

154. 張國剛撰，《唐代藩鎮研究》，長沙，湖南教育出版社，1987年12月初版，269頁。

155. 張國剛主編，《隋唐五代史研究概要》，天津，天津教育出版社，1996 年
9 月初版，1185 頁。

156. 張澤咸撰，《唐五代賦役史草》，北京，中華書局，1989 年 10 月初版，
498 頁。

157. 張澤咸撰，《唐代工商業》，北京，中國社會科學出版社，1995 年 12 月
初版，498 頁。

158. 張澤咸撰，《唐代階級結構研究》，鄭州市，中州古籍出版社，1996 年 1
月初版，516 頁。

159. 張澤咸撰，《隋唐時期農業》，臺北，文津出版社，1999 年 6 月初版，369
頁。

160. 張學恕撰，《中國長江下游經濟發展史》，南京，東南大學出版社，1990
年初版。

161. 黃正建撰，《唐代衣食住行研究》，北京，首都師範大學出版社，1998 年
4 月初版，221 頁。

162. 黃永年撰，《唐代史事考釋》，臺北，聯經文化事業公司，1998 年 1 月初
版，643 頁。

163. 黃約瑟、劉健明合編，《隋唐史論集》，香港，香港大學亞洲研究中心，
1993 年初版，324 頁。

164. 黃約瑟撰、劉健明編，《黃約瑟隋唐史論集》，北京，中華書局，1997 年
12 月初版，226 頁。

165. 黃玫茵撰，《唐代江西地區開發研究》，臺北，國立臺灣大學出版社，1996
年初版，275 頁。

166. 黃純艷撰，《宋代海外貿易》，北京，社會科學文獻出版社，2003 年 3 月
初版，316 頁。

167. 黃淑梅撰，《六朝太湖流域的發展》，臺北，聯鳴文化有限公司，1982 年
3 月再版，189 頁。

168. 黃惠賢、李文瀾編，《古代長江中游的經濟開發》，漢口，武漢出版社，
1988 年 1 月初版，482 頁。

169. 黃新亞撰，《消逝的太陽——唐代城市生活長卷》，長沙，湖南出版社，
1996 年 9 月初版，272 頁。

170. 黃展岳撰，《先秦兩漢考古與文化》，臺北，允晨文化，1999 年 8 月初版。

171. 陶希聖、武仙卿撰，《南北朝經濟史》，臺北，食貨出版社，1979 年 4 月。

172. 許輝、蔣福亞主編，《六朝經濟史》，江蘇，江蘇古籍出版社，1993 年 7
月初版，404 頁。

173. 淮南市地方志編纂委員會編，《淮南市志》，合肥，黃山書社，1998 年

12 月初版。

174. 淮南市博物館編，《淮南市博物館藏鏡》，北京，文物出版社，2010 年 8
月初版。

175. 淮南市博物館編，《淮南市博物館文物集珍》，北京，文物出版社，2011
年 6 月初版。

176. 淮南市《上虞鎮志》地方志編纂委員會編，《上虞鎮志》，安徽省方志辦
公室藏內部刊物。

177. 馮先銘撰，《中國陶瓷》，上海，上海古籍出版社，1997 年 10 月初版 7
刷，656 頁。

178. 斯波義信〔日〕撰，方健、何忠禮譯，《宋代江南經濟史研究》，南京，
江蘇人民出版社，2001 年 1 月初版，646 頁。

179. 程民生撰，《宋代地域經濟》，開封，河南大學出版社，1996 年 5 月初版
2 刷，358 頁。

180. 程存潔撰，《唐代城市史研究初篇》，北京，中華書局，2002 年 11 初版，
296 頁。

181. 馮爾康等撰，《揚州研究——江都陳軼羣先生百齡冥誕紀念論文集》，臺
北，聯經出版事業公司，1996 年 8 月初版，751 頁。

182. 曾一民撰，《唐代廣州考》，香港，珠海大學中國歷史研究所博士論文，
1983 年初版。

183. 曾一民撰，《唐代廣州之內陸交通》，臺中，國彰出版，1987 年初版，117
頁。

184. 曾華滿撰，《唐代嶺南發展的核心性》，香港，中文大學出版社，1973 年
1 月初版，81 頁。

185. 傅宗文撰，《宋代草市鎮研究》，福州，福建人民出版社，1991 年 9 月初
版，604 頁。

186. 雷家驥撰，《隋唐中央權力結構及其演進》，臺北，東大，1995 年初版，
552 頁。

187. 雷家驥撰，《中古史學觀念史》，二冊，臺北，花木蘭文化出版社，2011
年 9 月初版。

188. 寧可主編，《中國經濟通史——隋唐五代經濟卷》，北京，經濟日報出版
社，2000 年 8 月初版，703 頁。

189. 寧欣撰，《唐史識見錄》，北京，商務印書館，2009 年 1 月初版，405 頁。

190. 廖幼華撰，《歷史地理學的應用：嶺南地區早期發展之探討》，臺北，文
津，2004 年初版，297 頁。

191. 楊遠撰，《西漢至北宋中國經濟文化向南發展》，二冊，臺北，商務印書

館，1991 年初版，826 頁。

192. 楊遠撰，《唐代的礦產》，臺北：臺灣學生書局，1982 年初版。

193. 楊寬撰，《中國古代冶鐵技術發展史》，上海，上海人民出版社，2004 年9 月修訂再版，頁 323。

194. 齊濤撰，《魏晉隋唐鄉村社會研究》，濟南，山東人民出版社，1995 年 1月初版，246 頁。

195. 齊東方撰，《唐代金銀器》，北京，中國社會科學出版社，1999 年 5 月初版，464 頁。

196. 齊東方撰，《隋唐考古》，北京，文物出版社，2002 年 10 月初版，242頁。

197. 萬繩楠等撰，《中國長江流域開發史》，合肥，黃山書社，1997 年 6 月初版，383 頁。

198. 葛劍雄撰，《中國移民史》（先秦至魏晉南北朝時期），福州市，福建人民出版社，1997 年 7 月初版。

199. 裴安平、熊建華撰，《長江流域的稻作文化》，武漢，湖北教育出版社，2004 年 8 月初版，513 頁。

200. 趙岡撰，《中國城市發展史論集》，臺北，聯經出版事業公司，1995 年 5月初版，231 頁。

201. 廣州省文物局、廣東省文物考古研究所、廣州市文物考古研究所、深圳市文物考古鑒定所編，《廣東文物考古三十年》，廣州，暨南大學出版社，2009 年 8 月初版，608 頁。

202. 黎虎撰，《魏晉南北朝史論》，北京，學苑出版社，1999 年 7 月初版 2 刷，622 頁。

203. 劉玉峰撰，《唐代工商業形態論稿》，濟南，齊魯書社，2002 年 9 月初版，310 頁。

204. 劉志寬等撰，《十大古都商業史略》，北京，中國財政經濟出版社，1990年 5 月初版。

205. 劉希爲撰，《隋唐交通》，臺北，新文豐出版社，1992 年 3 月臺 1 版，296頁。

206. 劉昭民撰，《中國歷史上氣候之變遷》，臺北，臺灣商務印書館，1992 年12 月修訂版 1 刷，307 頁。

207. 劉俊文主編，《日本中青年學者論中國史》（六朝隋唐卷），上海，上海古籍出版社，1995 年 12 月初版，553 頁。

208. 劉俊文撰，《唐律疏議箋解》，二冊，北京，中華書局，1996 年 6 月初版，2148 頁。

209. 劉樸兵撰，《唐宋飲食文化比較研究》，北京，中國社會科學出版社，2010年 11 月初版。

210. 劉淑芬撰，《六朝的城市與社會》，臺北，學生書局，1992 年 10 月初版，480 頁。

211. 賴亮郡撰，《唐宋律令法制考釋——法令實施與制度變遷》，臺北，元照出版公司，2010 年 7 月初版，354 頁。

212. 賴瑞和撰，《唐代基層文官》，北京市，中華書局，2008 年 5 月初版，344 頁。

213. 賴瑞和撰，《唐代中層文官》，臺北，聯經出版，2008 年 12 月初版，624 頁。

214. 諸祖煜撰，《東方明珠——唐代揚州》，貴州，貴州人民出版社，2001 年 9 月初版。

215. 潘鏞撰，《隋唐時期的運河與漕運》，西安，三秦出版社，1986 年 5 月，128 頁。

216. 鄭學檬撰，《五代十國史研究》，上海，上海人民出版社，1991 年 4 月初版，236 頁。

217. 鄭學檬主編，《中國賦役制度史》，廈門，廈門大學出版社，1994 年 8 月初版，726 頁。

218. 鄭學檬、冷敏述主編，《唐文化研究論文集》，上海，上海人民出版社，1994 年 11 月初版，603 頁。

219. 鄭學檬撰，《中國古代經濟重心南移和唐宋江南經濟研究》，長沙，岳麓出版社，2003 年 10 月修訂再版，382 頁。

220. 鄭學檬、徐東升撰，《唐宋科學技術與經濟發展的關係研究》，廈門，廈門大學出版社，2003 年 1 月初版，284 頁。

221. 臧嶸撰，《隋唐五代史論》，石家莊，河北教育出版社，2000 年 1 月初版，405 頁。

222. 熊海堂撰，《東亞窯業技術發展與交流史研究》，南京，南京大學出版社，1995 年 1 月初版。

223. 盧華語撰，《唐代桑蠶絲綢研究》，北京，首都師範大學出版社，1995 年 11 月初版，198 頁。

224. 謝和耐〔法〕撰，耿昇譯，《中國五～十世紀的寺院經濟》，臺北，商鼎文化出版社，1993 年初版，419 頁。

225. 瞿林東主編，向燕南、李峰（分卷主編），《新舊「唐書」與新舊「五代史」研究》，北京：中國大百科全書出版社，2009 年 1 月初版，588 頁。

226. 戴偉華撰，《唐方鎮文職僚佐考》，天津，天津古籍出版社，1994 年 1 月初版，683 頁。

227. 戴偉華撰，《唐代使府與文學研究》，桂林，廣西師範大學出版社，1998年5月初版，278頁。

228. 錢穆撰，《古史地理論叢》，北京，三聯出版社，2004年8月初版，302頁。

229. 應岳林、巴兆祥撰，《江淮地區開發探源》，南昌，江西教育出版社，1997年10月初版，363頁。

230. 鞠清遠撰，《唐代財政史》，臺北，食貨出版社，1978年12月臺再版，170頁。

231. 魏明孔撰，《隋唐手工業研究》，甘肅人民出版社，1999年初版。

232. 魏全瑞主編，《隋唐史論──牛致功教授八十華誕祝壽文集》（西安，三秦出版社，2007年1月初版），頁362～369，447頁。

233. 魏嵩山主編，《中國古典詩詞地名辭典》，南昌，江西教育出版社，1989年初版，933頁。

234. 蕭建樂撰，《唐代城市經濟研究》，北京，人民出版社，2009年2月初版。

235. 羅宗眞撰，《魏晉南北朝考古》，北京，文物出版社，2001年6月初版。

236. 羅彤華撰，《唐代民間借貸之研究》，北京市，北京大學出版社，2009年7月，410頁。

237. 羅彤華撰，《貞觀之治與儒家思想》，臺北縣，花木蘭文化出版社，2010年3月初版。

238. 羅傳棟主編，《長江航運史》（古代部分），北京，人民交通出版社，1991年6月，460頁。

239. 譚其驤撰，《長水集》，二冊，上海，上海人民出版社，1987年初版。

240. 譚其驤撰，《長水集》（續編），北京，人民出版社，1994年12月初版，494頁。

241. 譚其驤撰，《長水粹編》，石家莊，河北教育出版社，2001年5月初版2刷，494頁。

242. 譚英華撰，《兩唐書食貨志校讀記》，成都，四川大學出版社，1988年12月初版，296頁。

243. 韓國磐撰，《南北朝經濟史略》，廈門，廈門大學出版社，1990年10月初版，351頁。

244. 嚴耕望撰，《中國歷史地理～隋·唐·五代十國篇》，收入中國歷史地理（二），臺北，中華文化出版事業委員會，1954年初版。

245. 嚴耕望撰，《唐史研究叢稿》，香港，新亞研究所，1969年初版，656頁。

246. 嚴耕望撰，《嚴耕望史學論文選集》，臺北，聯經出版事業公司，1991年5月初版，658頁。

247. 龔向農撰，《舊唐書札迻》，成都，四川大學出版社，1990 年 4 月初版，199 頁。

（二）日　文

1. 大澤正昭撰，《唐宋變革期農業社會史研究》，汲古書院，1996 年 7 月初版，336 頁。

2. 日野開三郎，《續唐代邸店の研究》，自版，昭和 45 年 12 月初版，708 頁。

3. 仁井田陞撰，《唐令拾遺》，東京，東京大學出版會，1964 年，1006 頁。

4. 佐伯富撰，《中國鹽政史の研究》，京都，法律文化社，1988 年 9 月第 2 刷，807 頁，索引 105 頁。

5. 周藤吉之撰，《唐宋社會經濟史研究》，東京，東京大學出版會，1965 年 3 月發行，上、下卷，929 頁；索引 12 頁。

6. 周藤吉之撰，《宋代經濟史研究》，東京，東京大學出版會，1971 年 7 月第 2 刷，816 頁。

7. 宮崎市定撰，《東洋的近世》，收入《宮崎市定全集》第二卷（岩波書店，1992 年初版）。

8. 梅原郁編，《中國近世の都市と文化》，京都大學人文科學研究所，1984 年 3 月版，518 頁。

9. 愛宕元撰，《中國的城郭城市》，中央公論社，1991 年，220 頁。

10. 愛宕元撰，《唐代地域社會史研究》，京都，同朋舍出版，1997 年 2 月，506 頁。

（三）英　文

1. Edited by Arthur F. Wright ＆Denis Twitchett, *Perspectives on the T'ang*, New Haven and London: Yale University Press, 1973.

2. Eisenstadt, S.N., *The Political Systems of Empires*, New York: The Free Press of Glencoe, 1967.

3. Skinner, G. William ed., *The City in Late Imperial China*, Stanford: Stanford University Press, 1977.

三、期刊論文

（一）中　文

1. 大澤正昭〔日〕撰，牟發松譯，〈唐宋時代的小生產方式及其發展階段〉，收入武漢大學中國三至九世紀研究所編，《中國前近代史理論國際學術研討會論文集》（漢口，湖北人民出版社，1997 年 5 月初版），頁 443～

465。

2. 日野開三郎〔日〕撰，黃正建譯，〈唐代商稅考〉，收入劉俊文主編，《日本學者研究中國史論著選譯》第四卷（六朝隋唐）（北京，中華書局，1992 年 7 初版），頁 405～444。

3. 王平撰，〈「安史之亂」對唐朝對外交通的影響〉，《黔南民族師專學報》（哲社版），1996 年 1 月，頁 77～80；87。

4. 王濤、趙建坤撰，〈唐代中後期揚州商品經濟的發展與城市精神風貌〉，《邢台學院學報》，第 21 卷第 2 期（2006 年 6 月），頁 20～22。

5. 王子今撰，〈試論秦漢氣候變遷對江南經濟文化發展的意義〉，《學術月刊》，1994 年 9 月，頁 62～69。

6. 王力平撰，〈唐肅、代、德時期的南路運輸〉，收入《古代長江中游的經濟開發》（漢口，武漢出版社，1988 年 1 月），頁 331～345。

7. 王吉林撰，〈南詔與晚唐關係之研究〉，《華岡學報》第七期（1973 年 7 月），頁 283～353。

8. 王永興撰，〈唐代土貢資料繫年——唐代土貢研究之一〉，收入《北京大學學報》，1982 年第 4 期，頁 60～65；59。

9. 王永興撰，〈敦煌寫本唐開元水部式校釋〉，收入《敦煌吐魯番文獻研究論集》第三輯（北京，北京大學，1986 年 2 月），頁 4～67。

10. 王永興撰，〈試論唐代紡織業的地理分佈〉，收入《陳門問學叢稿》（江西，江西人民出版社，1993 年 11 月初版），頁 309～336。

11. 王仲犖撰，〈唐天寶初年地志殘卷考釋〉，收入氏撰，《敦煌石室地志殘卷考釋》（上海，上海古籍出版社，1993 年 9 月），頁 1～75。

12. 王仲犖撰，〈從茶葉經濟發展歷史看中國封建社會的一個特徵〉，收入氏撰，《𡺕華山館叢稿》（北京：中華書局，1987 年 4 月初版），頁 119～155。

13. 王怡辰撰，〈由武宗會昌錢看經濟領域的割據〉，《中國歷史學會史學集刊》第 37 期，2005 年 7 月，頁 1～32。

14. 王曾瑜撰，〈宋金時代的淮南經濟述略〉，收入中國社會科學院歷史所隋唐遼宋金元史研究室編，《隋唐遼宋金元史論叢》第一輯（北京市，紫禁城出版社，2011 年 2 初版），頁 295～347。

15. 王洪軍撰，〈唐代的茶葉生產——唐代茶葉史研究之一〉，《齊魯學刊》，1987 年第 6 期，頁 14～21。

16. 王洪軍撰，〈唐代水利管理及其前後期興修重心的轉移〉，《齊魯學刊》，1999 年 4 月，頁 77～81。

17. 王朝中撰，〈唐安史亂後漕糧年運量驟降原因初探〉，《中國社會經濟史研究》，1984 年 3 月，頁 67～76。

18. 王賽時撰，〈論唐代的造船業〉，《中國史研究》，1998 年第 2 期，頁 70
～78。

19. 王賽時撰，〈唐代的酒肆〉，《中國飲食文化基金會訊》，2001 年 11 月，
頁 39～45。

20. 王壽南撰，〈唐代藩鎮與宦官〉，《思與言》，第七卷第一期，1969 年 5
月，頁 45～49。

21. 王壽南撰，〈從藩鎮之選任看安史之亂後唐中央政府對地方之控制〉，《國
立政治大學歷史學報》第六期，1988 年 9 月，頁 1～18。

22. 甘懷眞撰，〈唐代官人的宦遊生活──以經濟生活爲中心〉，載《第二屆
唐代文化研討會論文集》（臺北，中國唐代學會出版，1995 年 9 月），頁
39～60。

23. 中國社會科學院考古研究所等，〈揚州城考古工作簡報〉，《考古》，1990
年第 1 期，頁 36～44。

24. 中國社會科學院考古研究所等，〈江蘇揚州市文化宮唐代建築基址發掘
簡報〉，《考古》，1994 年第 5 期，頁 413～420。

25. 牛致功撰，〈圓仁目睹的唐武宗滅佛〉，載《陝西師範大學歷史系學術論
文集》（西安，陝西人民教育出版社，1994 年 1 月初版），頁 242～255。

26. 牛致功撰，〈圓仁筆下的「茶」〉，載氏撰《唐代碑石與文化研究》（西安，
三秦出版社，2002 年 3 月初版），頁 273～283。

27. 牛致功撰，〈圓仁目睹的新羅人──讀《入唐求法巡禮行記》札記〉，載
氏撰《唐代碑石與文化研究》（西安，三秦出版社，2002 年 3 月初版），
頁 260～272。

28. 孔祥星撰，〈唐代江南和四川地區絲織業的發展──兼論新疆吐魯番出
土的絲織品〉，收入《唐史研究論文集》（西安，陝西人民出版社，1983
年 9 月）。

29. 卞孝萱撰，〈唐代揚州手工業與出土文物〉，《文物》，1977 年第 9 期，頁
31～38。

30. 尹若春、姚政權、李迎華、汪常明撰，〈壽州窯瓷器的測試與初步分析〉，
《中國科學技術大學學報》，第 41 卷第 1 期（2011 年 1 月），頁 22～28。

31. 方亞光撰，〈隋唐揚州歷史二題〉，收入《江蘇史論考》（江蘇，江蘇古
籍出版社，1989 年），頁 143～150。

32. 方亞光撰，〈六朝隋唐時期的金陵與廣陵〉，收入《古代長江下游的經濟
開發》（西安，三秦出版社，1989 年 8 月初版），頁 92～102。

33. 方亞光撰，〈論唐代江蘇地區的經濟實力〉，《中國史研究》，1993 年第 1
期，頁 31～41。

34. 石雲濤撰，〈唐後期方鎮使府僚佐遷轉〉，載《魏晉南北朝隋唐史資料》，

第十四期（1996 年），頁 140～152。

35. 石墨林撰，〈《吐魯番出土文書》錄文本、圖文本簡明目錄對照表〉，載《魏晉南北朝隋唐史資料》，第十五期（1997 年），頁 206～210。

36. 石墨林撰，〈《吐魯番出土文書》錄文本、圖文本簡明目錄對照表（續完)〉，載《魏晉南北朝隋唐史資料》，第十六期（1998 年），頁 354～355。

37. 石墨林撰，〈三種新出版吐魯番文書人名地名索引〉，載《魏晉南北朝隋唐史資料》，第十八期（2001 年），頁 218～252。

38. 史少卿撰，〈簡析唐中後期揚州城市工商業流動人口〉，《常德師範學院學報》，第 26 卷第 5 期（2001 年 9 月），頁 69～71。

39. 史念海撰，〈論唐代揚州和長江下游的經濟地區〉，原刊《揚州師院學報》，1982 年第 2 期，頁 21～27；後收入氏著，《唐代歷史地理研究》（北京，中國社會科學出版社，1998 年 12 月初版），頁 234～249。

40. 史念海撰，〈隋唐時期長江下游農業的發展〉，收入氏撰，《中國史地論稿（河山集）》（臺北，弘文館出版社，1986 年 1 月初版），頁 239～254。

41. 史念海撰，〈隋唐時期自然環境的變遷及與人為作用的關係〉，《歷史研究》，1990 年第 1 期，頁 51～63。

42. 史念海撰，〈兩《唐書》列傳人物本貫的地理分佈〉，《河山集》第五輯（太原，山西人民出版社，1991 年 12 月初版），頁 402～501。

43. 史念海撰，〈隋唐時期的交通與都會〉，《唐史論叢》第六輯（西安，三秦出版社，1995 年 12 月初版），頁 1～57。

44. 史念海撰，〈隋唐時期運河和長江的水上交通及其沿岸的都會〉，《河山集》第七輯（西安，陝西師大出版社，1999 年 1 月初版），頁 174～211。

45. 田廷柱撰，〈新羅僧人入唐求法與佛教東漸〉，收入朱雷主編，《唐代的歷史與社會》（武漢，武漢大學出版社，1997 年 4 月初版），頁 430～440。

46. 全漢昇撰，〈唐宋時代揚州經濟景況的繁榮與衰落〉，收入氏撰，《中國經濟史論叢》（香港，新亞研究所，1972 年 8 月），上冊，頁 1～28。

47. 全漢昇撰，〈唐宋帝國與運河〉，收入氏撰，《中國經濟史研究》（臺北，稻鄉出版社，1991 年 1 月），上冊，頁 265～396。

48. 朱江撰，〈朝鮮半島和揚州的交通〉，《揚州師院學報》，1988 年第 1 期，頁 126～129 及頁 132。

49. 朱江撰，〈唐揚州揚子縣考〉，《文物》，1977 年第 9 期，頁 38～39。

50. 朱雷撰，〈唐代「均田制」實施過程中「受田」與「私田」的關係及其他〉，載《魏晉南北朝隋唐史資料》，第十四期（1996 年），頁 80～85。

51. 朱祖德撰，〈三國時期孫吳的經濟發展〉，載《興大人文學報》第三十八期（2007 年 3 月），頁 371～396。

52. 朱祖德撰，〈試論唐代揚州在中西交通史上的地位〉，載《興大歷史學報》第 18 期（2007 年 6 月），頁 193～224。

53. 朱祖德撰，〈唐代江西地區的經濟發展〉，載《淡江史學》第十九期（2008 年 9 月），頁 37～56。

54. 朱祖德撰，〈試論唐代廣州在中西交通史上的地位〉，載《白沙歷史地理學報》第七期（2009 年 4 月），頁 129～172。

55. 朱祖德，〈唐代揚州的商業貿易〉，《史學彙刊》第三十期（2012 年 12 月），頁 57～102。

56. 朱祖德，〈唐代淮南地區的交通運輸〉，戴《史學彙刊》第三十一期（2013 年 6 月），頁 15～49。

57. 何海燕撰，〈近二十餘年來中國漢唐城市地理研究概述〉，載中村圭爾〔日〕、辛德勇編，《中日古代城市研究》（北京，中國社會科學出版社，2004 年 3 月初版），頁 58～83。

58. 何榮昌撰，〈六朝時期長江下游商業的發展〉，收入《古代長江下游的經濟開發》（西安，三秦出版社，1989 年 8 月初版），頁 247～255。

59. 成一農撰，〈唐代的地緣政治結構〉，載李孝聰主編，《唐代地域結構與運作空間》（上海，上海辭書出版社，2003 年 8 月初版），頁 8～59。

60. 江蘇文物管理委員會，〈江蘇高郵邵家溝漢代遺址的清理〉，《考古》，1960 年第 10 期。

61. 岑仲勉撰，〈唐代兩稅基礎及其牽連的問題〉，收入氏撰，《岑仲勉史學論文續集》，（北京，中華書局，2004 年 8 月初版），頁 17～36。

62. 辛德勇撰，〈唐高僧籍貫及駐錫地分佈〉，載史念海主編，《唐史論叢》（第四輯）（西安，三秦出版社，1988 年 6 月初版）頁 287～306。

63. 牟發松撰，〈略論唐代的南朝化傾向〉，《中國史研究》，1996 年第 2 期，頁 51～64。

64. 吳震撰，〈敦煌石室寫本唐天寶初年『郡縣公廨本錢簿』校注並跋〉，《文史》第十三輯，頁 89～145；《文史》第十四輯，頁 67～112。

65. 吳松弟撰，〈盛唐時期的人口遷移及其地域特點〉，載李孝聰主編，《唐代地域結構與運作空間》（上海，上海辭書出版社，2003 年 8 月初版），頁 151～217。

66. 李文瀾撰，〈唐代長江中游水患與生態環境諸問題的歷史啓示〉，《江漢論壇》（武漢），1999 年第 1 期，頁 60～64。

67. 李天石撰，〈唐代江蘇地區農業經濟發展述論〉，《南京師大學報》（社科版），1991 年第 3 期，頁 43～49。

68. 李伯重撰，〈略論唐代的「日絹三尺」〉，收入《唐史論叢》第二輯（西安，陝西人民出版社，1987 年 1 月），頁 101～118。

69. 李孝聰撰，〈唐代城市的形態與地域結構──以坊市制的演變爲線索〉，載李孝聰主編，《唐代地域結構與運作空間》（上海，上海辭書出版社，2003 年 8 月初版），頁 248～306。

70. 李廷先撰，〈唐代江、淮地區的賦稅〉，《揚州師院學報》，1990 年第 3 期，頁 119～123。

71. 李季平、王洪軍撰，〈唐代淮南、江南兩道的茶葉生產〉，收入江蘇省六朝史研究會、江蘇省社科院歷史所編，《古代長江下游的經濟開發》（西安，三秦出版社，1989 年 8 月初版），頁 184～194。

72. 李裕群撰，〈隋唐時代的揚州城〉，《考古》，2003 年第 3 期，頁 69～76。

73. 杜文玉撰，〈唐五代時期江西地區社會經濟的發展〉，《江西社會科學》，1989 年第 4 期，頁 103～108。

74. 林立平撰，〈唐代主糧生產的輪作複種制〉，載《暨南學報》（哲社版），1984 年第 1 期，頁 41～48。

75. 林立平撰，〈試論唐宋之際城市分佈重心的南遷〉，《暨南學報》，1989 年第 2 期，頁 71～81。

76. 林立平撰，〈中唐後城市生活的「俗世化」趨向〉，載中國唐史學會編，《中國唐史學會論文集》（西安，三秦出版社，1991 年 9 月初版）頁 229～247。

77. 林文勛撰，〈唐代茶葉產銷的地域結構及對全國經濟聯繫的影響〉，載李孝聰主編，《唐代地域結構與運作空間》（上海，上海辭書出版社，2003 年 8 月初版），頁 218～247。

78. 邱添生撰，〈由政治形態看唐宋間的歷史演變〉，《大陸雜誌》第四九卷第六期，1974 年 12 月，頁 14～35。

79. 邱添生撰，〈由田制與稅法看唐宋間的歷史演變〉，《師大歷史學報》第四期，1976 年 4 月，頁 103～140。

80. 邱添生撰，〈由貨幣經濟看唐宋間的歷史演變〉，《師大歷史學報》第五期，1977 年 4 月，頁 229～252。

81. 邱添生撰，〈論唐宋間的歷史演變〉，《幼獅月刊》第四七卷第五期，1978 年 5 月，頁 45～50。

82. 邱添生撰，〈論唐宋變革期的歷史意義──以政治、社會、經濟之演變爲中心〉，《師大歷史學報》第七期（1979 年 5 月），頁 83～111。

83. 金相範〔韓〕撰，〈唐代後期揚州的發展和外國人社會〉，《臺灣師大歷史學報》，第 44 期，頁 37～66。

84. 周益撰，〈從長安、揚州城的繁榮看唐代城市個人消費的特點〉，《康定民族師範高等專科學校學報》，第 10 卷第 2 期（2001 年 6 月），頁 81～84。

85. 周東平撰，〈唐代淮南道區劃、人口考〉，收入《中國唐史學會論文集》（西安，三秦出版社，1989 年 1 月），頁 148～160。

86. 周東平撰，〈唐代淮南地區之商業的發展與繁華〉，《中國社會經濟史研究》，1986 年第 3 期，頁 15～25。

87. 周長源、束家平、馬富坤，〈鑄鏡廣陵市，菱花匣中發──析揚州出土的唐代銅鏡〉，《藝術市場》，第 2006 年第 1 期，頁 64～～64。

88. 武仙卿撰，〈隋唐時代揚州的輪廓〉，《食貨》半月刊，五卷一期（1937 年 1 月），頁 7～25。

89. 武漢市博物館，〈閻馬場五代吳國墓〉，收入《江漢考古》，1998 年 3 期，頁 67～72。

90. 查屏球撰，〈新補《全唐詩》102 首──高麗《十抄詩》中所存唐人佚詩〉，《文史》，2003 年第 1 期，頁 140～168。

91. 俞永炳撰，〈試談絲綢之路上的唐城〉，收入《漢唐與邊疆考古研究》（第一輯）（北京，科學出版社，1994 年 8 月），頁 169～172。

92. 袁英光、李曉路撰，〈唐代文風南興及其經濟原因管窺〉，載江蘇省六朝史研究會、江蘇省社科院歷史所編，《古代長江下游的經濟開發》（西安，三秦出版社，1989 年 8 月初版），頁 277～291。

93. 倪根金撰，〈試論氣候變遷對我國古代北方農業經濟的影響〉，載《農業考古》，1988 年第 1 期，頁 292～299。

94. 南京博物院、揚州博物館及揚州師院發掘工作組，〈揚州唐城遺址 1975 年考古工作簡報〉，《文物》，1977 年第 9 期，頁 16～37。

95. 南京博物院，〈揚州唐城手工業作坊遺址第二、三次發掘報告〉，《文物》，1980 年第 3 期，頁 11～14。

96. 胡悅謙撰，〈談壽州瓷窯〉，《考古》，1988 年第 8 期，頁 735～750。

97. 胡悅謙撰，〈壽州瓷窯址調查記略〉，《文物》，1961 年第 12 期，頁 60～66。

98. 徐孝忠撰，〈淮南市出土的壽州窯瓷器選介〉，《文物》，1992 年 9 月，頁 95～96 及 48。

99. 徐孝忠撰，〈淺識壽州窯〉，《中國古陶瓷研究》（第五輯）（北京，紫禁城出版社，1999 年 11 月初版），頁 19～22。

100. 高明士撰，〈隋唐使臣赴倭及其禮儀問題〉，《台大歷史學報》第 23 期（1999 年 6 月），頁 199～238。

101. 高明士撰，〈從律令制的演變看唐宋間的變革〉，《台大歷史學報》第 32 期（2003 年 12 月），頁 1～31。

102. 高榮盛撰，〈唐代江淮漕運的歷史考察〉，《安徽史學》，1998 年第 3 期。

103. 唐剛卯撰，〈「庫露眞」與「襄祥」——唐代漆器研究之一〉，載《魏晉南北朝隋唐史資料》，第十七期（2000 年），頁 178～187。

104. 唐啓淮撰，〈唐五代時期湖南地區社會經濟的發展〉，《中國社會經濟史研究》，1985 年第 4 期，頁 22～34。

105. 夏善宏撰，〈從唐詩看唐代商業〉，《社會科學學報》，1999 年 7 月。

106. 費省撰，〈論唐代的人口分佈〉，《中國歷史地理論叢》，1988 年第 2 輯，頁 111～158。

107. 費省撰，〈唐代藝術家籍貫的地理分佈〉，載史念海主編，《唐史論叢》（第四輯）（西安，三秦出版社，1988 年 6 月初版），頁 109～146。

108. 桑原隲藏〔日〕撰，黃約瑟譯，〈歷史上所見的南北中國〉，收入劉俊文編，《日本學者研究中國史論著選譯》第一卷（通論）（北京，中華書局，1992 年 7 月初版），頁 19～68。

109. 宮崎市定〔日〕撰，黃約瑟譯，〈東洋的近世〉，收入劉俊文編，《日本學者研究中國史論著選譯》第一卷（通論）（北京，中華書局，1992 年 7 月初版），頁 153～242。

110. 施和金撰，〈唐宋時期經濟重心南移的地理基礎〉，《南京師範大學學報》，1991 年第 3 期，頁 35～42。

111. 翁俊雄撰，〈唐代長江三角洲核心地區經濟發展初探〉，載江蘇省六朝史研究會、江蘇省社科院歷史所編，《古代長江下游的經濟開發》（西安，三秦出版社，1989 年 8 月初版），頁 15～36。

112. 翁俊雄撰，〈唐後期民戶遷徙與兩稅法〉，收入氏撰，《唐代人口與區域經濟》（臺北，新文豐出版事業公司，1995 年 9 月初版），頁 211～248。

113. 翁俊雄撰，〈開元、天寶之際的逃戶〉，收入氏撰，《唐代人口與區域經濟》（臺北，新文豐出版事業公司，1995 年 9 月初版），頁 199～210。

114. 翁俊雄撰，〈唐代虎、象的行蹤〉，載《唐研究》第三卷（北京，北京大學，1997 年初版），頁 381～394。

115. 凍國棟撰，〈唐代的小農經濟與經營方式管見〉，收入《中國前近代史理論國際學術研討會論文集》，頁 477～500。

116. 凍國棟撰，〈唐代長江下游地區的開發與市場的擴展〉，收入《古代長江下游的經濟開發》，頁 222～239。

117. 凍國棟撰，〈隋代人口的若干問題管見〉，載《魏晉南北朝隋唐史資料》，第十四期（1996 年），頁 109～121。

118. 凍國棟撰，〈隋唐時期的人口政策與家族法——以析戶、合貫（戶）爲中心〉，載《唐研究》第四卷（1998 年 12 月初版），頁 319～335。

119. 孫永如、張建生撰，〈論唐代後期淮南道鹽業與社會經濟的發展〉，收入《古代長江下游的經濟開發》，頁 195～203。

120. 孫永如撰，〈高駢史事考辨〉，收入《唐史論叢》，第五輯（西安，三秦出版社，1990 年 7 月），頁 208～222。

121. 莊華峰撰，〈五代時期東南諸國的政策與經濟開發〉，《中國史研究》，1998年第 4 期，頁 96～106。

122. 曾一民撰，〈唐魯國公孔戣治廣州之政績〉，收入黃約瑟、劉健明編，《隋唐史論集》（香港，香港大學亞洲研究中心出版，1993 年），頁 93～105。

123. 曾一民撰，〈李唐對嶺南的經營〉，收入朱雷主編，《唐代的歷史與社會》（武漢，武漢大學出版社，1997 年 4 月初版），頁 150～172。

124. 曹爾琴撰，〈唐代經濟重心的南移〉，《歷史地理》，第二輯，頁 147～155。

125. 曹爾琴撰，〈唐長安的商人與商業〉，收入《唐史論叢》第二輯（西安，陝西人民出版社，1987 年 1 月），頁 118～136。

126. 梁勵撰，〈南唐建國史略〉，《歷史教學》，1997 年第 9 期，頁 46～47。

127. 陶治強撰，〈簡論隋唐時期壽州窯的發展〉，《文物春秋》，2011 年 1 月，頁 39～44。

128. 陳勇撰，〈唐代長江下游大地產的發展〉，《四川師範學院學報》，1996 年第 4 期。

129. 陳勇、劉秀蘭撰，〈唐後期長江下游戶口考〉，《中國史研究》，1997 年第 4 期，頁 84～97。

130. 陳勇撰，〈唐後期的人口南遷與長江下游的經濟發展〉，《華東師大學報》，1996 年第 5 期，頁 84～90。

131. 陳勇、黃修明撰，〈唐代長江下游的茶葉生產與茶葉貿易〉，《中國社會經濟史研究》，2003 年第 1 期，頁 11～22。

132. 陳鋒撰，〈試論唐宋時期漕運的沿革與變遷〉，《中國經濟史研究》，1999年第 3 期，頁 83～93。

133. 陳文華撰，〈我國飲茶方法的演變〉，《農業考古》，2006 年第 2 期，頁 118～124。

134. 陳文華撰，〈中國古代茶具演變簡史〉，《農業考古》，2006 年第 2 期，頁 131～140。

135. 陳仲安、牟發松撰，〈《隋書‧地理志》州郡縣名便檢（州名編）〉，載《魏晉南北朝隋唐史資料》，第十六期（1998 年），頁 223～268。

136. 陳尚君撰，〈唐詩人占籍考〉，收入氏著，《唐代文學叢考》（北京，中國社會科學出版社，1997 年 10 月初版），頁 138～170。

137. 陳尚君撰，〈毛文錫《茶譜》輯考〉，收入氏著，《唐代文學叢考》（北京，中國社會科學出版社，1997 年 10 月初版），頁 421～432。

138. 陳尚勝撰，〈唐代的新羅僑民社區〉，《歷史研究》，1996 年第 1 期，頁

161～166。

139. 陳燦平撰,〈唐代揚州鑄鏡考實〉,《四川文物》,2011 年第 4 期,頁 55～62。

140. 陳衍德撰,〈唐代專賣收入初探〉,《中國經濟史研究》,1988 年第 1 期,頁 30～37。

141. 陳雙印撰,〈五代時期的揚州城考〉,《中國歷史地理論叢》,第 20 卷第 3 輯（2005 年 7 月）,頁 101～108。

142. 陳國燦撰,〈吐魯番出土漢文文書與唐史研究〉,收入黃約瑟、劉健明編,《隋唐史論集》（香港,香港大學亞洲研究中心出版,1993 年）,頁 295～301。

143. 陳懷荃撰,〈楚在江淮地區的開發和孫叔敖開芍陂〉,《歷史地理》第九期,頁 275～281。

144. 張春蘭撰,〈「城市革命」與管理轉型:由唐入宋都城管理的變革〉,收入《唐長孺先生百年誕辰紀念國際學術研討會暨中國唐史學會第十一屆年會》（武漢,武漢大學人文社會科學研究院,2011 年 7 月）,頁 305～319。

145. 張國剛撰,〈唐代藩鎮類型及其動亂特點〉,《歷史研究》,1983 年 4 期,頁 98～110。

146. 張澤咸撰,〈漢唐時期的茶葉〉,載《文史》,第十一輯（1981 年 3 月）,頁 61～79。

147. 張澤咸撰,〈試論漢唐間的水稻生產〉,載《文史》,第十八輯,頁 33～68。

148. 張澤咸撰,〈唐代的誕節〉,《魏晉南北朝隋唐史資料》,第十一輯（1991 年 6 月）,頁 129～137。

149. 張澤咸撰,〈唐代的五金生產〉,《新史學》,第二卷第三期（1991 年 9 月）,頁 67～98。

150. 張澤咸撰,〈唐代的五金生產〉,收入張金龍主編,《黎虎教授古稀紀念——中國古代史論叢》（北京市,世界知識出版社,2006 年初版）,頁 70～86。

151. 張澤咸撰,〈重讀《太平寰宇記》札記〉,收入中國社會科學院歷史所隋唐遼宋金元史研究室編,《隋唐遼宋金元史論叢》第一輯（北京市,紫禁城出版社,2011 年 2 月初版）,頁 234～267。

152. 張劍光撰,〈唐代藩鎮割據與商業〉,《文史哲》,1997 年 4 月,頁 74～80。

153. 張偉然撰,〈唐人心目中的文化區域及地理意象〉,載李孝聰主編,《唐代地域結構與運作空間》（上海,上海辭書出版社,2003 年 8 月初版）,

頁 307～412。

154. 黃正建撰，〈韓愈日常生活研究〉，載《唐研究》第四卷（北京，北京大學，1998 年 12 月初版），頁 251～273。

155. 黃宣佩、吳貴芳、楊嘉祐等撰，〈從考古發現談上海成陸年代及港口發展〉，《文物》，1976 年第 11 期，頁 45～55。

156. 黃盛璋撰，〈唐代礦冶分布與發展〉，《歷史地理》第七輯，頁 1～13。

157. 黃清連撰，〈高駢縱巢渡淮——唐代藩鎮對黃巢叛亂的態度研究之一〉，《大陸雜誌》，八〇卷一期，1990 年 1 月，頁 3～22。

158. 康才媛撰，〈唐代文人飲茶文化——以茶器為探討中心〉，載《中國歷史學會史學集刊》第 30 期（1998 年 10 月），頁 113～137。

159. 康才媛撰，〈陸羽以前飲茶文化之探討——以《茶經》的〈七之事〉為探討對象〉，載，《宋旭軒教授八十榮壽論文集》（臺北，宋旭軒教授八十榮壽論文集編輯委員會，2001 年 11 月初版）。

160. 康才媛撰，〈陸羽《茶經》茶文化探討〉，載《銘傳大學通識學報》創刊號（2004 年 5 月）。

161. 康才媛撰，〈弘仁茶詩與大唐茶文化〉，載《淡江史學》第 21 期（2009 年 9 月），頁 85～109。

162. 康才媛撰，〈唐代文人飲茶文化——以《茶經·四之器》為探討對象〉，載《淡江史學》第 24 期（2011 年 9 月），頁 97～122。

163. 許輝撰，〈東晉、南朝前期徐、揚地區經濟的發展及其產生的影響〉，收入谷川道雄編，《日中國際共同研究——地域社會在六朝政治文化所起的作用》（日本，玄文社，1989 年 3 月初版）。

164. 許懷喜撰，〈壽州窯初探〉，《裝飾》，2002 年第 12 期，頁 64～65。

165. 許萬里撰，〈唐代揚州商業探析〉，載《北京商學院學報》1989 年第 3 期，頁 29～67。

166. 郭黎安撰，〈魏晉隋唐之間江淮地區水利業發展述論〉，《江海學刊》（南京），1988 年第 3 期，頁 118～124。

167. 清泉撰，〈古代燒煤的瓷窯遺址〉，《當代礦工》，2000 年 6 月，頁 34～35。

168. 華林甫撰，〈唐代粟、麥生產的地域佈局初探〉，載《中國農史》，1990 年第 2 期，頁 33～42。

169. 華林甫撰，〈唐代粟、麥生產的地域佈局初探（續）〉，載《中國農史》，1990 年第 3 期，頁 23～39。

170. 華林甫撰，〈唐代水稻生產的地理布局及其變遷初探〉，載《中國農史》，1992 年第 2 期，頁 27～39。

171. 揚州博物館，〈揚州施橋發現了古代木船〉，《文物》，1961 年第 6 期，頁 52～54。

172. 揚州博物館、周欣、周長源，〈揚州出土的唐代銅鏡〉，《南京博物館集刊》第三輯（1980 年 3 月），頁 154～156。

173. 揚州博物館，〈江蘇揚州市毛紡織廠古漕河遺址調查〉，《考古》，1990 年第 1 期，頁 55～61。

174. 揚州博物館，〈揚州教育學院內發現唐代遺迹和遺物〉，《考古》，1990 年第 4 期，頁 337～343。

175. 童光俠撰，〈唐代陶瓷與陶瓷詩歌〉，《中國陶瓷工業》，第 6 卷 1 期（1999 年 3 月），頁 44～47。

176. 萇嵐撰，〈中國唐五代時期外銷日本的陶瓷〉，載《唐研究》第四卷（北京，北京大學出版社，1998 年初版）。

177. 馮漢鏞撰，〈唐宋時代的造船業〉，《歷史教學》，1957 年第 10 期，頁 10～14。

178. 楊志玖撰，〈試論唐代藩鎮割據的社會基礎〉，《歷史教學》，1980 年 6 期，頁 24～28。

179. 楊希義撰，〈略論唐代的漕運〉，《中國史研究》，1984 年第 2 期，頁 53～66。

180. 斯波義信〔日〕撰，郁越祖譯，盧雲校，〈長江下游地區的城市化和市場發展〉（摘譯），載復旦大學歷史地理研究所編，《歷史地理研究》第 1（上海，復旦大學出版社，1986 年 5 月初版），頁 392～404。

181. 斯波義信〔日〕撰，洪偶譯，〈長江下游城市化和市場的發展〉（摘譯），載復旦大學歷史地理研究所編，《歷史地理研究》第 2 輯（上海，復旦大學出版社，1990 年 9 月初版），頁 399～407。

182. 詹宗佑撰，〈《新唐書》史文校正整理初稿——紀、傳之部 1980～1999〉，《建國學報》第 19 期（2000 年 6 月），頁 37～47。

183. 詹宗佑撰，〈《新唐書》史文校正整理初稿——志之部 1980～2000〉，《建國學報》第 20 期（2001 年 6 月），27～36。

184. 詹宗佑撰，〈《新唐書》史文校正整理初稿——表之部 1980～2000〉，《建國學報》第 20 期（2001 年 6 月），37～47。

185. 虞浩旭撰，〈論唐宋時期往來中日間的「明州商幫」〉，《浙江學刊》，1998 年第 1 期。

186. 熊海堂撰，〈中國古代的窯具與裝燒技術研究（前編）〉，《東南文化》，1991 年第 6 期，頁 85～113。

187. 熊海堂撰，〈中國古代的窯具與裝燒技術研究（後編）〉，《東南文化》，1992 年第 1 期，頁 222～238。

188. 臧嶸撰，〈關於五代十國時期北方和南方經濟發展估價的幾點看法〉，收入氏撰，《隋唐五代史論》（石家莊，河北教育出版社，2000 年 1 月初版），頁 326～333。

189. 劉希爲撰，〈隋唐交通的特點及其歷史地位〉，載中國唐史學會編，《中國唐史學會論文集》（西安，三秦出版社，1991 年 9 月初版），頁 213～228。

190. 劉錫濤撰，〈從森林分佈看唐代環境質量狀況〉，收入魏全瑞主編，《隋唐史論——牛致功教授八十華誕祝壽文集》（西安，三秦出版社，2007 年 1 月初版），頁 362～369。

191. 黎虎撰，〈唐代的酒肆及其經營方式〉，《浙江學刊》，1998 年第 3 期。

192. 鄭學檬撰，〈五代時期長江流域及江南地區的農業經濟〉，《歷史研究》，1985 年 4 期，頁 32～44。

193. 鄭學檬撰，〈唐代、德兩朝黨爭和兩稅法〉，收入黃約瑟、劉健明編，《隋唐史論集》（香港，香港大學亞洲研究中心出版，1993 年），頁 76～83。

194. 鄭學檬撰，〈唐五代長江中游經濟發展的新動向〉，收入《中國古代經濟重心南移和唐宋江南經濟研究》（長沙，岳麓出版社，1996 年 6 月初版），頁 177～192。

195. 鄭學檬撰，〈鑒眞和尚東渡日本與唐代的航海技術〉，收入張金龍主編，《黎虎教授古稀紀念——中國古代史論叢》（北京市，世界知識出版社，2006 年初版），頁 109～115。

196. 蔣忠義、王勤金、李久海、俞永炳撰，〈近年揚州城址的考古收穫與研究〉，《東南文化》，第 1992 年第 2 期，頁 145～～157。

197. 齊勇鋒撰，〈中晚唐賦入「止於江南八道」說辨疑〉，收入《唐史論叢》第二輯（西安，陝西人民出版社，1987 年 1 月），頁 80～100。

198. 瞿安全、楊小旻撰，〈《五代史》州郡縣名索引（州名編）〉，載《魏晉南北朝隋唐史資料》，第十六期（1998 年），頁 269～341。

199. 謝元魯撰，〈揚一益二〉，收入《唐史論叢》第三輯（西安，三秦出版社，1987 年 1 月），頁 231～273。

200. 謝明良撰，〈記黑石號（Batu Hitam）沈船中的中國陶瓷器〉，收入《美術史研究集刊》第十三期（2002 年），頁 1～60。

201. 顏亞玉撰，〈唐中後期淮南農業的發展〉，《中國社會經濟史研究》，1984 年第 4 期，頁 72～77。

202. 簡修煒、葛壯撰，〈六朝工商業與長江下游的經濟開發〉，收入《古代長江下游的經濟開發》（西安，三秦出版社，1989 年 8 月初版），頁 204～221。

203. 簡修煒撰，〈漢唐間生產關係的變革和六朝經濟的發展〉，《學術研究》，

1994 年第 1 期，頁 86～93。

204. 藍勇撰，〈唐代氣候變化與唐代歷史興衰〉，《中國歷史地理論叢》，2001 年 3 月，頁 4～15。

205. 韓茂莉撰，〈唐宋之際揚州經濟興衰的地理背景〉，《中國歷史地理論叢》，1987 年第 1 輯，頁 109～118。

206. 韓國磐撰，〈五代時南中國的經濟發展及其限度〉，原刊《歷史教學》，1958 年 8 月號；後收入氏撰，《隋唐五代史論集》（北京，三聯書店，1979 年 10 月），頁 234～266。

207. 韓國磐撰，〈隋唐五代時的生產力發展〉，收入氏撰，《隋唐五代史論集》（北京，三聯書店，1979 年 10 月），頁 88～132。

208. 韓國磐撰，〈唐代宣歙鎮之雄富〉，《江海學刊》，1992 年第 3 期。

209. 韓國磐撰，〈南北朝隋唐與百濟新羅的往來〉，《歷史研究》，1994 年第 2 期，頁 21～42。

210. 魏明孔撰，〈略論唐代的手工業作坊與行會〉，《西北師範大學學報》，1989 年 2 月，頁 91～95。

211. 魏明孔撰，〈隋代的軍事手工業初探〉，載朱雷主編，《唐代的歷史與社會》（武漢，武漢大學出版社，1997 年 4 月初版），頁 304～316。

212. 魏明孔撰，〈隋唐手工業與居家飲食結構的改善〉，《首都師範大學學報》，1997 年 6 月。

213. 魏明孔撰，〈隋唐手工業與我經濟重心的南北易位〉，《中國經濟史研究》，1999 年第 2 期，頁 49～58。

214. 羅宗眞撰，〈六朝時期全國經濟重心的南移〉，《江海學刊》，1984 年第 3 期。

215. 羅宗眞撰，〈從出土的瓷器看唐代揚州的繁榮〉，《龍語文物藝術》，第 8 期（1991 年 8 月），頁 108～114。

216. 嚴耕望撰，〈景雲十三道與開元十六道〉，原刊《中研院史語所集刊》三六本，1965 年 12 月，頁 115～121。後收入氏撰，《嚴耕望史學論文選集》（臺北，聯經出版事業公司，1991 年 5 月初版），頁 193～200。

217. 嚴耕望撰，〈唐代紡織工業之地理分佈〉，原刊《大陸雜誌》第 13 卷第 17 期，後收入氏撰，《唐史研究叢稿》（香港，新亞研究所，1969 年初版），頁 645～656。

218. 嚴耕望撰，〈唐代揚州南通大江三渠道〉，《新亞學報》第 17 期（1994 年 8 月），頁 185～236。

219. 權奎山撰，〈關於唐宋瓷器上的「官」和「新官」字款問題〉，《中國古陶瓷研究》（第五輯）（北京，紫禁城出版社，1999 年 11 月初版），頁 222～229。

（二）日 文

1. 日野開三郎撰，〈五代鎮將考〉，《東洋學報》，第二五卷二號，頁 54～85，1938 年 2 月。

2. 日野開三郎撰，〈唐代嶺南に於ける金銀の流通〉，載《續唐代邸店の研究》（作者自版，昭和 45 年 12 月初版），頁 416～508。

3. 中村久四郎撰，〈唐時代の廣東〉，載《史學雜誌》，第 28 編（1927）第 3、4、5、6 期；頁 36～52；28～48；67～75；1～24。

4. 石橋五郎撰，〈唐宋時代の支那沿海貿易並貿易港に就て〉，載《史學雜誌》第 12 編（1901）第 8、9、11 期；頁 48～71；33～59；50～66。

5. 周藤吉之撰，〈唐末淮南高駢の藩鎮體制と黃巢徒黨との關係について ——新羅末の崔致遠の撰『桂苑筆耕集』を中心として——〉，《東洋學報》，第六八卷第三、四號，頁 1～36，1987 年。

6. 佐藤武敏撰，〈敦煌發現唐水部式殘卷譯註——唐代水利史料研究の二 ——〉，《中國水利史研究》二，頁 42～56，1967 年。

7. 佐藤武敏撰，〈唐代地方における水利設施の管理〉，《中國水利史研究》三，頁 1～19，1967 年 12 月。

8. 青山定雄撰，〈唐宋時代の轉運使及び發運使に就いて〉，《史學雜誌》第四四編第九號，頁 35～59，昭和 8 年 9 月。

9. 高橋繼男撰，〈唐後半期に於ける度支使・鹽鐵轉運使系巡院の設置について〉，《集刊東洋學》三〇，頁 23～41，1973 年 12 月。

10. 高橋繼男撰，〈唐代後半期における巡院の地方監察業務について〉，收入《星博士退官紀念中國史論集》，頁 41～60，1978 年。

11. 高橋繼男撰，〈唐後半期，度支使・鹽鐵轉運使系巡院名增補考〉，《東洋大學文學部紀要》三九（史學科篇 11），頁 31～58，1986 年。

12. 高橋繼男撰，〈唐代後半期の度支・鹽鐵轉運巡院制に關する若干の考察〉，《第三屆中國唐代文化學術研討會論文集》（臺北，中國唐代學會出版，1997 年 6 月），頁 443～464。

13. 宮崎市定撰，〈部曲から佃户へ（上）（下）——唐宋間社會變革の一面一〉，《東洋史研究》，二九卷四號，頁 30～65，1971 年 3 月；三〇卷一號，頁 1～32，1971 年 6 月。

14. 宮薗和禧撰，〈唐代における造船所の分佈について——特に木材との關連において——〉，《九州共立大學紀要十三卷一號》，頁 33～57，1978 年 12 月。

15. 愛宕元撰，〈唐代の揚州城とその郊區〉，收入梅原郁編，《中國近世の都市と文化》（京都大學人文科學研究所，1984 年 3 月），頁 247～288；修訂後收入氏著，《唐代地域社會史研究》（京都，同朋舍出版，1997

年 2 月），頁 357～413。

16. 愛宕元撰，〈唐代州縣城郭の規模と構造〉，載《第一屆國際唐代學術會
議論文集》（臺北，學生書局，1989 年 28 月初版），頁 647～695。

四、學位論文

1. 江宜華撰，《唐代長江中游地區士族之研究》，嘉義，國立中正大學歷史
學研究所博士論文，2003 年 6 月。

2. 桂齊遜撰，《唐代「判」的研究──以唐律與皇權的互動關係爲中心》，
臺北，中國文化大學史研所博士論文，1996 年 6 月。

3. 陳瑋靜撰，《唐代長江中下游地區瓷器手工業之研究》，臺北，中國文化
大學史研所博士論文，2001 年 3 月。

4. 黃玫茵撰，《唐宋間長江中下游新興官僚研究（755～960AD）》，臺北，
國立台灣大學歷史學研究所博士論文，2006 年 7 月。

5. 康才媛撰，《唐代越窯青瓷的研究》，臺北，中國文化大學史研所博士論
文，1997 年 6 月。

6. 楊淑洪撰，《唐代漕運運輸之研究》，臺北，中國文化大學史研所博士論
文，1994 年 6 月。

後　記

　　曾有學友問我，你博士論文寫的是兩浙地區，爲何不繼續寫下去?而要選擇淮南地區作爲研究範疇?其實，這要從二〇一一年那次到大陸考察說起。個人曾於二〇一一年八月間，由廈門大學鄭學檬老師帶隊，赴安徽省合肥、壽縣、淮南市及河南省信陽等地，進行學術性考察。同行的有鄭師母，徐東升教授及其夫人等一行 7 人。在八公山、壽縣等地進行淝水之戰的地形、地物的考察。期間並在安徽省方志辦找到一本內部發行的資料，即淮南市《上窰鎮志》地方志編纂委員會所編的《上窰鎮志》一書，據瞭解上窰鎮即是唐代壽州窯的主要分佈地，對於研究該地的瓷器產業，有相當的助益。

　　這趟安徽之旅首先抵達合肥市，參觀了安徽省博物院，該院原名「安徽省博物館」，後因館藏豐富，乃提升爲院級博物館。當時該館所展出的瓷器爲私人收藏家的精品，相當有價值。但該次展覽的說明牌，對於該件瓷器是出自於那個瓷窯的產品，並未加以註明。在這種情形下，明明某件黃釉瓷瓷器從特徵來看，應是壽州窯的產品，卻因未有標示，而無法加以引用，是相當令人感到惋惜的。壽縣縣城的模樣相當古樸，給人一種似乎回到唐宋時代的感覺。壽縣博物館徐副館長熱忱的招待我們一行人，並親自導覽展品。該館主要展覽品爲壽州窯相關收藏，以縣級博物館來說，收藏可以說是相當豐富。

　　在驅車一小時後，到達安徽省淮南市博物館，該館的「壽州窯展廳」展品收藏不但豐富且精美，尤其是壽州窯相關展品的種類相當完整，不論對於窯址的分佈或個別展品的說明標示均十分清楚。在我們參觀的「壽州窯展廳」所展示的瓷器中，有數件瓷製玩具，造型逗趣，十分可愛，是安徽省博物院及壽縣博物館未展示的品項。並承蒙沈汗青館長贈送該館的出版品二巨冊，

甚表感激。在這次到安徽地區的考察之旅，對於淮南地區，又有更進一步的瞭解，並且有了一種莫名的親切感，而所收集到的相關資料亦復不少，故將研究範疇重新轉向淮南地區，本書就是個人這數年來研究累積的成果。

本書所收錄的七篇論文及附錄，均曾在學術研討會上宣讀或發表於學術期刊。尚有一些與淮南或揚州相關的論文，因篇幅所限，未能收入本書。此次並利用出版機會，將全部內容重新增修、潤色，不僅增補了最新的研究成果，一些論述也進行了修改調整。當然，這並不代表說所有的論述均已臻於完善，僅是將數年來的一點成果，做了一次檢討和回顧。

從淡江歷史系負笈求學到今日，已有二十餘年的時間，在這期間內，我的指導教授王吉林老師，一直鼓勵我要掌握好基本史料，並在政治史上多下功夫，以作為將來研究區域史或經濟史的準備。猶記在碩士班第二年要決定題目時，王老師要我先將《資治通鑑》的唐紀部分讀一遍，作成筆記後再決定題目，在這過程中也對史料有進一步的瞭解。其後考入史學所博士班，因係放棄原專任工作，以專心攻讀學位，因此也必需全力以赴。終究皇天不負苦心人，順利完成論文，取得文學博士學位。

一路走來，首先要感謝我的碩、博士論文的指導老師王吉林教授，雖在學校公務最繁忙之際，仍對我的論文多所批注，並提示修改之處，使論文的品質得以提升。高明士教授嚴謹的治學態度和實事求是的治學方法，並指示我要從不同角度去解讀及瞭解歷史事件，使我獲益匪淺。同時參加高老師所領導的唐律研讀會，在研讀的過程中使個人受益匪淺。邱添生教授原是我在淡江求學時的隋唐史授課老師，更先後擔任我的碩、博士論文口試委員，對論文多所建議，同時對於可取之處，亦不吝加以肯定，邱老師的風範，使我深自感佩。任育才教授亦對我的論文，亦多所提點及指正，不但惠賜大作，並常鼓勵我對問題要做深入研究。桂齊遜教授、王怡辰教授二位教授，對我的碩、博士論文及後續研究，一直保持著高度的關注，並不時加以指正。臺灣師範大學陳登武教授、政治大學羅彤華教授、臺北大學陳俊強教授、中正大學雷家驥教授、廖幼華教授，臺東大學賴亮郡教授、淡江大學羅運治教授、周宗賢教授、黃繁光教授、臺中科大魏嚴堅教授、環球科大詹卓穎教授等多位師長，長期以來，對我在學術界的發展十分關心，我會永遠銘記在心。此外，個人曾多次參與由中興大學歷史系宋德熹教授所主持的中國中古「社會與國家」史料典籍研讀會，並發表研究論文，宋老師對我的愛護，個人由衷

感激。

　　而廈門大學歷史研究所的鄭學檬老師，是具有相當知名度的經濟史專家，更是我選擇淮南地區作爲主要研究範疇的重要推手之一。鄭老師以他深厚的學識素養，提示我可以從事淮南的研究，不僅是聚焦於揚州，而是擴大到整個淮南地區的整體研究。並親自透過他在政界、學界豐沛的人脈，帶領我走訪安徽合肥、壽縣、淮南市及河南信陽等地的博物館及方志辦公室。此行不但得以收集大量有價值資料，並且開拓了視野，對於未來的研究有了信心和規劃。在此要特別感謝鄭老師的提攜與愛護。廈門大學的徐東升教授，在我多次赴大陸地區考察時給予極大的協助；此外，安徽省社會科學院陸勤毅院長、安徽省文物局汪頂勝副局長、安徽省方志辦吳靜副主任、淮南市博物館沈汗青館長、壽縣博物館徐副館長、安徽省博物館盧茂村先生及廈門大學歷史系副主任毛蕾教授等專家學者，在我在安徽地區進行考察及蒐集資料時，均給予我相當大的助益，特此致謝。

　　謹以此書獻給年邁的雙親，特別是已年逾九十的家父，家父本身是書香世家子弟，但因迫於亂戰而無法繼續求學。因此家父對我的研究工作，時常加以督促，並且期盼甚殷，我因此不敢辜負他老人家的期望，只有竭力而爲。

二〇一三年仲夏記於臺北